Christoph Forsthoff

Unerhörte Orte

Reiseführer der Festspiele Mecklenburg-Vorpommern

Mit Fotografien von
Holger Martens und anderen

HINSTORFF

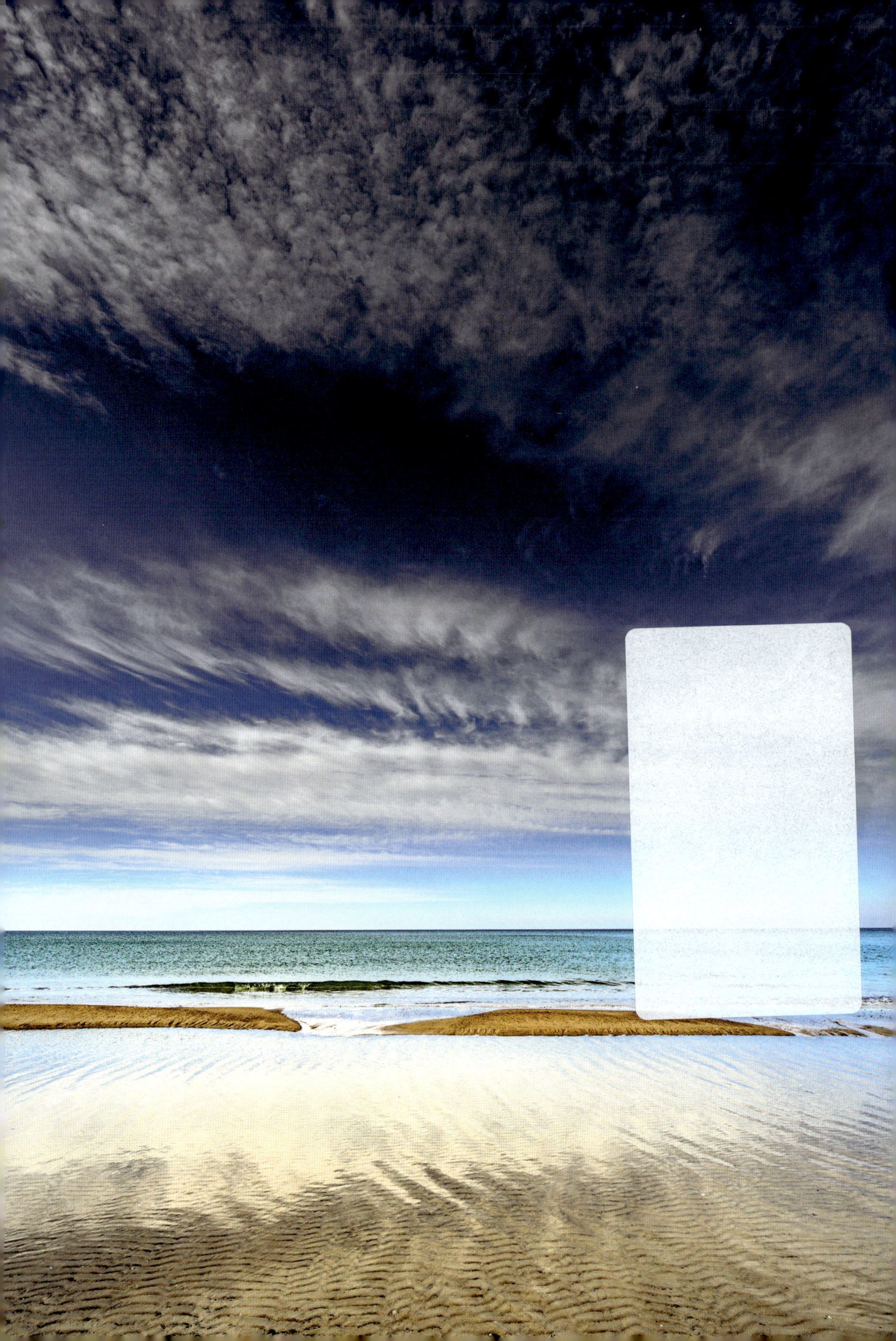

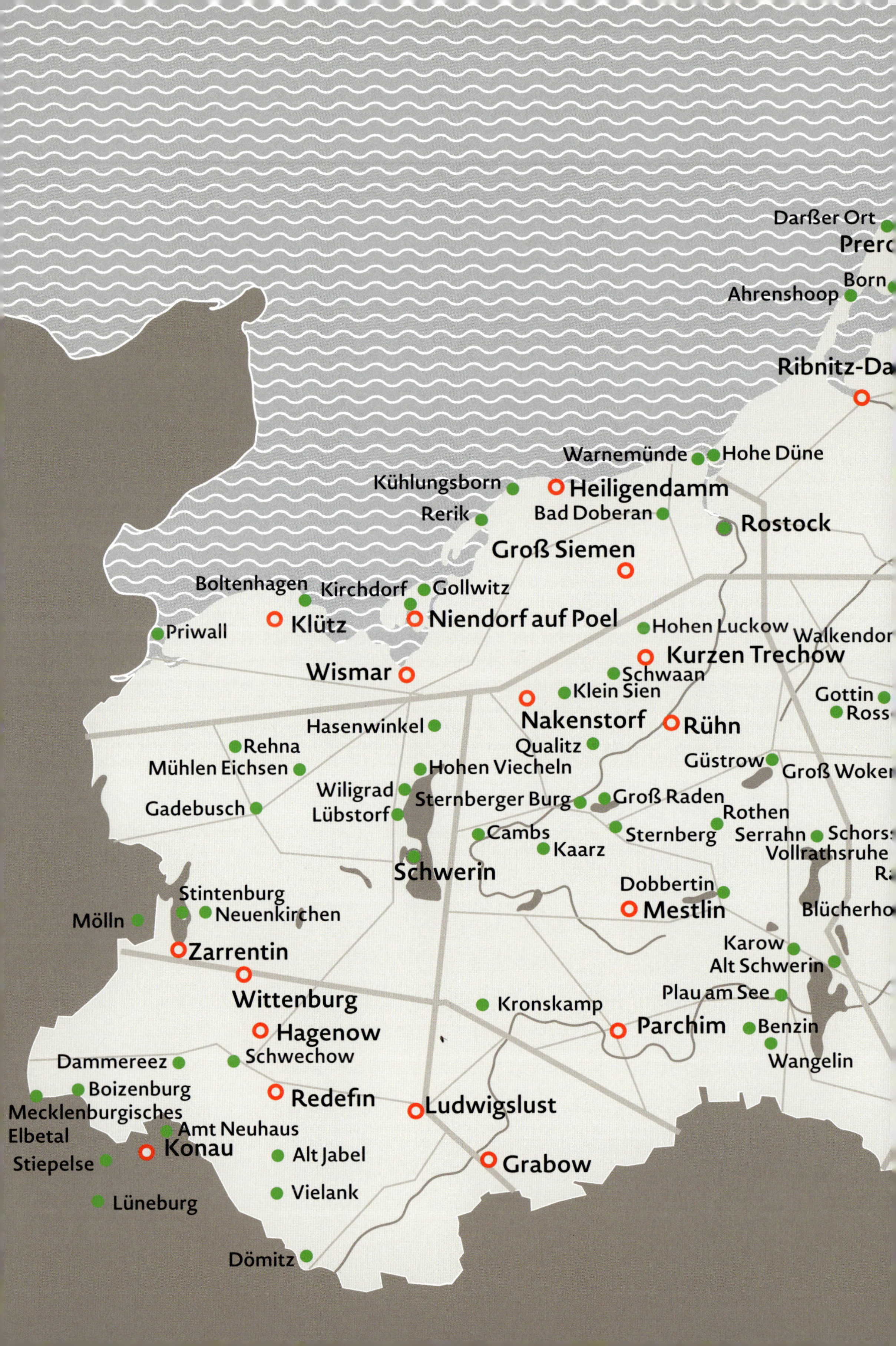

Darßer Ort
Born
Ahrenshoop
Warnemünde
Hohe Düne
Kühlungsborn
Heiligendamm
Rerik
Bad Doberan
Rostock
Groß Siemen
Boltenhagen
Kirchdorf
Gollwitz
Priwall
Klütz
Niendorf auf Poel
Hohen Luckow
Kurzen Trechow
Wismar
Schwaan
Klein Sien
Gottin
Nakenstorf
Hasenwinkel
Rühn
Rehna
Qualitz
Mühlen Eichsen
Hohen Viecheln
Güstrow
Wiligrad
Sternberger Burg
Groß Raden
Gadebusch
Lübstorf
Rothen
Cambs
Sternberg
Serrahn
Kaarz
Vollrathsruhe
Schwerin
Stintenburg
Dobbertin
Neuenkirchen
Mölln
Mestlin
Zarrentin
Karow
Alt Schwerin
Wittenburg
Plau am See
Kronskamp
Hagenow
Parchim
Benzin
Wangelin
Dammereez
Schwechow
Boizenburg
Redefin
Ludwigslust
Mecklenburgisches
Elbetal
Amt Neuhaus
Konau
Alt Jabel
Stiepelse
Grabow
Lüneburg
Vielank
Dömitz

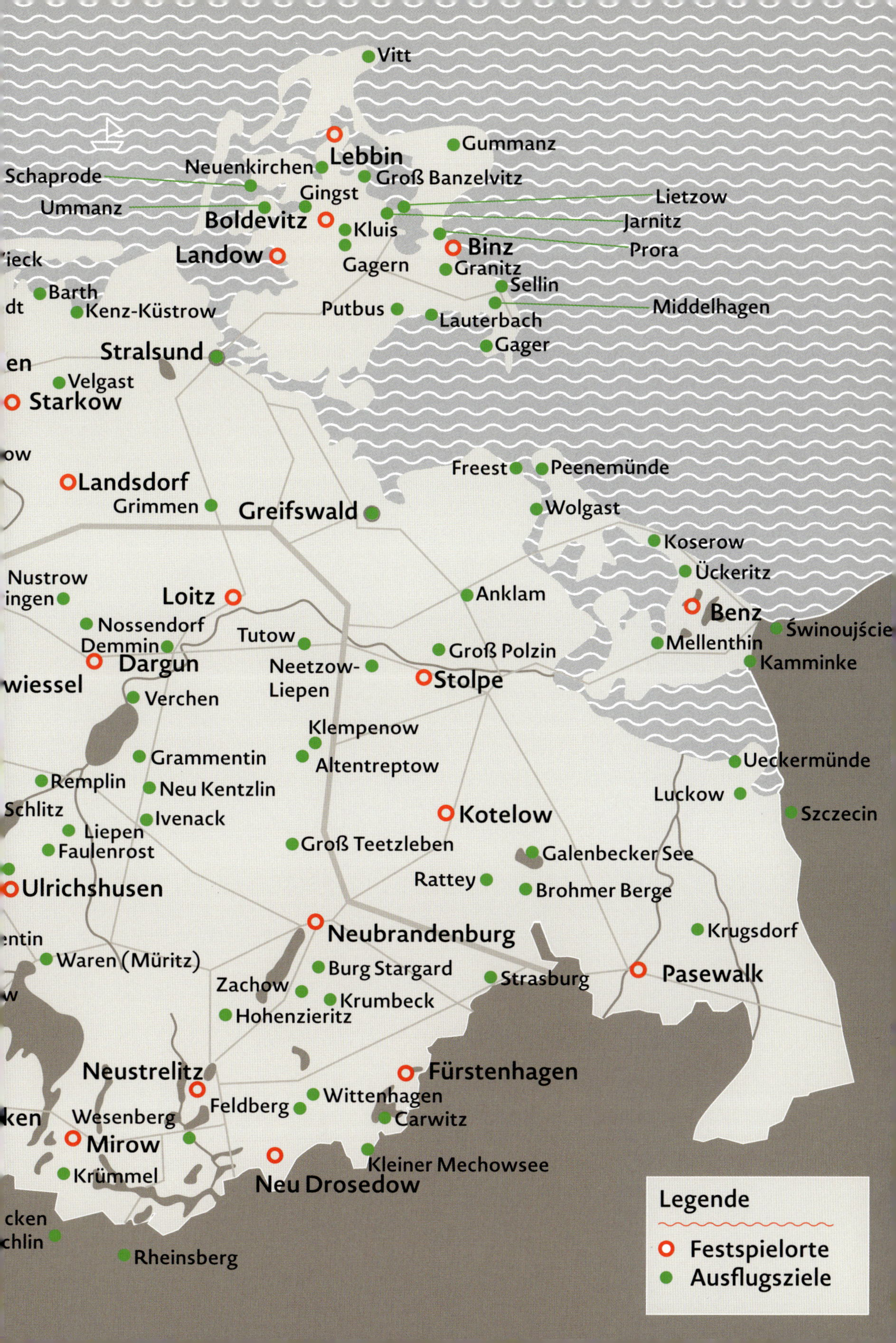

Vitt
Gummanz
Lebbin
Neuenkirchen
Schaprode
Groß Banzelvitz
Gingst
Lietzow
Ummanz
Boldevitz
Jarnitz
Kluis
Landow
Binz
Prora
Gagern
Granitz
Sellin
Barth
Kenz-Küstrow
Putbus
Middelhagen
Lauterbach
Gager
Stralsund
Velgast
Starkow
Freest
Peenemünde
Landsdorf
Grimmen
Greifswald
Wolgast
Koserow
Ückeritz
Nustrow
Loitz
Anklam
Benz
Nossendorf
Świnoujście
Tutow
Mellenthin
Demmin
Dargun
Groß Polzin
Kamminke
Neetzow-
Liepen
Stolpe
Verchen
Klempenow
Grammentin
Altentreptow
Ueckermünde
Remplin
Neu Kentzlin
Luckow
Schlitz
Ivenack
Kotelow
Szczecin
Liepen
Faulenrost
Groß Teetzleben
Galenbecker See
Ulrichshusen
Rattey
Brohmer Berge
Neubrandenburg
Krugsdorf
Waren (Müritz)
Burg Stargard
Zachow
Strasburg
Pasewalk
Krumbeck
Hohenzieritz
Neustrelitz
Fürstenhagen
Feldberg
Wittenhagen
Wesenberg
Carwitz
Mirow
Kleiner Mechowsee
Krümmel
Neu Drosedow
Rheinsberg
Legende
Festspielorte
Ausflugsziele

Grußworte

Liebe Leserinnen und Leser,

erstklassige Konzerte, erfolgreiche Musikerinnen und Musiker aus aller Welt, junge aufstrebende Künstlerinnen und Künstler – das sind die Festspiele Mecklenburg-Vorpommern. Dazu kommen bezaubernde, faszinierende und ungewöhnliche Spielstätten, verteilt über das ganze Land. Die schönsten und spannendsten Spielorte unseres großen Musikfestivals, das in diesem Jahr wie unser Land sein 30-jähriges Bestehen feiert, lernen Sie in diesem Buch kennen.

Die Festspiele sind eine kulturelle Perle in unserem Land. Gern übernehme ich regelmäßig die Schirmherrschaft. Natürlich wegen des hochkarätigen Programms. Aber auch wegen der faszinierenden Vielfalt der Spielorte. Mein Lieblingstermin bei den Festspielen ist das alljährliche große Kinder- und Familienfest in Hasenwinkel. Seit Jahren besuche ich dieses großartige Event mit der ganzen Familie. Hier ist für jeden etwas dabei, ob jung oder alt, klein oder groß. Das Fest ist lustig und unterhaltsam. Wir haben immer großen Spaß.

Eine weitere wunderbare Spielstätte ist für mich Schloss und Gut Ulrichshusen. Der kleine Ort im Landkreis Mecklenburgische Seenplatte steht beispielgebend für das, was die Festspiele Mecklenburg-Vorpommern so besonders macht: große Musik in kleinen, manchmal unerhörten Orten, in einer Atmosphäre, die familiär ist und in der sich alle wohlfühlen können – die Künstlerinnen und Künstler und das Publikum.

Mir liegt besonders Hiddensee am Herzen – auch ein Lieblingsort für mich. Hierhin können Sie sich zu einer Inseltour der Festspiele aufmachen oder einen Konzertbesuch im Gerhart-Hauptmann-Haus in Kloster genießen.

Sie sehen: Bei den Festspielen hören Sie nicht nur großartige Musik. Sie können unser wunderschönes Bundesland in seiner ganzen Bandbreite kennen und lieben lernen. Kommen Sie mit auf eine musikalische Reise durch unser Mecklenburg-Vorpommern. Überzeugen Sie sich selbst. Ich lade Sie herzlich ein.

Ihre **Manuela Schwesig**
Ministerpräsidentin des Landes Mecklenburg-Vorpommern

Leuchten statt blenden

Nicht nur einmal anders. Unerwartet neu. Unerhört.

Diese Festspiele Mecklenburg-Vorpommern bringen zusammen, was dann zusammengehört: zum Beispiel die erstaufgeführte Festspielouvertüre und die Laienchöre aus Stadt und Land oder die Stars und die Dörfer oder den Percussionisten und die Produktionshalle für Schiffsschrauben. Diese Festspiele erkunden musikalisch ein ganzes Land und ändern Sichtweisen. Sie begeistern für Musik und Künstler und für Städte und Dörfer zwischen Zarrentin und Ueckermünde, zwischen Dömitz und Vaschvitz auf Rügen. Kein Dorf ist zu klein, keine Forschungseinrichtung zu speziell, um nicht als Bühne der Festspiele entdeckt werden zu können.

Die Sparkassen, ihre Verbundunternehmen und Stiftungen sind in den großen und kleinen Städten, in den Landkreisen und Dörfern zu Hause. Sie begleiten die Festspiele nicht zuletzt deshalb seit Jahrzehnten, weil Intendant und Festspielteam mit großem Ideenreichtum und junger Professionalität für den großen Erfolg arbeiten, ohne dabei ausschließlich die höchste Quote, das heißt maximale Besucherzahl zu verfolgen. Konzert für Konzert könnten die Festspiele Dome, Münster und große Kirchen füllen. Zum Glück zieht es sie vor allem auch aufs Land, zu den jahrhundertealten Dorfkirchen und zu den Menschen, denen das kulturelle Erbe und neue Perspektiven für die ländlichen Räume am Herzen liegen. Die Festspiele belassen es nicht bei Fassaden, sondern lassen Cellistinnen und Pianisten ankommen und schaffen für Künstler, Einheimische und externe Konzertgäste unvergessliche Begegnungen.

Die Festspiele Mecklenburg-Vorpommern verbinden Heimat und Weltoffenheit. Sie prägen ein einzigartiges Land und sind sein Sympathieträger. Gäbe es die Festspiele Mecklenburg-Vorpommern noch nicht, dann müssten sie umgehend erfunden werden. Aber zu unser aller Freude gibt es sie schon.

Dr. Michael Ermrich
Vorsitzender des Vorstandes
der Ostdeutschen Sparkassenstiftung
und Geschäftsführender Präsident
des Ostdeutschen Sparkassenverbandes

Friedrich-Wilhelm v. Rauch
Geschäftsführer
der Ostdeutschen Sparkassenstiftung

Kulturgenuss und Entdeckerlust

Die Idee für einen Reiseführer der Festspiele Mecklenburg-Vorpommern trug ich schon lange in meinem Herzen. Die Anregung dazu gaben und geben die Besucherinnen und Besucher der Festspiele. „Durch Ihre Konzerte lernen wir unsere Heimat kennen" – viele der Einheimischen, die zu unseren Veranstaltungen kommen, machen uns dieses Kompliment. Und in der Tat: Die Orte, an denen die Musikerinnen und Musiker zu hören sind, liegen in vielen Fällen so weit abseits der bekannten Pfade, dass selbst schon lange hier Lebende durch einen Konzertbesuch dieses herrliche Land neu entdecken.

Festspiele Mecklenburg-Vorpommern und Reisen – das hängt natürlich erst recht für unsere auswärtigen Gäste untrennbar zusammen. Viele nehmen ihren Festspielbesuch zum Anlass, Urlaub im Land der 1000 Seen zu machen, und verbinden so auf einzigartige Weise Kulturgenuss mit Entdeckerlust. In den letzten Jahren wurde ich daher oft zum Wegweiser, fragten mich doch viele unserer Gäste nach Reise- und Hoteltipps. Mir wurde so bewusst, dass wir einen Reiseführer der Festspiele Mecklenburg-Vorpommern erfinden sollten. Nun liegt er in gedruckter Form vor.

Etwas anderes kam hinzu: Die Festspiele Mecklenburg-Vorpommern legen diese Publikation anlässlich ihres 30-jährigen Jubiläums vor. Eine Rückschau? Ein Bildband aus 30 Jahren Festspielbetrieb? Das wäre naheliegend gewesen, aber mir schwebte etwas vor, das näher an den Bedürfnissen der Menschen ist, das einen Nutzen hat und das in die Zukunft weist.

Für dieses Projekt konnten wir den Autor Christoph Forsthoff gewinnen, der verliebt genug in dieses Land ist, um unvernünftigerweise die Mammutaufgabe eines solchen Reiseführers auf sich zu nehmen. So ist ein Buch entstanden, das eine Liebeserklärung an Mecklenburg-Vorpommern ist – und den Orten sowie den Menschen hinter diesen Orten ein kleines literarisches Denkmal setzt. Ganz besonders freue ich mich, dass wir dieses Land aus der Perspektive uns eng verbundener Künstler und Künstlerinnen entdecken können. Ihnen gilt mein besonderer Dank!

Die Aufforderung ist klar: lesen, schmökern und dann reisen – zu den unerhörten Orten der Festspiele Mecklenburg-Vorpommern.

Dr. Markus Fein
Intendant der Festspiele Mecklenburg-Vorpommern

Die Magie der Orte

Ein Gespräch mit Gründungsintendant Matthias von Hülsen

Matthias von Hülsen wächst im holsteinischen Testorf auf, sein Sandkastenfreund heißt Justus Frantz. Auf dem Nachbargut lebt damals der junge Christoph Eschenbach – Musik ist dem aus dem schlesischen Kreisau stammenden Kriegswaisen von frühester Kindheit an täglich Brot. In Hamburg wohnen die drei Studenten später mit Klavierprofessorin Eliza Hansen in einer Künstler-WG – was den künftigen Kindermediziner so nachhaltig prägt, dass von Hülsen in den 80er-Jahren über seine Praxis im Brennpunkt-Viertel Steilshoop hinaus zum Landarzt für Musik wird: Erst initiiert er in Schleswig-Holstein mit großem Erfolg die Musikfeste auf dem Lande, mit dem Fall der Mauer bricht der Klassik-Enthusiast dann ins Nachbarland auf und gründet 1990 das „Musikfest in Mecklenburg und Vorpommern".

1973 hatten Sie Ihren ersten Kontakt mit Mecklenburg-Vorpommern, als Sie an einem Medizinerkongress in Schwerin teilnahmen. 1985 haben Sie dann mit befreundeten Arztkollegen aus Thüringen Ostseeurlaub in Kühlungsborn gemacht und bei einem Besuch in Heiligendamm seherische Fähigkeiten bewiesen, als Sie ausriefen: ‚Hier mache ich nochmal ein Festival' – woher rührte diese frühe Begeisterung für Mecklenburg-Vorpommern?

Matthias von Hülsen: Nach dem Zweiten Weltkrieg waren im Schloss Testorf 80 Flüchtlinge untergebracht, darunter 35 Kinder – und mit Carl Ulrich von Barner ein kunstsinniger älterer Herr, der uns mit seinen Geschichten aus Mecklenburg faszinierte. Er hatte die Güter Klein-Trebbow, Bülow und Barner Stück besessen und erzählte uns Kindern ausführlich davon – so wie auch all die anderen Erwachsenen, die aus Pommern, dem Baltikum oder wie wir aus Schlesien stammten, von ihrer verlassenen Heimat berichteten. Dadurch entwickelten sich diese fern liegenden Plätze für uns Kinder zu geradezu sagenhaften Märchenorten – und nach dem Mauerfall gab es nun plötzlich die Möglichkeit, diesen Geschichten nachzugehen und die innere Fantasievorstellung mit der Wirklichkeit abzugleichen.

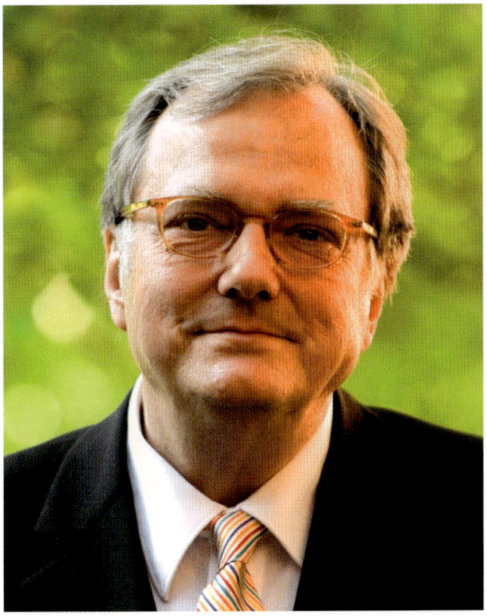

Tief beeindruckt: Matthias von Hülsen lernte Mecklenburg-Vorpommern auf der Suche nach Festspielorten kennen und lieben

Und offenbar waren Sie so begeistert, dass Sie mit der Festspiel-Initiative sogleich die Idee verbanden, nicht allein Konzerte zu veranstalten, sondern das Land den Besuchern auch über die Konzertorte zu erschließen. Was hat Sie damals so fasziniert?

Im Grunde ist es eine ähnliche Landschaft wie in Ostholstein – so etwas wie die Müritz und die Seenplatte gibt es da ja auch in der Holsteinischen Schweiz, nur in Mecklenburg ist alles noch weiter und großzügiger. Und während in Schleswig-Holstein die Ostseebäder architektonisch verbaut und ihres urtümlichen Charmes beraubt wurden, gab es in Mecklenburg und Vorpommern noch diese wunderschöne Bäderarchitektur. Die drohte zwar zu zerfallen wie so vieles in den Dörfern und Städten, doch die vorhandenen Rudimente setzten sofort die Fantasie in Gang: Wie schön wäre es doch, wenn das alles zu retten und wieder zum Blühen gebracht werden könnte.

Als Konzertspielstätten kamen diese Ruinen aber ja wohl kaum infrage.

Es gab in der Tat anfangs nur wenige Kirchen und Theater, die geeignet waren. Durch die Organisation der Musikfeste auf dem Lande in Schleswig-Holstein war mein Blick zwar geschärft für Scheunen und Gutshäuser, doch es fanden sich in Mecklenburg-Vorpommern eigentlich keine, die in einem bespielbaren Zustand waren. Da haben wir uns gesagt: Dann müssen wir eben in die kaputten Häuser gehen, denn die architektonischen wie landschaftlichen Schönheiten waren davon ja unberührt.

Nun lagen und liegen ja aber auch diese Häuser oftmals sehr abseits – wie haben Sie diese besonderen Spielstätten überhaupt entdeckt?

Das ging über Empfehlungsketten. Ein guter Einstieg waren dabei immer die Pfarrhäuser, denn während die Landhäuser kulturell ausgeplündert worden waren und überall alte Bauten verfielen, hatte sich dort die Wohn- und Bibliothekskultur der bürgerlichen Gesellschaft erhalten. Und durch diese Pfarrer kamen wir in Privathäuser – so auch nach Klütz: Allein um in das Schloss Bothmer zu kommen, waren drei Stationen notwendig, bis wir schließlich bei Wolfgang Kaletta landeten, der den dortigen Park wiederhergerichtet hatte. Er war ursprünglich gar kein Gärtner, doch er hatte mit einer Gruppe von Suchtkranken – die es im offiziellen Sprachgebrauch der DDR gar nicht geben durfte – aus der verwilderten Natur wieder einen Park geschaffen und konnte uns zu jedem Baum faszinierende Geschichten erzählen. So fand dann Ort für Ort zueinander, und wir sammelten uns durch Hörensagen die Spielstätten wie ein kleinteiliges Puzzlespiel zusammen.

Und diese Empfehlungen haben Sie sich dann immer gleich vor Ort angeschaut?

Ja, denn es gab ja damals in den ersten Jahren vielerorts auf dem Lande nicht einmal Telefon. Eine zweite noch sehr spannende Gruppe von Tippgebern waren neben den

Pastoren übrigens die Tierärzte: Die kannten durch die Betreuung der Tierproduktion – so der Sprachgebrauch in der DDR – die ländliche Region besonders gut und wussten, wo ehemalige Besitzungen und Güter waren oder noch halb verfallene Schlösser standen. Und schließlich sprach es sich auch im Westen herum, dass wir nach Konzertorten suchten, woraufhin sich die Alt-Eigentümer meldeten und Hinweise gaben. So entstand ein immer größeres Netzwerk.

In diesem Netzwerk fanden sich auch manch prominente DDR-Bürger wie Stararchitekt Ulrich Müther, der Sie in das Dorf Landow auf Rügen brachte.

Er war mit der Künstlerin Anneliese Hoge befreundet, die sich dort bereits in den letzten Jahren der DDR um die kleine, über 600 Jahre alte Dorfkirche gekümmert hatte und auf ihrem Fahrrad Ziegelsteine und Dachpfannen einzeln nach Landow transportierte, um die größten Schäden notdürftig auszubessern. Sie träumte davon, dass Justus Frantz – der der große, alles verbindende Name war – einmal dort spielen würde, und so verabredeten wir uns im Herbst 1990 für einen gemeinsamen Landow-Besuch vor dem Theater in Stralsund. Wir waren zwar früh in Hamburg aufgebrochen, doch damals brauchte es halbe Ewigkeiten, denn die Straßen waren vollkommen verstopft,

Älteste allsommerliche Spielstätte: Zum allerersten Konzert der Festspiele in der Dorfkirche Landow begrüßte Matthias von Hülsen 1991 den Gitarristen Gerald Handrick

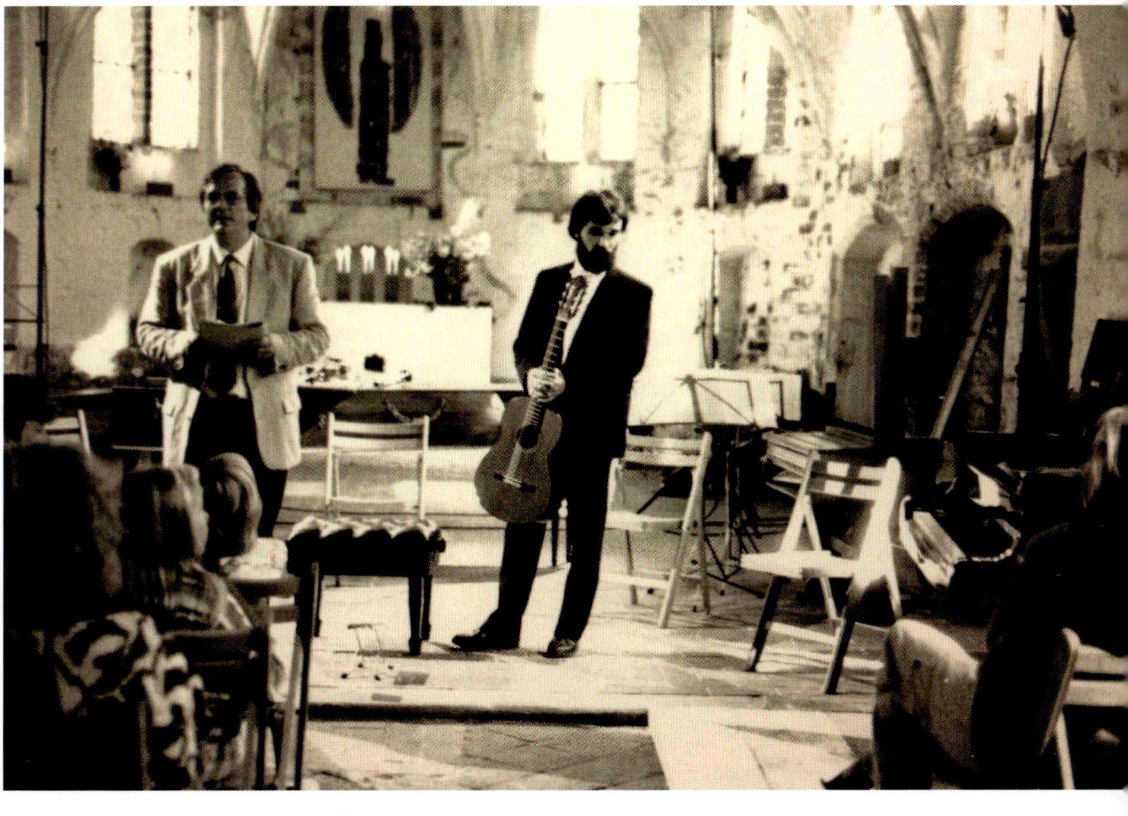

und so kamen wir, ohne überhaupt miteinander kommunizieren zu können, erst mit sechs Stunden Verspätung dort an – und Anneliese Hoge und Ulrich Müther standen aufrecht und unbeirrt vor dem Theater, hatten tapfer auf uns gewartet.

Sie sind dann gemeinsam nach Landow gefahren, um sich die Kirche anzuschauen …

… und das Dach war immerhin so weit geflickt, dass es nicht mehr hereinregnete. Es war wirklich ein magischer Raum, mit einer guten Höhe, da er von ein paar Balken abgesehen bis unter das Dach offen war, so dass uns gleich klar wurde: Hier sollten wir ein Kammermusikfest feiern. Irgendwoher hat Anneliese Hoge im folgenden Jahr dann dafür tatsächlich Stühle organisiert, den Kirchenraum mit selbstgefertigten Wandbehängen und zauberhaft schwebenden Mobiles künstlerisch hinreißend hergerichtet, brennende Kerzen in allen Mauervorsprüngen aufgesteckt und somit eine einzigartige Atmosphäre geschaffen. Statt einer üppig ausgestatteten Künstlergarderobe gab es nebenan in dem kleinen, verwaisten Pfarrhaus lediglich eine Handpumpe, für die Verpflegung nur einen mit Holz zu befeuernden Herd und zum Warmspielen ein klappriges Harmonium. Man wusch sich unter dem selbst gepumpten Wasser und übernachtete zum Teil in Zelten, Plumpsklo inbegriffen – unvergesslich für alle, die dabei waren!

Was kaum einer weiß, auch Sebastian Nordmann, Ihr späterer Nachfolger als Intendant, war bereits in diesen frühen Jahren mit von der Festspielpartie.

1991 hatten wir für unsere östlichste Spielstätte, das Schloss in Karlsburg, ein Konzert mit der Moskauer Pianistin Bella Davidovich angesetzt, der Mutter des berühmten Geigers und Dirigenten Vladimir Spivakov. Sie spielte tags zuvor in Meldorf beim Schleswig-Holstein Musik Festival, das uns damals unterstützte, und ihr dortiger Künstlerbetreuer war Sebastian Nordmann. Er hatte nun die ehrenvolle Aufgabe, sie in jenem Sommer von der Dithmarscher Nordseeküste an die vorpommersche Ostseeküste zu chauffieren – elf Stunden waren sie dafür unterwegs! Als sie ihr Konzert gespielt hatte, musste sie mangels Übernachtungsmöglichkeit auch gleich wieder elf Stunden zurückgefahren werden: Heim nach Moskau wäre sie fast schneller gekommen … Für Sebastian Nordmann war es die erste Begegnung mit den Festspielen – und schon im Jahr darauf fand er sich als Mitglied in unserem Festspiel-Team wieder.

Ähnlich ungewöhnlich wie Ihre erste Begegnung mit Ihrem späteren Nachfolger als Intendant haben Sie das heutige Spielstätten-Herz der Festspiele gefunden – Ulrichshusen. Im Sommer 1993 flatterte Ihnen ein Brief Helmuth von Maltzahns auf den Schreibtisch Ihrer Kinderarztpraxis, der das alte Renaissance-Schloss erwerben und unbedingt Festspielort werden wollte. Er hat Sie dann dorthin mitgenommen und Sie haben eine Ruinenlandschaft vorgefunden, die zumindest auf den ersten Blick nicht unbedingt als Konzertstätte geeignet schien – kamen Ihnen da keine Zweifel ob der Tauglichkeit?

Nein, wir waren völlig furchtlos – und Helmuth von Maltzahn ist ja eine alle Zweifel hinwegfegende Energiemaschine. Alles war dort in einem erbarmungswürdigen Zustand, als wir im Februar 1994 bei strömendem Regen in Gummistiefeln durch die Gegend stapften: eine Schlossruine ohne Dach, dort, wo heute das Restaurant steht, befand sich ein zusammengebrochener Stall mit völlig durchlöcherter Decke, das Dach der großen Scheune war eingefallen und hing wie ein V nach unten auf durchnässtem und verfaultem Stroh. Doch ich sah die Kubatur des Hauses – unten Stein, oben Holz: der akustische Klassiker „Schuhkarton" – und dachte, das müsste eigentlich klingen. Und Helmuth von Maltzahn meinte: Kein Problem, bis zum Sommer steht die Scheune – ich habe ihm einfach geglaubt.

Was in jenem Frühjahr 1994 noch nicht absehbar war, und doch hatten Sie für das erste Konzert in Ulrichshusen mit Yehudi Menuhin und dem London Symphony Orchestra gleich die ganz großen Namen engagiert ...

... und Helmuth hatte das ganze Dorf mobilisiert: Alle waren hochgradig motiviert und richteten das Gelände her, so gut es eben ging. Allerdings mussten wir überlegen, wo wir Menuhin unterbringen, denn der hielt mittags seine Ruhestunde und machte vor dem Konzert seine Yoga-Übungen. In Rambow, gegenüber auf der anderen Seeseite,

Geburt mit Schuberts 5. Sinfonie: Am 6. August 1994 weihten Yehudi Menuhin und das London Symphony Orchestra die Festspielscheune in Ulrichshusen als Konzertort ein – heute ist der mächtige alte Bau die zentrale Spielstätte des Klassikreigens

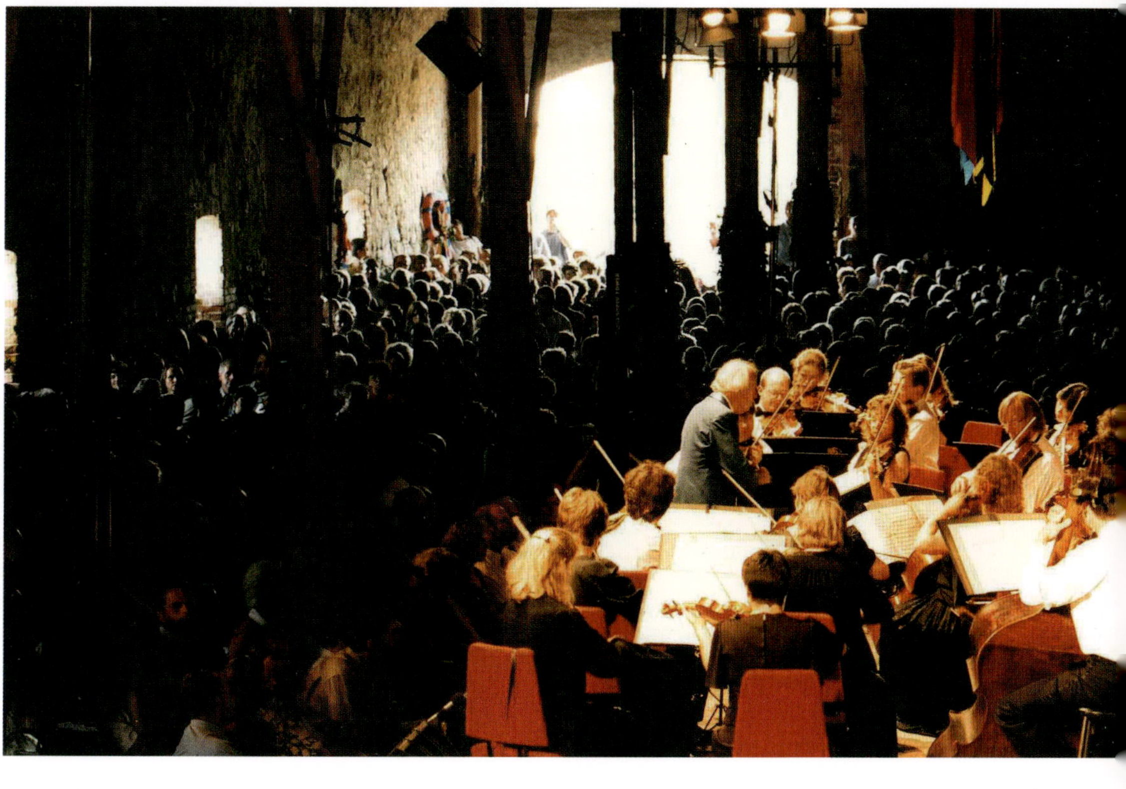

gibt es das schöne Pastorat von Eckart Hübener, eines dieser schon erwähnten Pfarrhäuser, in denen sich Bildungsbürgerdeutschland bewahrt hat – und Menuhin war davon so begeistert, dass er hernach stets erzählt hat: Wenn man Deutschland verstehen will, muss man diese Häuser kennenlernen. Er erschien dann ausgeruht in Ulrichshusen, wo es bereits von Menschen und Fernsehleuten nur so wimmelte, und gab bereitwillig Interviews. Das erste Konzert in der Scheune mit sage und schreibe 1500 hineingequetschten Leuten wurde nach draußen übertragen, wo noch einmal dieselbe Zahl lauschte. Abends machten die „heute"-Nachrichten im ZDF um 19 Uhr mit Konzertaufnahmen vom Nachmittag als Top-Nachricht auf: Das war die Geburtsstunde des inzwischen weltbekannten Festspielortes Ulrichshusen.

Und hat Sie in Ihrer Auffassung bestätigt, dass ein erinnerungswürdiges Festspiel-Konzert mehr ist als nur die Musik.

Drei Elemente müssen immer zueinander passen: die Künstler, das Programm und der Ort – und wenn der Ort stimmt, dann ist das eben auch nur die halbe Miete. Und so habe ich mich wie ein Trüffelschwein durchs Land gewühlt und bin den Spuren und Empfehlungen nachgegangen, um Spielstätten zu finden. Als ich dann 2009 zum zweiten Mal die Intendanz übernahm, gehörten diese Touren inzwischen zum festen Ritual: Gemeinsam mit unserem Organisationsleiter Toni Berndt war ich jedes Jahr eine Woche intensiv in Mecklenburg-Vorpommern unterwegs. Vorab hatten wir entweder selbst recherchiert, zudem auch viele Hinweise gesichtet und haben dann in sieben Tagen rund 20 potenzielle neue Spielstätten besucht und uns überlegt, was dort möglich wäre.

Auf diese Weise haben Sie das Land bis in die entlegensten Winkel erkundet – welche Orte sind Ihnen besonders ans Herz gewachsen?

Es ist zwar etwas unfair, aus den über 200 Spielorten, die das Land so großartig repräsentieren, ein oder zwei herauszugreifen. Doch ohne andere herabzusetzen, kann ich sagen, dass etwa Boldevitz ein traumhaftes Konzert- und Umgebungserlebnis bietet. Da gibt es den stilbildend wieder angelegten Park, die rund und schön klingende Kapelle und einen anschließenden Empfang im Festsaal des Schlosses mit den einzigartigen großformatigen Tapeten des Landschaftsmalers und Goethe-Zeitgenossen Jakob Philipp Hackert: Um solch eine ausgefeilte Ästhetik zu finden, muss man sonst lange suchen. Auch Kotelow ist so ein besonderer Ort, der erst gefunden sein will: gelegen am Galenbecker See, einem norddeutschen Bruder des Neusiedler Sees. Die Familie Heins hat dort das alte Jagdschloss wieder hergerichtet und zeigt ihren Gästen gern diese ganz spezielle Landschaft: wilde Natur mit toten Bäumen im Wasser, die je nach Licht die ideale Kulisse für einen Hitchcock-Film bieten würden, in einem Naturschutzgebiet, das Mecklenburg-Vorpommerns zweitgrößtes Kranich-Rastgebiet in sich trägt. Und da aller guten Dinge drei sind, muss ich noch die Feldberger Seen-

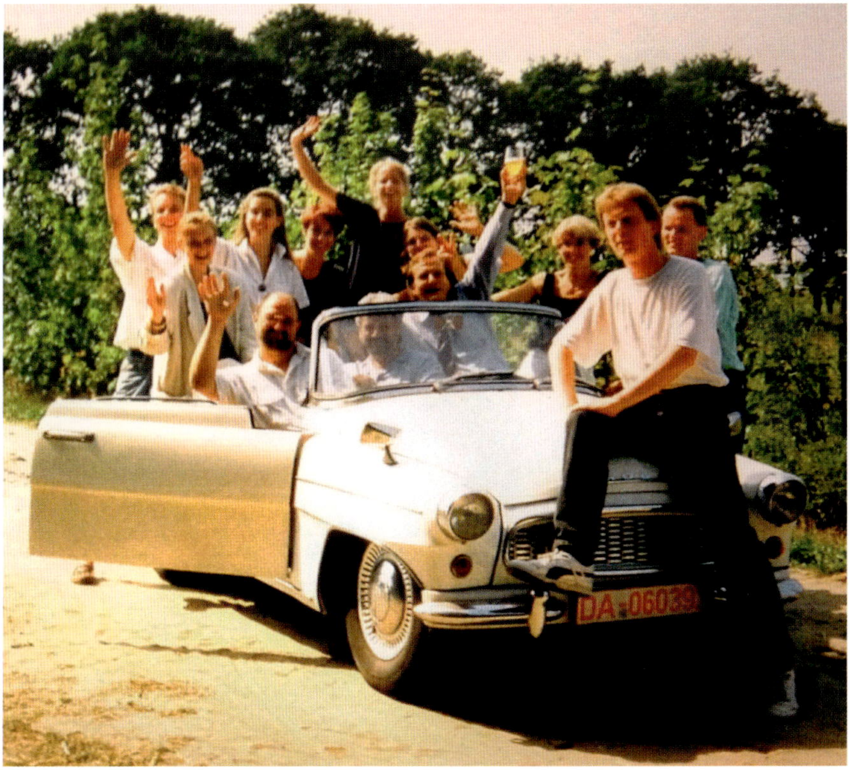

Kult-Cabrio des Ostens: Auch im Oldtimer-Modell Felicia des ersten Fahrzeugsponsors Skoda machte sich das Festspiel-Team um Matthias von Hülsen (Mitte) – wie hier im Jahr 1992 – auf, neue Wege und Stätten für die Kultur zu entdecken

landschaft erwähnen mit diesem herrlich weltabgeschiedenen Ort Carwitz, wo Hans Fallada gelebt hat. Hier möchte ich mir irgendwann noch einen bislang nicht erfüllten Reisewunsch realisieren: eine Hausboot-Tour auf der Feldberger Seenplatte.

Eine Landschaft, die zweifellos auch die hier Lebenden prägt – was macht das Besondere der Menschen in Mecklenburg-Vorpommern aus?

Auf keinen Fall sind das Sturköpfe, wie gern behauptet wird. Ich kenne vornehmlich sehr flexible und heimatverbundene Leute – und erstaunlich dabei ist, dass ich hier viele Menschen getroffen habe, die ein echtes und tiefes Heimatgefühl für dieses Land empfinden, obwohl sie gar nicht daher stammen. Es muss da eine Magie geben, die andere Regionen nicht haben – und so sprechen selbst die Zugezogenen mit einer Zuneigung von diesem Land, wie ich es sonst selten erlebt habe. Und mir selbst ist es ja auch passiert: Ich bin eigentlich ein Schlesier, doch ich habe sehr schnell tiefe Gefühle für Mecklenburg-Vorpommern entwickelt – und das scheint alle so zu erwischen. Eine Zuneigung, die wahrscheinlich etwas mit der Schönheit der Landschaft zu tun hat wie auch mit seiner Weite: Es gibt niemanden, der in diesem Land lebt und nicht tief beeindruckt ist von der Wirkung, die es auf ihn ausübt.

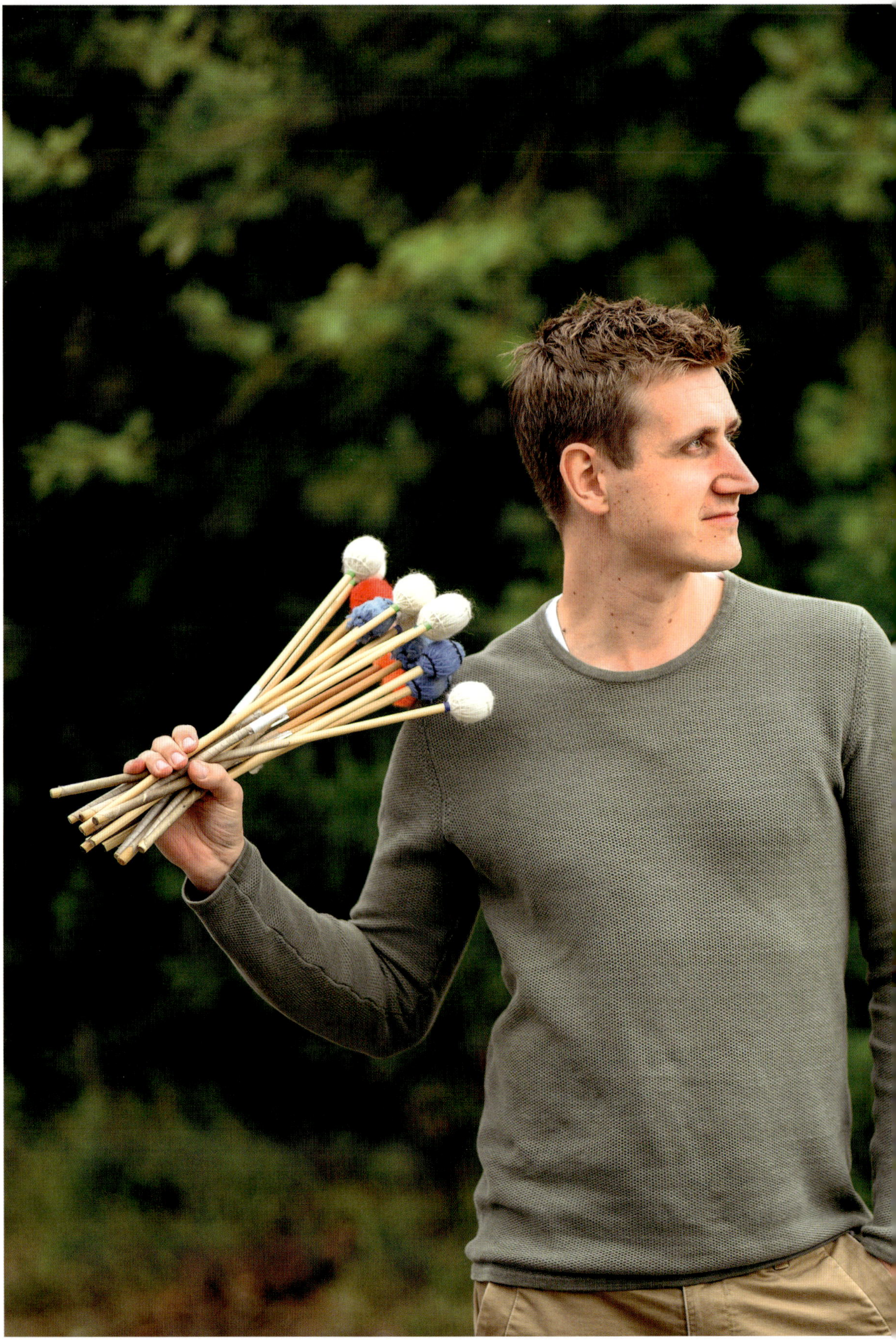

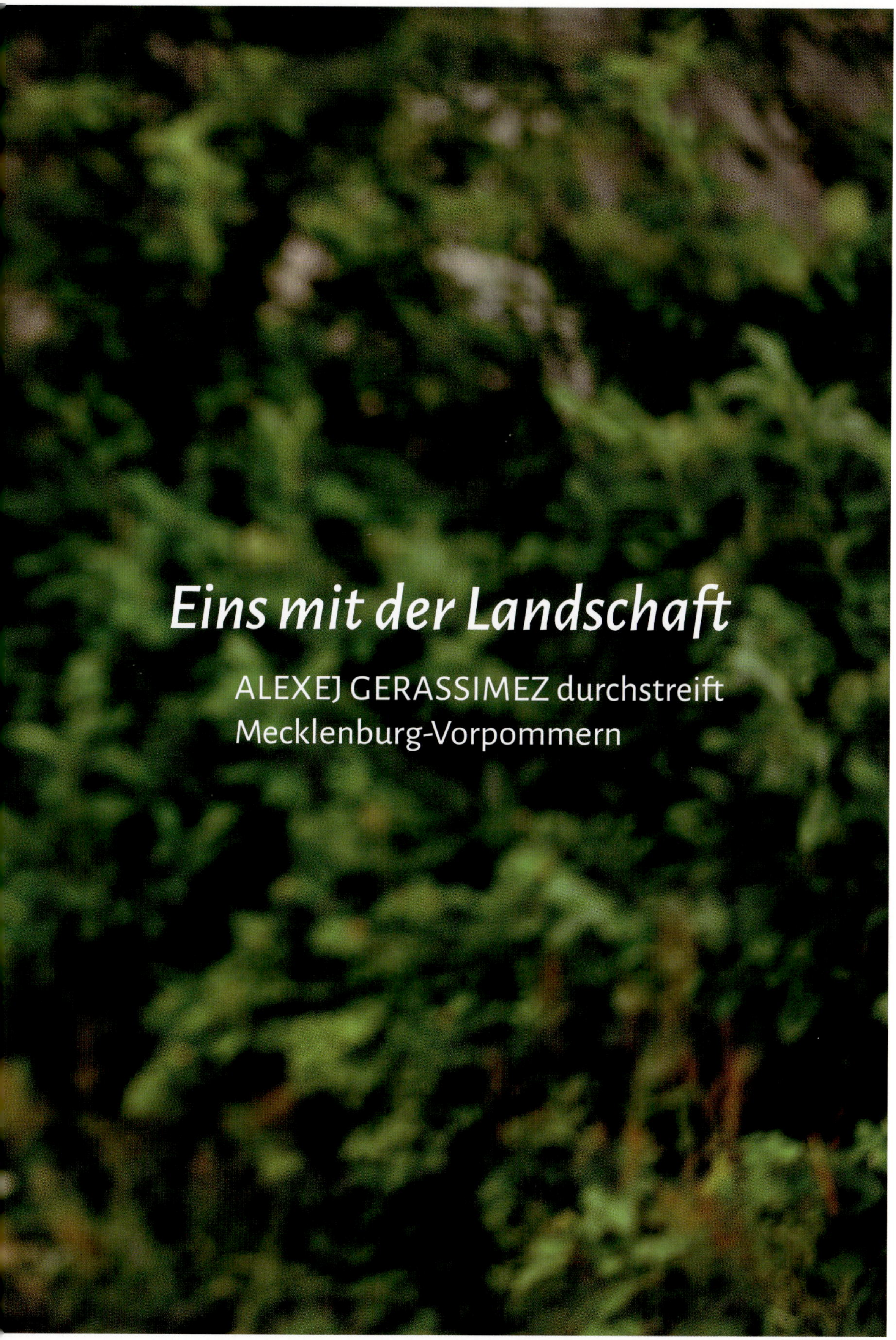

Eins mit der Landschaft

ALEXEJ GERASSIMEZ durchstreift Mecklenburg-Vorpommern

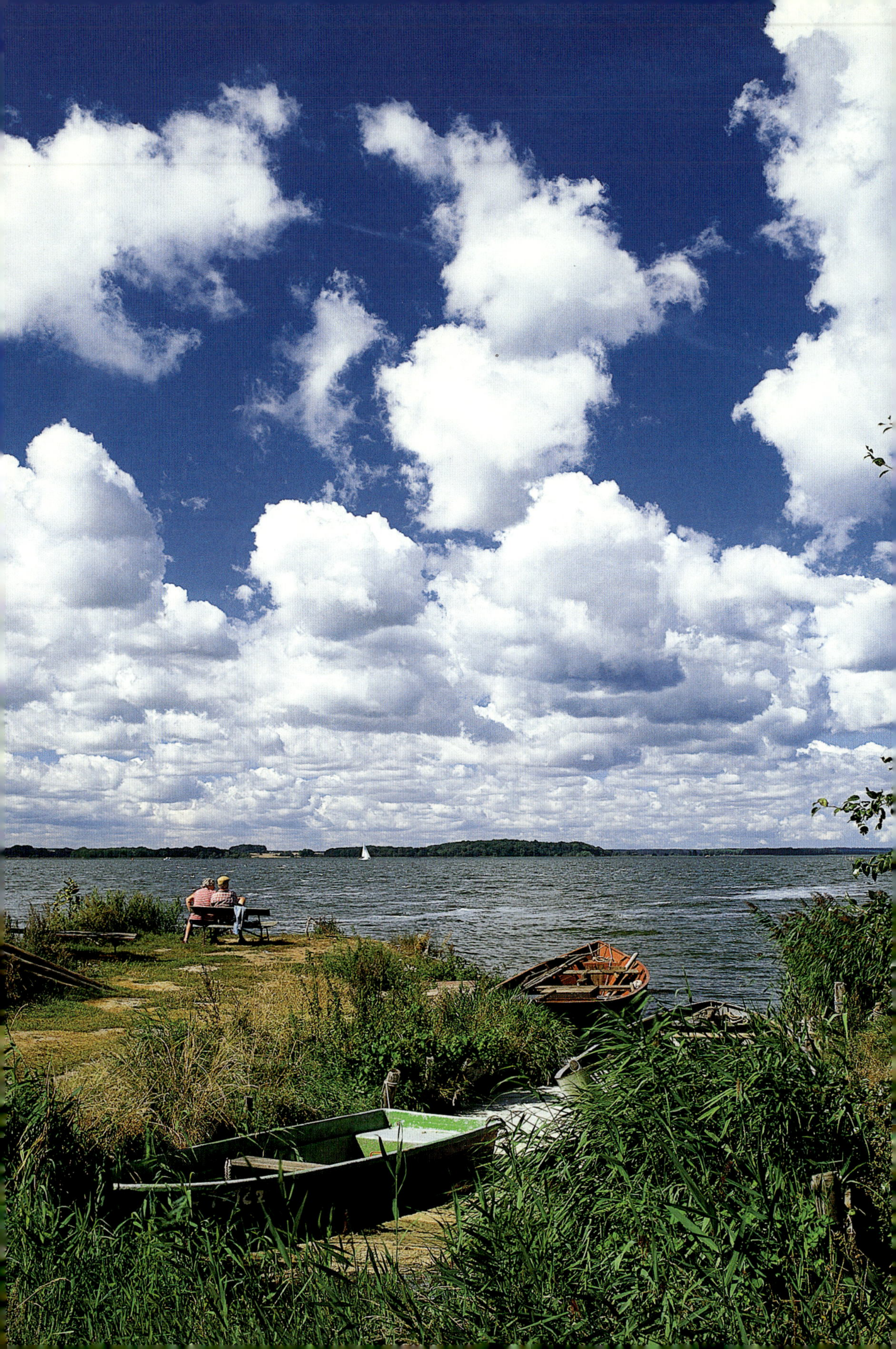

„Künstler brauchen Raum – und in Mecklenburg-Vorpommern finden sie diese Freiräume, um wirken zu können." Alexej Gerassimez blickt über das Achterwasser hinweg, jene weitläufige Lagune der Peene, die zwischen dem vorpommerschen Festland und der Insel Usedom mit den vier Bernsteinbädern Zempin, Koserow, Loddin und Ückeritz liegt. Stille und Weite, die den Multi-Percussionisten fast andächtig werden lassen, wenn er seinen Gedanken fortspinnt: „Und es gibt hier so viele Ecken und Winkel, wo ein Künstler wachsen und – ganz gleich, ob nun Musiker, Maler oder Bildhauer – sich auch einnisten kann, denn hier braucht es nicht so viel Geld wie etwa in Bayern, um sich ein altes, geschichtsträchtiges Haus zu kaufen und notdürftig für das eigene Schaffen zu renovieren." So wie sein Grafiker-Freund Mathias Bartoszewski, der sich im denkmalgeschützten, ehemaligen DDR-Kulturhaus des 150-Seelen-Nestes Steinfurth nördlich von Anklam niedergelassen und einen Ort der Ideen für experimentelle und interdisziplinäre Kunstprojekte geschaffen hat.

Seite 20 – Märchenhafte Refugien für Künstler und Träumer: Mecklenburg-Vorpommerns stille weite Räume wie am Achterwasser lassen die Gedanken schweifen

Einer jener *Unerhörten Orte*, die die Festspiele Mecklenburg-Vorpommern ihre Musiker Jahr für Jahr neu entdecken, sich und ihrem Publikum neu erspielen lassen. Eine selbst nach drei Festivaljahrzehnten anscheinend unerschöpfliche Zahl künstlerischer Entdeckungsreisen – kein Wunder angesichts von 2200 Seen, 62 Inseln und fast 2000 Kilometern Küste, vor allem aber von mehr als 2000 Schlössern und Herrenhäusern

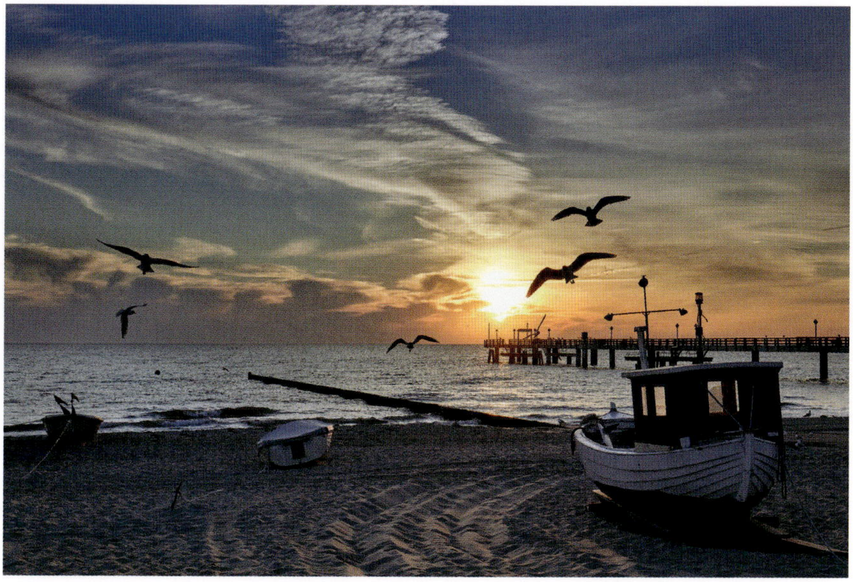

Schmuckes Wohnzimmer der Badekultur: Seit Bansin 1897 Seebad wurde, lockt der bis zu 30 Meter breite Strand Gäste mit seinem feinkörnigen weißen Sand

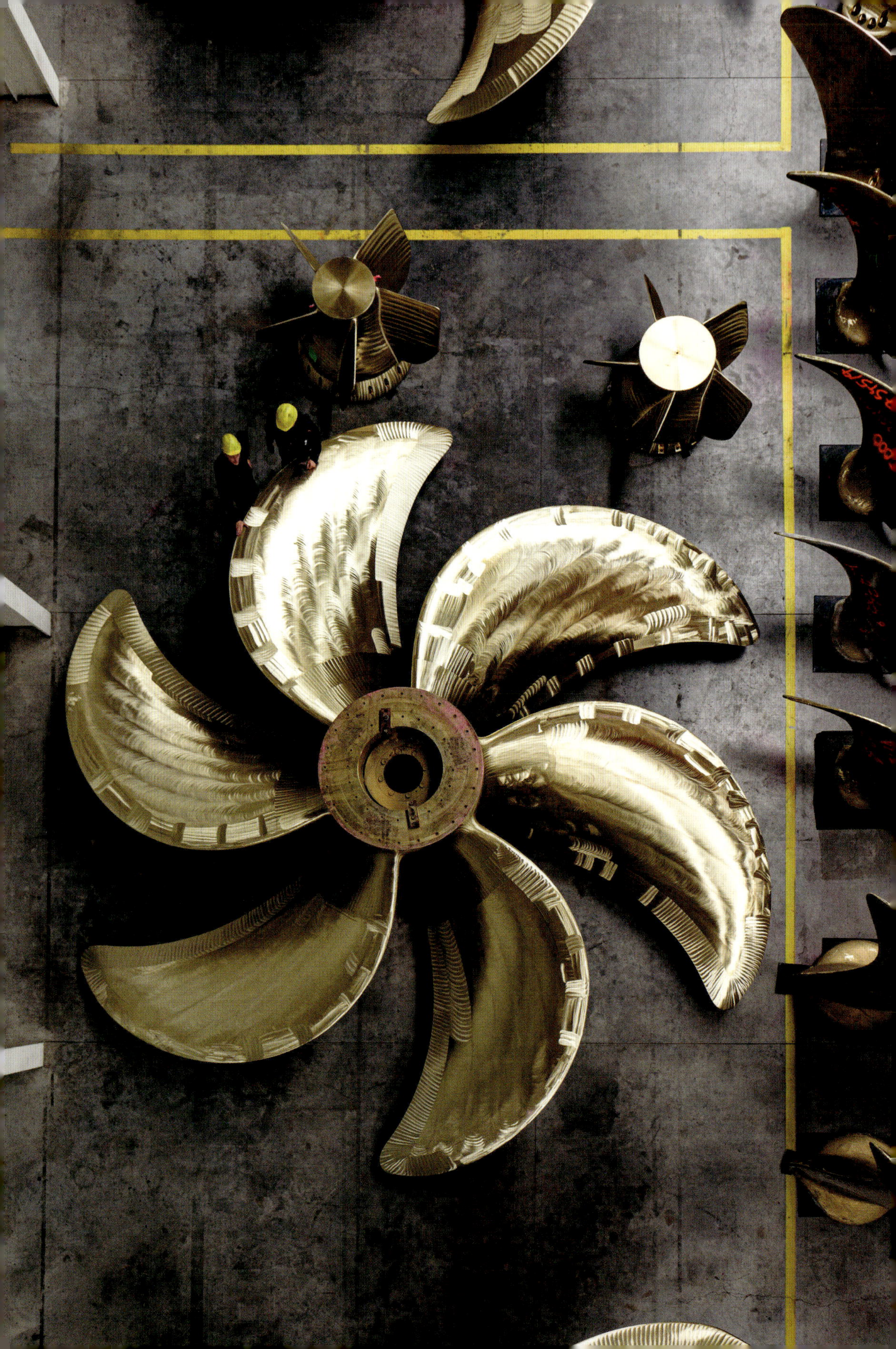

zwischen Bodden und Backsteingotik. Sind es doch gerade diese herrschaftlichen Anwesen, die Landschaft wie Geschichte nicht allein wegen ihrer deutschlandweit unerreichten Zahl besonders geprägt haben. Schließlich sind mit jedem dieser alten und noch älteren Gebäude eine ganz eigene Geschichte und Geschichten verbunden, ranken sich Sagen und Mythen um viele Häuser zwischen Ludwigslust und Granitz. Und auch die Historie dieser Region spiegelt sich hier wider, denn Mecklenburg wie Vorpommern wurden im Laufe der Jahrhunderte stets aufs Neue zum Spielball der Mächtigen: im Süden der Brandenburger und Preußen, die den Zugang zur Ostsee suchten – im Norden der Skandinavier, die gen Mitteleuropa strebten. Machtkämpfe, von denen viele der einstigen Adelsresidenzen bis heute erzählen.

Geschichten, die untrennbar mit solch unerhörten Orten verbunden sind – und die Kontraste und eine Vielfalt bieten, die nicht allein einen Klangsucher wie Gerassimez ins Schwärmen geraten lassen: „Im Konzertsaal einer Großstadt finde ich solche Orte nicht, da stehen weder Fässer noch Schiffsschrauben herum, fehlen diese Anregungen", stellt der Schlagzeuger fest. „Wenn hier aber neben einer Konzertscheune ein Autowrack ruht und dort ein Blech herabhängt, fängt es bei mir sofort an zu arbeiten ..." Oder in der weltgrößten Schiffspropellerfabrik in Waren, wo er die riesigen Metallschrauben entdeckte, kurzerhand seine Schlegel aus dem Koffer hervorholte und auf den Kupferguss-Fabrikaten zu spielen begann ... begeistert von „diesen glockenartigen, wahnsinnigen Klängen" – was dazu führte, dass Gerassimez noch auf der Rückreise nach Berlin auf einer Hotelrechnung die ersten Partiturseiten seiner „Screw Symphony" niederschrieb.

KÜNSTLER BRAUCHEN RAUM – UND IN MECKLENBURG-VORPOMMERN FINDEN SIE DIESE FREIRÄUME, UM WIRKEN ZU KÖNNEN

Doch auch wer nicht gleich zu Komponierstift und Schlegel greift, wird zumindest überrascht sein von der Sternwarte des (abgebrannten) Rempliner Schlosses, die sich Friedrich Graf von Hahn 1793 für seine astronomischen Studien bauen ließ, oder von jenem Wasserfall, den sich die Besitzer des Schlosses Kittendorf Mitte des 19. Jahrhunderts in ihrem Park durch das Aufstauen der nahen Peene schaffen ließen. Und er wird sich nur zu gern auf eine der zahlreichen Schlössertouren begeben, um etwa tiefer einzutauchen in die Geschichte der klassizistischen Schlossanlage von Burg Schlitz, in die weit verzweigten Verwandtschaftsbeziehungen des europäischen Adels im schmucken Fachwerkbau des Jagdschlosses Gelbensande oder in das schmerzhafte deutsch-deutsche Nachkriegskapitel auf Schloss Lütgenhof.

Oder er wird sich auf eine Wanderung beziehungsweise Radtour begeben auf einer jener Alleen, deren Blätter, Äste und Stämme den gemächlich reisenden Naturliebhaber auf über 2500 Straßenkilometern durch mehr oder minder dichte Tunnels leiten – ja, im idyllischsten Fall gar holpern lassen, gibt es hier doch tatsächlich noch manche Kopfsteinpflasterchausseen. In das Reich von See- und Fischadler eintauchen, sich am Gesang einer der mehr als 260 Vogelarten im Land erfreuen oder die noch weit größere Zahl verschiedener Schmetterlingsarten bewundern. Um am Ende des Tages vielleicht an den Ostsee-Gestaden zu stehen und den Blick wie Gerassimez in die Ferne schweifen zu

Seite 22 – Weltmarktführer: Gemeinhin treiben die gewaltigen Propellerschrauben der Mecklenburger Metallguss Gesellschaft in Waren Schiffe rund um den Globus an – wenn nicht gerade Alexej Gerassimez die Kupferguss-Fabrikate bespielt ...

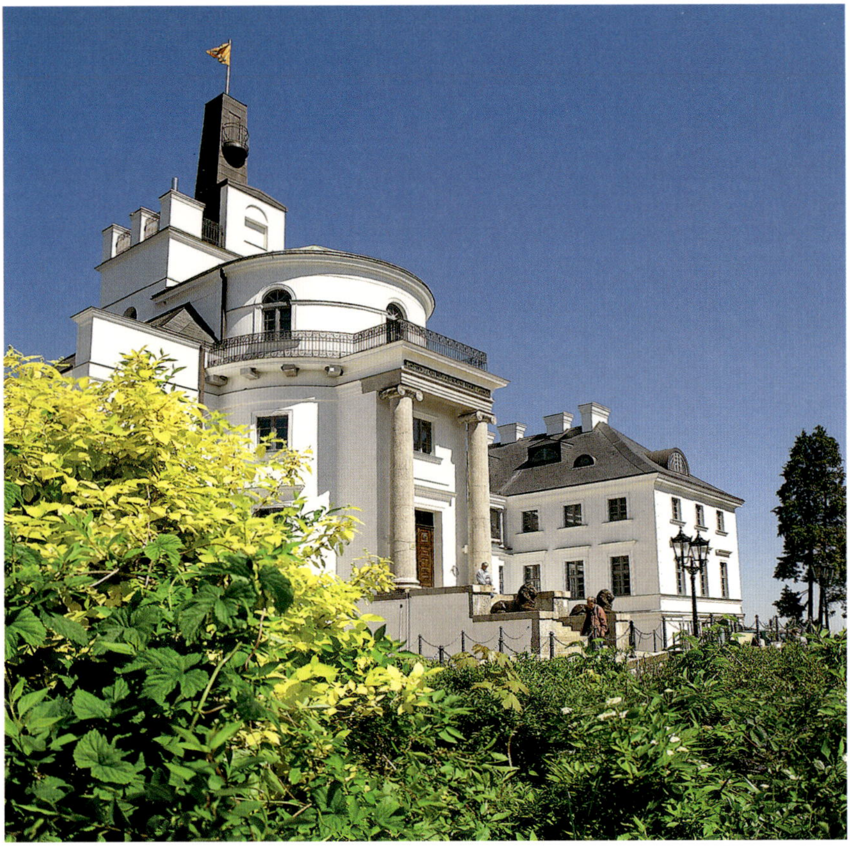

Familiengeschichte(n): Die Reichsgrafen von Schlitz-Goertz lebten einst auf einer Burganlage bei Fulda – um den Namen des familiären Stammsitzes zu bewahren, wählte Hans Graf von Schlitz für sein Anfang des 19. Jahrhunderts neu erbautes Herrenhaus in Mecklenburg den Namen „Burg Schlitz“

lassen: „An der Küste wie auch in der Natur im Landesinneren fühle ich mich unglaublich wohl, denn das Erlebnis dort lässt einen die innere Unruhe runterfahren und zum inneren Ich zurückfinden“, sinniert der gebürtige Essener. „Auf einmal bist du viel offener und erlebst diese häufig noch sehr wilde Landschaft ganz anders und bewusster – nicht zuletzt, wenn du kein Handynetz mehr hast und dich von dieser virtuellen Welt nicht ablenken lassen kannst …“

Die Schulung der eigenen Achtsamkeit durch das Naturerlebnis: für den Musiker einer der Gründe, warum es ihn bei jedem seiner Festspielkonzerte auch in einen nahen See oder ins Meer zieht. „Beim Schwimmen bist du im Hier und Jetzt: Da sind nur der Himmel und vielleicht noch einige Bäume, doch ansonsten ist überall Wasser – das stimuliert nicht allein körperlich, sondern fokussiert dich auch geistig.“ Sogar in tiefster Nacht hat der Hochleistungs-Schlagzeuger nach Auftritten noch den Sprung in die Fluten gewagt: „Es ist wie ein Schwimmen im Nichts, das mich auch mit der Angst vor dem Unbekannten konfrontiert – Zustände, die ich spannend finde“, betont Gerassimez. Selbst wenn er manchmal das einsame Handylicht eines am Ufer stehenden Freundes braucht, um den Weg zurück ans Land zu finden …

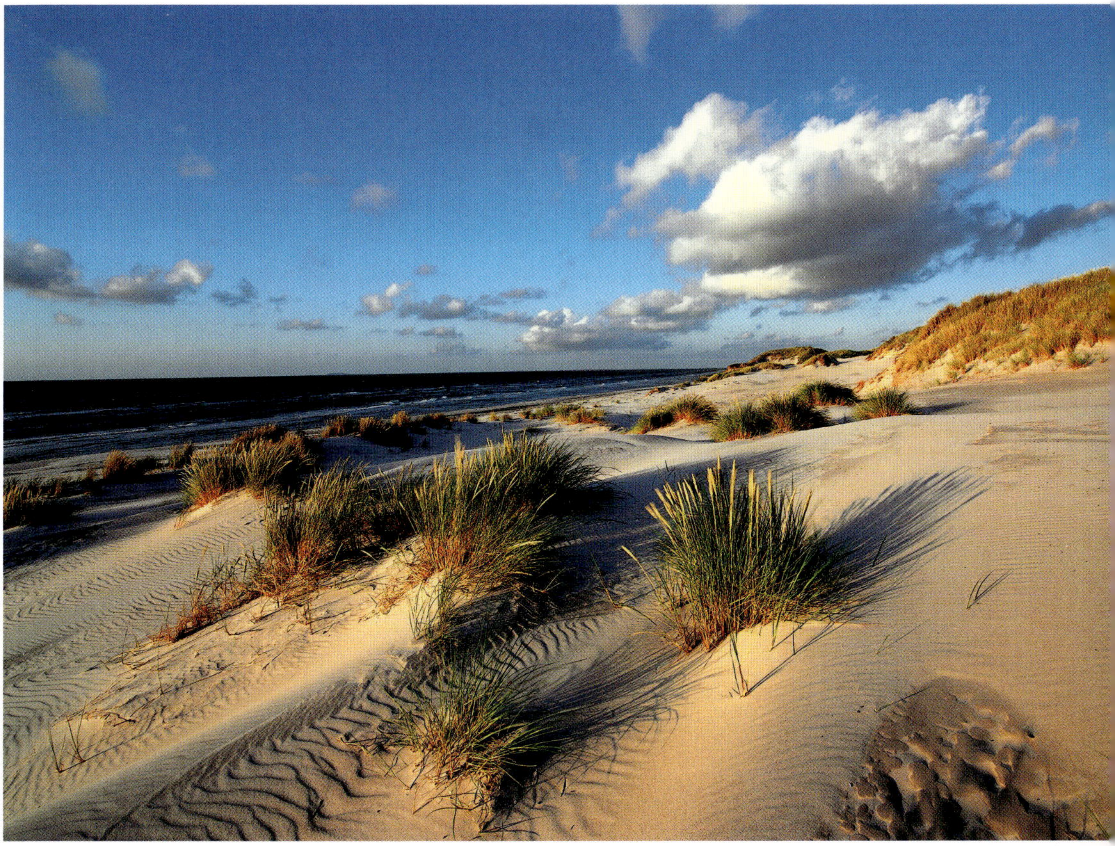

Es sind auch diese Abenteuer in und mit der Natur, die den Musiker seit seinem ersten Auftritt 2006 Mecklenburg-Vorpommern haben in sein Herz schließen lassen. Gerade einmal 19 Jahre zählte der gut ein Jahrzehnt zuvor vom Klavier zum Schlagzeug gewechselte Musiker damals – und wurde sogleich zum Festspielpreisträger gekürt. Seither lässt der vielseitige Künstler nicht allein alle Jahre wieder die Schlegel hoch oben im Norden grandios wirbeln und demonstriert ebenso einfühlsam wie beeindruckend die ganze Bandbreite seines Instrumentariums von der Snare Drum bis zum Marimbaphon, vielmehr erkundet er zugleich voller Neugier Land und Menschen zwischen Heringsdorf und Grabow. Und egal zu welcher Jahreszeit, „immer hast du hier so ein Frühlingsgefühl: Viel ist passiert in der Vergangenheit – und nun wächst etwas Neues." Ohne indes die Historie völlig zu verdrängen, wie er beobachtet hat: Gerade in den Dörfern sei es häufig nicht der Mensch, sondern die Natur, die sich über verfallenen Gebäuden wieder ihren Weg bahne. „Das hat einen großen Charme, denn du spürst einfach noch drei wesentliche geschichtliche Prägungen: die Zeit der Preußen, in der so viele Gutshäuser und Schlösser entstanden, der Stillstand der DDR-Jahrzehnte und die Aufbrüche nach der Wiedervereinigung. Drei historische Epochen, die das Land

Vorpommersche Boddenlandschaft: Der größte Nationalpark an der deutschen Ostseeküste erstreckt sich vom Darßer Ort über den Strand in Zingst bis hin zur kleinen Insel Ummanz

so unterschiedlich prägten und prägen, ein Land, in dem du immer wieder Menschen triffst, die in diesen verschiedenen Zeiten leben beziehungsweise versuchen, aus diesen auszubrechen oder sich in ein anderes Zeitalter zurückwünschen: Das ist ein Zustand, aus dem ungeheure kreative Spannungen entstehen."

Spannungen wie im Hotel Tucholski in Loitz. Eine kleine Gemeinde, auf den ersten Blick eher grau und trist, keine 4500 Menschen leben hier. Und doch darf sich das Örtchen Stadt nennen, seit Ritter Detlef von Gadebusch 1242 das Lübische Stadtrecht aussprach: Ausgerechnet ein Mecklenburger machte Loitz damit zur drittältesten Stadt Vorpommerns! Das Schloss, das hier einmal stand und größer als das in Schwerin gewesen sein soll, wie alte Loitzer noch heute gern erzählen, wurde von den Schweden geschliffen, die letzten Reste fielen 1701 einem verheerenden Brand anheim. Von anderen Zeiten kündet gleichfalls der große Speicher im Hafen, wo einst sogar Schiffe gebaut wurden – die Gegenwart ist eher beschaulich ruhig und zieht sommers hier am Ufer der Peene allenfalls ein paar Ausflügler ins Gasthaus „Korl Loitz" im ehemaligen Bahnhofsgebäude. Und doch ist das scheinbar verschlafene Nest im einstigen Grenzgebiet der Herrschaftsbereiche von Mecklenburg, Rügen und Pommern typisch für so viele Dörfer und kleine Städte im Land: Denn wer sich Zeit nimmt für einen Gang durch die Straßen, entdeckt nicht nur slawische Spuren, sondern kann in einem Haus wie dem Hotel Tucholski auch eine Zeitreise in die vergangenen beiden Jahrhunderte unternehmen.

UND AUCH WIR MUSIKER SPÜREN, WIE DIESE SPANNUNG DURCH DIE RITZEN DER GESCHICHTE KRIECHT UND DEN BETON AUFBRICHT: DAS MACHT DAS LAND SO FRUCHTBAR FÜR DIE KUNST

Herberge sind die Zimmerfluchten hinter der düsteren Hausfassade zwar schon seit Jahrzehnten nicht mehr, doch der Name ist mit den Festspielen zum geflügelten Wort in Loitz geworden. Seit Mitte des 19. Jahrhunderts hatte hier in der Langen Straße 41 tatsächlich das Hotel Brunner existiert – das erste Haus am Platze mit einem gewaltigen Ballsaal, vor allem nachdem Ernst Tucholski das zweigeschossige Gebäude 1920 kaufte. Zuvor auf Schloss Sanssouci in Diensten des letzten deutschen Kaisers Wilhelm II., holte der Kaiserliche Hof- und Küchenkünstler nun die weite Welt in das einstige Ackerbürgerstädtchen, später lockte sein Sohn selbst die Berliner in das Tanzlokal an der Peene, veranstaltete Hawaii-Bälle, Petersburger Schlittenfahrten und Andalusische Nächte. Feste, die wiederum in den Erinnerungen seiner in West-Berlin aufgewachsenen Kinder über all die DDR-Jahrzehnte wie ein Phantomschmerz nachklangen – verwundert es da, dass Barbara Camilla und Peter Tucholski 1991 an den Ort ihrer Kindheit zurückkehrten? Künstler alle beide, sind sie nicht der Versuchung erlegen, das geschichtsträchtige Haus für einen gesichtslosen, doch besser zu vermietenden Neubau platt zu machen, sondern haben hier einen Ort für die Kunst geschaffen, für Malerei, Klangskulpturen, Theater und Tanz. Und die Geschichte, denn die Spanplattenmöbel aus DDR-Zeiten finden sich in dem jahrzehntelang als Mädchenpensionat eines benachbarten Internats genutzten Gebäude ebenso noch wie die Synthetikgardinen, und auf dem schwingenden Eichenparkett des Ballsaals ist bei geschlossenen Augen ein Hauch jener wirbelnden Feste zu verspüren, die Loitz einst den Ruf eines Klein-Paris bescherten.

Spannungen, von denen sich ein Künstler wie Peter Tucholski ernähre, sagt Gerassimez, „und auch wir Musiker spüren, wie diese Spannung durch die Ritzen der Geschichte kriecht und den Beton aufbricht: Das macht das Land so fruchtbar für die Kunst." Kunst, die angesichts der Weite der Regionen hier wachsen könne und gerade seinem Instrument Raum gebe: Das Schlagzeug sei nun einmal das verbindende Element in der Menschheitsgeschichte, der Rhythmus ein Urinstinkt des Menschen – „das Trommeln bringt uns zusammen".

Ohne indes die Verschiedenheit der Regionen aufzugeben, denn der Darß klingt anders als das südliche Vorpommern, wie der Musiker selbst erfahren hat, als er 2017 während seiner dreimonatigen Festspielresidenz das Land nicht nur bespielte, sondern zu dem 80-minütigen Luftbilderfilm „MV von oben" auch in Klänge verwandelte. Exotisch anmutende Sümpfe, der Backstein des Welterbes in den Altstädten von Stralsund und Wismar, türkisblaue Wasser, barocke Schlösser, weite Sommerwiesen, die an afrikanische Savannen erinnern: eine Vielfalt der Regionen, die sich selbst in den Geschichten widerspiegelt. 2000 Märchen und zehntausende Sagen finden sich im mecklenburgischen und pommerschen Raum, den die Gebrüder Grimm für ihre Sammlun-

Im Rausch der Farben: Seit 2008 dürfen Landwirte in Mecklenburg-Vorpommern wieder Mohn anbauen und beliefern mit der Ernte die Bäcker der Region

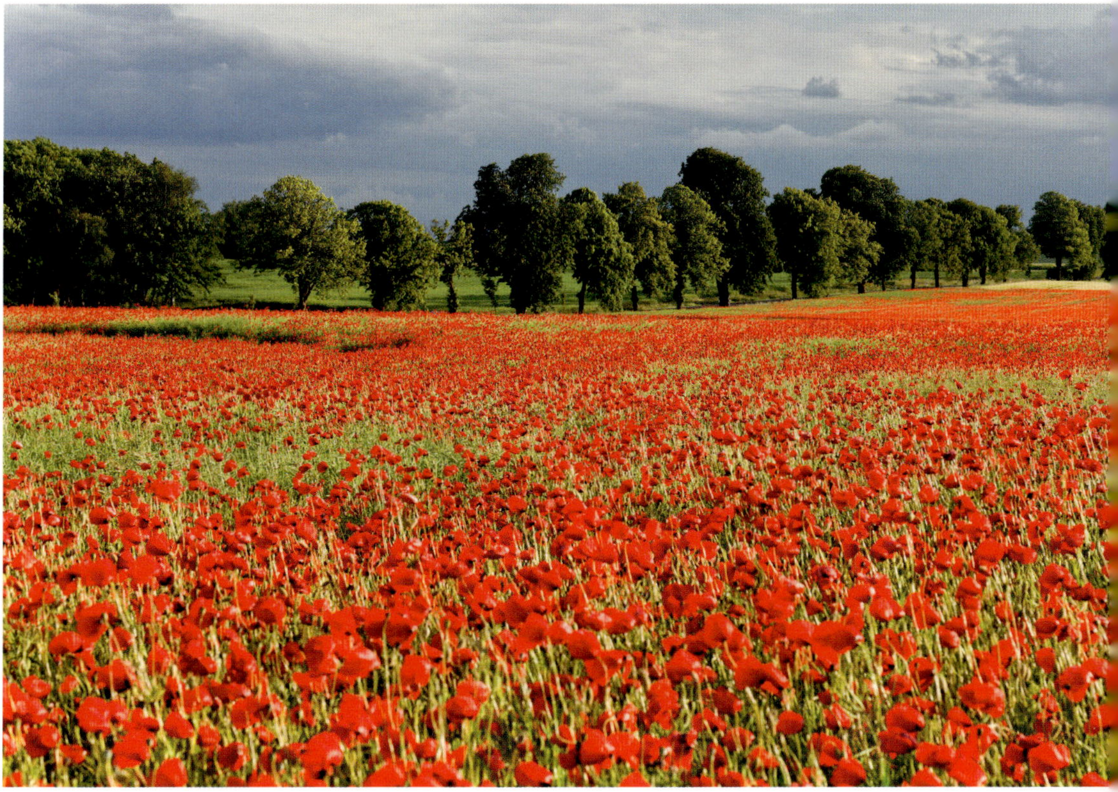

Prunkstück der Bäderarchitektur: 1898 wurde die schneeweiße Jugendstil-„Villa Granitz" an Sellins Wilhelmstraße, der Flaniermeile des Ostseebads, erbaut

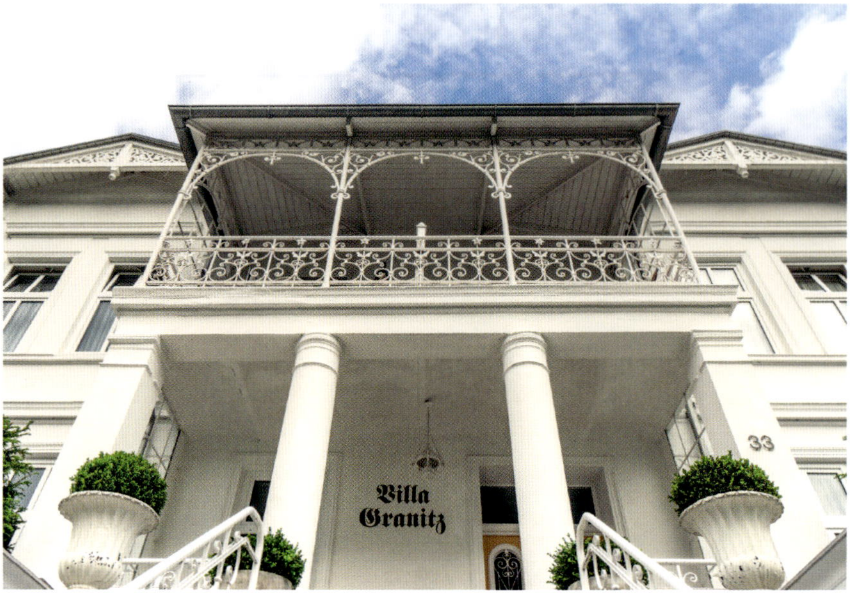

gen intensiv durchforsteten – die Erzählung vom Fischer und seiner Frau ist da nur die bekannteste unter den fantastischen Dichtungen.

„Dieses Land, mein Instrument und ich: Wir passen einfach gut zueinander", ist Gerassimez überzeugt. Mecklenburg-Vorpommern biete ihm das Atelier, sich zu entwickeln: Dort ist die Leinwand, da sind die Farben – „und dann muss ich nur noch malen. Woanders auf der Welt ist das Bild schon fertig, oder es heißt: Du darfst nur diese oder jene Farbe nehmen." Hier indes lasse sich aus der Vielfalt der Töne schöpfen: dem intensiven, ins Bräunliche gehenden Rot des Backsteins der Kirchtürme und Stadttore, der Bürgerhäuser und Klostermauern. Dem schillernden Blauschwarz der Seen. Dem leuchtenden Weiß der Bäderarchitektur, jenen zumeist zwei- bis viergeschossigen, romantisch verspielten Villen auf Rügen und Usedom oder entlang der Mecklenburger Bucht. Dem schimmernden Gold der wogenden Kornfelder im Augustwind. Dem funkelnden dunklen Grün der weiten Kiefernwälder. Dem zarten Gelb der feinen Sandstrände. Oder dem vom wirbelnden Weiß der Wellengischt durchzogenen Blaugrün der Ostsee, die sich am Horizont im leuchtenden Orange des sommerlichen Abendhimmels verliert.

DIESES LAND, MEIN INSTRUMENT UND ICH: WIR PASSEN EINFACH GUT ZUEINANDER

Die große Freiheit: ein Erlebnis, das der Musiker hier in der Natur wie in der Kunst besonders intensiv empfindet. Nicht zuletzt wegen der Historie: „Die Preußen wie auch die DDR waren ja bekannt für ihre sehr hierarchisch-militärischen und ungeheuer einengenden Strukturen – und diese Unfreiheit ist nach der Wiedervereinigung aufgebrochen." Kreative Prozesse aber entstünden aus dem Wissen um die Beschränkung, denn erst „wenn du mal in Ketten gelegen hast, weißt du, was es heißt, frei zu sein". Eine Freiheit, die der Klangwerker während seiner sommerlichen Residenz in vollen kreativen Zügen auskostete: Mehr als zwei Dutzend Konzerte mit immer neuen Programmen hatte er sich seinerzeit vorgenommen – und lernte dabei auch seine Grenzen kennen. „Unfassbar anstrengend" sei diese Phase bisweilen gewesen, ja, am Ende habe er gedacht: „Ich kann nicht mehr".

Und doch ist der Ausdauertrommler heute dankbar für diese Grenzerfahrung und froh, solch ein Erlebnis in den Weiten Mecklenburgs und Vorpommerns gemacht zu haben: „Andernorts wäre dies mit Sicherheit eskaliert – hier bin ich ins Wasser gesprungen oder habe mich zwischendurch allein auf einen Steg gesetzt, die Augen geschlossen und versucht, meine Umgebung wahrzunehmen. Denn du spürst dann den Raum und die Natur, der Körper merkt unbewusst, dass ihm dies guttut, und lädt seine Batterien wieder auf." Eins zu werden mit der Landschaft, das eigene Glück im Hier und Jetzt zu finden: Mecklenburg-Vorpommern – für Alexej Gerassimez ist dieses Land der scheinbar ewig währende Frühling des Lebens.

Alte Dame, junger Herr: Wie viele Künstler liebt auch Alexej Gerassimez den ganz eigenen Charme der Halle 207, in der einst die Rostocker Neptunwerft Schiffsbaugeschichte schrieb und die heute ein Konzertort ist

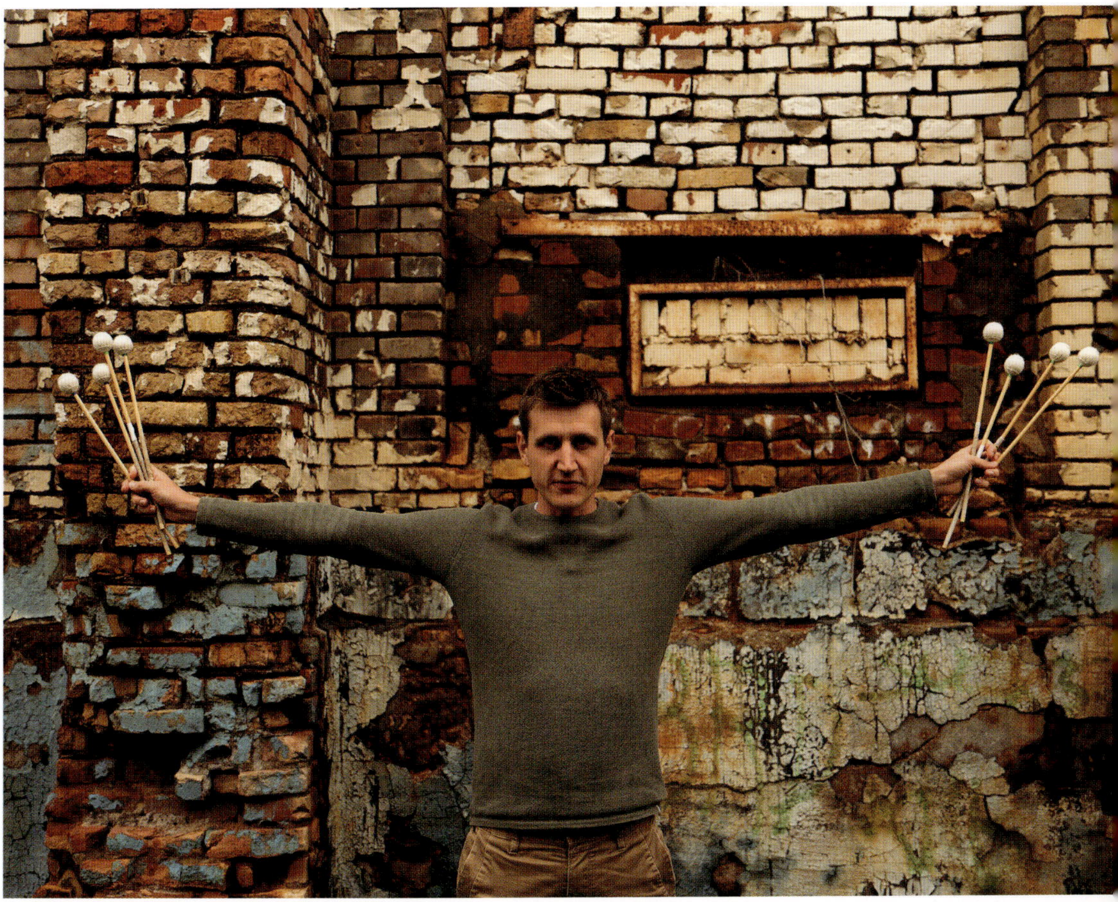

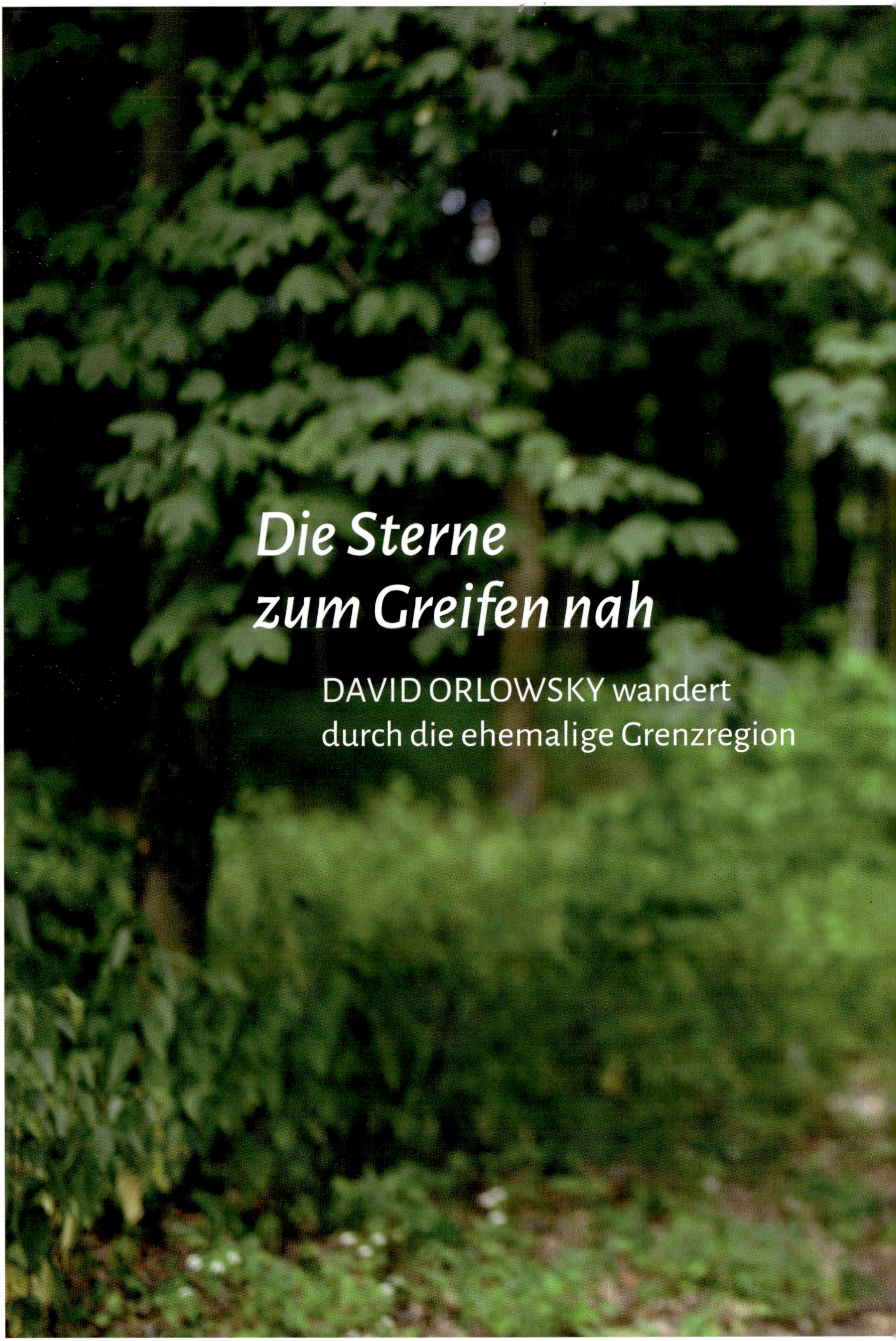

Die Sterne zum Greifen nah

DAVID ORLOWSKY wandert durch die ehemalige Grenzregion

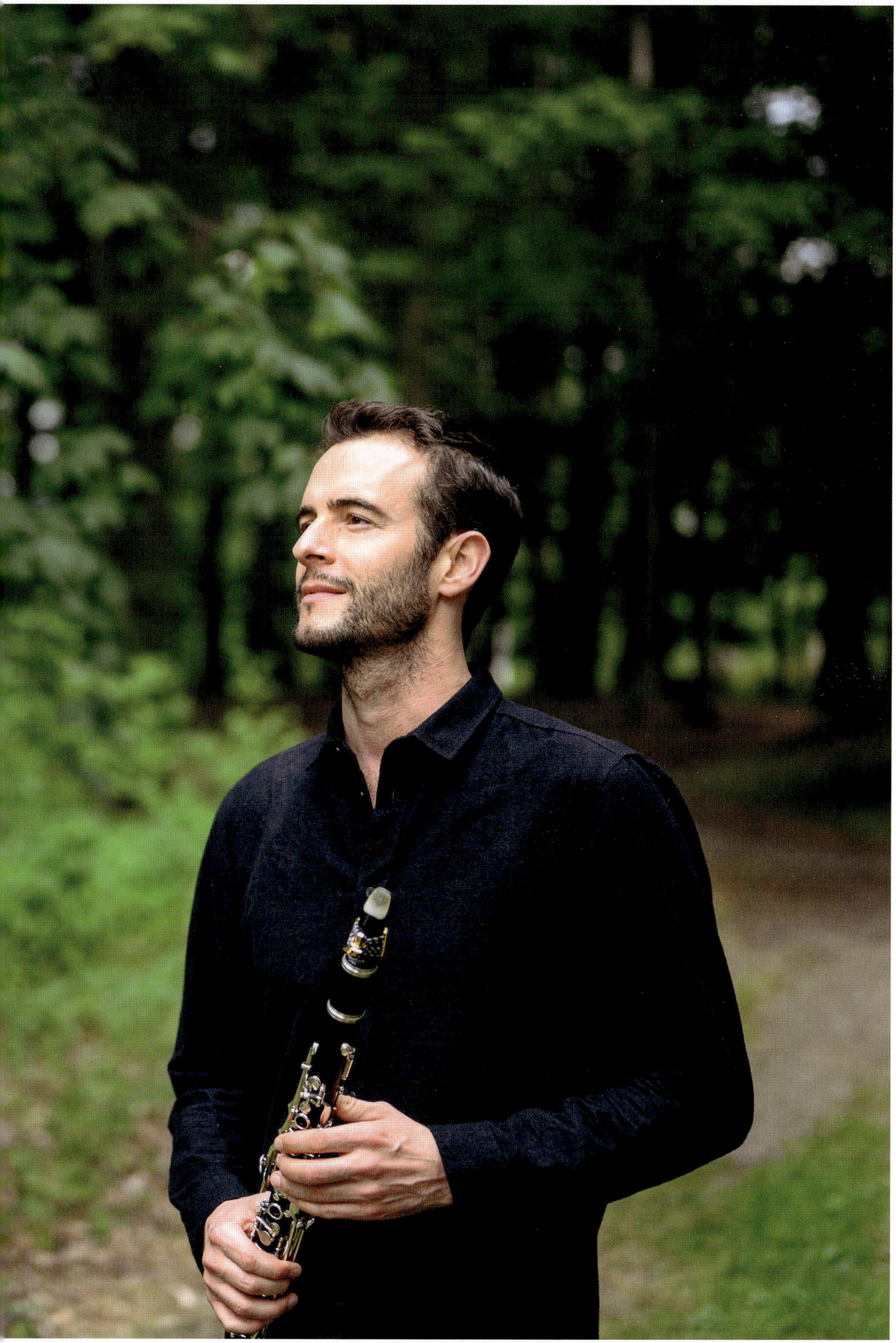

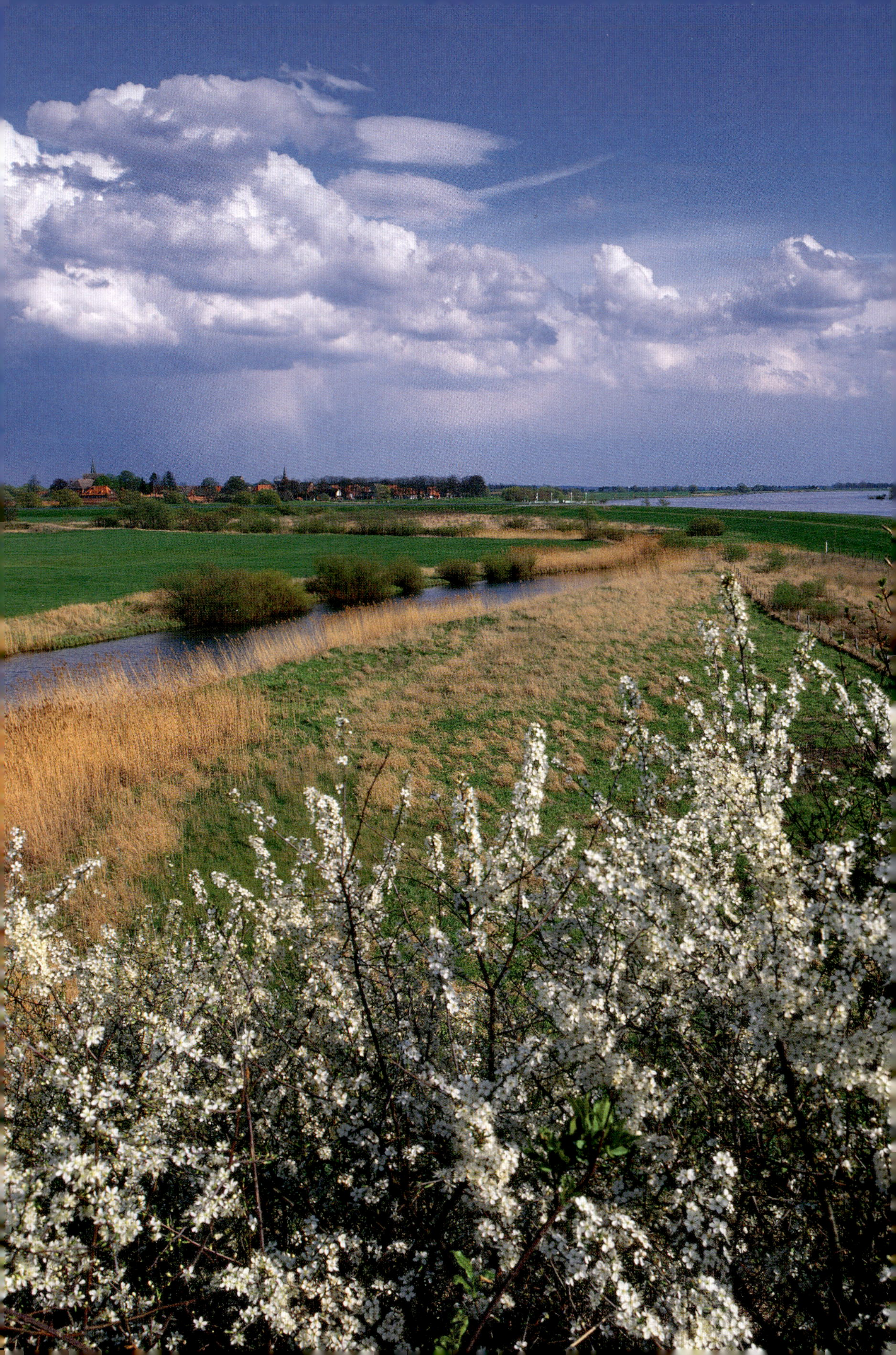

„Für mich ist es immer noch schwer vorstellbar, dass es solch einen Wahnsinn einmal gegeben hat." Kopfschüttelnd blickt David Orlowsky auf den grauen Wachturm am ehemaligen Todesstreifen vor dem Konauer Deich, wo ein kleiner Teil der einstigen Grenzzaunanlage nachgestellt worden ist. Sperrgebiet war diese Region bis 1989, vollständig abgeschottet nicht allein zur Bundesrepublik im Westen, sondern vor allem zum Landesinneren der DDR. „Grenzen sind etwas Anmaßendes und komplett Absurdes: Es war Deutschland, aber eben doch nicht Deutschland, die Menschen wollten rüber, aber durften nicht – was haben die sich rausgenommen, hier einen Zaun zu ziehen und zu sagen: ‚Ihr dürft da nicht hin'!"

Seite 32 – Grenzfluss: Mehr als vier Jahrzehnte trafen hier zwei Herrschaftssysteme aufeinander – heute trennt die Elbe bei Dömitz nur noch Mecklenburg-Vorpommern von Niedersachsen

Geschichte, die den Klarinettisten auch mehr als drei Jahrzehnte nach der Öffnung der innerdeutschen Grenze in Wallung bringt. Zumal er selbst zwischen den Welten wandelt, seit ihn als 16-Jähriger Klezmer-Legende Giora Feidman entdeckte, er Mozarts berühmtes Klarinettenkonzert ebenso traumversunken zu intonieren vermag wie in seinem Trio mit Jazz zu berühren oder mit Klezmer mitzureißen weiß. „Musik kennt keine Grenzen – und auch hier hat es ja am Ende nicht funktioniert ..."

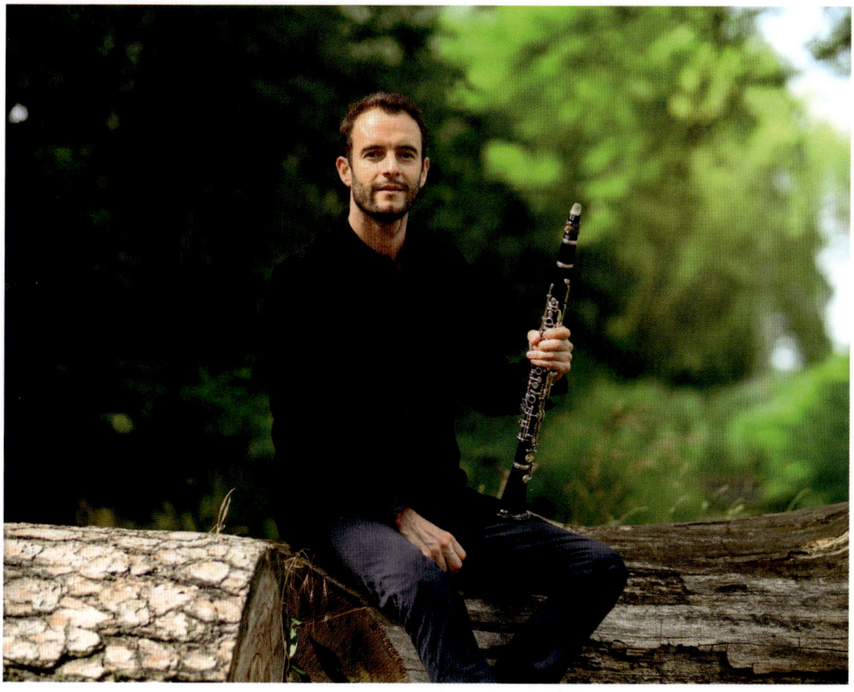

Liebe seit Kindertagen: David Orlowsky wuchs unmittelbar am Rand eines großen Gehölzes auf – „klar, dass wir da immer im Wald gespielt haben. Seit damals hat für mich Zeit in der Natur auch etwas Friedliches"

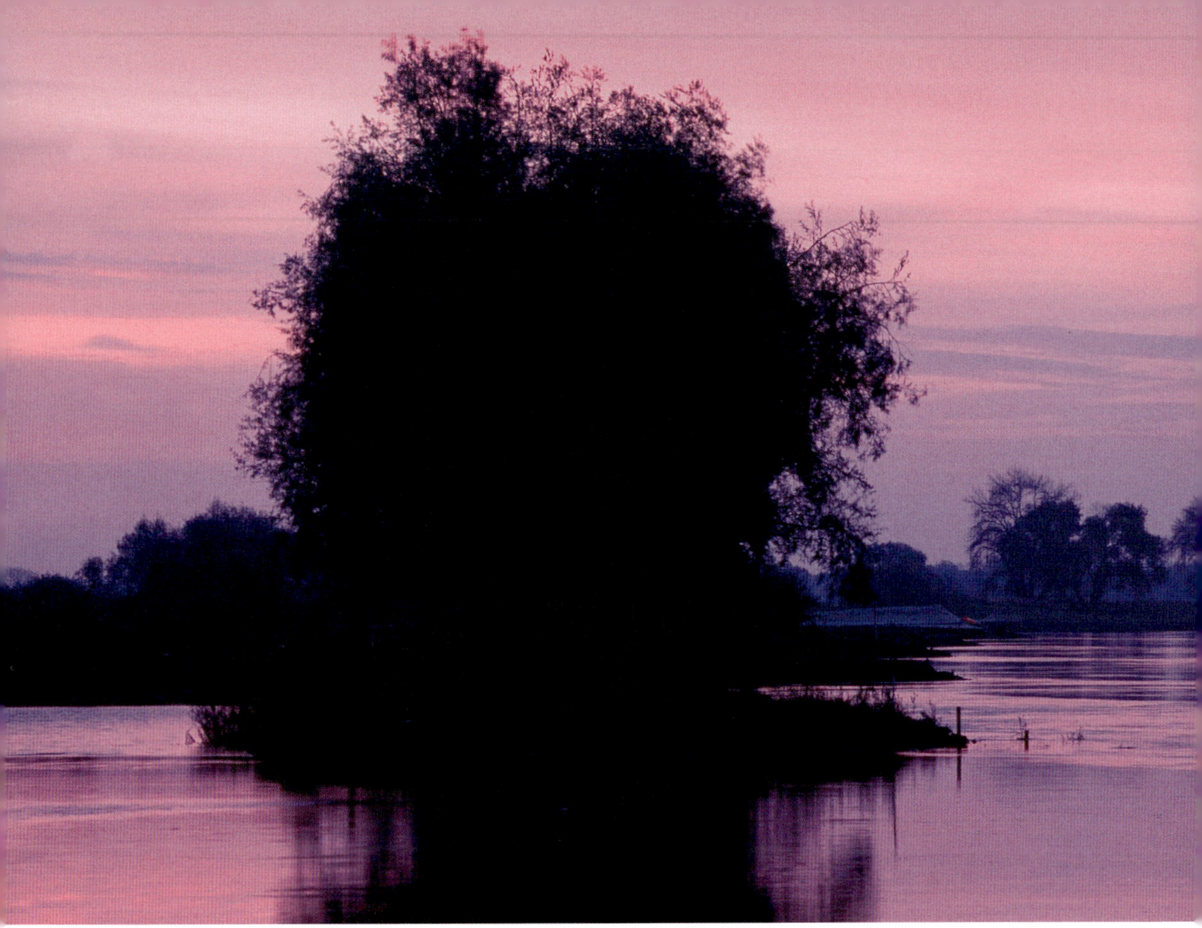

Biosphärenreservat: Dank der ehemaligen abgeschiedenen innerdeutschen Grenzlage hat sich entlang der Elbe eine einmalige Auenlandschaft entwickelt

Fast vier Jahrzehnte „funktionierte“ der 1400 Kilometer lange und bis zu 200 Meter breite „Todesstreifen“ zwischen den beiden deutschen Staaten auf brutale Weise: Signalzäune, Hundelaufanlagen, Minenfelder, Streckmetallzäune mit scharfkantigen Aussparungen, Selbstschussanlagen sowie 578 Grenztürme – fast 1000 Menschen fielen den mörderischen Absperrungen zum Opfer. Doch auch die Lebenden in jenen grenznahen Zonen litten unter der Demarkationslinie, so in der Elbtalaue, wie die Ausstellung im Grenzlandmuseum Schnackenburg oder auch der Rundweg „Grenzgänge“ mit seinen Hörstationen, Exponaten und Informationstafeln zeigt: Wer nicht zwangsumgesiedelt wurde oder seinen Hof durch das „Schleifen“ ganzer Siedlungen verlor, musste in den Elbdörfern Konau, Popelau und Darchau mit immer drastischeren Einschränkungen leben. Passierscheine für das Sperrgebiet waren nur schwer zu bekommen, die Bewohner durften lediglich ihre engsten Familienangehörigen empfangen und waren angehalten, über ihre Gäste penibel Buch zu führen. Und der Blick aus dem heimischen Fenster fiel nicht auf das idyllische Elbtal und den breiten Fluss, sondern endete in einem Stahlzaun. Eine beklemmende Heimat.

Grenzen sind etwas Anmaßendes und komplett Absurdes

Neun Jahre alt war David Orlowsky, als der gebürtige Tübinger vor dem Fernseher den Fall der Mauer erlebte. „Zur DDR selbst hatte ich wenig Beziehungen“, erinnert

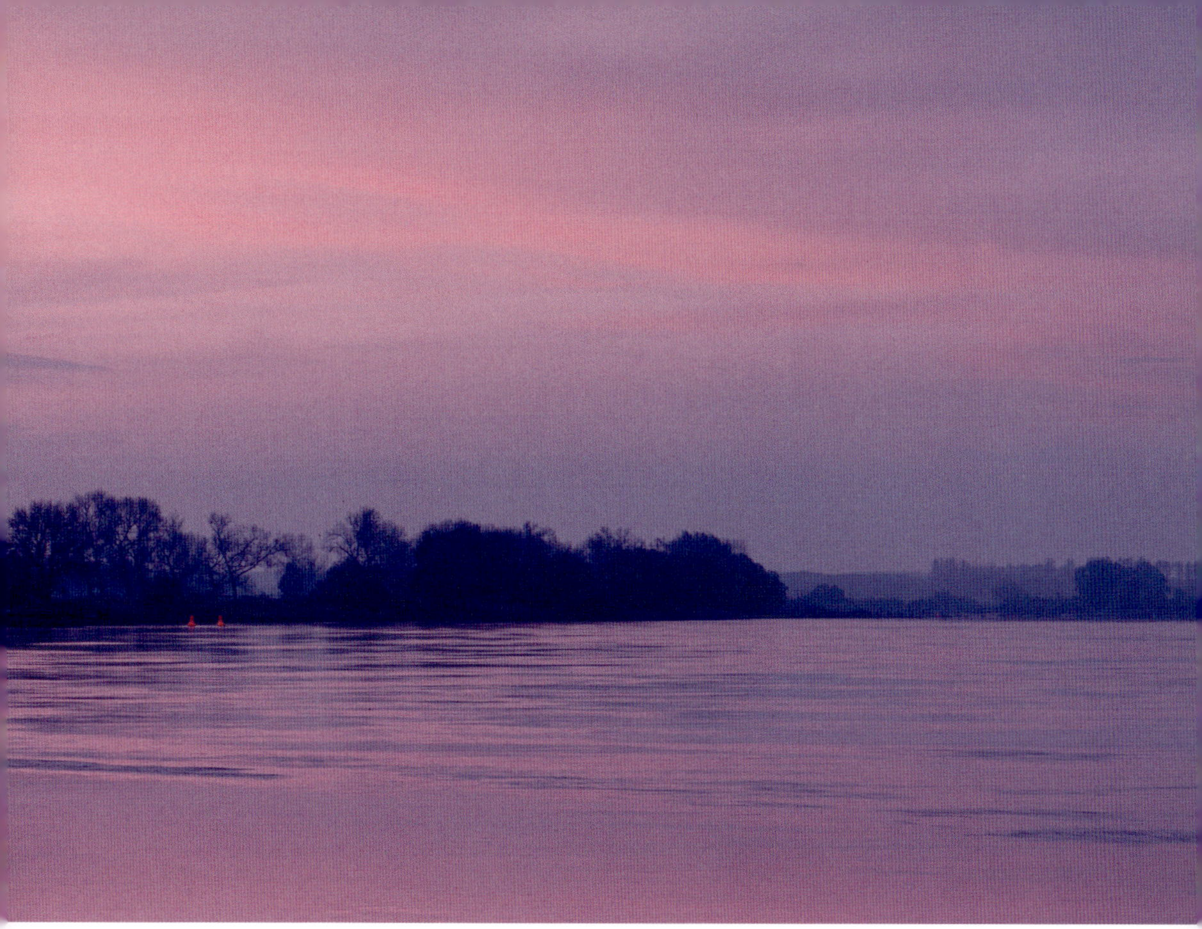

sich der Künstler. „Ich wusste, dass es einen Teil von Deutschland gab, in dem man oft durchsucht wurde, wenn man rein wollte – von Freunden hatte ich auch gehört, dass die ostdeutschen Grenzbeamten sogar die Brötchen durchleuchteten und man keinesfalls Schallplatten mitnehmen durfte: Das war alles für mich total absurd."

Und doch waren es wahre Geschichten, so wie auch jene des zwischen Dömitz und Hitzacker gelegenen 150-Einwohner-Elbdorfes Rüterberg: Da im Fluss der Grenzverlauf nicht genau geregelt war, kam es hier 1966 bei Vermessungsarbeiten in der Fahrrinne zu Auseinandersetzungen, weil sich beide Seiten gegenseitig beschuldigten, unbefugt in die Hoheitsgewässer des anderen eingedrungen zu sein. Mit der Folge, dass ein zusätzlicher, meterhoher Grenzzaun um Rüterberg errichtet wurde, das Dorf nun vollständig eingeschlossen und vom Rest der DDR isoliert war. Der einzige Zugang wurde scharf bewacht, dieses „eiserne Tor" selbst blieb von 23 Uhr bis zum Morgengrauen versperrt – wer zu spät kam, den bestrafte damals das Leben in Gestalt der Grenzsoldaten ... Ein Käfig-Dasein, das indes den Widerstandsgeist unter den Bewohnern offenbar besonders wachhielt: Als im Herbst 1989 der Unmut im Land immer größere Teile der Bevölkerung ergriff, beantragte Hans Rasenberger für den 24. Oktober eine Einwohnerversammlung, die schließlich für den 8. November genehmigt wurde. Auf seinen Reisen in die Schweiz hatte der Schneidermeister von den dortigen demokratischen Urkantonen erfahren und beschloss nun zusammen mit 90 anderen Anwohnern, sich von der DDR loszusagen – gemeinsam riefen sie die „Dorfrepublik Rüterberg" aus.

Welch spannende Historie im vormaligen Niemandsland! Mindestens so faszinierend findet Orlowsky indes jenes grüne Band, das sich bis heute entlang der ehemaligen deutsch-deutschen Grenze durchs Land zieht und ein einzigartiges Refugium für Tiere und Pflanzen bietet – eine oft unter Naturschutz stehende Wildnis, die auch seltenen Arten ideale Lebensbedingungen verschafft: Schließlich war der Grenzstreifen zu DDR-Zeiten weder gedüngt noch überhaupt landwirtschaftlich genutzt worden. So prägen heute Feuchtwiesen und Flutrinnen die Landschaft ebenso wie Binnendünen und Weichholzauen; ist sowohl der einst vom Aussterben bedrohte Elbebiber wieder anzutreffen als auch die Heidelerche oder der Rotmilan; finden sich entlang der Ufer typische Stromtalpflanzen wie Schwarzpappel oder Elbspitzklette, während auf den weiten, oft überschwemmten Elbwiesen zur Zugzeit Zwergschwäne und Saatgänse rasten oder winters verschiedene Wat- und Wasservögel Quartier nehmen. Und auch die Menschen haben die Einmaligkeit dieses historischen Glücksfalls für Flora und Fauna inzwischen erkannt – oder mit Orlowskys Worten formuliert: „Es ist einfach fantastisch zu sehen, wie schnell die Natur sich ihre Gründe zurückerobert, wenn der Mensch einmal eine Zeitlang nicht eingreift – so bleibend ist unser Eindruck hier auf Erden offenbar doch nicht."

Im Amt Neuhaus informiert das Archezentrum des Biosphärenreservates Niedersächsische Elbtalaue in einer Ausstellung nicht allein über Hintergründe und geschichtliche Zusammenhänge von alten, gefährdeten Haustierrassen, sondern bietet auch die Möglichkeit, Poitou-Esel, Vorwerkhuhn oder Angler Rind hautnah zu erleben. 10000 Apfel-, Birnen- und Pflaumenbäume säumen rund 60 Kilometer der Straßen und Wege in der Region, weitere 3000 Obstbäume finden sich auf Streuobstwiesen und in Privatgärten. Besonders reizvoll ist dabei die Sortenvielfalt, nahmen doch die hiesigen Obstparadiese ihre Ursprünge bereits im 16. Jahrhundert, als die Herzöge von Sachsen-Lauenburg begannen, den Anbau entlang von Wegen und in Gärten zu fördern – nicht zuletzt, weil Apfel- und Birnendicksäfte als Süßungsmittel bis ins 19. Jahrhundert eine große Rolle spielten.

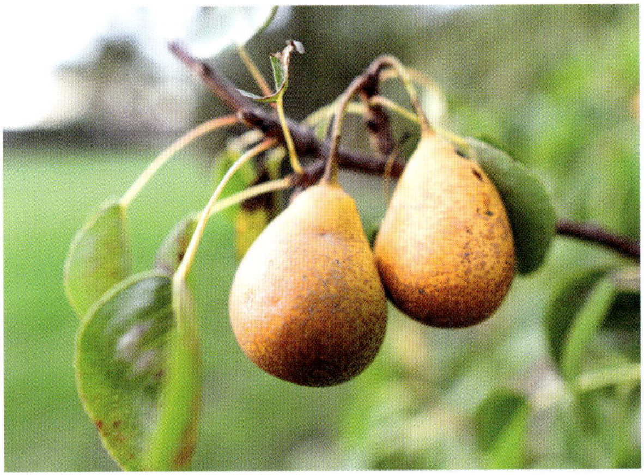

Sortenvielfalt: Die lange Tradition des Obstanbaus in der Elbtalaue hat eine Fülle von Eigenzüchtungen und Raritäten hervorgebracht

Und da zu DDR-Zeiten durch die Einrichtung des Grenzsperrgebiets auch keinerlei Interesse bestand, diese Straßen auszubauen und die alten Alleen zu roden, finden sich hier bis heute wahre Schatzkammern für Pomologen: Finkenwerder Herbstprinz, Goldrenette Freiherr von Berlepsch oder Geflammter Kardinal – allein rund 100 Apfelsorten sind bislang erfasst worden, hinzu kommen 30 verschiedene Birnen wie die Köstliche von Charneux, über deren Verwendung und Veredelung elf Obstlehrpfade informieren. Geschmacklich sind die alten Sorten oftmals weitaus reizvol-

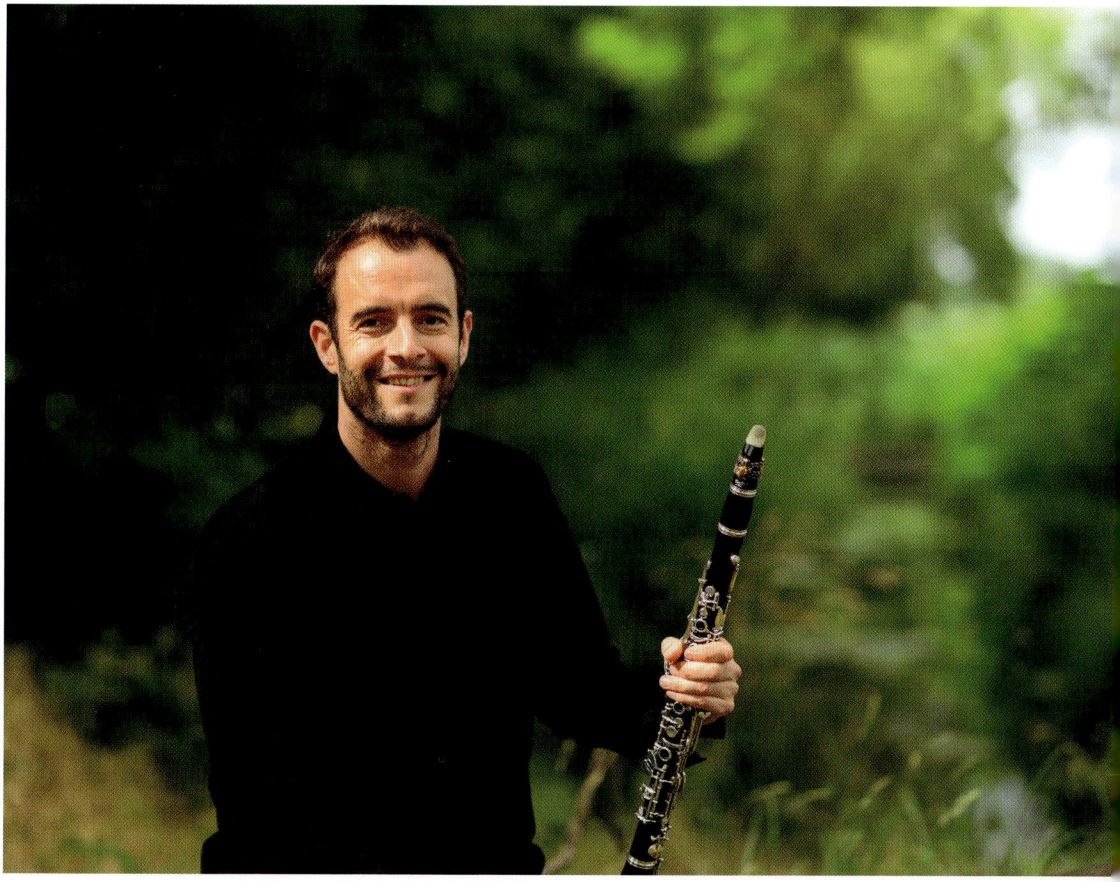

ler als ihre sauren grünen Brüder aus Neuseeland, und so greifen denn im Spätsommer und Herbst Wanderer und Radfahrer gern einmal zu, wenn die von den bis zu 160 Jahre alten Bäumen gefallenen Früchte am Boden liegen. „Ich habe mich da auch gelegentlich schon durchprobiert – und so manches Mal echte Geschmacksexplosionen erlebt", lacht Orlowsky.

„Du kannst nie in den gleichen Fluss steigen": Der Klarinettist liebt es, an den Ufern der Elbnebenarme zu sitzen und die kleinen Veränderungen auf dem Wasser zu beobachten

Eher etwas fürs Auge ist ein anderer typischer Vertreter dieses Landstrichs: der Weißstorch. Nirgendwo sonst in Deutschland gibt es eine derart storchenreiche Region wie hier, entlang der Elbe, wo die feuchten Wiesen und flachen Tümpel Meister Adebar ideale Futterplätze offerieren – auf seiner Suche nach Fröschen und Fischen, Mäusen und Maulwürfen, Regenwürmern und Schlangen. Nicht nur den Störchen kommt zugute, dass sich seit 1994 die Stork-Foundation darum bemüht, rund um die Elbnebenflüsse Sude, Krainke und Rögnitz Land zu erwerben und durch Wiederausdeichung Feuchtwiesen zu schaffen – auf denen auch Heckrinder und Wildpferde weiden.

Ich habe mich da auch gelegentlich schon durchprobiert – und so manches Mal echte Geschmacksexplosionen erlebt

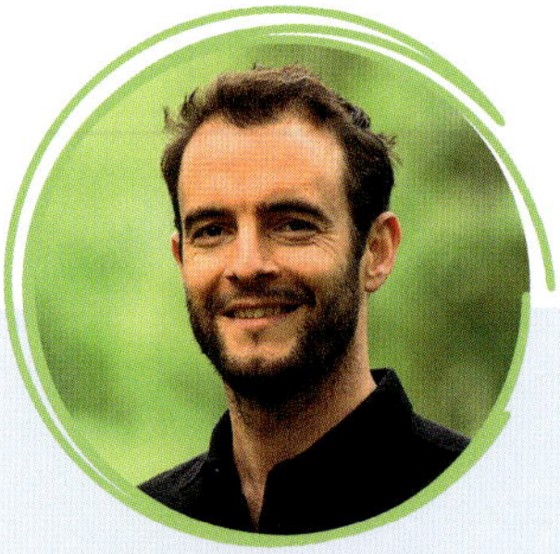

Wortwechsel

Sie empfehlen, in der ehemaligen Grenzregion nicht allein die landschaftliche Idylle zu genießen, sondern auch die Alte Synagoge in Hagenow zu besuchen. Was hat Ihr Interesse an diesem Gebäudeensemble geweckt?

David Orlowsky: *Diese Synagoge ist ein Zeitdokument, noch dazu in einem sehr kleinen Ort. Ich stamme aus Süddeutschland, und dort sind die Synagogen in der Progromnacht vom 9. auf den 10. November 1938 alle zerstört worden – diese indes blieb dank ihrer Lage in einem dicht bebauten Gebiet verschont. Und als wir mit meinem Trio dort im Rahmen der Festspiele das erste Mal aufgetreten sind und ich in den stimmungsvollen Innenraum kam, war ich sofort sehr ergriffen: Wir haben damals ein Klezmerkonzert gespielt mit Musik, die stark von der jüdischen Tradition inspiriert ist, und mich überkam sogleich ein Schauder der Demut.*

Wirkt sich solch ein Respekt vor der Umgebung auch auf das Musizieren aus?

Es geht vor allem darum, sich dort angemessen zu bewegen. Das fängt schon mit der Frage an, wo ich meine Sachen ablege: Im Konzerthaus packe ich halt meine Jacke irgendwo hin und stelle die Flasche Wasser einfach auf die Bühne – in solch einer Synagoge bin ich sehr viel vorsichtiger gegenüber dem Raum und seiner Historie. Zumal wir damals eben auch Klezmer gespielt haben, Musik, die vor allem mit dem osteuropäischen Judentum eng verknüpft ist: Das hat ein wenig von einem Besuch bei den Schwiegereltern – man sieht die Wurzeln von etwas, das man sehr liebt, und möchte entsprechend respektvoll damit umgehen.

Das Synagogenensemble in Hagenow ist heute eine kulturhistorische Stätte von überregionaler Bedeutung ...

Ja. In Mecklenburg durften die Juden erst seit Ende des 18. Jahrhunderts ihre Religion ausüben. In der Folge wurde der Bau der Synagoge an diesem Ort erlaubt wie auch die Einrichtung eines Friedhofes. Allerdings durfte das Gebäude damals nicht an einer Hauptstraße errichtet werden, weshalb es auch von der Straße aus nicht zu sehen ist.

Ergänzt wurde die Synagoge durch eine Wagenremise für den Bestattungswagen sowie ein Gemeinde- und Schulhaus, die beide bis heute erhalten sind …

… und in Letzterem hat man in einem Kellerraum sogar die Mikwe wiederentdeckt – ein aus Ziegelsteinen gemauertes Becken für jenes rituelle Reinigungsbad der jüdischen Gemeinde, das den Männern vor dem Sabbat vorgeschrieben war und den Frauen vor der Hochzeit.

Inzwischen ist das gesamte Gebäudeensemble saniert und ein Kulturzentrum entstanden, das zum einen Forschungs- und Informationsstelle zum jüdischen Leben in Westmecklenburg ist, zum anderen Ort für Konzerte, Lesungen, Ausstellungen und Tagungen.

Mich beeindruckt, dass die Initiative hierzu von den Menschen in Hagenow ausgegangen ist – und zwar schon vor der Grenzöffnung. Es gab einfach viele Bürgerinnen und Bürger, die sich dafür eingesetzt haben, diesen Teil ihres historischen und kulturellen Erbes zu erhalten und auf Spurensuche zu gehen. Ein Engagement, das ich großartig finde, denn nur wenn wir unsere Vergangenheit kennen, können wir in der Gegenwart für die Zukunft lernen.

Ein Naturerlebnispfad durch den Schlosswald an der Storkenkate Preten lässt Kinder und Erwachsene dem Storch auf die Spur kommen – und weckt bei dem Klarinettisten Erinnerungen an die eigene Kindheit. „Als Junge habe ich viel im Wald gespielt, und diese Zeit in der Natur hatte immer etwas sehr Friedliches", erzählt er. „Das hing natürlich auch mit der Abwesenheit jeglichen Lärms zusammen, den ich einfach nur grässlich finde. Bis heute suche ich eben solche Plätze der Stille – und in Mecklenburg-Vorpommern finde ich diese Orte in großer Zahl." Orte wie der bewaldete Uferstreifen des Eilands Kampenwerder im Schaalsee, an dem Orlowsky stundenlang sitzen und einfach nur aufs Wasser schauen kann: „Wie hat Heraklit schon gesagt: Panta rhei – alles fließt. Das gibt uns eine Perspektive, hier ist der Blick frei und gleichzeitig lenkt einen nichts ab, so dass man sich auf das Wesentliche konzentrieren kann." Das gilt auch für das Kampenwerder vorgelagerte Erdfleckchen Stintenburg, dem Friedrich Gottlieb Klopstock nach seinem Besuch 1767 bei der Eigentümer-Familie der Grafen von Bernstorff eine schwärmerische Ode widmete:

> „Insel der froheren Einsamkeit,
> Geliebte Gespielin des Wiederhalls
> Und des Sees, welcher itzt breit, dann, versteckt
> Wie ein Strom, rauscht an des Walds Hügeln umher […]"

Oder wie die Stixer Wanderdüne, letztes Überbleibsel einer weiten Dünenlandschaft zwischen Preten und Wehningen, die nach der Eiszeit vor 15000 Jahren entstand und in der Südwestwinde die Talsande bis zu 35 Meter hoch auftürmten! Im 19. Jahrhundert mit Kiefern aufgeforstet, ist zumindest diese Düne bis heute noch in Bewegung – allein: Bei zwei Zentimetern pro Jahr dürften sich die feinen Quarzkörner in absehbarer Zeit nicht zu solch einem Problem auftürmen wie im 16. Jahrhundert, als der Ort Ramm aufgegeben werden musste, da die Bevölkerung des Sandes nicht mehr Herr wurde, den der Wind auf Straßen und Felder gelegt hatte.

MECKLENBURG-VORPOMMERN, DAS IST FÜR MICH WIE EIN ZEITFENSTER, DURCH DAS DU ZURÜCKBLICKEN KANNST

Kein Wunder, dass Orlowsky angesichts solch unberührter Natur und der beschaulichen Ruhe im Südwesten des Bundeslandes nicht allein bei Kaiser Wilhelm oder dem spritzigen Prinzenapfel auf den Geschmack gekommen ist. „Mecklenburg-Vorpommern, das ist für mich wie ein Zeitfenster, durch das du zurückblicken kannst", sinniert der mehrfache ECHO Klassik-Preisträger. „Was ich hier so mag: Mögen die alten Hansestädte auch wieder aufgehübscht worden sein, so haben doch viele kleinere Orte etwas Vergangenes und so gar nichts Zeitgeistlastiges, sondern bergen eine wunderschöne Melancholie in sich."

Orte wie Dömitz: Gerade einmal 3000 Einwohner zählt das Städtchen an der Elbe – einst jedoch kam der südlichsten Gemeinde Mecklenburgs eine herausragende Bedeutung zu. Ging es doch darum, hier die Elbübergänge zu kontrollieren und ebenso die Zolleinnahmen zu sichern wie die Südwestgrenze des Landes. Gründe genug für Herzog Johann Albrecht I. von Mecklenburg, Mitte des 16. Jahrhunderts die örtlichen Ruinen einer frühmittelalterlichen Wasserburganlage zu einer Festung in der typischen Sternform altitalienischer Fortifikationskunst auszubauen – was den berühmtesten Feldherrn des

Fern des städtischen Lärms: Als Musiker sucht Orlowsky immer wieder die Stille des Waldes – und das nicht nur zum Klarinettenspiel

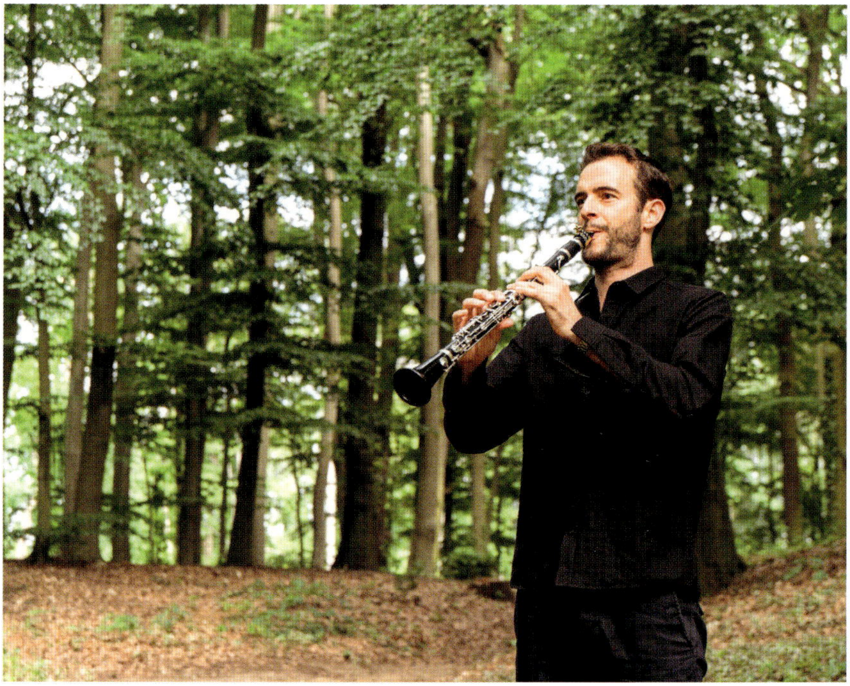

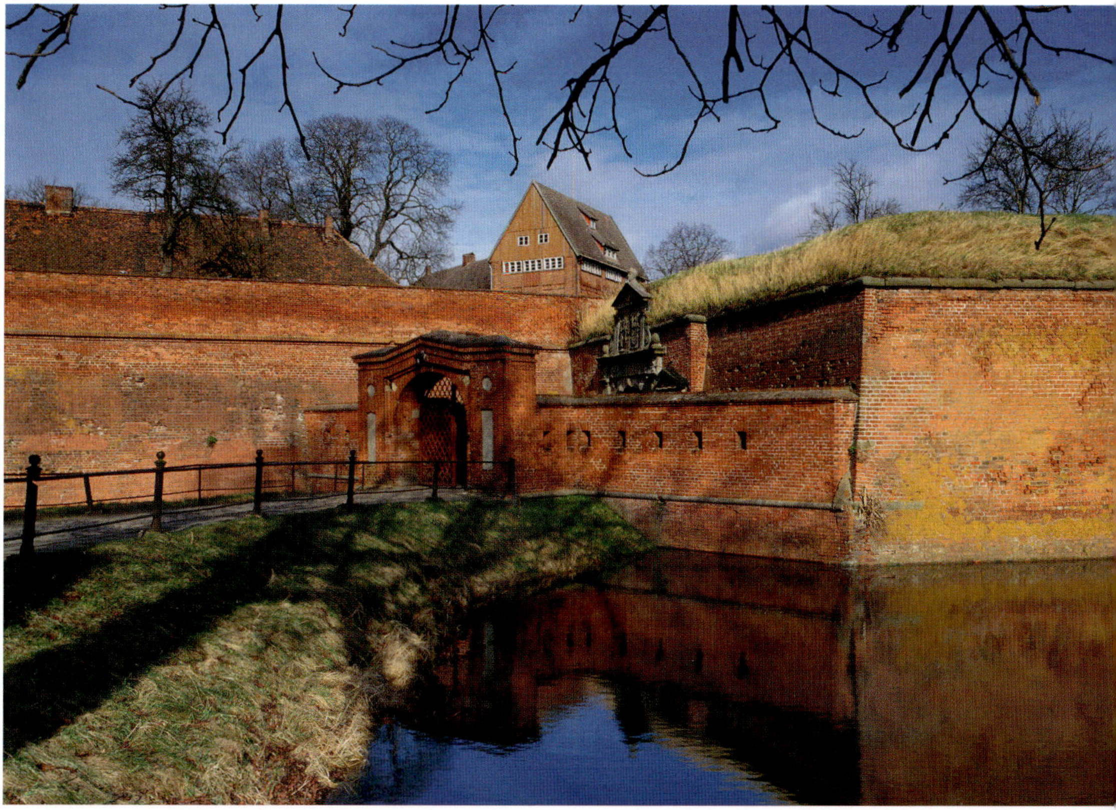

Dreißigjährigen Kriegs indes nicht vom Einzug abhalten konnte: 1627 besetzte Wallenstein mit seinen Truppen die Stadt – ohne allerdings auf dem militärischen Bollwerk größere Verwüstungen zu hinterlassen. Und so bildet die Flachlandfestung heute die einzige vollständige erhaltene Renaissanceanlage ihrer Art in Norddeutschland.

Hereinspaziert: So unkompliziert wie heute kam in früheren Zeiten kein Fremder in die Festung Dömitz

Ob Wallmeisterhaus, Kommandantenremise, Kasematten oder Pulverkeller: Auf dem Rundweg durch die fünf Bastionen wird nicht zuletzt durch das unterirdische Tunnelsystem ein auch atmosphärisch David Orlowsky beeindruckendes Bild dieser exponierten Backsteinburg vermittelt. Und in deren ehemaliger Hauptwache trifft der Musiker obendrein auf ihren wohl prominentesten Gefangenen – in Form einer Gedenkstätte: Verbrachte doch dort Fritz Reuter, der bedeutendste Schriftsteller der niederdeutschen Sprache, die letzten 14 Monate seiner siebenjährigen Haft, nachdem der Studiosus aus Stavenhagen 1833 wegen der Mitgliedschaft in der radikalen Burschenschaft „Germania" in Berlin eingekerkert worden war. Und lernte hier nach seiner Entlassung ein ganz anderes Mecklenburg kennen, als es dem Dichter aus seiner weit östlicheren Heimat vertraut war: Während da nämlich Herrenhäuser nebst Kirche und Pfarrhaus sowie Tagelöhnerkaten das ländliche Bild dominierten, fanden sich im Südwesten ansehnliche Bauernhäuser aus Backstein neben niedersächsischen Hallenhäusern. Für nicht we-

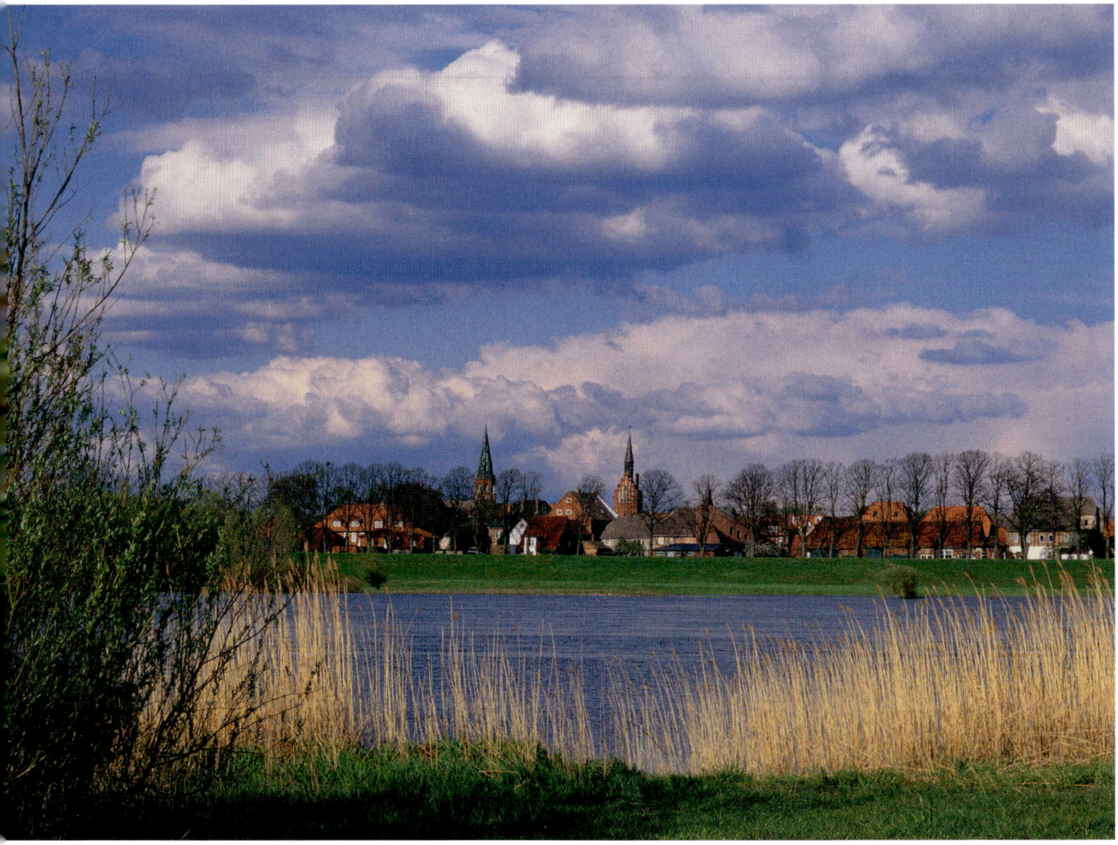

Elbe und mehr: Dömitz liegt inmitten einer weiten Flusslandschaft – auch Elde, Löcknitz und Rögnitz umgeben das historische Städtchen

nige Menschen war diese „Griese Gegend" schon damals so gar nicht grau, hatten sie es doch zu einem bescheidenen Wohlstand gebracht – zu jener Zeit, als Reuter nach seiner Haftentlassung im Sommer 1840 die Region durchquerte und sich an einer Weggabelung zwischen Kaliß und Neu Göhren jene Fragen stellte, die später in seinem Roman „Ut mine Festungstid" berühmt wurden: „Wat was ick? Wat wüsst ick? Wat kunn ick?"

Neben Kiefern und Heide gab und gibt es in diesem Revier vor allem Sand, dessen graue – auf Plattdeutsch griese – Farbe dem Landstrich seinen Namen gegeben haben soll. Nach einer anderen Theorie allerdings stammt die Bezeichnung von den ungefärbten Leinenkitteln der Tagelöhner, die – da der karge Boden hier sie nicht ernähren konnte – zur Erntezeit als Schnitter in fruchtbarere Regionen zogen.

Heute zieht es hauptsächlich ruhebedürftige Großstädter und Naturfreunde in diese urwüchsige Landschaft der Elbtalauen, gerade in klaren Sommernächten, wenn der Sternenhimmel sich in seiner ganzen Leuchtpracht offenbart. Gehört das Gebiet doch zu den letzten Flächen in der Republik, die bislang von größerer Lichtverschmutzung verschont geblieben sind. „Oft habe ich dort schon nachts auf dem Balkon eines einsam gelegenen Hotels gesessen, in den Himmel geschaut und unglaublich viele

Sternschnuppen beobachtet“, begeistert sich Orlowsky für die Weiten der Milchstraße. Die Sterne seien hier einfach viel klarer und zahlreicher als etwa in seiner Wahlheimat Berlin, am nächtlichen Firmament auch lichtschwache Himmelskörper, ferne Nebel oder Asteroiden zu erkennen. Und so legt der Klarinettist sich nachts gelegentlich auf den mecklenburgischen Erdboden und stellt sich vor, „ich würde nach unten und nicht nach oben blicken, denn auch im Universum gibt es ja kein Oben und Unten. Dann sind die Sterne so nah, als könnte ich sie anfassen.“ Die große Freiheit als 3D-Erlebnis in scheinbarer Finsternis: Manchmal kann Glück unendlich sein.

MVorlieben

– LIEBLINGSORT –

Hasenwinkel ist für uns Musiker immer wieder eine kleine Idylle, da wir dort während der Projekt- und Probenphasen gleich mehrere Tage verbringen. Und wenn man dann abends in einem Nebengebäude auf dem Balkon sitzt und in den Wald schaut, erfasst einen ein tiefer innerer Frieden, denn hier sagen sich Fuchs und Hase wirklich „Gute Nacht“. Ja, ich habe die beiden dort sogar schon einmal leibhaftig erlebt – nacheinander ... Es ist eine verwunschene Waldesstimmung, wie man sie aus alten Kinderbüchern kennt, die all diese Geschichten von Feen und Zwergen neu aufleben lässt, zumal wenn sich im Dämmerlicht der langen Sommerabende irgendwann dünne Nebelschwaden über diese märchenhafte Landschaft legen.

– LIEBLINGSSINNESWAHRNEHMUNG –

Pinienduft macht mich süchtig: Ich möchte mehr und mehr davon einatmen, denn dieser Geruch löst bei mir Wohlgefühle aus und Kindheitserinnerungen an Ferien in Südfrankreich. So liebe ich es, bei Auftritten in Prerow während der Probenpausen durch den dortigen Pinienwald hinab zum Strand zu wandern. Und wenn dann beim Spaziergang über den weichen Sandboden zu diesem exotischen Duft noch eine leichte Brise hinzukommt und das Laub der anderen Bäume sanft rauschen lässt, ist das Sinnesglück perfekt, denn dieses Blätterrascheln ist mein Lieblingsgeräusch: Verströmt es doch etwas unglaublich Friedliches.

– LIEBLINGSESSEN –

Eigentlich sollte man ja Bier immer kalt trinken – und entsprechend hatte ich mich nach einem ziemlich stressigen Festspielauftritt mit Mozarts Klarinettenkonzert in der Rostocker Halle 207 auch schon auf ein kühles Pils gefreut. Doch an jenem warmen Augustabend war ein solches einfach nicht aufzutreiben, und so hielt ich dann eine warme Flasche Rostocker Pils in der Hand, setzte an ... und war positiv überrascht ob der ganz ungewohnten, leicht bitteren Aromen, die sich auf einmal entfalteten! Welch ein Geschmackserlebnis – oder war es am Ende doch der Sommerabend mit seinem wunderschönen Licht, der mir die Glücksgefühle mit diesem warmen Bier bescherte?

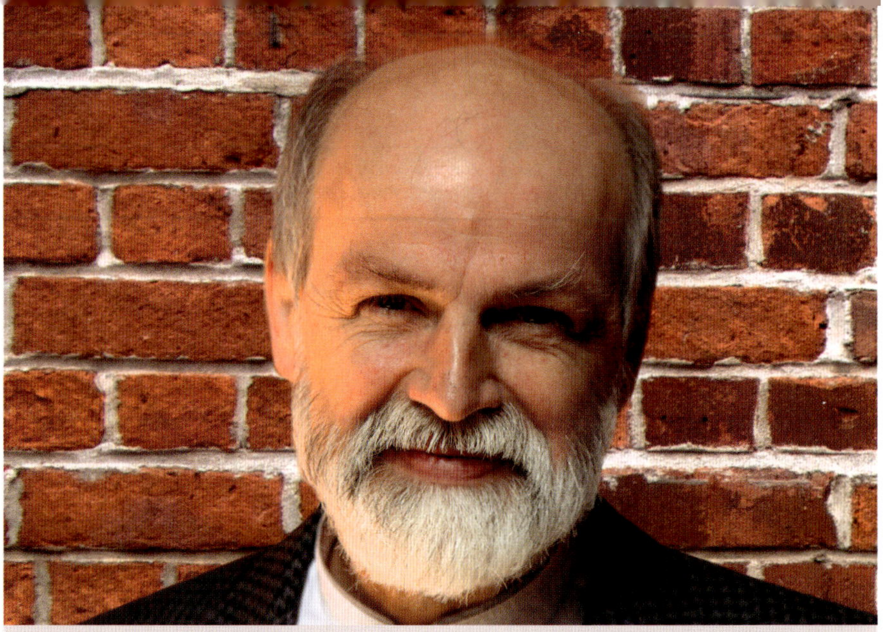

Aufgespürt

„Wir schwammen ganz nah vorbei, doch der Eisvogel flog nicht weg von seinem Ast, und so konnten wir den ‚fliegenden Edelstein' in all seiner Schönheit und Farbenpracht aus wenigen Metern Entfernung bewundern." Faszination und Begeisterung schwingen noch immer in der Stimme von Jürgen Meister mit, wenn der Pastor von St. Petrus & St. Paulus – der einstigen Klosterkirche – in Zarrentin von seiner Begegnung mit dem spatzengroßen Jäger im Schaalsee erzählt. Es ist diese Liebe zur Natur, zur Vogel- und Tierwelt, die den gebürtigen Wittenburger mit seiner Frau und ihrer Wolfshündin Toska zu jeder Jahreszeit an die Ufer des tiefsten norddeutschen Klarwassersees zieht: im Frühjahr, wenn die Schöpfung wieder erwacht und sich in den Wäldern die Anemonenfelder ausbreiten; im Sommer für ein Bad in den einsamen Buchten; im Herbst, um sich im langsamen Wandel der Orange- und Rottöne der Sonnenuntergänge zu verlieren oder sich frühmorgens einfangen zu lassen von mystisch aufsteigenden Nebeln, über denen die Kraniche hinwegziehen; und im klirrenden Winter für das magische Schauspiel der Eisskulpturen, die entstehen, wenn der Ostwind das Wasser am Ufer emporpeitscht.

„Ich bin ein Mensch, der stark von der Farbe herkommt und sich gern von Farb- und Lichtspielen verzaubern lässt", bekennt Meister sein Faible für die bunte Magie in Flora und Fauna im hiesigen Biosphärenreservat. „Wenn wir dort am Wasser sitzen und das sanfte Schwingen der Schilfrohre und Zweige verfolgen, erfasst mich jedes Mal ein tiefes Gefühl der Ruhe und Harmonie – und ich finde mich als ein Teil des großen Ganzen wieder." Mag die Region auch Urlaubsziel für zahlreiche Touristen sein, selbst im Sommer kennt der Westmecklenburger seine Plätze der Stille und Einsamkeit, wo es ihn hintreibt, um Rohrdommel und Schwarzstorch zu beobachten – wenn der Pastor nicht gerade zur traditionellen Wanderung mit seiner Gemeinde rund um den See unterwegs ist.

Festspielorte

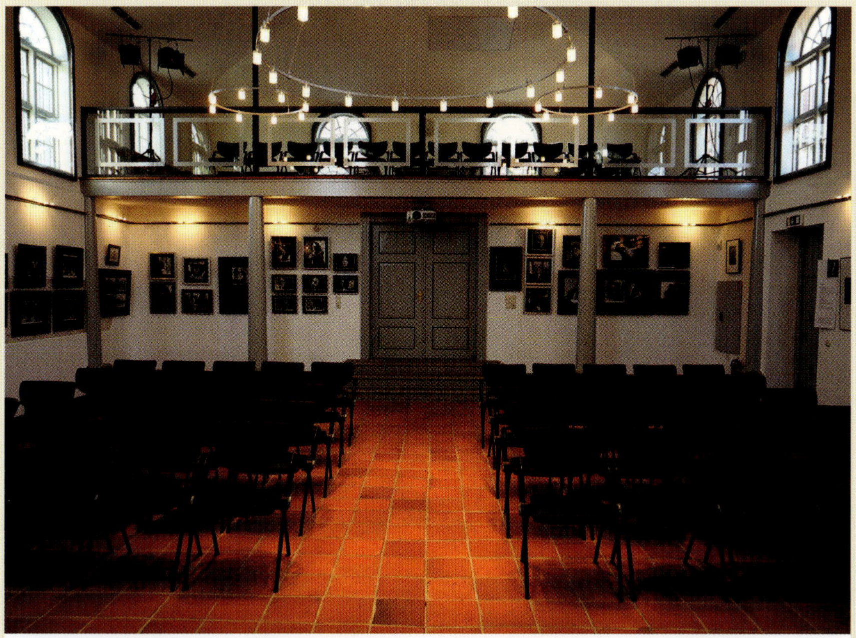

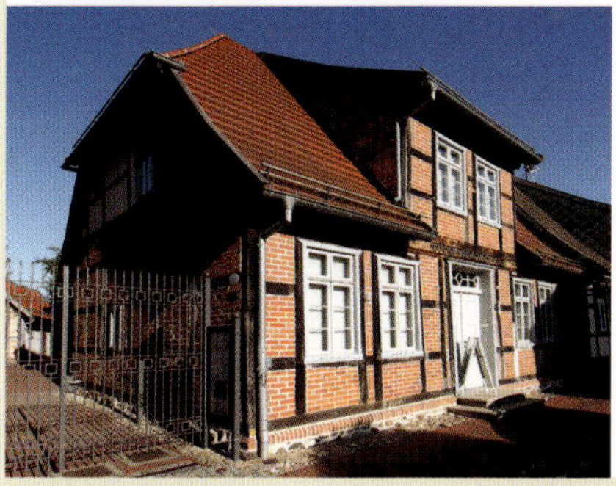

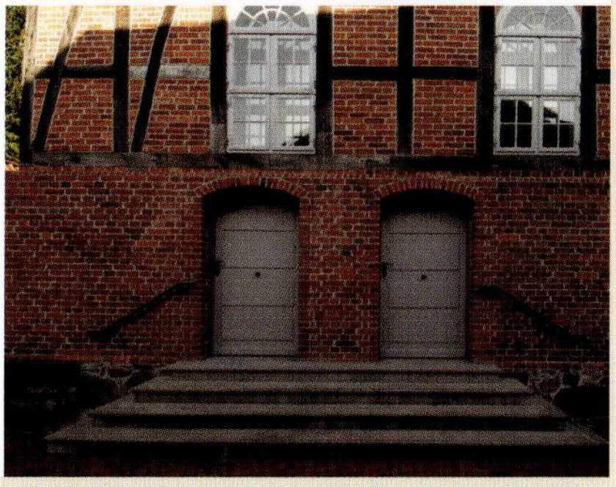

ALTE SYNAGOGE HAGENOW

Aus allen Teilen Deutschlands stammten jene sechs Familien, die Ende des 18. Jahrhunderts in Hagenow eine erste jüdische Gemeinde bildeten. Gab es anfangs lediglich eine Betkammer in einem Hofgebäude, führte die wachsende Zahl der Gläubigen dann zum Bau einer Synagoge, die 1828 eingeweiht wurde. Bis 1907 fanden in dem zweigeschossigen Fachwerkhaus regelmäßig Gottesdienste statt, dann wurde der Unterhalt der schrumpfenden Gemeinde zu teuer. Im Nationalsozialismus kam es zum Zwangsverkauf. 1990 der Conference of Jewish Claims rückübertragen, hat 2001 die Stadt Hagenow den denkmalgeschützten Komplex erworben.

Nachmittagsausflug
Englischer Landschaftspark: Entstanden vor 200 Jahren als Komposition aus alten Bäumen und exotischen Neupflanzungen, wird in Dammereez der Spaziergang zur entspannt-spannenden Lehrstunde.
Brahlstorfer Straße/ Schlossstraße 9, 19273 Dammereez

Die Stärkung vor dem Konzert
„Perle am Mühlenteich": Beschaulich am Wasser gelegen, geben Gerichte wie „Bitoque", „Feijoada" und „Caldeirada" den Ton an – Koch Francisco stammt aus Portugal.
Teichstraße 7–9, 19230 Hagenow, Tel.: 03883/6141-0

Am nächsten Tag
Eine feste Burg im Urstromtal: Einst sicherten Mecklenburgs Herzöge hier ihre Grenzen, heute informieren Schauen über das dortige Biosphärenreservat.
Auf der Festung 3, 19303 Dömitz, Tel.: 038758/22401

Glücksmoment
Deutschlands schönste Straße: Vor dem Deich die lieblichen Elbtalauen, dahinter das 80-Seelen-Dorf mit dem bezaubernden Café „Plan-b" und süßen Kuchen wie antiken Kleinigkeiten.
Elbstraße 5, 19273 Stiepelse, Tel.: 03838/4042240

Nachmittagsausflug
Blöken, meckern, schnattern: In Max' Arche-Park haben vom Aussterben bedrohte Haustierrassen eine Heimat gefunden. In Führungen lässt sich viel über sie lernen.
Rosengartenweg 5, 19273 Amt Neuhaus, Tel.: 0152/23156807

Die Stärkung vor dem Konzert
„Gasthaus zum See": „Was wollen Sie essen?", fragt die Wirtin, um gleich ein paar Empfehlungen zu geben – die Speisekarte sei schon zu alt. Goldrichtig, auf ihre Vorschläge zu hören.
Alte Dorfstraße 14, 19246 Neuenkirchen, Tel.: 038853/21423

Am nächsten Tag
Mehr als nur Eulenspiegeleien: In Mölln begegnet uns der Narr auf Schritt und Tritt, doch auch das Naturzentrum „erlebnisreich" und die Kunstschätze in St. Nicolai und lohnen den Besuch.
Touristinformation: Am Markt 12, 23879 Mölln, Tel.: 04542/85688-90

Glücksmoment
Köstlichkeit aus der Tiefe: Fast alle Gewässer sind zu flach für die Maräne – im Schaalsee jedoch tummelt sich die lachsartige Leckerei, die süß-sauer eingelegt am besten schmeckt.
Schaalseefischerei Amtsstraße 41, 19246 Zarrentin, Tel.: 038851/25354

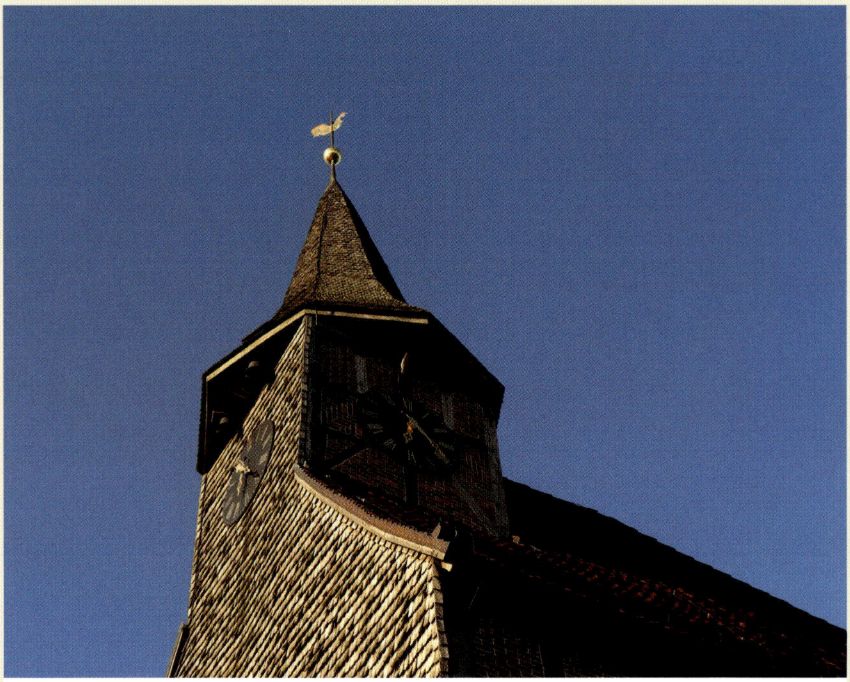

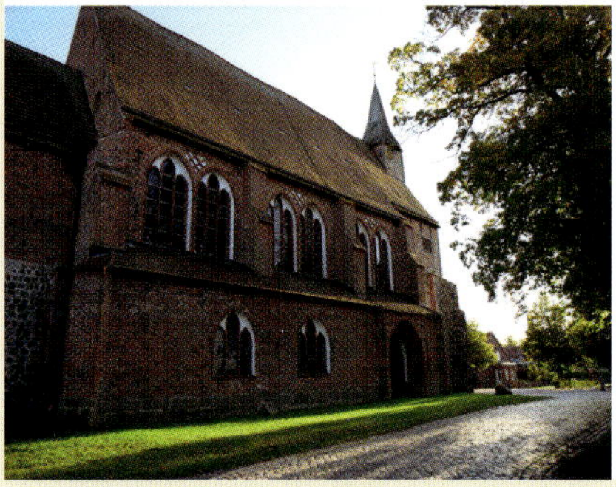

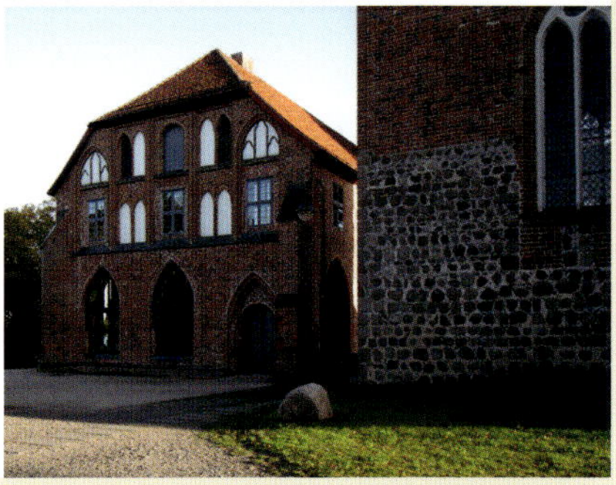

KLOSTER ZARRENTIN

Der Gemeindename verhieß nichts Gutes, bedeutet Zarrentin doch im Slawischen „Ort des Bösen" – da blieb den Zisterziensern nach der Christianisierung kaum etwas anderes übrig, als hier 1246 ein Nonnenkloster namens „Himmelspforte" zu gründen. Zu dieser Zeit gab es allerdings schon eine romanische Feldsteinkirche, die jedoch – baufällig – Anfang des 15. Jahrhunderts abgerissen wurde. Um kurz darauf als neuer Sakralbau im gotischen Stil aus den alten Steinen aufzuerstehen. Das Kloster selbst wurde im Zuge der Säkularisation 1552 aufgelöst und hernach als Kornspeicher, Brauerei, Amtsgericht und Heimatstube genutzt. Heute findet sich im Kreuzgang eine Ausstellung zur Geschichte der Anlage.

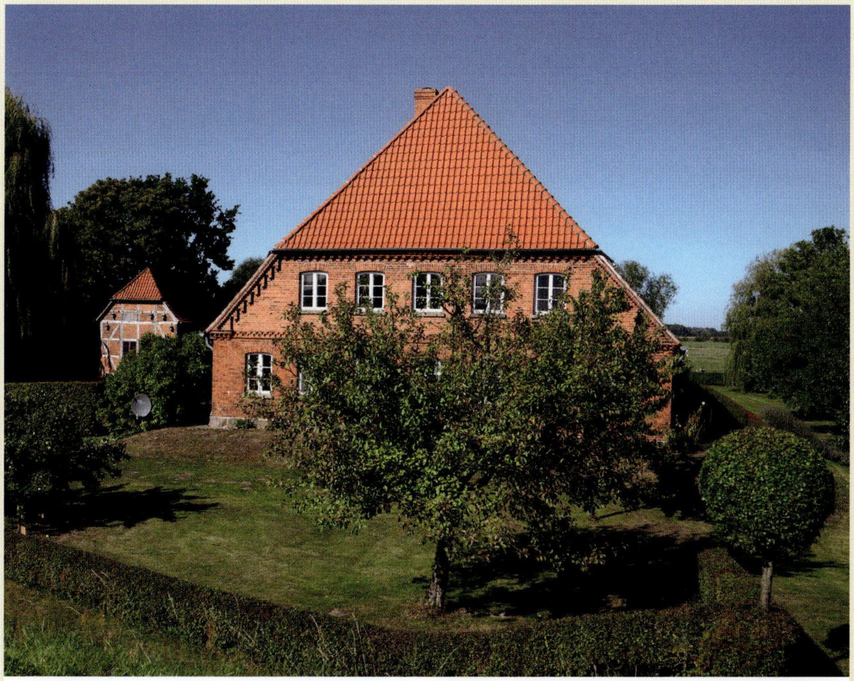

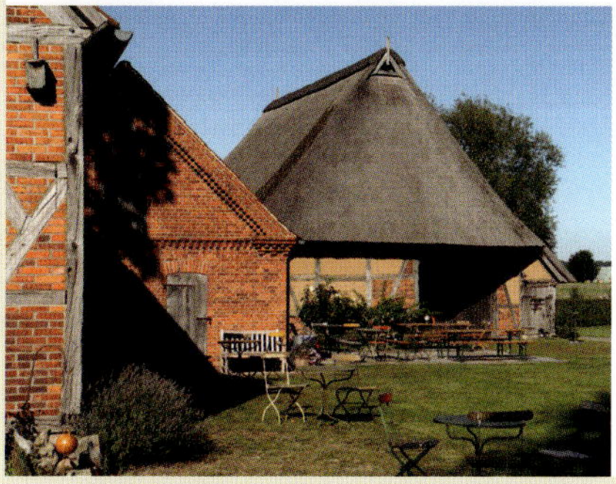

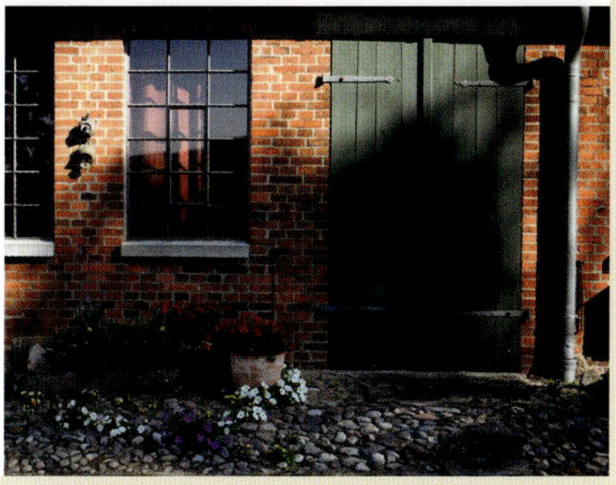

KONAU 25

Jenseits des Deiches schleppt sich träge die Elbe dahin, doch auch diesseits ist Zeit relativ in dem historisch erhaltenen und denkmalgeschützten Marschhufendorf Konau. Die Lage im einstigen Grenzsperrgebiet hat die Räder der Zeit hier langsamer drehen lassen und den Sinn für Natur und Kultur, Geschichte und Heimat bewahrt – was 1993 auch zur Rückgliederung nach Niedersachsen führte. Waren zu DDR-Zeiten in dem mächtigen Hallenhaus des Hofes Elbstraße 25 noch Kuhstall und Melkanlage der Landwirtschaftlichen Produktionsgenossenschaft „Frohe Zukunft" untergebracht, so finden hier heute Konzerte, Theateraufführungen, Lesungen und Gespräche statt.

Nachmittagsausflug
Grenzgänge: Vorbei an Wachtürmen und Signalzaunresten führt ein Rundweg durchs ehemalige „Niemandsland" an der innerdeutschen Grenze – zwei Ausstellungen erzählen packend vom Alltag im Sperrgebiet.
Elbstraße 11, Konau

Die Stärkung vor dem Konzert
„Restaurant Treibholz": In der Gaststube kloppt der Wirt Skat, auf der Karte finden sich Matjes, Wildlachs und Zander – doch am besten die Köchin nach dem Tagesgericht fragen.
Elbstraße 10, 19273 Stiepelse, Tel.: 038844/21401

Am nächsten Tag
Weiß und weltweit begehrt: Salz machte Lüneburg einst reich und berühmt – heute lockt das fast vollständig erhaltene mittelalterliche Stadtbild Menschen aus aller Welt an.
Tourist-Information: Rathaus/Am Markt, 21335 Lüneburg, Tel.: 0800/2205005

Glücksmoment
Apartes von den Filzjungs: Auf ihrem Hof Eigengut zu Konau bieten Dennis Haug und Jens Philippi nicht nur Individuelles aus bayerischem Wollfilz an, sondern auch Kaffee und Kuchen.
Elbstraße 7, 19273 Konau, Tel.: 038841/220020

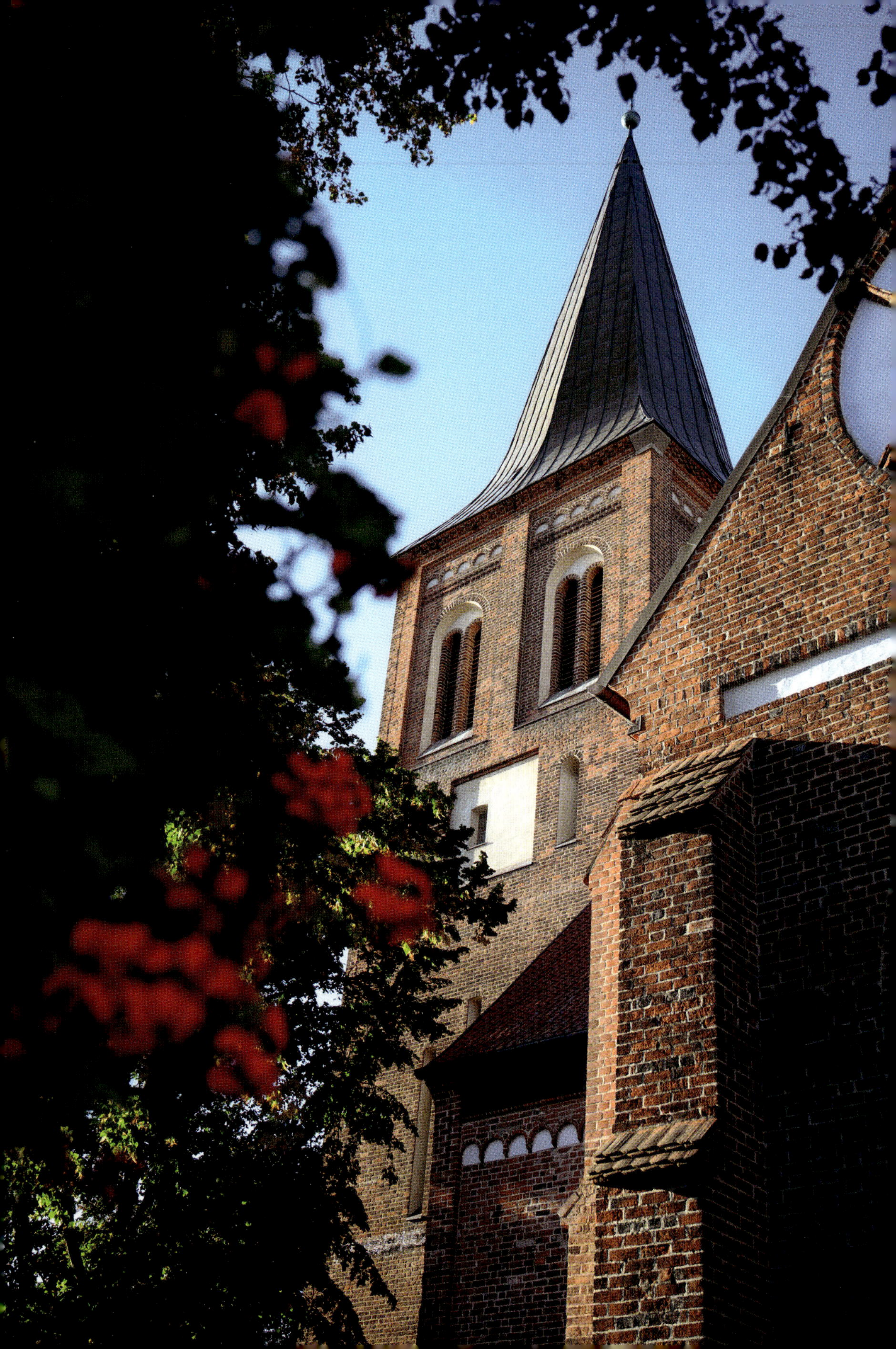

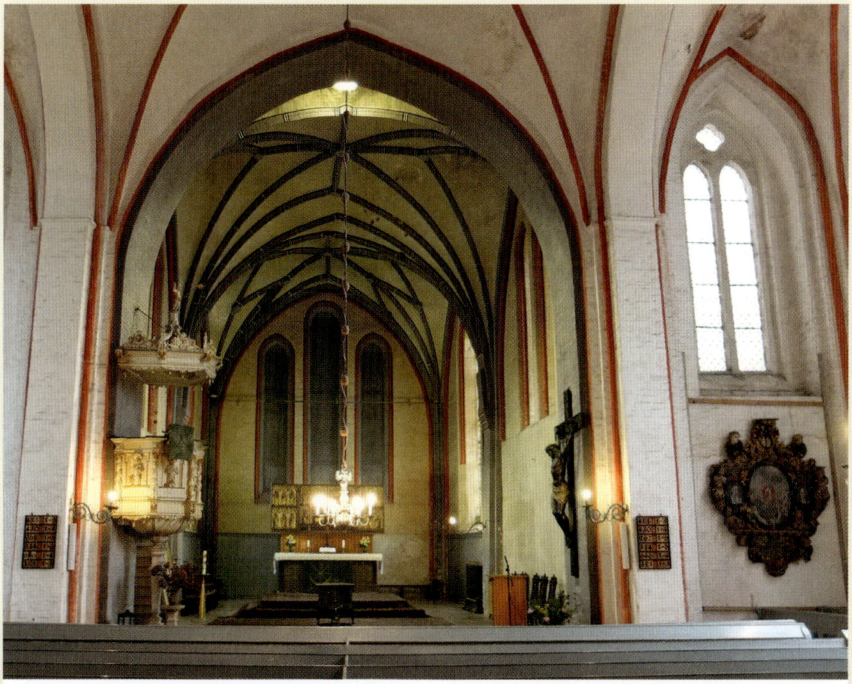

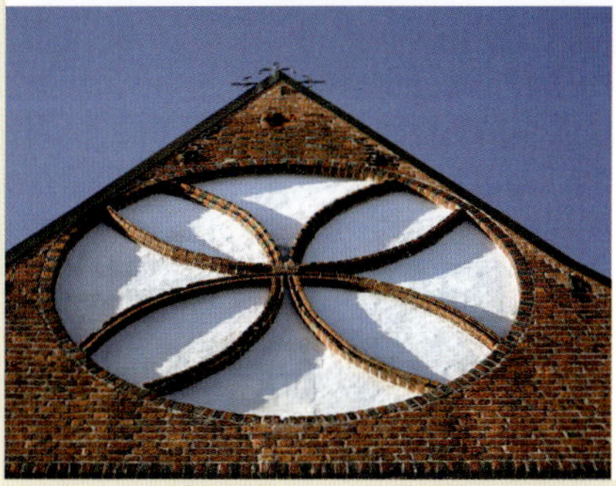

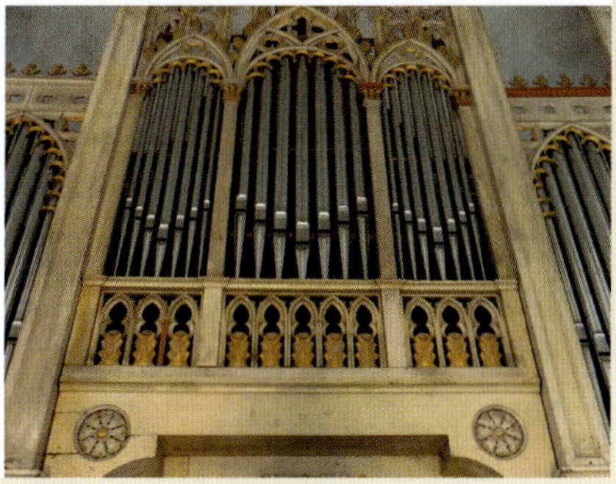

ST.-BARTHOLOMÄUS-KIRCHE WITTENBURG

Gut Ding will Weile haben: Um 1240 noch in romanischen Formen begonnen, wurde die dreischiffige Hallenkirche im Laufe der folgenden Jahrzehnte im gotischen Stil weitergebaut und 1284 dem heiligen Bartholomäus geweiht. Der Kirchturm schließlich ist nach der Zerstörung 1657 bei einem Brand in seiner heutigen Form erst 1908 wieder errichtet worden. Eindrucksvoll die sakralen Kleinode im Inneren: Der Taufstein von 1342, der frühgotische Flügelaltar (einst aus der Kirche in Hagenow gegen Glocken eingetauscht), die von Weinlaub umkränzte Holzkanzel aus dem Jahr 1666 – Kunstschätze, die auf Wunsch die Küsterin gern näher erklärt.

Nachmittagsausflug
Dat lütt Museum: 1291 erstmals urkundlich erwähnt, führt die liebevolle Schau im ehemaligen Pfarrhof durch die Dorfgeschichte Alt Jabels – samt Hexenverfolgung!
Kirchweg 15, 19303 Alt Jabel, Tel.: 038759/20234

Die Stärkung vor dem Konzert
„Eiland am Brückenhaus": Im ehemaligen Schleusenwärterhaus locken wochenends Überraschungsmenüs, nebenan im Bistro Räucherfisch und Buttermilchpfannkuchen – und es gibt Seeidylle pur.
Klopstockweg 1, 19246 Zarrentin/OT Stintenburg, Tel.: 038858/169974

Am nächsten Tag
Unterwegs im Urstromtal: 2015 aufgegangen im länderübergreifenden Biosphärenreservat, bietet das Mecklenburgische Elbetal auf 65 Kilometern verschiedene Rad-, Paddel- und Wandertouren.
Rad- und Wanderkarten: www.elbetal-mv.de

Glücksmoment
Im Korn steckt Kraft: Das Grundnahrungsmittel hat Volkmar Wywiol seit jeher fasziniert – und so schuf er für das Mehl ein Museum zur Geschichte des Korns und eine Sackothek mit über 3600 Mehlsäcken aus aller Welt.
MehlWelten, Amtsberg 2, 19243 Wittenburg, Tel.: 038852/666-60

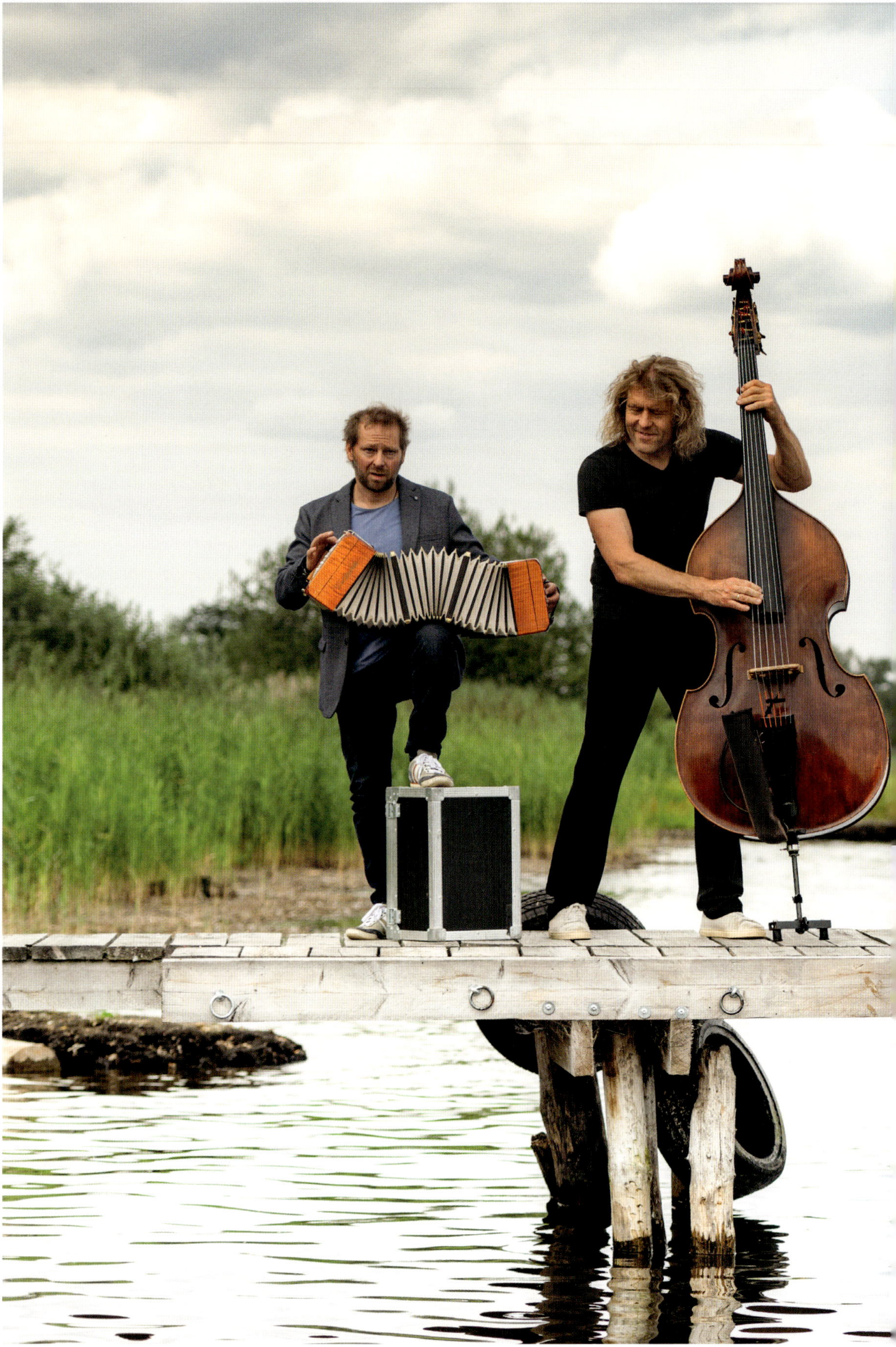

Heimat in der Ferne

Auf Entdeckertour mit QUADRO NUEVO in Ludwigslust und Umland

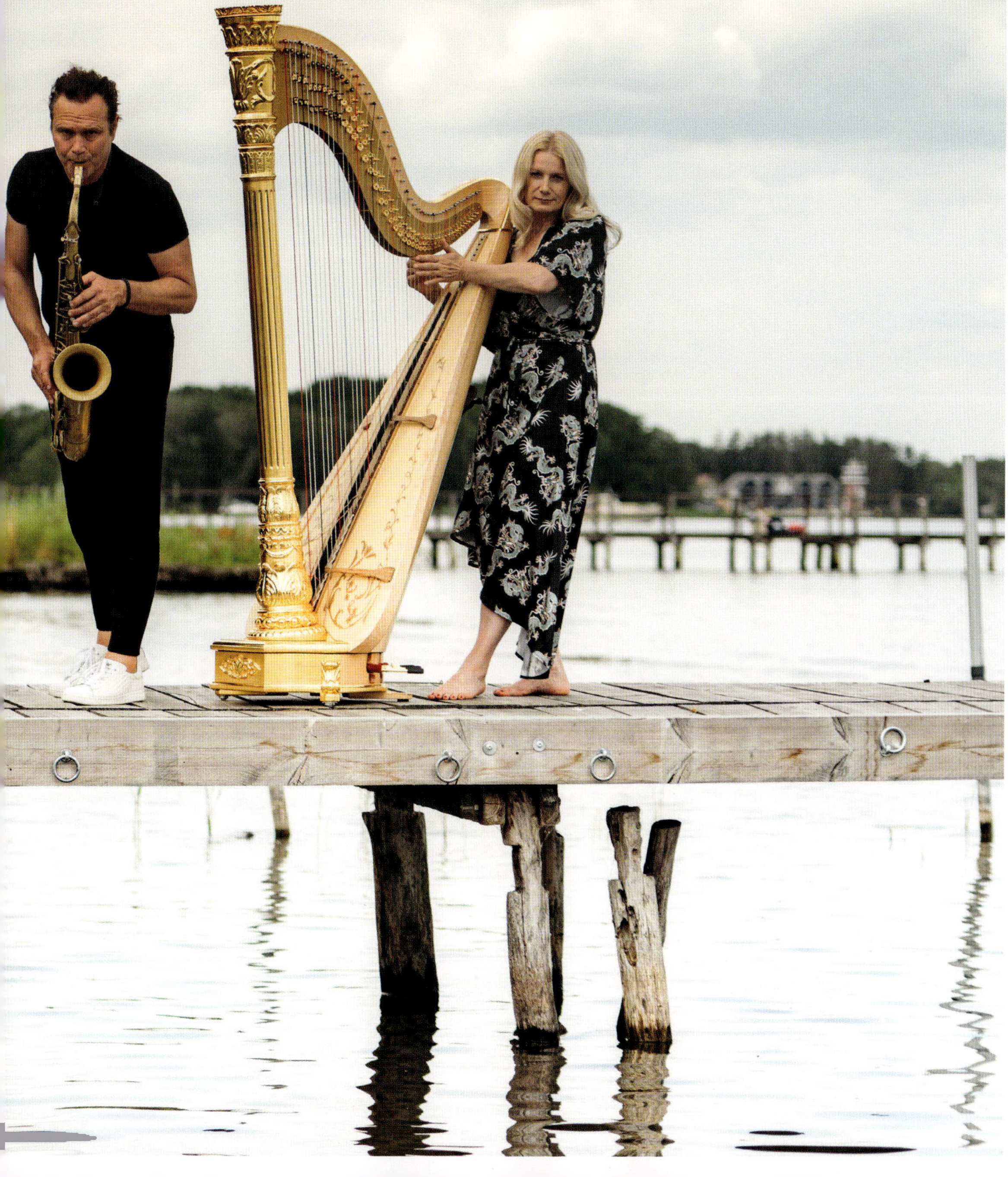

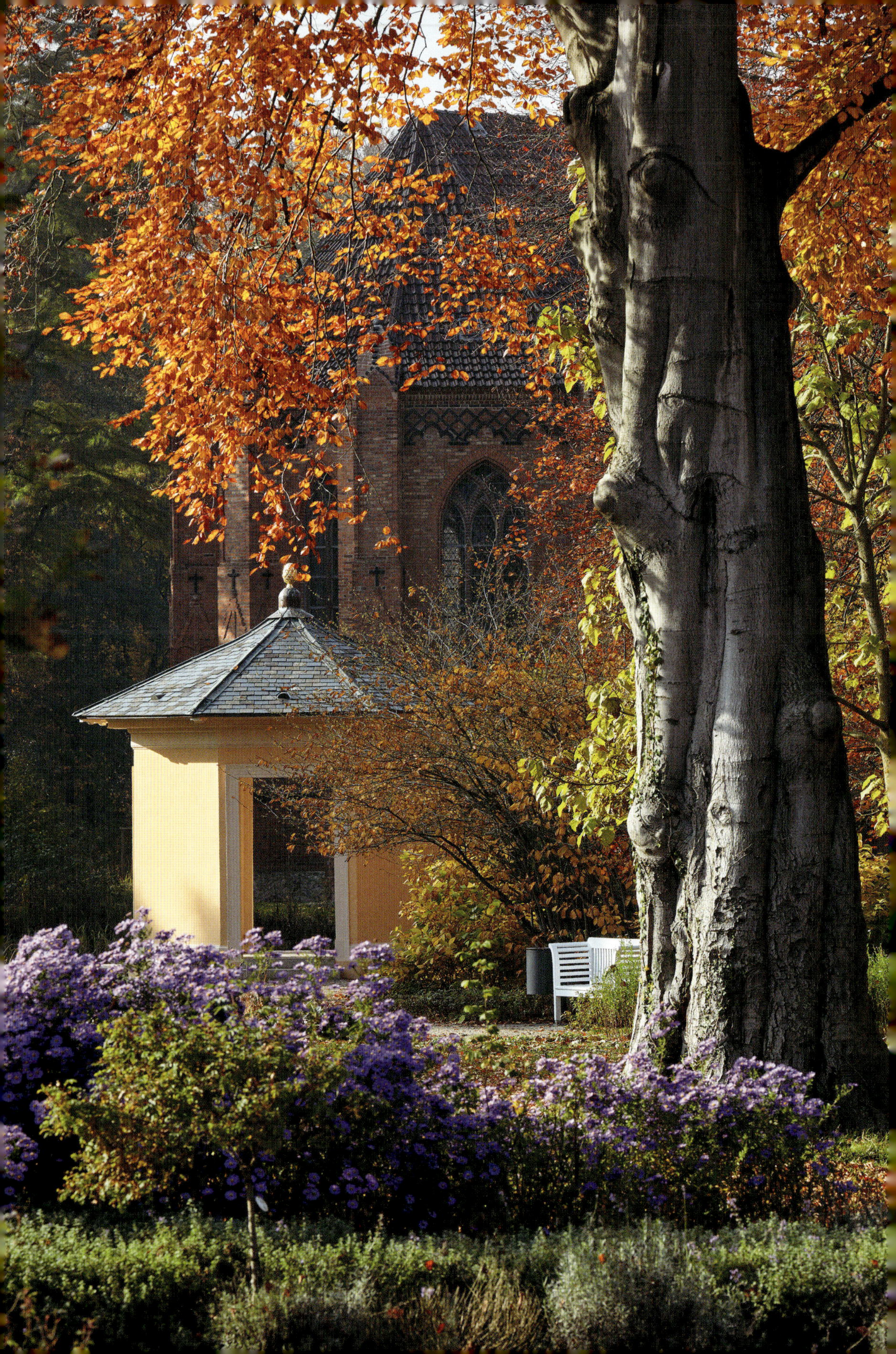

Eigentlich haben die vier aus Bayern mit herrschaftlichen Prachtbauten ebenso wenig im Sinn wie mit der „Alabaster-Toskana“ – und lieben gerade deshalb die „vielschichtige, nicht selten sehr herbe Landschaft“ Mecklenburg-Vorpommerns. Und so bemühen sich die Musiker des Ensembles Quadro Nuevo denn auch gar nicht um adlige Contenance und wohlfeile Worte zum bedeutendsten Barockschloss Norddeutschlands – jenes Versailles des Nordens, das Herzog Friedrich Mitte des 18. Jahreshunderts in Ludwigslust errichten ließ, mit seinem Goldenen Saal und kostbaren Kristalllüstern, der Gemäldegalerie und den türkisfarbenen damastenen Wandbespannungen in den Gästeappartements. Selbst das mehr als 350 Quadratmeter große, allerdings „nur“ aus Pappmaché-Tafeln bestehende spektakuläre Altargemälde in der zum Ensemble gehörenden Stadtkirche kann die Musiker nicht von ihrer Haltung abbringen – mag Friedrich der Fromme durch seinen Hofbaumeister Johann Joachim Busch hier auch ein architektonisches Gesamterlebnis geschaffen haben. Damals, als der Regent den Regierungssitz von Schwerin nach Ludwigslust verlegte. Für Saxofonist Mulo Francel ist klar: „Ich suche immer die Natur als Gegenpol zur von Menschenhand geschaffenen Kultur – hätte ich die Wahl, eine Viertelstunde durch den Park oder eine halbe Stunde durch das Schloss zu gehen, ich würde den Park wählen.“

Zustimmendes Nicken in der Musikerrunde. Dabei ist der mit 127 Hektar größte Landschaftspark des Nordens, dem der legendäre Gartendirektor Peter Joseph Lenné zwischen

Seite 52 – Teepavillon im Blumengarten: Einst flanierte im Schlosspark Ludwiglust die Herzogin – heute können Verliebte sich hier nahe der kleinen Backsteinkirche St. Helena und Andreas auf romantische Art vermählen lassen

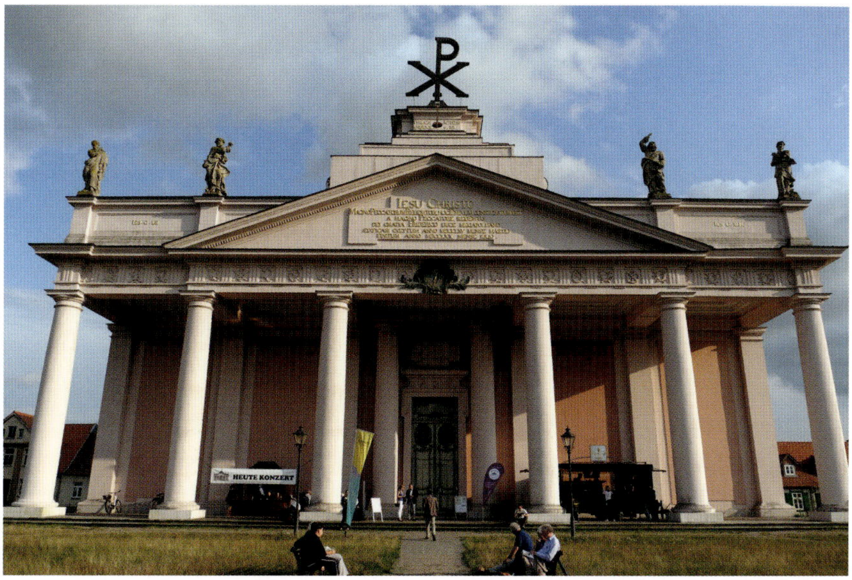

Tempelgleich: Alles andere als typisch für den Norden wurde 1770 die Ludwigsluster Stadtkirche mit einer durch dorische Säulen getragenen Vorhalle errichtet

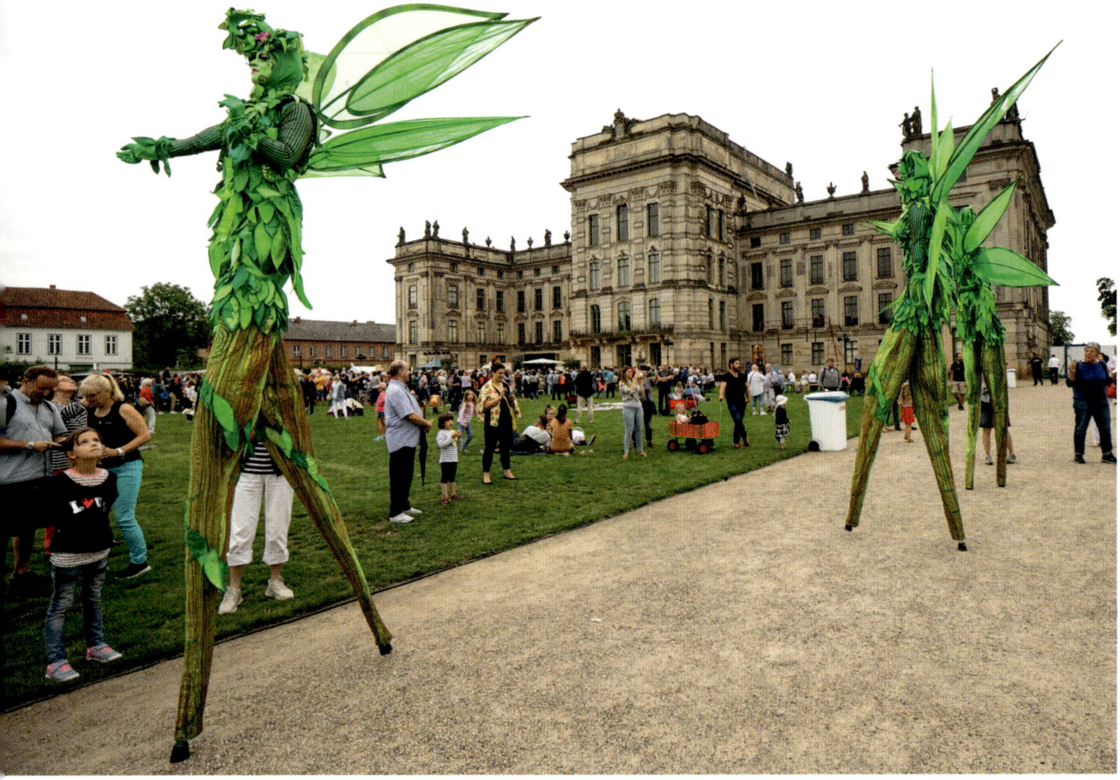

Artistik und Akrobatik, Masken und Marionetten, Puppenspiel und Pantomime: Das Kleine Fest im großen Park lockt allsommerlich viele Künstler aus aller Welt und noch mehr Besucher nach Ludwigslust

1852 und 1860 mit dem malerischen Wasserzug oder den Gehölz- und Wiesenflächen erst sein heutiges Bild verlieh, alles andere als ein wild gewachsenes Naturrefugium. Doch für eine schöne Anlage sei etwas ganz anderes entscheidend, stellt D.D. Lowka fest: „Es muss immer eine Mischung aus geordneten Linien und Chaos sein, wo man die Natur einfach wachsen lässt – so wie hier." Und zur näheren Erklärung fügt der Bassist noch hinzu: „Viele Wege im Schlosspark sind zwar kerzengerade, aber die Bäume dürfen einfach wachsen – im Ganzen wirkt das dann sehr harmonisch." Und schafft immer wieder faszinierende Blickachsen zwischen den verschiedenen Parkteilen, Bauwerken und Plastiken.

„Diese Mischung aus Geradlinigkeit und Chaos kommt dem Menschen entgegen – auch in der Musik ist diese Kombination fantastisch", sinniert Francel. Und Lowka führt den Franzosen Biréli Lagrène an, „für mich einer der interessantesten Gitarristen: Da schnalzt es, scheppert's und kracht's mit einer irrsinnigen Fantasiesuche in alle Richtungen – das ist wahnsinnig interessant und zugleich aber auch strukturiert." Ganz in diesem Geist liebt es das aus Süddeutschland stammende Quartett, fremde Länder, Menschen und Kulturen zu erkunden und diese Bilder, Melodien und Gerüche in die eigene Musik einfließen zu lassen. Und zu einem Klang zu verschmelzen, der Orient und Okzident vereint, Leidenschaft und Nostalgie, der belebt und wärmt.

Eine Mischung der Kulturen, die Francel auch in Mecklenburg-Vorpommern mit seinen germanisch-slawischen Ursprüngen als sehr spannend erlebt – und das nicht allein, „weil mein Vater selbst aus solch einer Mischregion, aus Böhmen, stammt". Slawische Spuren, wie sie allenthalben im Land zu entdecken sind, so auch im auf einer sandigen Kuppe gelegenen Burgwall von Friedrichsruhe: Keramikfunde vom Sukower, Feldberger und Menkendorfer Typ lassen auf eine Besiedlung und Nutzung von 700 bis 1000 n.Chr. schließen. Dass die Burg aufgegeben wurde, lag vermutlich an der günstigeren Lage ihrer „Schwester" an der Elde: Die dortige slawische Siedlung befand sich auf einer von Wasser umgebenen flachen Insel in geschützter Lage und bildete die Keimzelle für das heutige Parchim – Einheimische leiten den Namen gern vom Sonnengott Parchum ab –, dessen wechselvolle Geschichte sich heute ebenso im gotischen Rathaus wie in den beiden Backsteinkirchen St. Marien und St. Georgen mit seinem im Laufe der Jahrhunderte mehrfach überarbeiteten zweifach wandelbaren Flügelaltar von 1421 offenbart. Und für den Saxofonisten nicht zuletzt in der Mentalität: „Klischees bergen in der Regel einen wahren Kern – und so glaube ich, dass der slawischen Seele eine gewisse Schwere innewohnt genauso wie ihrer Musik. Und auch wenn ich dies vielleicht nicht verkörpere, so fühle ich mich doch atmosphärisch hingezogen." Eine Feststellung, die seinen Freund aus Schulzeiten kurzfristig ins Grübeln geraten lässt: „Lowka kommt aus dem Slawischen und heißt pfiffig – und ich habe mich immer gefragt, warum mir eigentlich Moll-Klänge besser gefallen, während mich die fröhlichen Stücke völlig kalt lassen. Jetzt weiß ich es: Das liegt in meiner Natur." Und halb schmunzelnd, halb ernsthaft fügt er hinzu: „Vielleicht gefällt es mir auch daher in dieser Gegend so gut, denn hier ist es immer etwas herber, grauer und düsterer als in einem oberbayerischen Bergdorf – im Gegensatz zu einer reinen Sonnenregion liegt stets eine leichte Melancholie über der Landschaft."

Im Gegensatz zu einer reinen Sonnenregion liegt stets eine leichte Melancholie über der Landschaft

Vor allem aber, sagt Akkordeonist Andreas Hinterseher, sei die gesamte Stimmung einfach gemächlicher, langsamer und ruhiger: „Das ist Entschleunigung auf hohem Niveau." Kein Wunder, dass die drei Herren und die Harfenistin Evelyn Huber die Fahrten durchs Land mit Ferdinand stets genießen. Zumal Ferdinand – so haben sie ihren Tourbus getauft, inzwischen handelt es sich um Ferdinand VII. – es ihnen ermöglicht, zu beobachten, wie sich die Landschaft verändert. „Wären wir im Flugzeug unterwegs, würden wir an einem Flughafen ein- und am nächsten wieder aussteigen, der doch genauso aussieht wie der vorherige", erklärt Hinterseher ihre unverbrüchliche Liebe zu ihrem vierrädrigen Gefährten. „Irgendwann hast du das Gefühl, die ganze Welt bestünde nur noch aus Flughäfen – die regionalen Unterschiede bekommst du gar nicht mehr mit."

Was in der Tat jammerschade wäre, denn garantiert hätte es Quadro Nuevo dann nicht in die Historische Ziegelei nach Benzin verschlagen, hätten sie nie etwas von der anstrengenden Zieglerarbeit im Gewölbe des Hoffmannschen Ringofens erfahren – geschweige denn davon, dass deren heutiger Betreiber eigentlich aus dem Musikbusiness stammt und Konzerte veranstaltet. „Gut möglich, dass wir da eines Tages

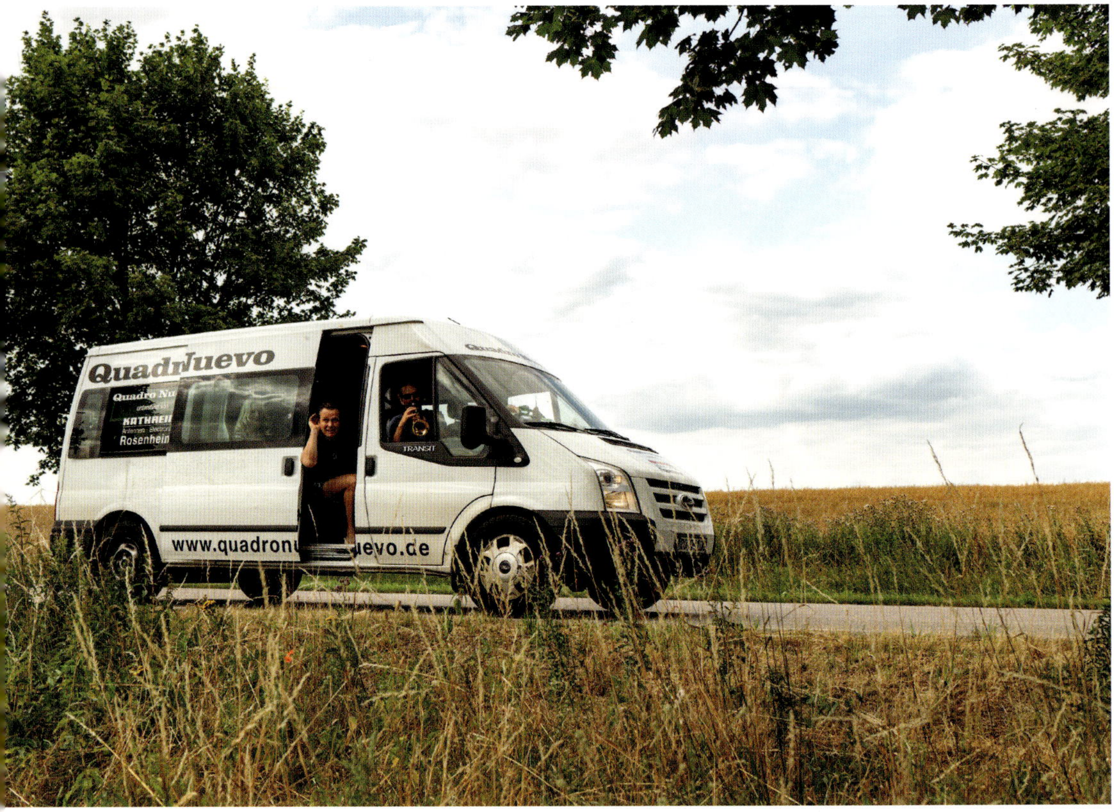

Unterwegs mit Ferdinand VII.: Quadro Nuevo lieben das Reisen im Tourbus – „du siehst, wie die Landschaft sich verändert, und musst dir die Kilometer wirklich hart erkämpfen"

mal spielen." Und garantiert hätte Lowka auch nie sein großes Vorbild Renaud Garcia-Fons kennengelernt – und das ausgerechnet in einem Nest wie Alt Brenz! Es war auf einer ihrer Fahrten im Festspielsommer 2014, als der Bayer auf einem Plakat den Hinweis auf ein Konzert des ebenso virtuosen wie experimentierfreudigen französischen Ausnahmekontrabassisten entdeckte und spontan zu der auf einem Hügel gelegenen neogotischen Backsteinkirche in Alt Brenz fuhr: „Ich wollte ihm persönlich danken, denn dieser unglaubliche Musiker hat mit seinem Tun und Schaffen mein ganzes Leben beeinflusst."

So lässt sich das Quartett – wenn es die Zeit erlaubt – in jedem Jahr neu durch Mecklenburg-Vorpommern treiben, in einer Mischung aus Gelassenheit und Neugierde. Am liebsten auf abgelegenen Wegen und Alleen, jenseits von mehrspurigen Asphaltpisten und Autobahnen: „Ich finde solche kleinen Straßen sehr vernünftig – und sie beruhigen so wunderbar", hat Lowka nicht nur an sich selbst beobachtet. „Das Leben hier ist einfach sehr viel gemächlicher, als wenn wir in Regionen wie dem Ruhrgebiet unterwegs sind."

Die Landschaft, die Abgeschiedenheit. Und darin eingebettet immer wieder ungewöhnliche Orte. Das Gnevsdorfer Lehmmuseum etwa, wo in einer alten Feldsteinscheune diesem Bodenschatz und seiner Entstehungsgeschichte, seiner Nutzung und

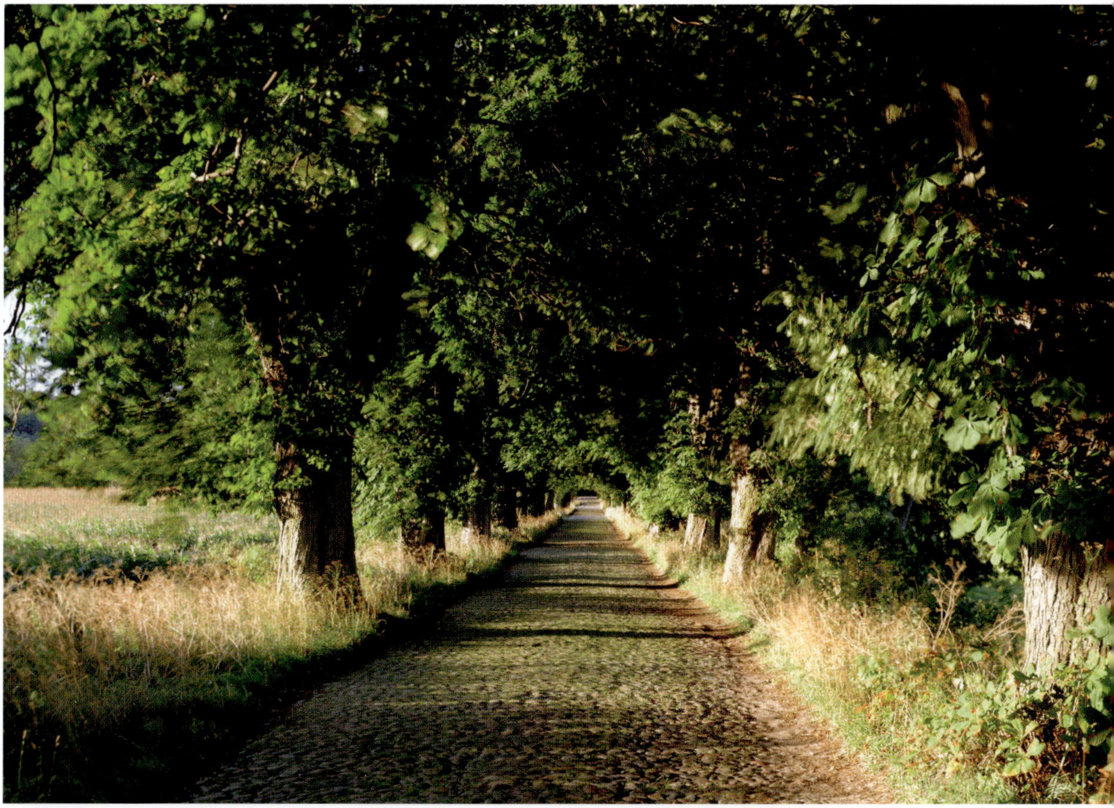

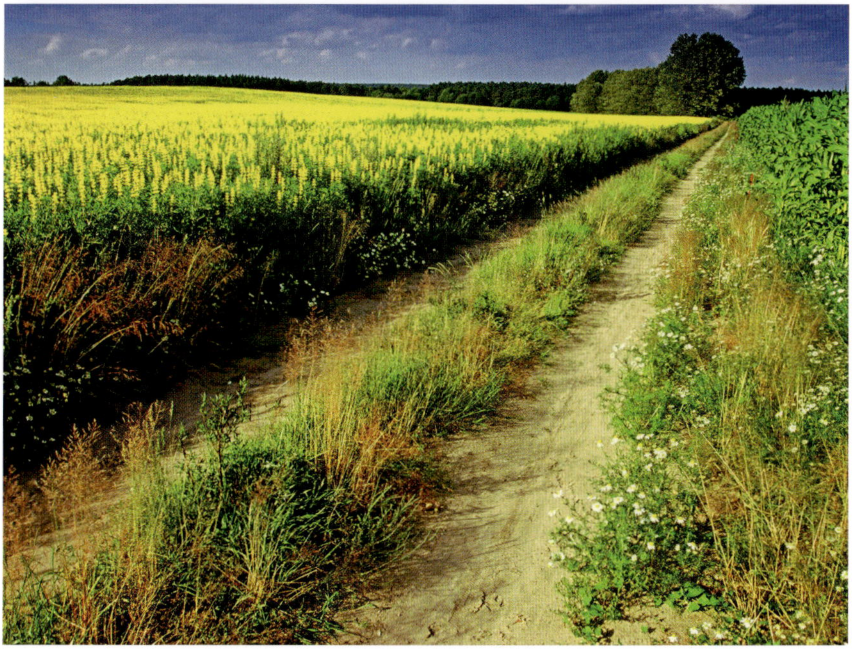

Endlose Felder und einsame Alleen: „Solche Straßen gibt es kaum noch in anderen Gegenden – dabei entschleunigen sie so wunderbar das Alltagsleben“

Verwendung durch Mensch und Tier auf den Grund gegangen wird. Das Anfang des 13. Jahrhunderts unter Fürst Heinrich Borwin I. entstandene Kloster Dobbertin, bedeutendste und besterhaltene Klosteranlage des Landes, dessen katholische Nonnen nach der Reformation bis 1572 erbitterten Widerstand gegen den neuen Glauben leisteten. Oder der Wangeliner Garten, in dem Neugierige an den zahlreichen verschiedenen Kräutern schnuppern und sich von der Wirkung ätherischer Öle inspirieren lassen können: „Minze", konstatiert Francel. „Die benutze ich nicht nur gern für Tee, sondern auch für Salate."

VIELES HIER IST UNSERER GLOBALISIERTEN, DIGITALEN UND HEKTISCHEN WELT REGELRECHT ENTRÜCKT, ES GIBT EINFACH NOCH VIEL MEHR PATINA UND IST NICHT SO GESCHLECKT UND KAPUTT RENOVIERT WIE IN DEN MEISTEN ANDEREN GEGENDEN DER REPUBLIK

Eindrücke und Anregungen, die die Musiker auch nach über zwei Jahrzehnten weltmusikalischen Vagabundenlebens nicht missen möchten – oder um es mit dem Bläser im spirituell-religiösen Sinne zu formulieren: „Gott hat uns diese Welt gegeben, und man muss sie sich auch anschauen, erfahren und daran teilhaben, denn dann lernst du viele Regionen und Menschen kennen – und kannst diese Erlebnisse wieder in die eigene Kreativität integrieren." Rund 200 Tage sind die Multiinstrumentalisten – ein jeder von ihnen bespielt mindestens drei verschiedene

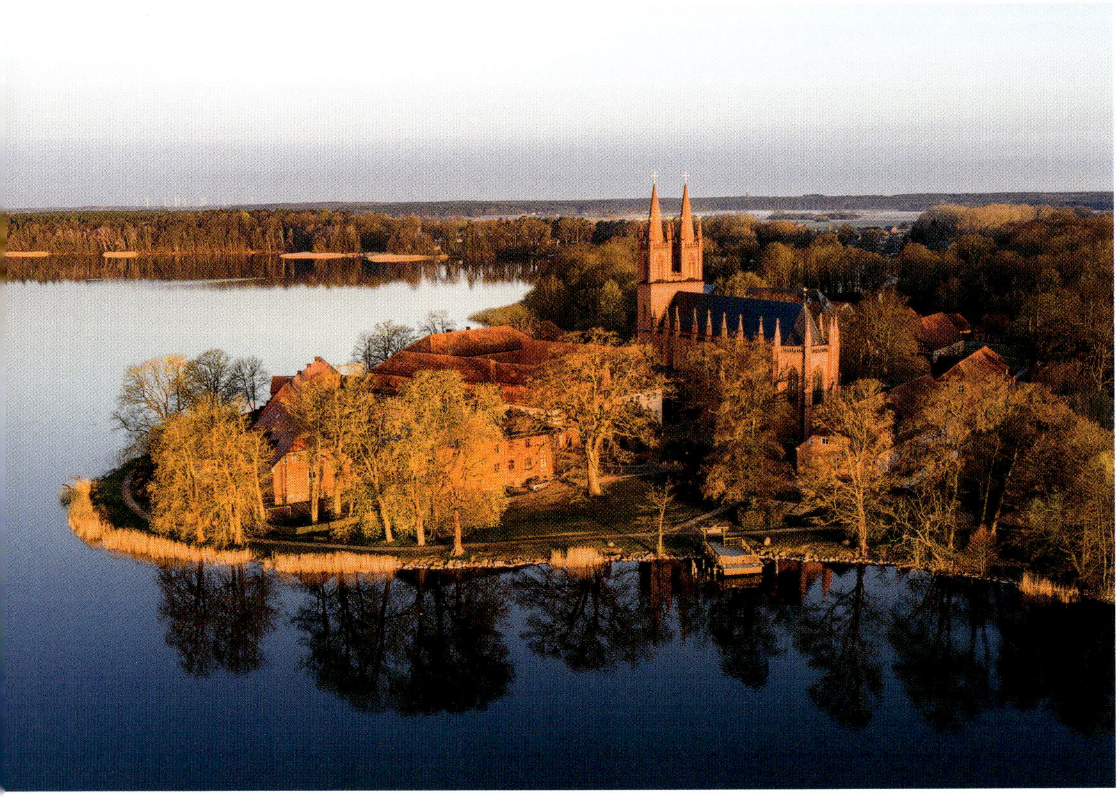

Wo schon Fontane ins Schwärmen geriet: Idyllisch ruht das Kloster Dobbertin am Seeufer, umgeben von einem Park mit jahrhundertealten Bäumen

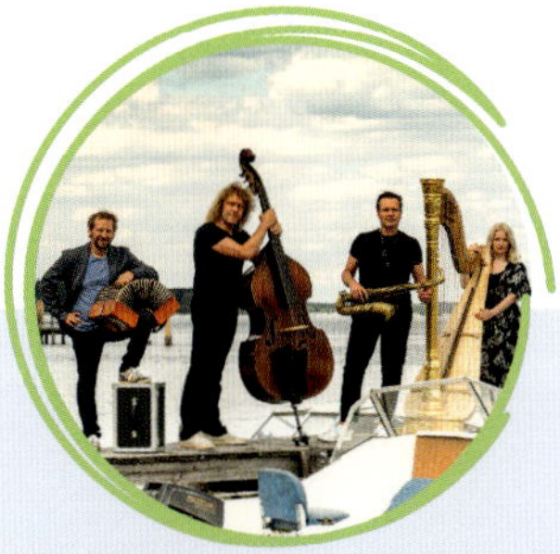

Wortwechsel

Um Ludwigslust gibt es ja durchaus auch das eine oder andere kleinere Gewässer, aber für euren Ausflug zieht es euch ans große Meer, auf die Museumswerft nach Greifswald. Was macht die Faszination dieses Urelements für euch aus?

Quadro Nuevo: *Das Meer – ob nun das Mittelmeer, die Nord- oder die Ostsee – nährt unsere Geschichten und Mythen. Denn das Wasser ist ja das größte Sinnbild überhaupt für das Reisen, für die Idee, unterwegs zu sein und ferne Welten zu entdecken – also im Grunde eben für das, was auch wir musikalisch immer wieder machen. Insofern ist das Segelboot auf dem Meer, das der Wind einfach irgendwo hinträgt, ein schönes Bild für unser Konzept. Die Ostsee hier oben ist natürlich auch das Tor nach Norden, in die skandinavische Welt: Wir stellen uns dann immer vor, wir würden von hier losfahren … ab in die Kälte, ab ans Nordkap – das ist einfach spannend.*

Ähnlich spannend wie ein Besuch der Museumswerft, wo Eigner alter Schiffe Hallen, Gelände, Slipanlage und Maschinen der ehemaligen Buchholz'schen Werft nutzen können, um ihre Kähne zu pflegen und zu restaurieren. Hinter der ganzen Unternehmung steht ein gemeinnütziger Verein …

… und allein das ist schon sehr ungewöhnlich in unserer von marktwirtschaftlichen Kriterien und Mechanismen dominierten Zeit. Da werkeln junge Burschen und ältere Männer vor sich hin, helfen sich gegenseitig mit Rat und Tat, schleppen auch einmal gemeinsam eine Planke und setzen so alte Boote wieder instand, die sonst wahrscheinlich verrotten würden – und all das geschieht abseits von Gedanken an irgendwelche Gewinnoptimierungen. Vielleicht verkaufen sie die Schiffe hinterher, vielleicht unternehmen sie damit auch eine Weltumsegelung: Hier zählt vor allem das alte Handwerk, das sich vor Ort wunderbar beobachten lässt.

Klingt beinahe nach zu viel schönem Idealismus, um in unserer Wirtschaftswelt wahr zu sein …

Und doch funktioniert es, wie dieser Verein beweist. Es lässt sich dort ebenso die Historie nachverfolgen wie auch diese Handwerkskunst fortlebt – völlig unbürokratisch, dafür aber erfüllt von Leben und einfach wahnsinnig schön und interessant. Jeder Bootsbauer hat da seine Halle, wo er herumklopfen und -werkeln kann. Oft in monatelanger Arbeit renovieren sie dann zu zweit, dritt oder viert die alten Holzkutter. Alles irgendwo Individualisten, die einen Sinn für gutes altes Handwerk haben.

Neben dem Bootsbau finden auf der Werft auch immer wieder Veranstaltungen statt – in einem sehr urigen Ambiente ...

In der Tat, denn neben Schiffstauen, Rettungsringen und Haken mit Arbeitsjoppen, Schwarz-Weiß-Fotos aus längst vergangenen Werfttagen, alten Sofas und Tischkickerspiel steht in der einen Halle auch ein in die Jahre gekommenes Klavier – und natürlich dient ein ausrangiertes, quer durch den Raum gespanntes Segel zur Verbesserung der Akustik.

Und funktioniert offensichtlich so gut, dass ihr auch selbst bereits dort am Ufer des Flusses Ryck aufgetreten seid.

Ja, der Verein hatte in einer der Bootsbauhallen ein Konzert mit uns veranstaltet. Das war zwar nicht unbedingt komplett staubfrei, da kurz zuvor dort natürlich noch gewerkelt worden war – doch der Begeisterung von uns wie auch dem Publikum hat dies keinen Abbruch getan!

Klangkörper – Jahr für Jahr unterwegs, alle Sommer wieder auch in Mecklenburg-Vorpommern: Klar, dass jeder da längst die zwischenmenschlichen Grenzen der anderen kennt. Und doch halten sie trotz eigener Familien an dieser Lebensform fest: „165 Tage im Jahr bleiben uns ja immer noch übrig, um daheim zu sein". Für die eine oder andere Bühne in der Fremde hat sich sogar eine Art Heimatgefühl entwickelt: So auch für manche Festspielstätte im Nordosten Deutschlands, spätestens seitdem die Bayern 2014 mit dem „Jahrmarkt der Sensationen" zehn Tage lang wie eine Gauklertruppe aus vergangenen Zeiten mit Pantomimen, Tuchartisten und Verwandlungskünstlern auf einer Wanderbühne durch Mecklenburg-Vorpommern gezogen sind. Ein Heimatgefühl, das natürlich nicht allein der Tatsache geschuldet ist, dass hier „die Luft viel klarer ist als bei uns und in weiten Teilen Deutschlands", wie Evelyn Huber festgestellt hat. Nein, der eigentliche Grund resultiere aus einer ganz schlichten Erkenntnis, so Andreas Hinterseher: „Heimat ist da, wo man sich wohlfühlt – und in diesem Sinne fühle ich mich der Region hier oben im Norden heimatlich sehr viel mehr verbunden als etwa der Maximilianstraße in München."

Auf der dortigen Einkaufsmeile wären Quadro Nuevo zweifellos auch nie auf den Gedanken ihres Programms „Volksmusik reloaded" gekommen. „Hierher nach Mecklenburg-Vorpommern passen die alten Volkslieder indes sehr gut", sagt Mulo Francel. „Denn diese Lieder lassen sich ja teilweise bis ins Mittelalter zurückverfolgen, widmen sich den Themen des Lebens von der Liebe über die Bewegung in der Natur bis hin zum Rausch des geselligen Beisammenseins. Und natürlich tragen sie die alte Zeit in ihren Texten – und diese Vergangenheit siehst du hier in Mecklenburg-Vorpommern und kannst sie noch viel mehr fühlen als in anderen Teilen Deutschlands." Was der Blick durch Ferdinands Seitenfenster auf der gemächlichen Fahrt durch die Dörfer der Lewitz-Region immer wieder bestätigt: „Du findest hier wirklich Orte oder auch Gebäude, wo du denkst: Das sieht jetzt wirklich aus wie vor 200 oder 300 Jahren – vieles hier ist

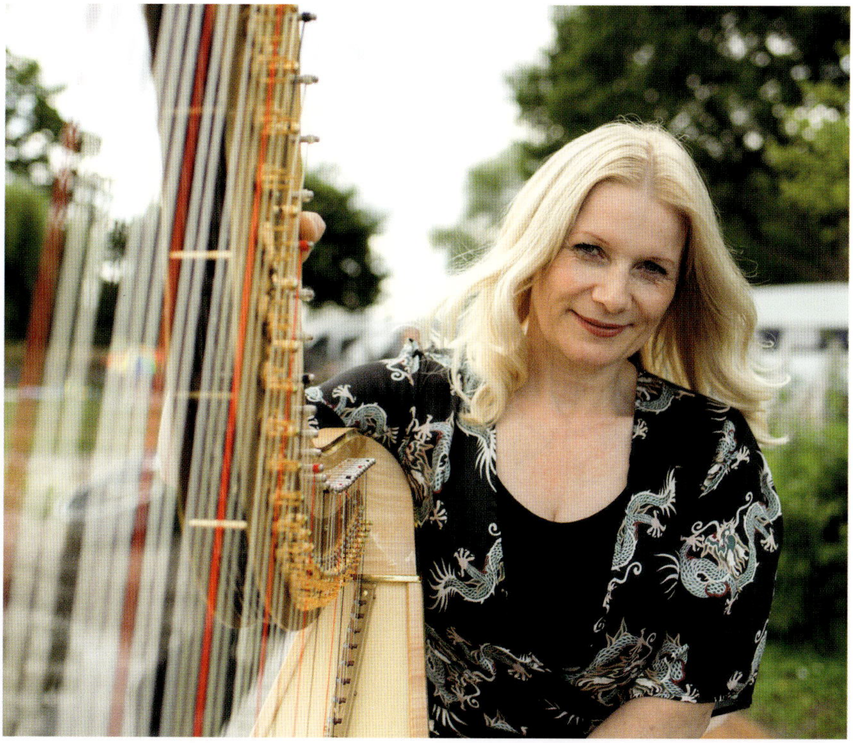

Liebesbekenntnis einer Harfenistin: „Allein zu sein in der Natur und einfach ins Unendliche loslaufen – welch eine wunderbare Erfahrung", schwärmt Evelyn Huber

unserer globalisierten, digitalen und hektischen Welt regelrecht entrückt, es gibt einfach noch viel mehr Patina und ist nicht so geschleckt und kaputt renoviert wie in den meisten anderen Gegenden der Republik", schwärmt D.D. Lowka.

Scheinbar entrückt wie die Müritzfischer: Auf Deutschlands größtem Binnensee sind diese Männer tatsächlich noch mit Boot und Netz und Rolli- oder Prinz-Heinrich-Mütze anzutreffen. Fischerromantik? Hervorgegangen aus einer staatlichen DDR-Genossenschaft, setzen sie heute auf ganzheitliche Vermarktungskonzepte, vermieten Ferienhäuser oder bieten Angelausflüge und -urlaube neben ihrem eigentlichen Geschäft an – der größten Fischerei in der Bundesrepublik. Und schreiben doch Nachhaltigkeit und Regionalität ganz groß: Das Fanggewässer zu wechseln, käme für sie nie in Frage.

Heimat eben. Heimatgefühle, wie sie in anderer Form auch Francel hier empfindet, insbesondere in der wärmeren Jahreszeit, springt der gebürtige Münchener doch „in jedes Wasserloch", wie sein Freund Lowka bereits seit Jugendtagen weiß. Noch lieber natürlich ins Meer – „ich tauche und schnorchle gern" – oder in einen See wie den Plauer: „Die Welt des Wassers ist für mich eine erfrischende Gegenwelt zu unserem realen, trockenen Dasein, aus der ich Kraft schöpfen kann. Und ich finde es auch faszinierend zu verfolgen, wie sich die Farbe und Durchlässigkeit solcher Seen mit den Jahreszeiten verändert, vom transparenten Blau-Grün des Frühlings über das tiefe Grün des Sommers und den bräunlichen Ton des Herbstes bis hin zum undurchdringlichen Schwarz im Winter."

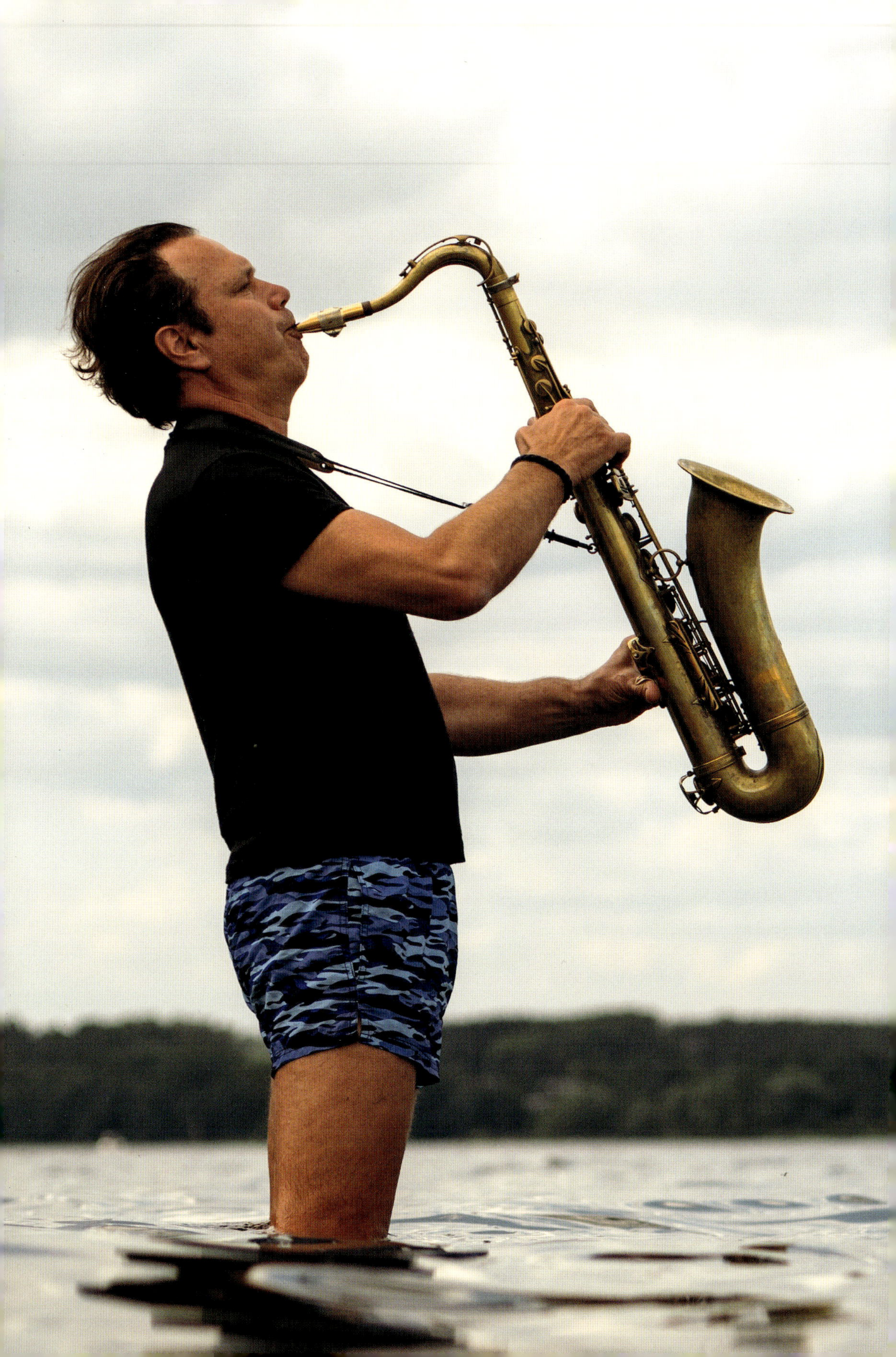

Wie heißt es doch in einem jener alten Volkslieder, die Quadro Nuevo neu entdeckt und mit einem frischen Bossa Nova unterlegt haben: „,Kein schöner Land in dieser Zeit, als hier das uns're weit und breit' – das passt einfach, wenn wir durch diese Landschaft streifen." Und selbst wenn dann in den kühleren Monaten sein geliebtes Bad im See nicht mehr möglich ist, bleibt doch für den Musiker und seine Freunde das zusammenführende Moment dieses Elements: eines Elements, das nicht zuletzt Kontinente und Länder verbindet – mit dem „Schiff als Sinnbild für die Reise und Fracht, die von Mensch zu Mensch gebracht wird". Manchmal eben auch als Lieder in alle Welt – oder in ein kleines Dorf nach Mecklenburg-Vorpommern.

Seite 62 – Solo für den Plauer See: Mulo Francel zieht es selbst mit Saxofon magisch ins nasse Element – „und natürlich nährt das Wasser auch unsere Geschichten und Mythen"

MVorlieben

– LIEBLINGSORT –

Ein faszinierender Ort ist die Historische Ziegelei in Benzin, ebenso interessant wie geschichtsträchtig: Lässt sich doch dort nachvollziehen, wie dieser wichtige Baustoff – der ja so viele Städte geprägt hat – entstanden ist. Beeindruckend natürlich vor allem der Ringofen, dessen Kammern ringsum für die Ziegelproduktion nacheinander befeuert wurden. Imposant sind aber auch die schweren Maschinen, mit denen der Lehm gereinigt, geformt und gepresst wurde. Und zudem ist es ein erhebender Ort, denn diese Ziegelproduktion war einst ja so wichtig für vieles, was der Mensch geschaffen hat – ganz abgesehen davon, dass Ziegelbauten meist die viel schöneren Gebäude sind.

– LIEBLINGSSINNESWAHRNEHMUNG –

Am Waldesrand auf einer Wiese zu stehen und in die Weite zu blicken, diesen unglaublich großen Horizont in sich aufzunehmen und das faszinierende Wechselspiel von Schatten und Licht, Sonne und Wolken zu beobachten: Das ist pures Glück. Es gibt einem das Gefühl von Verbundenheit mit dieser Natur, weil man alle vier klassischen griechischen Elemente hier auf sich wirken lassen kann: das Feuer – in Gestalt der Sonne –, die Erde, die spürbare Luft – anders als bei uns im Süden weht der Wind hier nämlich beständig – und natürlich das Wasser, auf das man hier immer wieder in Gestalt eines Sees, Flusses, Bächleins oder Meeres trifft.

– LIEBLINGSESSEN –

Die Küche hier im Land ist schon etwas deftiger und sehr fleischbetont – was für uns mitunter nicht so ganz einfach ist, da wir vegetarisch unterwegs sein wollen. Dennoch gefällt uns die Soljanka sehr gut. Süß und sauer, scharf und von innen wärmend – gäbe es da jetzt noch eine vegetarische Variante, vielleicht mit Bohnen, wäre das ohne Zweifel der Hit. Ein richtig schönes Arme-Leute-Gericht, diese Minestrone Mecklenburg-Vorpommerns!

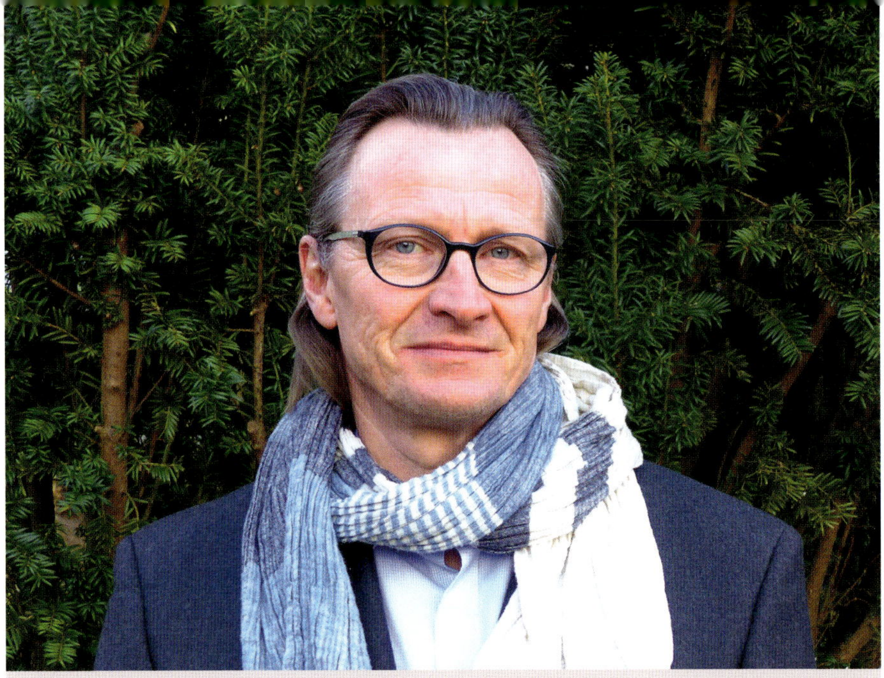

Aufgespürt

„Mich zieht es einfach immer zum Wasser hin – und das nicht erst, seitdem ich hier wohne. Schon seit Kindesbeinen bin ich mit meinen Eltern nach Hiddensee gefahren, meine Frau hat Familie auf dem Darß: Für mich ist es wichtig, dem Wasser nah zu sein." Und das als gebürtiger Thüringer … Doch wenn Dietmar Braune von seinen frühmorgendlichen Schwimmzügen im Dümmersee südwestlich von Schwerin erzählt, fällt es auch der größten Landratte schwer, sich seiner Faszination für das Nass zu entziehen: Ob Eisvogel, Seeadler oder Haubentaucher – auf seiner Fitnessrunde, die von Mai bis Oktober zu seinen täglichen Gewohnheiten zählt, begleiten den Dezernatsleiter der Staatlichen Schlösser, Gärten und Kunstsammlungen regelmäßig auch jene gefiederten Genossen, die ein Städter kaum jemals zu sehen bekommt.

Ob der Gartenbauingenieur diese ganz besondere Erfahrung der ländlichen Unberührtheit schon ahnte, als er nach seinem Studium an der Berliner Humboldt-Universität und dem beruflichen Einstieg in den Parkanlagen von Schloss Sanssouci in den 90er-Jahren weiter in den Norden zog? Heute jedenfalls genießt der Mann mit den grünen Daumen solche Ausflüge an seinen Lieblingssee immer wieder in vollen Zügen: Denn auch als Spaziergänger weiß er die Ruhe dieses „zu jeder Jahreszeit fantastischen Waldgewässers" zu schätzen – „eine kleine Oase für die Seele, ideal zum Runterkommen". Und im Winter auch zum Raufkommen, drehen Braune und seine Freunde doch bei entsprechenden Minustemperaturen dann ihre Schlittschuhrunden auf der zugefrorenen Wasseroberfläche. Um bisweilen dort sogar dem Trompeten der Kraniche zu lauschen: Immer öfter überwintern die Vögel des Glücks inzwischen nämlich auch in Mecklenburg. Kein Wunder, dass Braune da nicht einen Moment daran denkt, seine Arbeit in den Staatlichen Gärten zwischen Ludwigslust und Neustrelitz gegen eine an einem anderen Ort einzutauschen: Wo sonst lässt sich das Glück schon so hautnah erfahren?!

Festspielorte

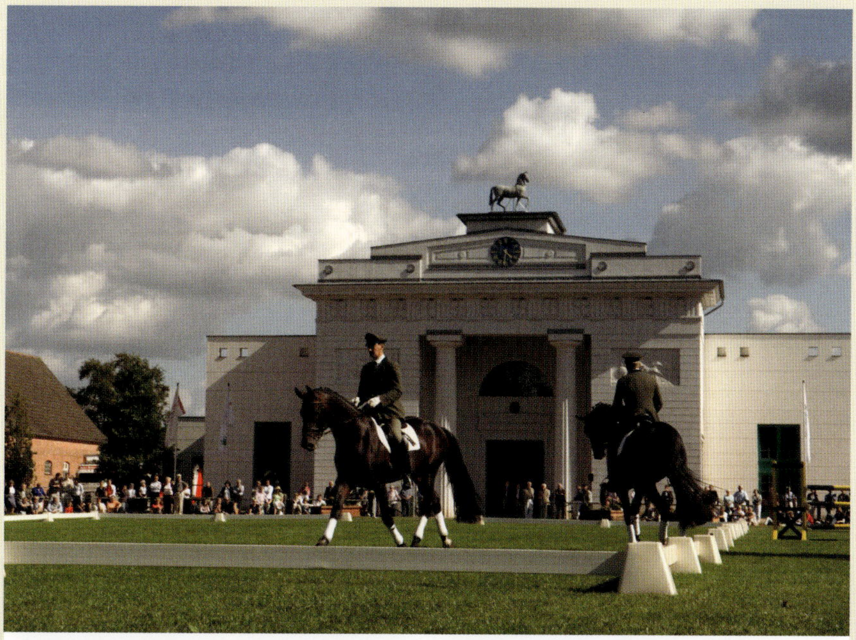

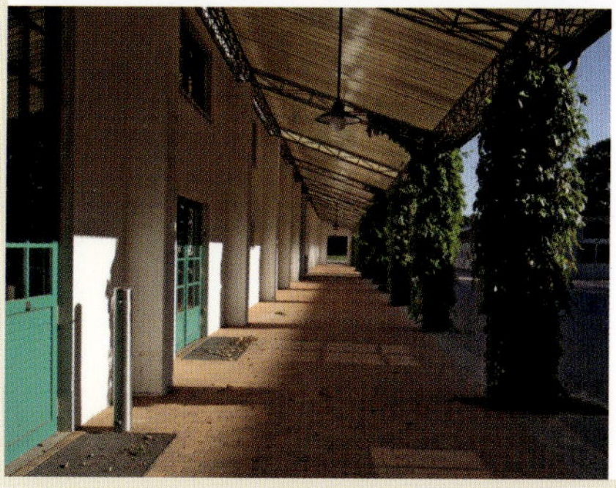

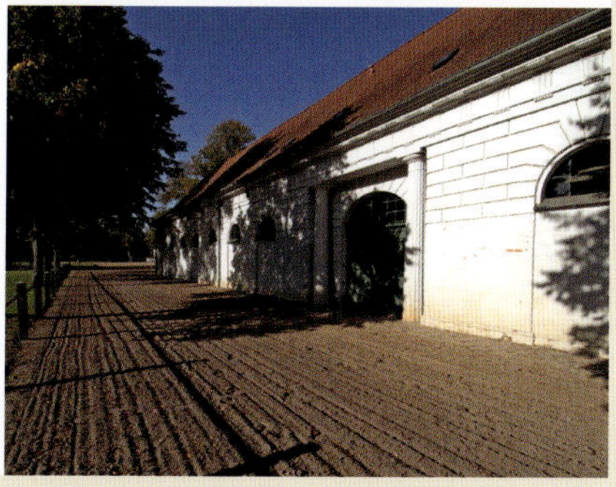

Nachmittagsausflug
Nomen est omen: Wahre Kachel-Schätze sind in der Fliesenstadt Boizenburg überall zu finden – doch auch jahrhundertealte Fachwerkhäuser und Wallanlage faszinieren.
Stadtinformation: Markt 1, 19258 Boizenburg, Tel.: 038847/335354

Die Stärkung vor dem Konzert
Speisen wie bei Herzogs: Weiße Tischdecken, Serviettenringe, Kristallglas – das Hotel de Weimar legt Wert auf Stil und mecklenburgische Note bei Kartoffelsuppe und Rinderfleischsülze.
Hotel de Weimar: Schlossstraße 15, 19288 Ludwigslust, Tel.: 03874/4180

Am nächsten Tag
Auf den Spuren der mecklenburgischen Herzöge: Im Schweriner Schloss gibt es die einstige Pracht des Adels – gegenüber im Staatlichen Museum ihre kostbare Gemäldesammlung.
Schloss: Lennéstraße 1; Staatliches Museum: Alter Garten 3, 19055 Schwerin

Glücksmoment
Träumereien in der Elfenschule: Tanzen Naturgeister durchs verwunschene Reetdachhaus? Verzaubern tun Bilder, Porzellan und Figuren von Ines Bargholz auf jeden Fall.
Elfenschule und Atelier, Seeweg 2, 19246 Neuenkirchen, Tel.: 038853/21223

LANDGESTÜT REDEFIN

Auf dem Rücken der Pferde liegt das Glück … dieses Anwesens, das schon Anfang des 18. Jahrhunderts den Marstall des Schweriner Herzogshauses mit edlen Rössern belieferte. Nachdem die napoleonischen Kriege auch über Redefin hinweggezogen waren und für Verwüstung gesorgt hatten, entschied sich Großherzog Friedrich Franz I., hier ein Landgestüt zu gründen: die Initialzündung für jene streng symmetrische Anlage, deren Dutzend klassizistischer Gebäude in vornehmem Weiß das noble Bild eleganter Harmonie bis heute prägt – gekrönt in seiner Mittelachse von dem imposanten Reithallenportal in Form eines griechischen Tempels.

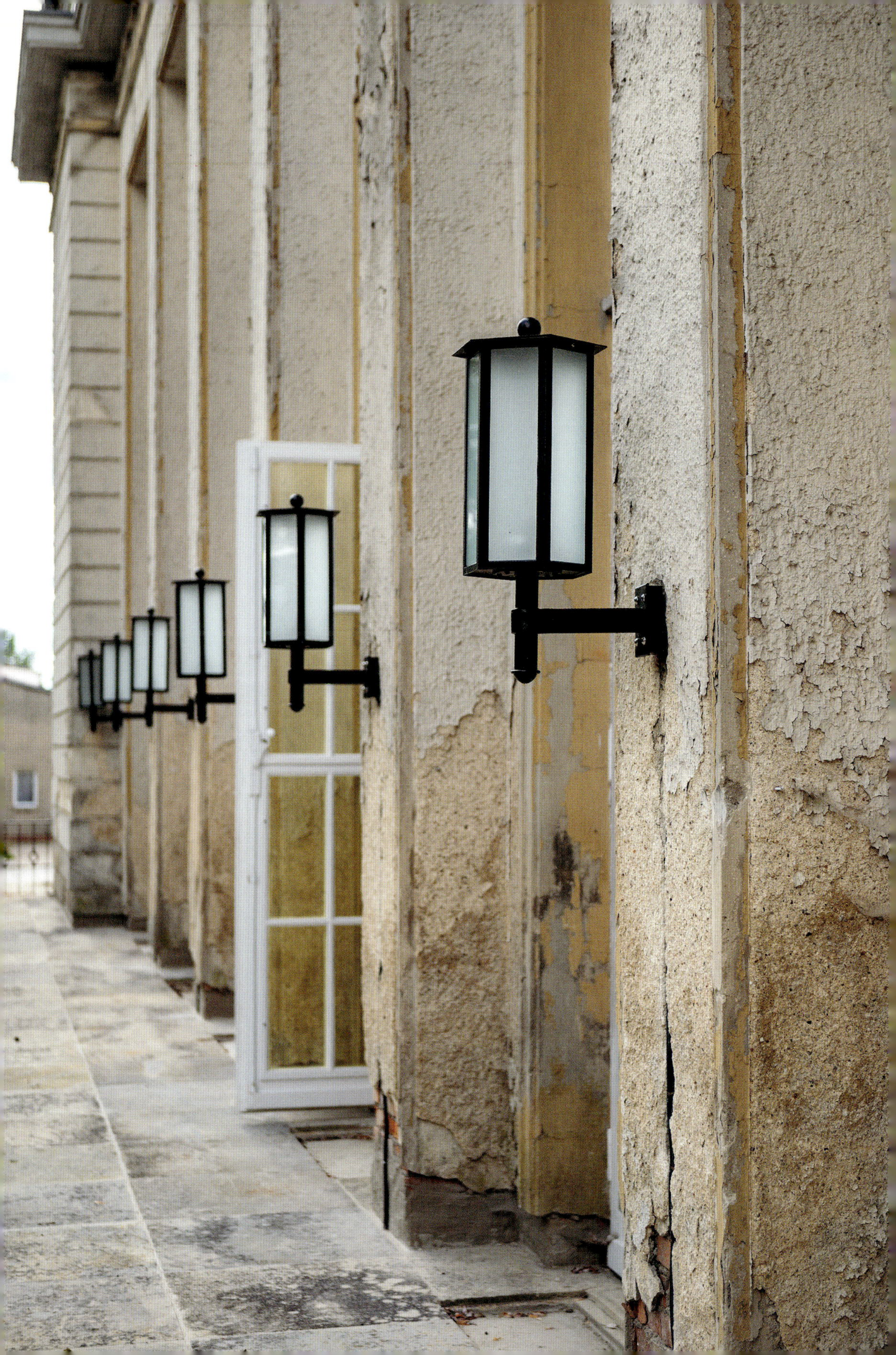

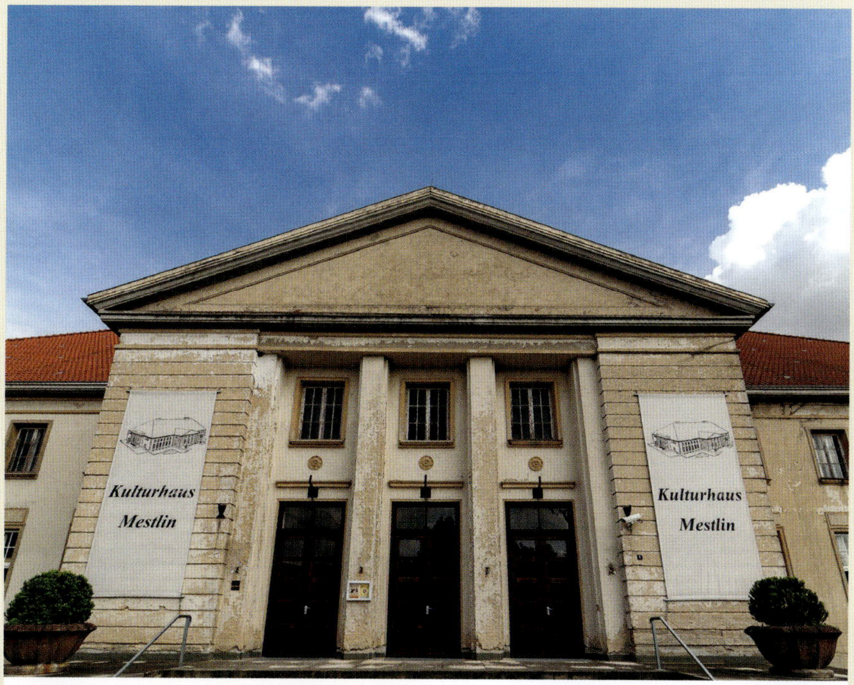

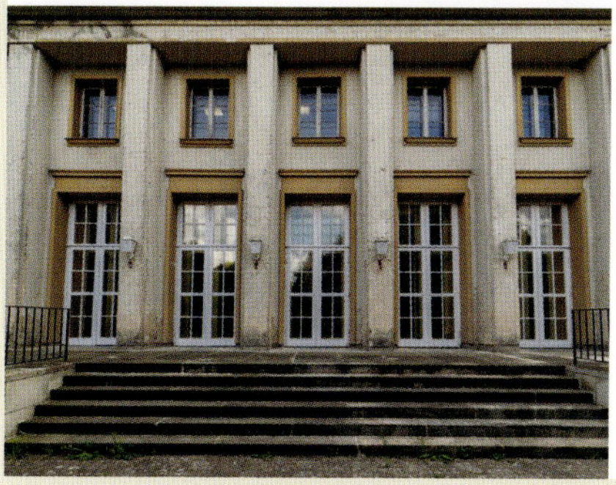

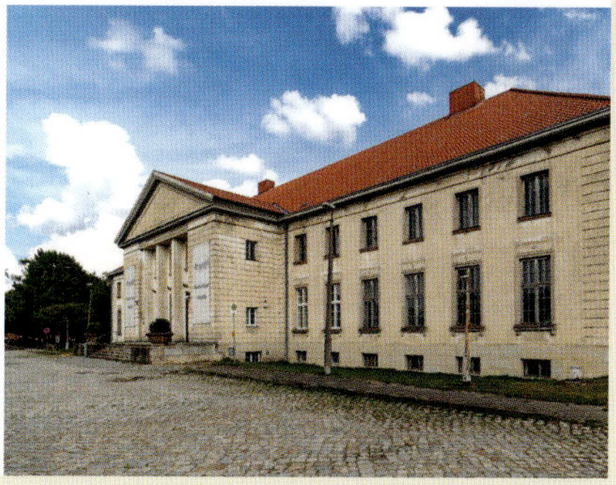

KULTURHAUS MESTLIN

Sozialistische Kunstverordnung: Keine 700 Einwohner zählte Mestlin Anfang der 50er-Jahre. Doch die DDR-Oberen hatten sich vorgenommen, das verschlafene Nest in ein Musterdorf zu verwandeln – samt einem monumentalen, im neoklassizistischen Stil errichten Kulturhaus als künstlerischem Zentrum für die Region. Zwölf Fensterachsen und der portikusartige Mittelrisalit mit einer Freitreppe gliedern die Hauptfassade und beherrschen bis heute das Dorfbild. Nach der Wende verfiel der 2011 als nationales Denkmal anerkannte Bau zusehends – heute bemüht sich ein Verein um den Erhalt des Ensembles und dessen kulturelle Belebung.

Nachmittagsausflug
Unter Kastanien und über Kopfsteinpflaster vorbei an Wald und Weiher: Der Weg nach Schloss Kaarz entschleunigt ebenso wie der Gang durch die Freiluftausstellung in der Parklandschaft.
Obere Dorfstraße 6, 19412 Weitendorf/OT Kaarz, Tel.: 038483/3080

Die Stärkung vor dem Konzert
Restaurant „Zur Rothen Kelle“: Pilzrisotto oder Fischfilet – gegenüber dem Gutshaus in Rothen zaubern zwei Geschwister im alten Kuhstall jeden Tag zwei neue Gerichte.
Kastanienweg 8, 19406 Rothen, Tel.: 0152/03739350

Am nächsten Tag
Von der Inselstadt ins Heilbad: Über fünf Seen musst du schippern … um von Malchow nach Waren zu gelangen – wo vor der Rückfahrt noch Zeit für eine Tour durch die Altstadt bleibt.
Drehbrücke Malchow, 17213 Malchow, Tel.: 039932/83256

Glücksmoment
Black Krim, Green Zebra, Venusbrüstschen: 75 historische Tomatensorten bietet die Gärtnerei Wonglorz, zudem Tomatenlikör und -marmelade. Saisonhöhepunkt: das Tomatenfest im August.
Schweriner Chaussee 1, 19374 Mestlin, Tel.: 038727/81231

Nachmittagsausflug
Räuber und Graf: Seine Höhle vor den Toren Parchims zeugt noch heute von dem sagenumwobenen Räuber Vieting – in der Stadt erzählen Gedächtnisstätte und Museum von Generalfeldmarschall Helmuth von Moltke.
Touristeninformation: Blutstraße 5, 19370 Parchim

Die Stärkung vor dem Konzert
„Vielanker Brauhaus“: Die Auerochsenherde weidet ganzjährig in unmittelbarer Nähe – was auch die Gäste schmecken, wenn sie sich Burger, Wurst, Gulasch oder Schmorbraten munden lassen.
Lindenplatz 1, 19303 Vielank, Tel.: 038759/339180

Am nächsten Tag
Sagenhafte Lewitz: Auf dem Walderlebnispfad kann man an 16 Stationen die Sagenwelt der Landschaft erkunden – und in der Schwechower Obstbrennerei beim Likör noch vertiefen.
Erlebnispfad: Start Jagdschloss Friedrichsmoor, Obstbrennerei: Am Park 5, 19230 Schwechow/Pritzier, Tel.: 038856/37820

Glücksmoment
Verweile doch, du bist so schön: An der alten, bemoosten Brücke über die von Entengrütze überzogene Elde in Kronskamp innehalten und dem Lied des Windes im wogenden Schilf lauschen.
Lewitzer Straße, 19306 Neustadt-Glewe/OT Kronskamp, Ortsausgang

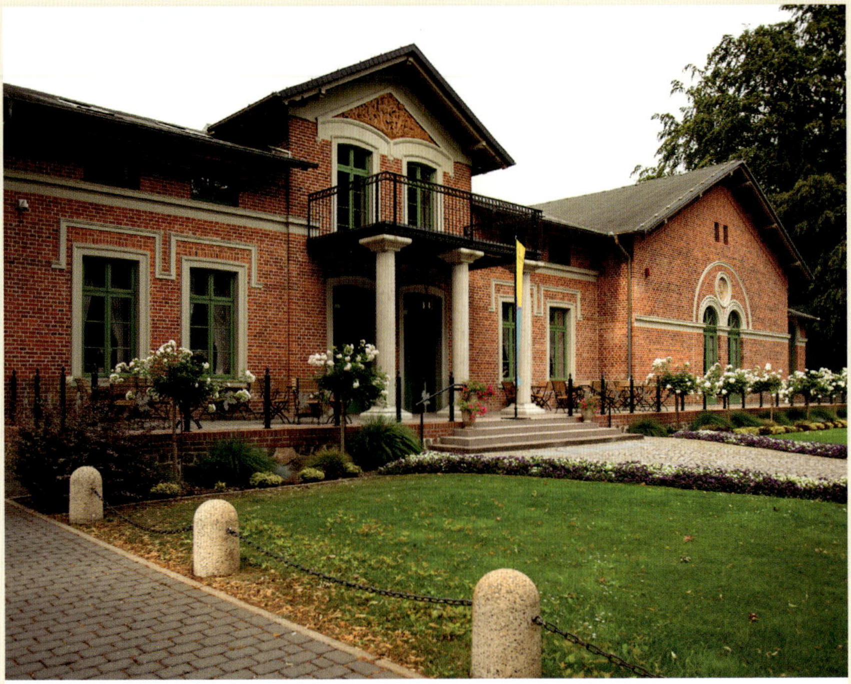

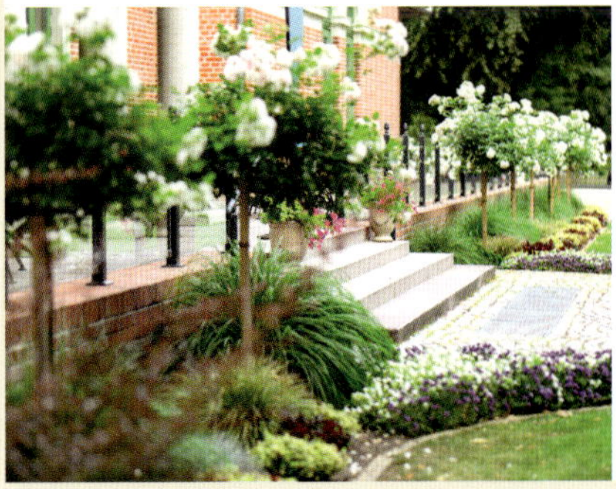

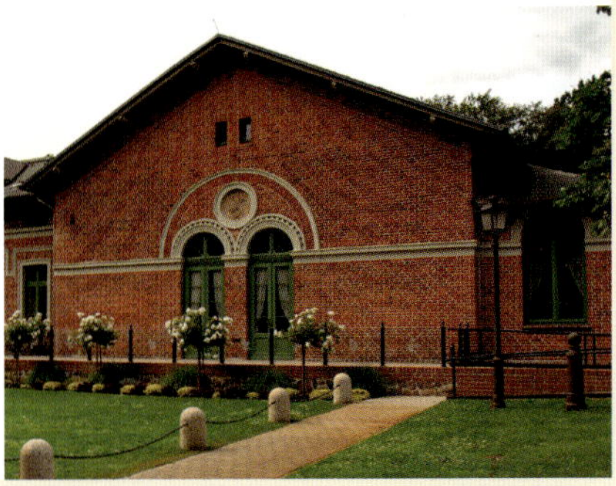

SCHÜTZENHAUS GRABOW

Geschossen wurde hier einst natürlich auch – doch vor allem war das Schützenhaus seit seiner Einweihung 1849 zentraler Versammlungs- wie Veranstaltungsort der Stadt und um 1900 sogar Schauplatz des größten Volksfestes der Region, des berühmten „Grabower Königsschuß“. Abertausende Gäste strömten in Sonderzügen herbei, wurden von Blaskapellen empfangen und zum Schützenhaus begleitet. Zu DDR-Zeiten renoviert und als Kulturzentrum genutzt, verfiel der Bau nach der Wiedervereinigung – bis die Grabower die Initiative ergriffen und das sanierte Haus 2015 für Kultur und Feiern wiedereröffneten.

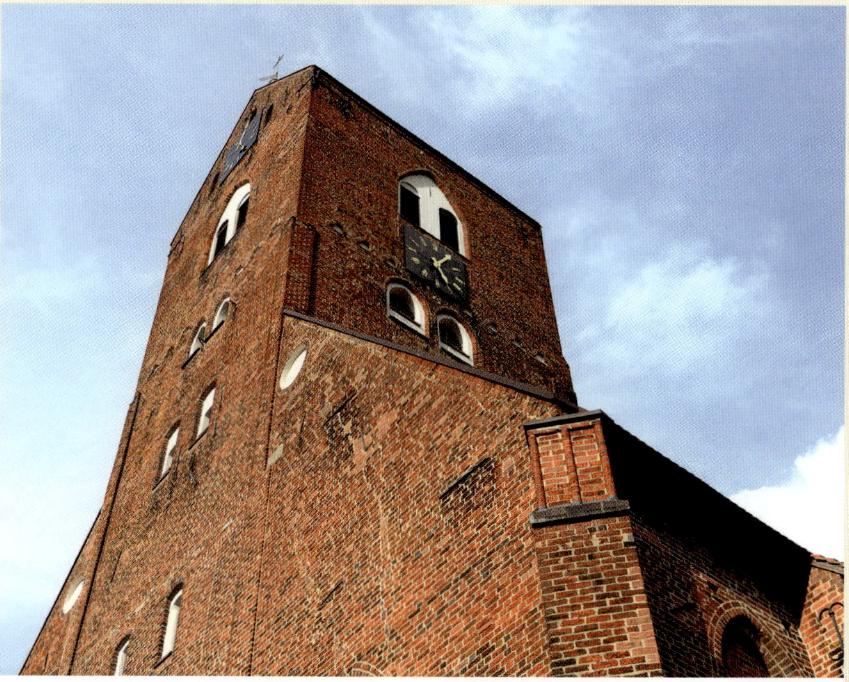

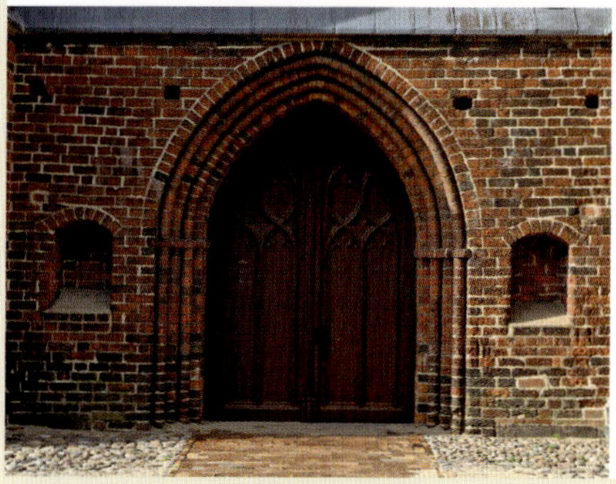

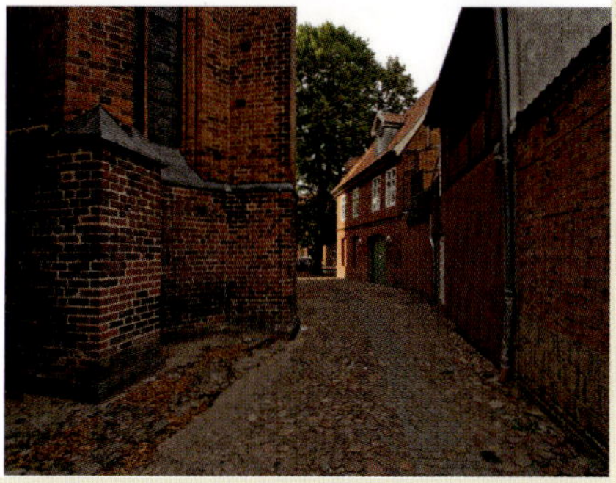

ST.-GEORGEN-KIRCHE PARCHIM

Unverwüstlich: Als 1612 ein Feuer den Glockenturm sowie sämtliche Kirchenglocken von St. Georgen zerstörte, schuf schon ein Jahr später der Gießer Michael Westfal ein neues Geläut – und auch der Turm wurde bald darauf wieder aufgebaut. Seither wurde immer wieder Hand angelegt in dem gotischen Backsteinbau mit seiner ebenso pracht- wie kunstvollen Innenausstattung. Die letzte Komplettsanierung konnte 2019 abgeschlossen werden. Wer heute auf einer Bank Platz nimmt und den Flügelaltar aus dem Jahr 1421 betrachtet, während die Sonne über die Kirchenfenster wandert, kann an Sommertagen ein himmlisches Seelenstreicheln erfahren.

Nachmittagsausflug
Im Rausch der Farben und Düfte: Von Zauber- bis zu Heilpflanzen – im Wangeliner Garten ist die Geschichte unserer Kulturpflanzen in mehr als 50 thematisch geordneten Beeten aufbereitet.
Vietlübber Straße, 19395 Ganzlin/OT Wangelin, Tel.: 038737/499878

Die Stärkung vor dem Konzert
„Papillon": Kleine, aber feine Karte mit Steinbeißerfilet, Saltimbocca vom Kalbsrücken und Zitrus-Trifle. Das Weinangebot ist dafür umso umfangreicher.
Restaurant & Weinbar „Papillon": Bleicherstraße 29, 19379 Parchim, Tel.: 03871/2697693

Am nächsten Tag
Naturerlebnisfahrt: idyllisch der Blick aufs Wasser – noch eindrucksvoller indes die Aussichten vom Wasser bei einer Bootstour auf der Mecklenburgischen Seenplatte.
An der Metow, 19395 Plau am See, Tel.: 038735/44449

Glücksmoment
Kolossale Verkündigung: Schon der Blick auf Europas größtes Altargemälde in der Stadtkirche Ludwigslust lässt einen ehrfurchtsvoll innehalten – erklingt dann noch die dahinter versteckte Orgel, dünkt es, als käme die Musik vom Himmel.
Kirchenplatz, 19288 Ludwigslust, Tel.: 03874/21968

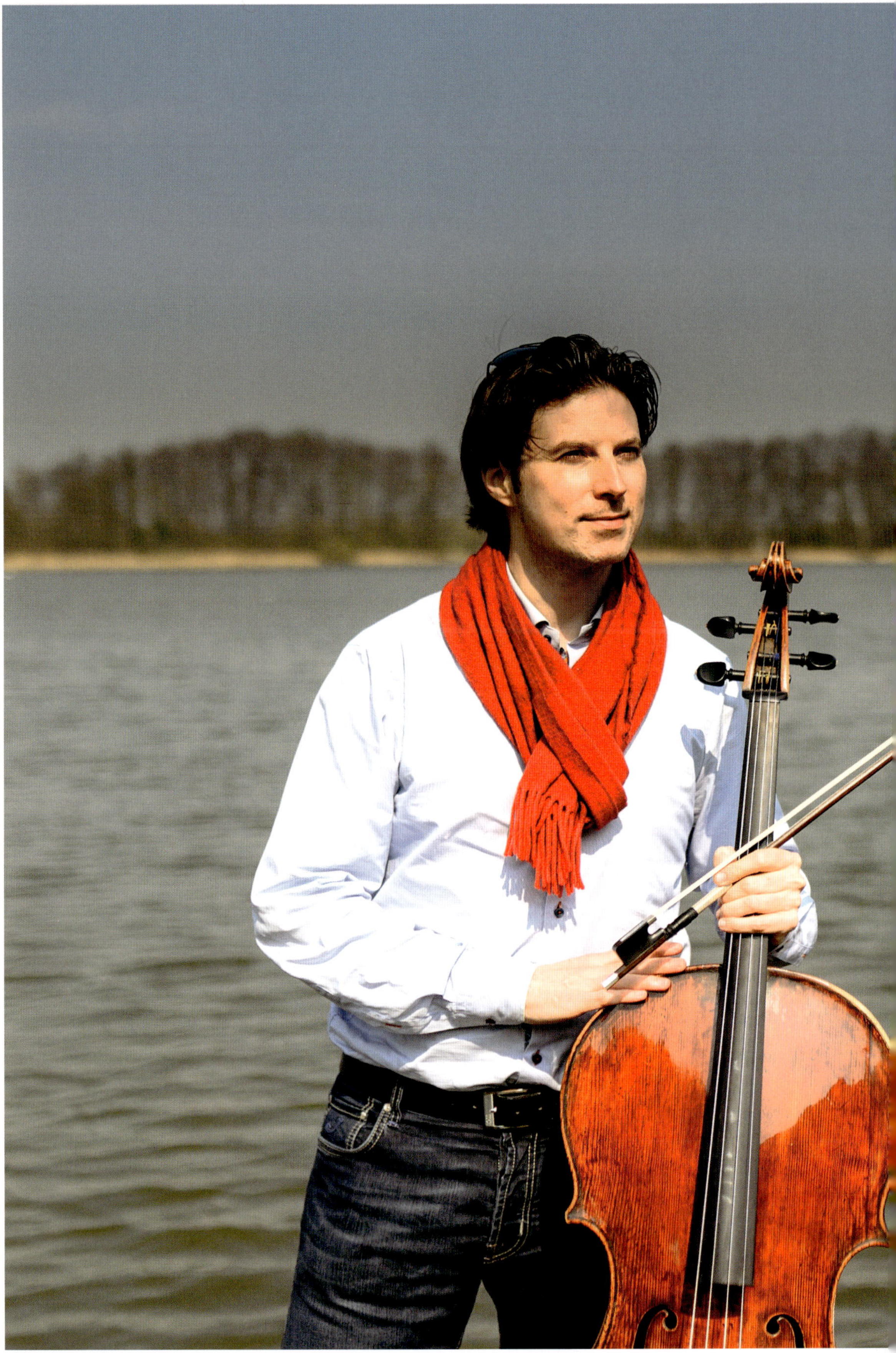

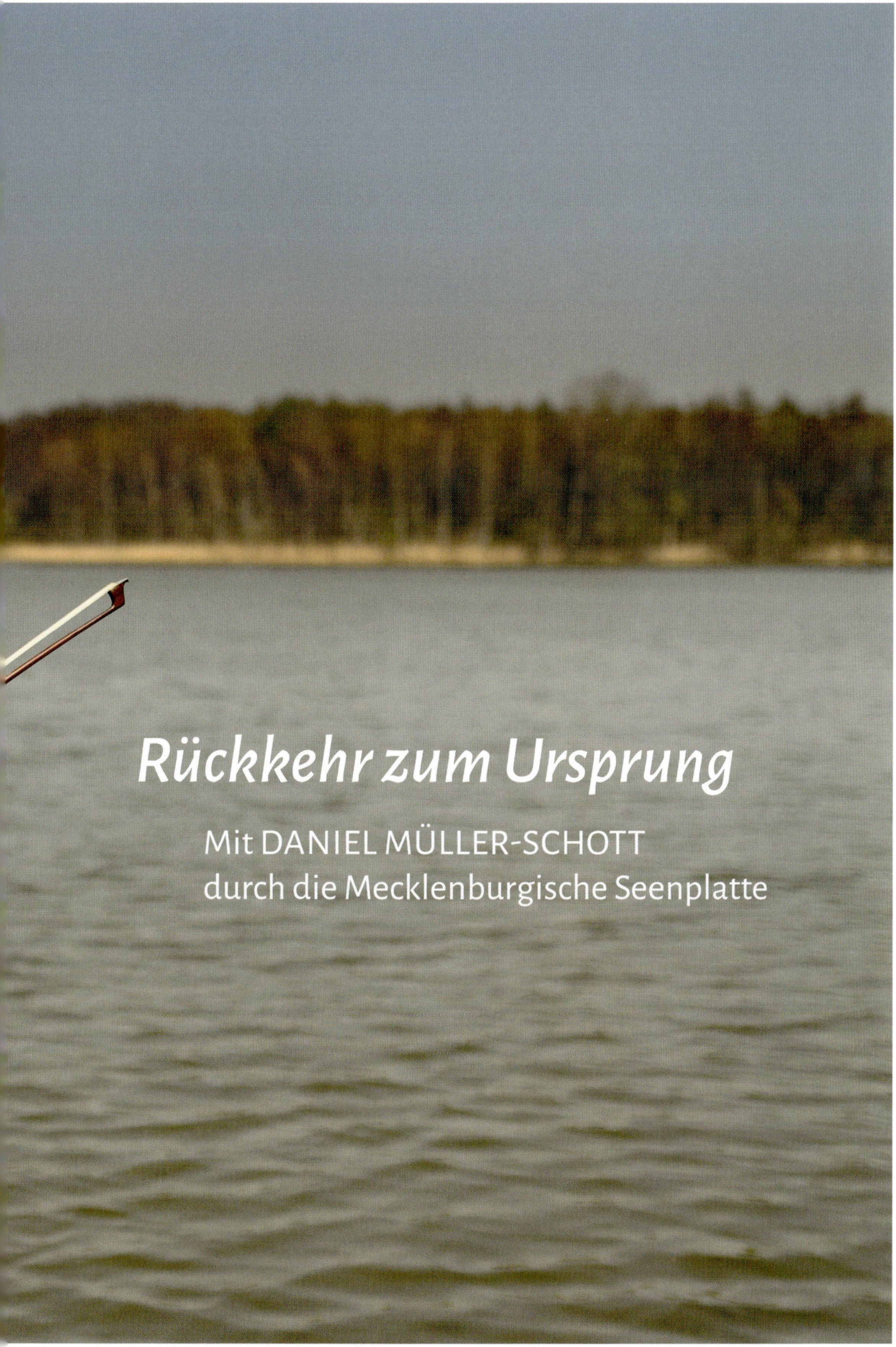

Rückkehr zum Ursprung

Mit DANIEL MÜLLER-SCHOTT
durch die Mecklenburgische Seenplatte

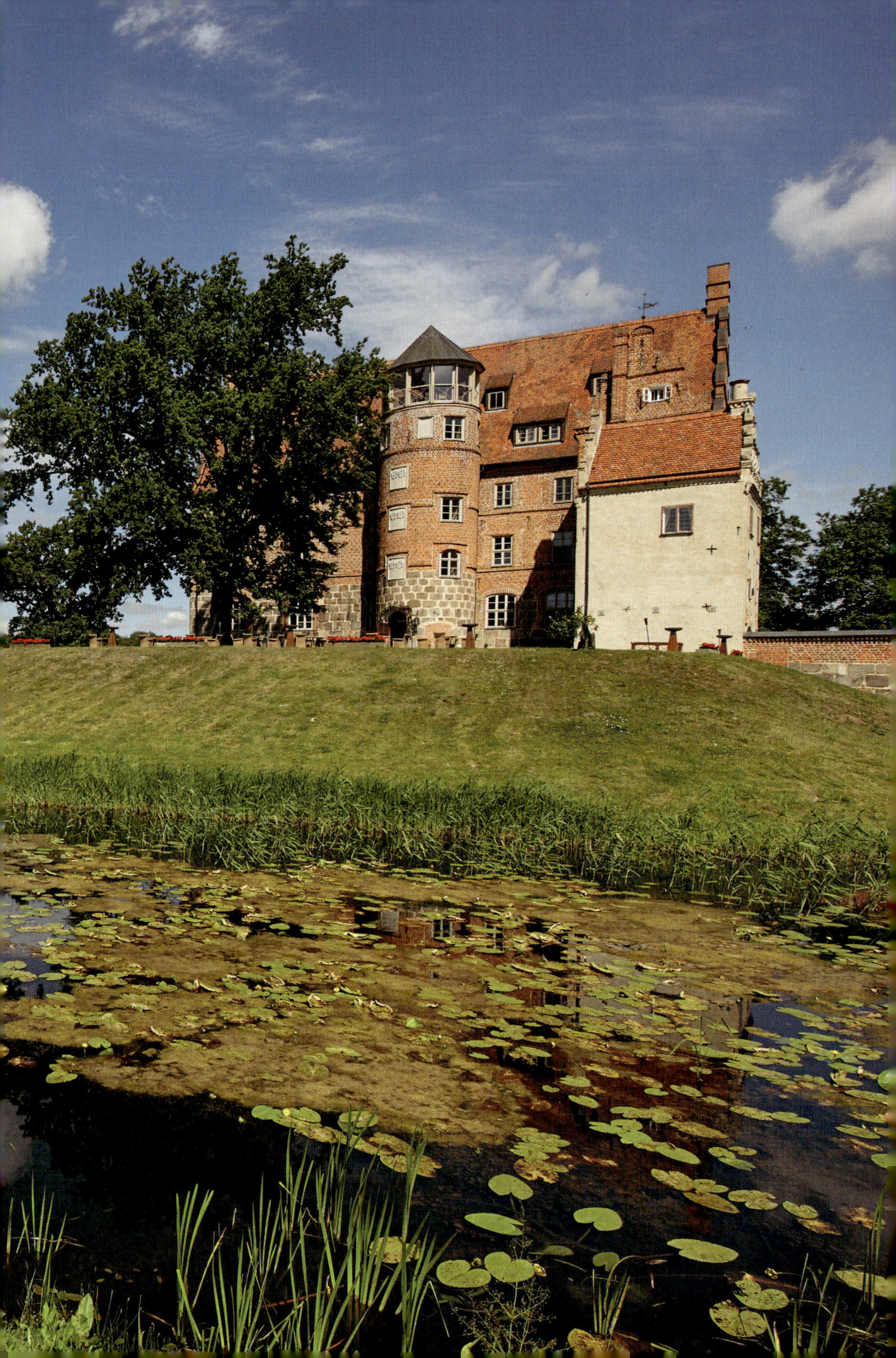

„Diese Region hat so viel Weite und Ruhe – das finde ich einfach großartig!“ Daniel Müller-Schott lässt seinen Blick über den still daliegenden Ulrichshusener See schweifen und atmet tief durch. „Dieses Bild überträgt sich hier sofort, und in mir entsteht eine ebensolche wunderbare Ruhe und Weite – ein Gefühl, das einen immer wieder erdet.“ Wie zur Bestätigung tönt der Ruf eines Kuckucks über das Wasser, auf dem ein Haubentaucher seine Runden zieht. 1995 war der Cellist erstmals bei den Festspielen zu Gast, doch seine Faszination vor allem für die Mecklenburgische Seenplatte ist bis heute ungebrochen.

Seite 72 – Herzkammer der Festspiele: Im 16. Jahrhundert errichtet, hat Helmuth von Maltzahn die Ruinen der Renaissanceanlage seiner Ahnen in Ulrichshusen seit 1993 zu alter neuer Schlosspracht aufblühen lassen

19 Jahre zählte der Bayer damals, das alte Wasserschloss in Ulrichshusen, einer der bedeutendsten Renaissancebauten Norddeutschlands, war nach dem Brand knapp ein Jahrzehnt zuvor noch eine Ruine. „In der Folge habe ich dann Sommer für Sommer die Entwicklung hin zum Zentrum der Festspiele verfolgt: beeindruckend, was Helmuth und Alla von Maltzahn hier geschaffen haben.“

Der Streicher selbst wurde kurz nach seinem Festspieldebüt zum allerersten Solistenpreisträger des Festivals gekürt – und unternahm im Jahr darauf dann mit Gründungsintendant Matthias von Hülsen eine Bootsfahrt auf der Müritz. „Wir haben eine Tour durch die Region gemacht – ich habe auf dem Schiff musiziert und Matthias hat mir einige der schönsten Plätze gezeigt.“ Was Müller-Schott auf Anhieb fasziniert hat, wa-

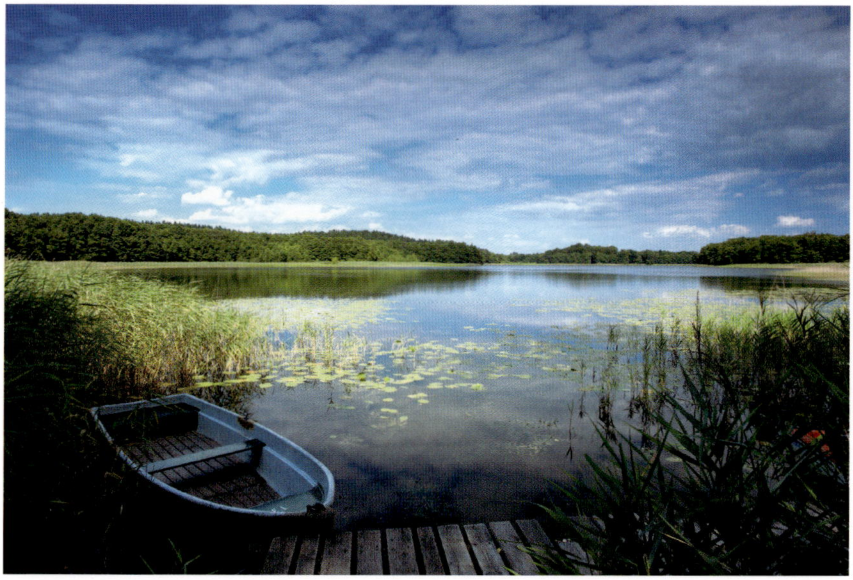

Ein See, ganz allein für sich: Was Daniel Müller-Schott in Ulrichshusen beglückt, lässt sich vielerorts in Mecklenburg-Vorpommern erfahren – wie hier am Dambecker See

ren nicht nur die vielen Seen: „Ein großer Kontrast für mich als Bayer: Wenn wir daheim aufs Land fahren, ist immer irgendwo ein Hügel aufgetaucht – hier aber war plötzlich alles so wahnsinnig flach." Und nicht zuletzt an See und Meer auch faszinierend weit …

Rund 1000 Seen gehören zur Seenplatte, oftmals unberührte Natur, in vielen Teilen Schutzgebiet. Angefangen vom Müritz-Nationalpark über die Naturparks Nossentiner-Schwinzer Heide und Mecklenburgische Schweiz/Kummerower See bis hin zur Feldberger Seenlandschaft im Osten des Landes. Fisch- und Seeadler kreisen hier über den Wipfeln, aus der Ferne tönt das Trompeten der Kraniche, und durch das Unterholz bricht schon mal eine Rotte Wildschweine. Hunderte von Vogel- und Schmetterlingsarten fliegen und flattern im Nationalpark, Tausende von Käferarten sind in den Mooren und Erlenbrüchen heimisch. Und auf dem Damerower Werder, einer drei Quadratkilometer großen Halbinsel mit Bruchwäldern und Waldwiesen im Kölpinsee, lebt seit mehr als einem halben Jahrhundert eine Wisentherde zwischen Füchsen, Rehen und Hirschen in freier Wildbahn: Einst beheimatet in Europas Wäldern, standen die wilden Rinder

Farbenspiele im Jahreslauf: Erfreut im Frühling das frische Grün der Wanderer Herzen, sind es im Herbst die leuchtenden Gelb-, Rot- und Brauntöne des Laubs – auch am Carwitzer See inmitten des Naturparks Feldberger Seenlandschaft

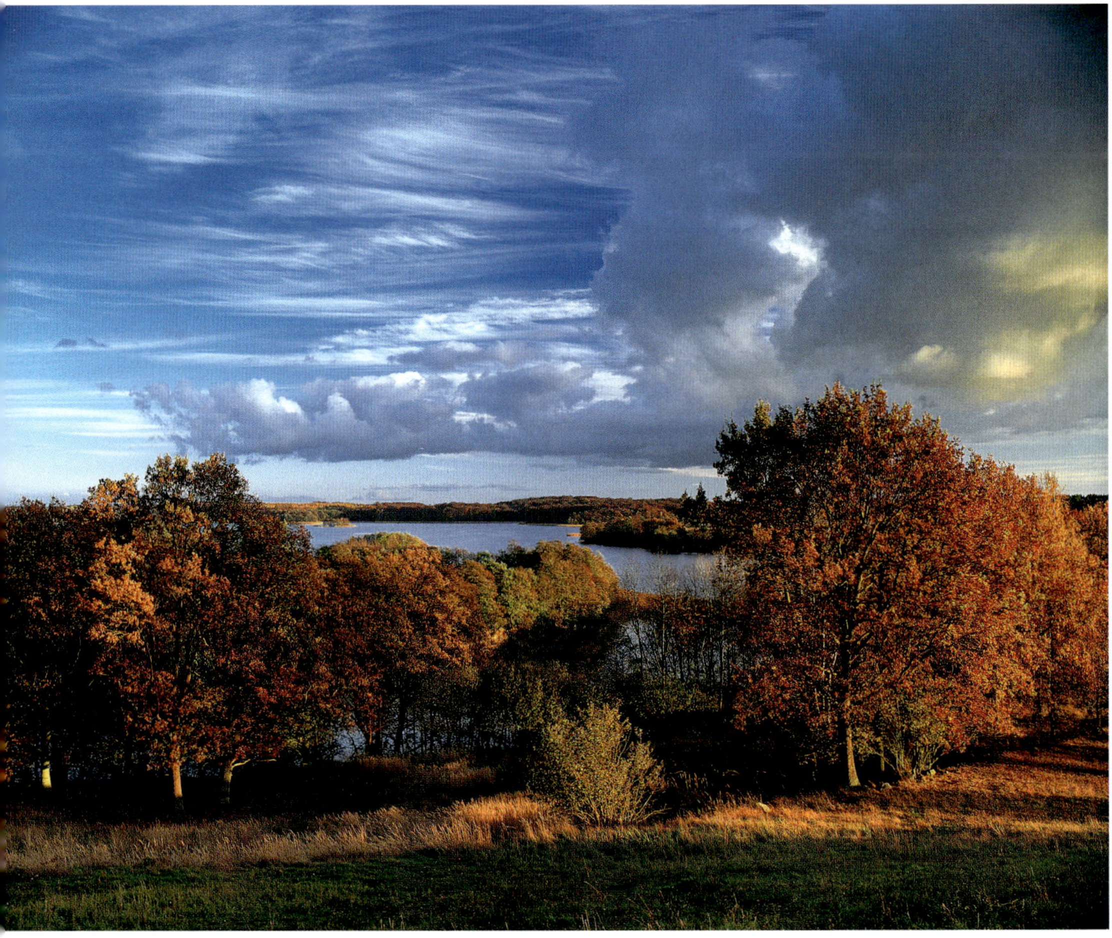

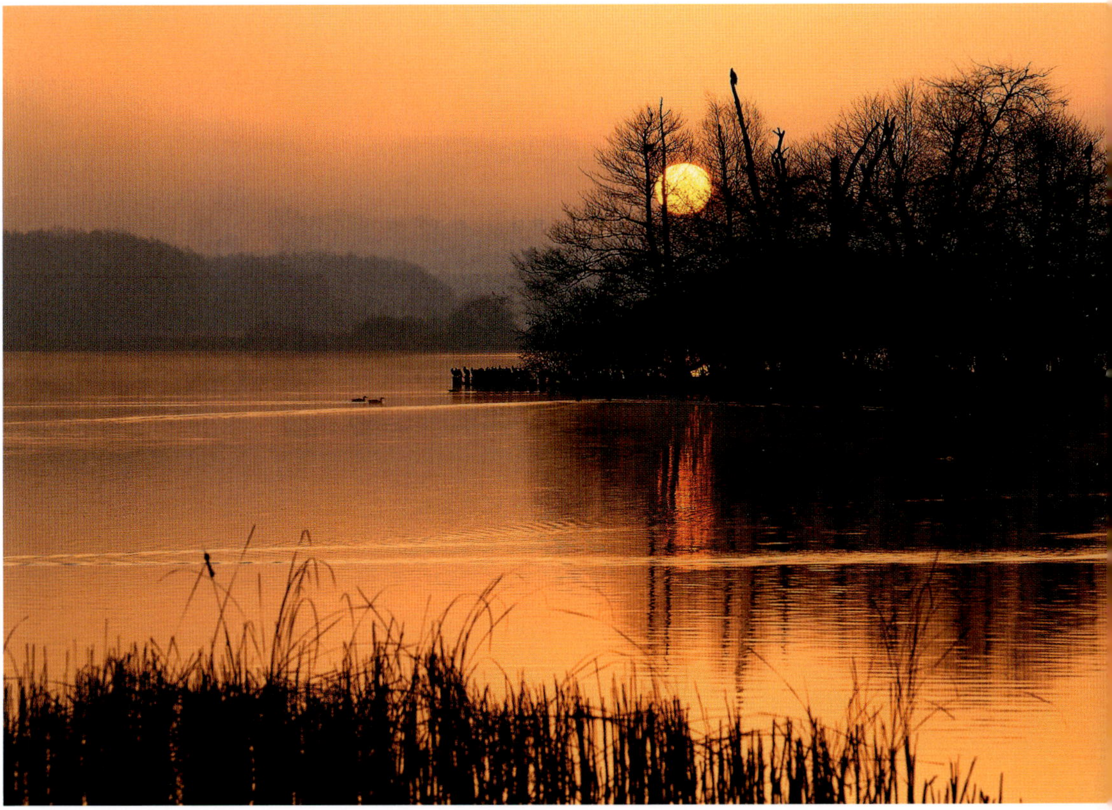

Anfang des 20. Jahrhunderts vor dem Aussterben – dank Züchtungen und dem Aufbau einer Genreserve wie im hiesigen Reservat haben sich die Bestände wieder erholen können.

Abendzauber allerorten: Mehr als 2 200 Seen finden sich in Mecklenburg-Vorpommern – malerische Sonnenuntergänge sind da eher die Regel als die Ausnahme

Wasser und Wald, Felder und ein paar vereinzelte Dörfer, darüber das Blau des grenzenlos anmutenden Himmels – auf Müller-Schott, der schon in seiner Jugendzeit als Graffiti-Künstler aufwändige Entwürfe machte und Aufträge für großflächige Leinwandbilder annahm, übt diese Weite eine geradezu magische Wirkung aus, denn: „Die äußere Großzügigkeit spielt natürlich auch nach innen und macht einen innerlich freier." Kein Wunder, dass diese Landschaft hier im Norden für ihn etwas Malerisches birgt – und das nicht allein ob der vielen verschiedenen Grüntöne, die auf den Wiesen und in den Wäldern zu entdecken sind und die ihn an die Sommerferien seiner Kindheit erinnern, als der kleine Daniel mit seinen Eltern auf Fahrradtouren die grüne Insel Irland durchstreifte: In Mecklenburg-Vorpommern ist es auch dieses ganz besondere Licht, das ihn immer wieder fasziniert.

Licht- und Farbspiele, die der international gefragte Solist bei seinen Festspielbesuchen alle Jahre wieder auf Wanderungen und Ausflügen mit dem Rad erkundet – sehr gern von seinem sommerlichen Lieblingszuhause in Ulrichshusen aus. „Schon ein

Spaziergang in der unmittelbaren Umgebung des Schlosses ist traumhaft, denn das ist unberührte Natur, ja, ein richtiger verwunschener Urwald. Rehe laufen vorbei, Schlangen kreuzen den Weg – gerade wenn man aus der Stadt kommt, ist das fantastisch und das Erleben der Tierwelt wie ein Ausflug auf einen anderen Planeten." Oder in eine andere Zeit, zu erfahren bei einer Tour zur Wüsten Kirche: Vorbei an Feldern und Pferdekoppeln geht es eine leichte Anhöhe hinauf – und es braucht schon einen scharfen Blick, um das Ziel hinter den hohen Eichen zu entdecken. Im Hochmittelalter ward dort ein einschiffiges Gotteshaus aus Feldsteinen im rein romanischen Stil erbaut, Mittelpunkt eines Dorfes namens Domherrenhagen – heute findet sich hier noch ein Steinhaufen, ein zerbrochenes Taufbecken und zwei Mauerbögen stehen in der Landschaft, der Rest ist Historie und bleibt der Fantasie überlassen. Pest, Krieg, unfruchtbare Böden? Als 1458 ein Reisender vorbeikam, war das Dorf verlassen, kein Mensch mehr am Leben.

ALLEIN SICH UNTER EINE DER JAHRHUNDERTEALTEN EICHEN ZU SETZEN UND DARÜBER NACHZUDENKEN, WAS DIE NATUR HIER SCHON ALLES ERLEBT HAT UND WELCHE GANZ ANDERE, VIEL LANGSAMERE ZEITRECHNUNG DORT VORHERRSCHT, IST UNGLAUBLICH INSPIRIEREND FÜR EINE KREATIVE TÄTIGKEIT

Ähnlich geheimnisvoll mutet jene Geschichte an, die Elvira Ludwigs vom Geo- und Kulturverein Steinreich vor einem weißen Marmorkreuz im zehn Kilometer weiter westlich gelegenen Kirch Grubenhagen zu erzählen weiß. Dort liegt Caroline von Maltzahn begraben – an einer Mauer vor der Dorfkirche: Als Selbstmörderin war der fünffachen Mutter eine hochherrschaftliche Bestattung wie ihrem Gatten Carl von Maltzahn im geweihten Turmgewölbe des Gotteshauses verweigert worden. Warum sich die Unglückliche das Leben nahm, ruht im Dunkel der Vergangenheit: War es die Affäre ihres Mannes – er gilt als Wegbereiter des Pferderennsports in Mecklenburg und Pommern – mit der 16 Jahre jüngeren Auguste von Dewitz? Caroline wird am 20. August 1855 mit geöffneten Adern im Park von Vollrathsruhe gefunden, schreibt in ihrem Abschiedsbrief nur ein Wort: „Unwiederbringlich" – 36 Jahre später wird Theodor Fontane ihre Geschichte verfremdet in seinem gleichnamigen Roman veröffentlichen. Am Teich des Parks stehen noch heute jene beiden Lebensbäume, bei denen man Caroline damals fand.

Die Suche nach den (eigenen) Wurzeln, zurück zu den Ursprüngen: Es ist dieses Gefühl für die Menschheitsgeschichte, die Erinnerung an die einstige, unmittelbare Verbindung mit der Natur, die Daniel Müller-Schott hier erlebt. Mag der groß gewachsene, athletische Mann inzwischen auch auf allen berühmten Konzertpodien der Welt von New York bis Moskau zuhause sein und dort für seine brillante Technik ebenso gefeiert werden wie für seinen Einsatz und seine Leidenschaft – die allsommerlichen Besuche in Mecklenburg-Vorpommern und seine Ausflüge in die Natur rund um Ulrichshusen sind für den Hochleistungsmusiker weit mehr als nur ein Auftanken in familiären Festspielgefilden. „Allein sich unter eine der jahrhundertealten Eichen zu setzen und darüber nachzudenken, was die Natur hier schon alles erlebt hat und welche ganz andere, viel langsamere Zeitrechnung dort vorherrscht, ist unglaublich inspirierend für eine kreative Tätigkeit."

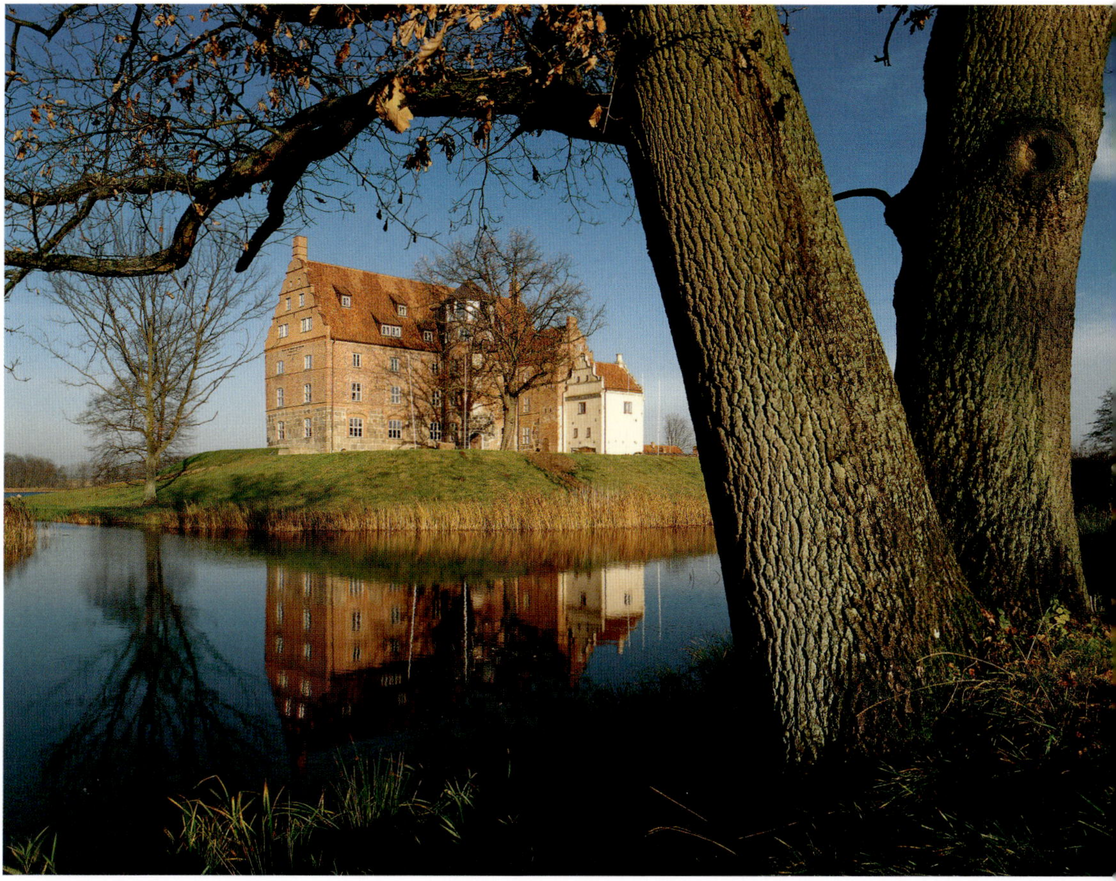

Offenbar auch für andere Kreative wie Friedemann Henschel, dem Enfant terrible unter Mecklenburgs Keramikern, der auf seinem Töpfergut in Panschenhagen surreal-humorvolle barocke Frauenfiguren erschafft – während seine Frau Sylvia als Galeristin 15 Kilometer weiter nördlich in der ehemaligen Wartereihe von Teterows altem Bahnhof ein Kunsthaus initiiert hat, das inzwischen Maler, Fotografen und Bildhauer aus aller Welt in die Mecklenburgische Schweiz lockt. Oder für einen kunstsinnigen Mann wie Torsten Kunert, der auf Schloss Kummerow eine der umfangreichsten deutschen Privatsammlungen zeitgenössischer Fotografien der Öffentlichkeit zugänglich machte, Bilder der Moderne auf zumeist großformatige Schwarz-Weiß-Aufnahmen aus DDR- und Wendezeiten treffen lässt. Eine Sammlung, die auch nach Kunerts Tod Kunstfreunden en passant die Möglichkeit bietet, die Schönheit der historischen Schlossanlage und ihrer kunstvollen Wiederherstellung zu entdecken.

Im Spiegel der Geschichte: Auch die Schloss Ulrichshusen ursprünglich an drei Seiten umgebenden Burggräben hat Helmuth von Maltzahn wieder freilegen lassen

„Hier harmoniert die Kunst mit dem Land und den Menschen", hat Müller-Schott beobachtet. „Es ist einfach ein ganz eigener Spirit, der auch die Festspiele so einmalig macht." Und die Besucher immer wieder verblüfft innehalten lässt, bei Landpartien

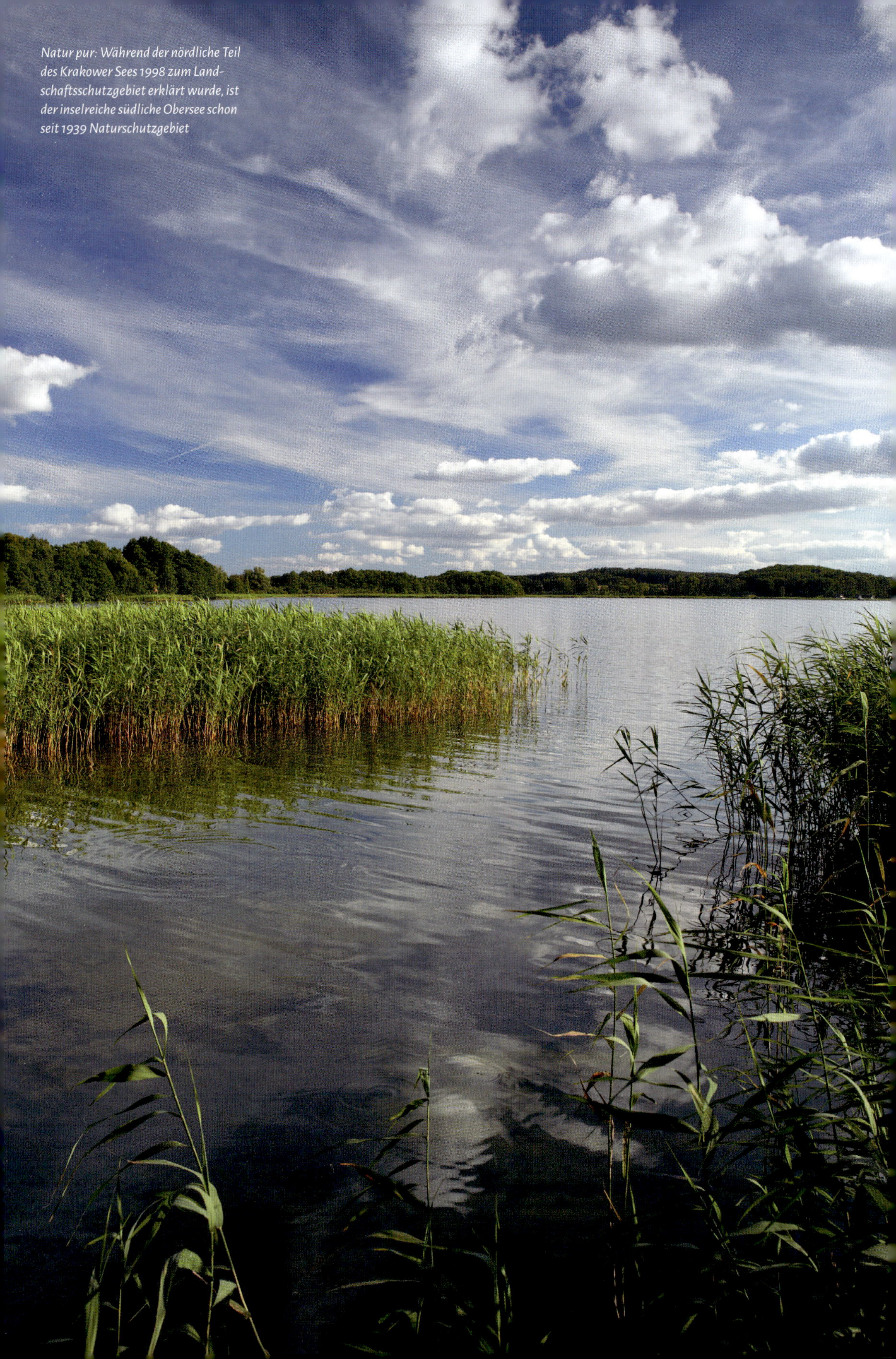

Natur pur: Während der nördliche Teil des Krakower Sees 1998 zum Landschaftsschutzgebiet erklärt wurde, ist der inselreiche südliche Obersee schon seit 1939 Naturschutzgebiet

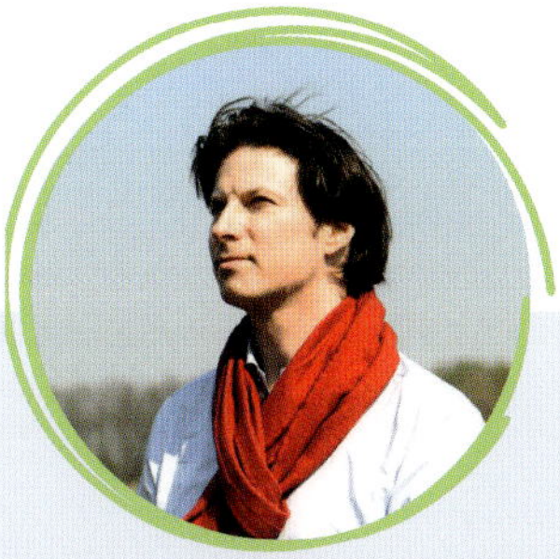

Wortwechsel

Ihre große Liebe in Mecklenburg-Vorpommern gilt dem Wasser, den vielen Seen und dem Meer – eigentlich überraschend für einen Mann aus dem bergigen Bayern …

Daniel Müller-Schott: *Wasser hat mich schon als Kind magisch angezogen, ich bin in jeden See gesprungen. Insofern ist Schwimmen seit jungen Jahren meine Leidenschaft, bereits früh habe ich alle Schwimmabzeichen bis Gold gemacht und mit meinen Freunden damals jeden Sommer Radtouren an die verschiedenen Seen in Bayern unternommen.*

Insofern waren und sind die Festspiele mit ihren vielen wassernahen Spielstätten für Sie auch sportlich ein Glücksgriff.

Ja, und entsprechend groß war meine Begeisterung, als ich Mitte der 90er-Jahre erstmals nach Ulrichshusen kam, wo direkt am Schloss ein See liegt. Klar, dass damals meine ganz spontane Reaktion der Sprung ins Wasser war und ich den See erst einmal erkundet habe. So wie in den Folgejahren so manches Gewässer im Land: Wann und wo immer sich die Möglichkeit in der Nähe eines Konzertortes bot, bin ich ins kühle Nass gesprungen – und das mache ich bis heute.

Worin liegt für Sie der besondere Reiz eines solchen Naturbads?

Wasser ist ein Urelement, jedem ist es vertraut – nicht zuletzt, da wir alle schon im Bauch unserer Mütter geschwommen sind … Mir persönlich hilft solch ein Bad im See gerade auch in Stressphasen ungemein: Wenn ich an Tagen, an denen ich acht bis zehn Stunden geprobt und musiziert habe, abends etwa noch im Ulrichshusener See schwimmen gehe – und seien es auch nur ein paar Minuten –, fühle ich mich danach rundum erneuert. Für mich hat diese Wirkung des Wassers auf meine Energie und Regeneration schon beinahe etwas Magisches. Und dann die Unberührtheit der Natur! Das Gefühl, diesen See quasi für mich allein zu haben. Und auch das Wasser dort ist ganz besonders: Selbst in heißen Juli-Wochen ist es nie eine warme Suppe, in die man hineinspringt, sondern man kann sich wirklich abkühlen.

An welches Badeerlebnis erinnern Sie sich besonders gern?

Im Sommer 2015 habe ich bei den Festspielen viele Konzerte gegeben. An einem Wochenende hatten wir in Ulrichshusen mit Christoph Eschenbach Proben für ein Orchesterkonzert, und zwischendurch bin ich immer mal wieder aus der Konzertscheune zum See hinuntergelaufen, um kurz eine Runde zu schwimmen. Was insofern lustig war, da die anderen Musiker gar nichts mitbekommen haben. Ich habe lediglich gesagt: „Ich bin mal kurz weg“ – und keiner hat registriert, dass ich in der Zeit in den See gesprungen bin, denn kurz danach saß ich schon wieder am Cello. Fünf Minuten im Wasser und ich war erholt: Es ist schon unglaublich, was solch ein Bad im See an innerer Ruhe auszulösen vermag.

Wenn Sie in den See eintauchen und der Blick beim Schwimmen auf das gegenüberliegende Ufer mit seinem Schilf und dem kleinen Birkenwäldchen fällt – welche Gedanken gehen Ihnen dann durch den Kopf?
Das sind Momente, in denen man wieder zu sich findet und die auch die eigene Wahrnehmung schärfen. Die Sensibilität für die Natur, für das Rauschen des Windes oder auch die Stimmen der Vögel: All das nehme ich hier ganz anders wahr. Während man in unserer hektischen Zeit sonst die Verbindung zur Natur und den Ur-Elementen leicht verliert, kann man diese hier wieder aktivieren – und das genieße ich sehr.

Das klingt nach Natur und Musik in perfekter Harmonie.
Ganz besonders schön finde ich es tatsächlich immer unmittelbar nach meinen Konzerten in Ulrichshusen. Wenn der Applaus in der Scheune oder im Schloss gerade abklingt und das Publikum noch im Saal ist, bin ich schon am See. Und wenn ich dann ins Wasser eintauche, noch erfüllt von der Intensität des Konzertes, und auf einmal ist da diese herrliche Ruhe: Größer könnte der Kontrast kaum sein – ein wunderbares Erlebnis.

zu Unerhörten Orten wie jenem kleinen Wäldchen am Eingang des Müritz-Nationalparks: Nach einem sommerlichen Gewitter hängt dort über den Auen am Rande des Weißen See die Feuchtigkeit schwer in der Luft, lässt der Dunst die Gedanken in die verwunschenen Wälder mythischer Geschichten schweifen – während der Blick plötzlich großformatige Kunstwerke zwischen den alten Bäumen entdeckt. Denn in diesem friedlichen Nirwana, zwei Autostunden nördlich von Berlin gelegen auf einem Landsitz, wo Anfang des 20. Jahrhunderts ein Klavierbauer ein Jagdhaus errichtete, in den 30er-Jahren die Ufa-Stars von Marlene Dietrich bis Heinz Rühmann zu Gast waren und Box-Legende Max Schmeling ein Bad im Weißen See nahm: Hier ist der Skulpturenpark Wesenberg samt angrenzender Galerien entstanden, lädt heute der Hongkonger Investor und Mäzen David Ng immer wieder namhafte Künstler ein, sich vom Wald inspirieren zu lassen.

Seite 81 – Weltnaturerbe: Die Serrahner Buchenwälder im Müritz-Nationalpark wachsen seit Jahrzehnten unberührt von Menschenhand

Inspirationsquellen, wie sie auch Müller-Schott stets aufs Neue sucht: Schließlich hänge die Musik ebenso mit der Natur zusammen, seien fast alle Komponisten durch Wald und Feld angeregt worden: „Jemand wie Brahms ist sein ganzes Leben lang immer wieder in die Natur gegangen – und dieses Erlebnis kann man hier unmittelbar nach-

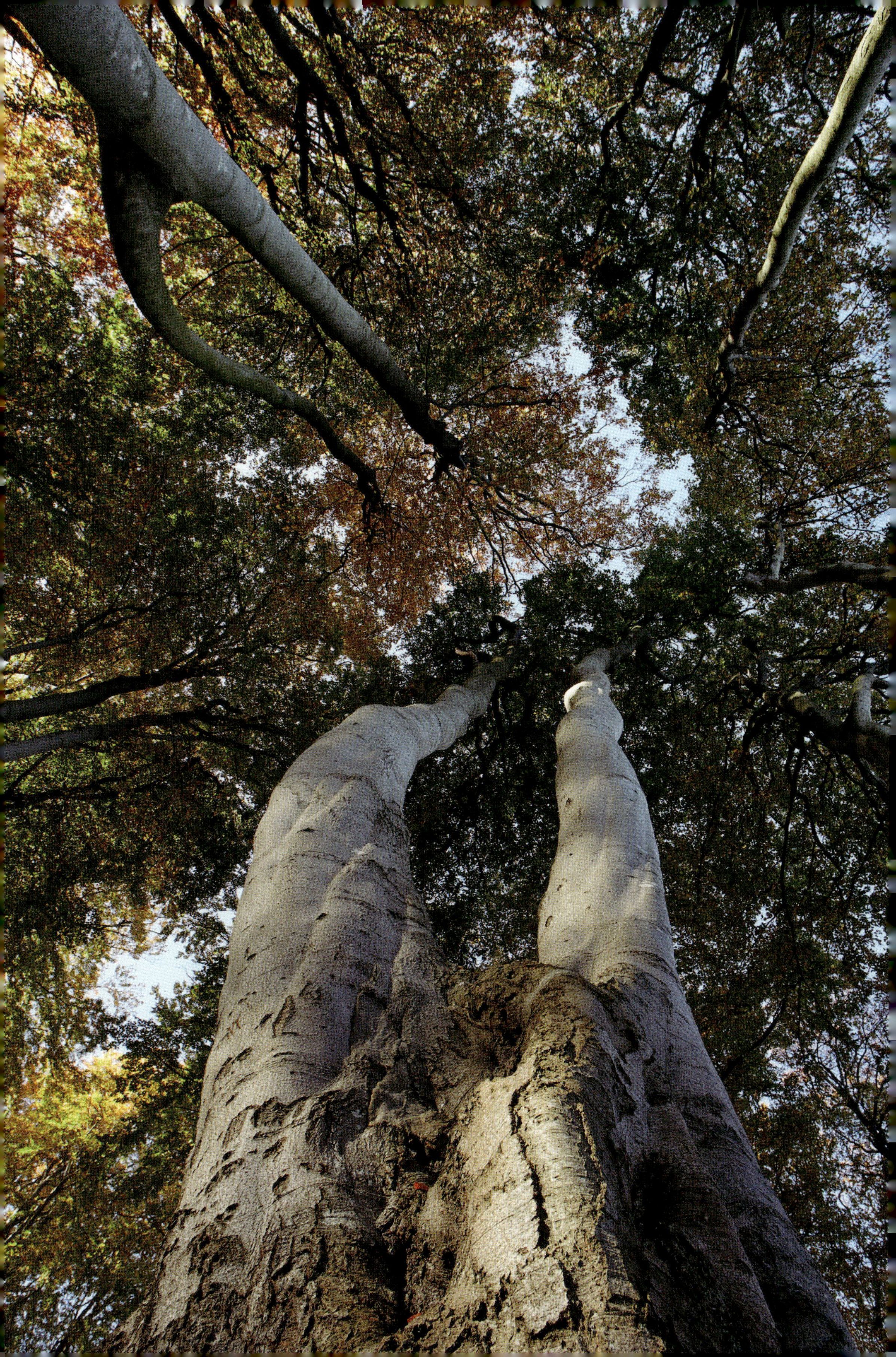

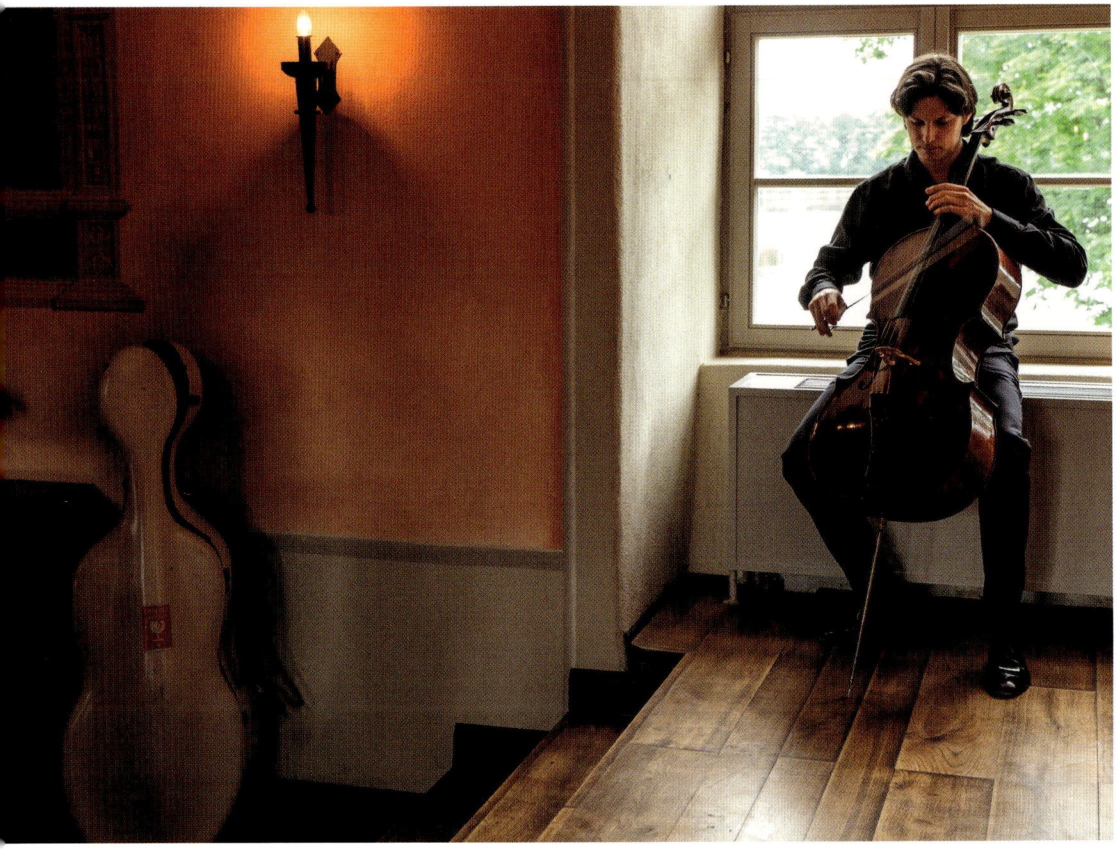

Warmspielen für den Einsatz: Daniel Müller-Schott schätzt gerade die Kammermusiken im Schloss Ulrichshusen – „eine Mischung aus großem Auftritt und Hauskonzert"

empfinden." Ob nun im Angesicht der gelben Rapsfelder im Frühjahr, des rot leuchtenden Klatschmohns und der blauen Kornblumen im Sommer oder der Farbensinfonie des Herbstlaubs: Der Cellist schöpft aus solchen Eindrücken Energie. Liebt es, wenn in heißen Sommern durch die geöffneten Tore der Ulrichshusener Konzertscheune der Gesang der Schwalben sein Spiel begleitet. Spricht gern mit den Menschen vor Ort oder lauscht bisweilen gebannt den alten Geschichten und Sagen von Elfen, Geistern und Kobolden. Und sammelt neue Kraft bei einem Bad in den oft abgelegenen Seen und seinen Spaziergängen auf stillen Waldwegen.

Zumal die Bäume und ihr Holz ihn schon sein Celloleben lang begleiten: So hat er von seinem Instrument, das 1727 in der Geigenbauwerkstatt des Venezianers Matteo Goffriller entstand, eine Analyse machen lassen – und erfahren, dass der verarbeitete Baum bereits 1659 in Kroatien geschlagen wurde. „Unglaublich, was Holz alles überdauern kann und welche nach wie vor lebendigen Eigenschaften es in sich trägt, wenn ich allein an den sich nach wie vor wandelnden Klang meines Cellos denke." Entsprechend groß sein Respekt, ja, seine Ehrfurcht vor der Natur und den Bäumen – „als lebendige Zeitzeugen strahlen sie für mich stets etwas Erhabenes aus" – und nicht minder groß seine Begeisterung bei seinen Touren durch die Wälder in der Seenplatten-Region. Eintauchen in die mecklenburgische Seelenruhe.

Und Stille. Denn wahrlich große Musik entsteht aus der Stille. Stille von einer unglaublichen Intensität, wie Müller-Schott immer wieder erfahren hat. „Jeder ernsthafte Musiker wird bestätigen, dass Stille die eigentliche Essenz ist, aus der man schöpft, um sowohl musizieren zu können als auch die Musik wirklich tief wahrzunehmen – und eben dafür ist diese Landschaft hier genau der richtige Ort."

MVorlieben

– LIEBLINGSORT –

Weite und zugleich Konzentration: In dieser Kombination ist Hasenwinkel einmalig. Man hat dort diesen 360-Grad-Blick, der eine Weite entstehen lässt, die von außen nach innen wirkt – und dieses Gefühl von Größe verändert etwas in einem selbst. Zugleich ist es ein wunderbar verinnerlichter Ort, der eine geradezu privatime Atmosphäre vermittelt mit seiner wunderschönen Parkanlage um das Schloss, dem Wasser und den alten Bäumen. Und wer hier einmal die Stimmung im Abendlicht erlebt hat, wird immer wieder zurückkehren wollen.

– LIEBLINGSSINNESWAHRNEHMUNG –

Das Meer zieht mich magisch an. Vor allem sein salziger Duft hat auf mich jedes Mal aufs Neue eine ebenso erfrischende wie beruhigende Wirkung. Schon wenn ich in Schwerin aus dem Zug steige, habe ich den Eindruck, dass die Luft hier viel feuchter und frischer ist – und dieses Erlebnis verleiht mir, je weiter ich mich der Ostsee nähere, umso mehr an Lebensenergie. Wasser ist für uns Menschen ein Urelement, eine Rückkehr zu den Ursprüngen – und so denke ich jedes Mal, wenn ich wieder am Meer bin: Warum bist du nicht öfter hier? Wer weiß, vielleicht werde ich später mal nach Mecklenburg-Vorpommern ziehen …

– LIEBLINGSESSEN –

An Forellen kennt man ja eigentlich nur die aus dem Bach, doch besonders schätze ich die Meeresforelle, die sich hier in Mecklenburg-Vorpommern häufiger auf der Speisekarte findet. Hinsichtlich der Zubereitung frage ich gern den jeweiligen Koch, was dieser empfiehlt, denn so wie ich mich in Konzerten im Nachhinein noch oft mit dem Publikum austausche, mag ich es im Restaurant, ein wenig hinter die Kulissen zu schauen. Da lässt sich dann auch erfahren, welches Gemüse oder welcher Salat zum Fisch passt und welcher Wein. Am Ende sensibilisieren solche Ratschläge die eigenen Geschmacksnerven. Fisch an sich habe ich erst hier im Norden entdeckt, daheim in Bayern gab es fast immer Fleisch; doch seitdem mir Matthias von Hülsen Mitte der 90er-Jahre auf einer Bootstour das Land und seine Restaurants gezeigt hat, liebe ich Fisch und Meerestiere.

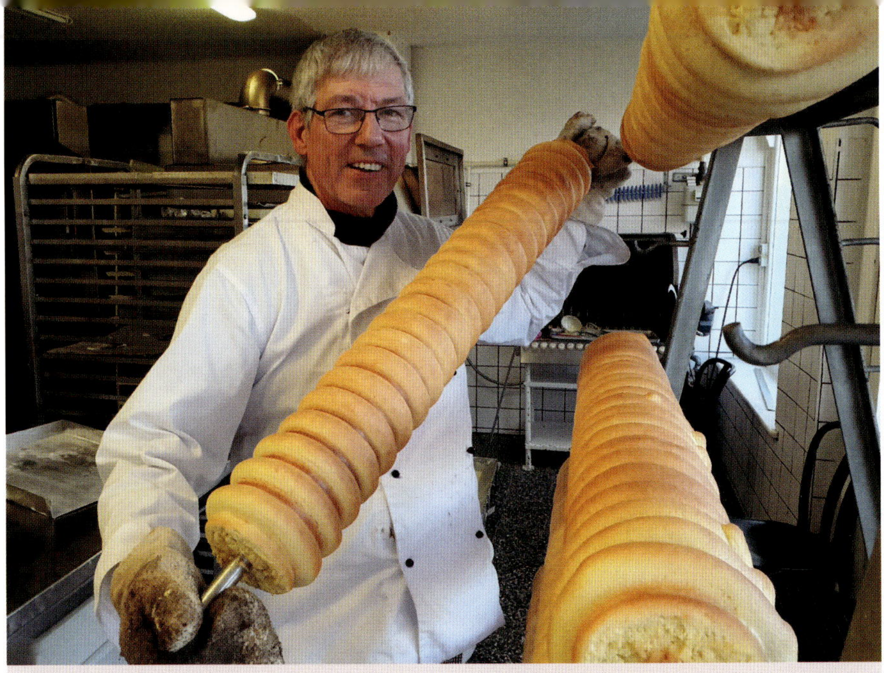

Aufgespürt

„Das Damwild kommt einem dort ganz nah, riecht und schnuppert an der Hand, ohne wegzulaufen – meine Tochter ist jedes Mal wieder hellauf begeistert." Und auch Peter Komander versprüht eine geradezu kindliche Freude, wenn der Konditormeister aus Grammentin von seinen Besuchen im Ivenacker Forst erzählt. Mag die Freizeit des selbstständigen Meisterbäckers auch knapp bemessen sein, sobald es das Geschäft erlaubt, zieht es den groß gewachsenen Mann mit seiner Familie ins nahe Wildtiergehege: Sei es, um die Frischlinge aus nächster Nähe zu beobachten, die berühmten 1000-jährigen Eichen im Wald zu bewundern – „meine Gedanken wandern dann immer zurück in die Zeit, als diese Bäume gepflanzt wurden" – oder um gemeinsam mit seinem eigenen Nachwuchs den kleinen, „kindgerechten" Barockpavillon samt der interaktiven Wald-Ausstellung zu erkunden. Zum Ausflug gehört auch, sich auf ein Stück Kuchen im dortigen Café niederzulassen – Ehrensache, dass die Torten aus seiner Konditorei stammen, schließlich hat sich Komander mit seinem kunstvollen Zuckerwerk längst einen Namen weit jenseits der Ortsgrenzen gemacht. Seine Fritz-Reuter-Torte, die der gebürtige Brandenburger zum 200. Geburtstag des Heimatdichters kreierte, nimmt es auf kulinarischer Ebene dank Köstlichkeiten wie Pistazienmarzipan, Baumkuchen und Eichelwhiskey locker mit den verbalen Versschöpfungen ihres Namensgebers auf. Und seinen Ivenacker Baumkuchen – „als ich 2006 nach der passenden Gegend für eine eigene Konditorei suchte, bin ich über Stavenhagen und die Ivenacker Eichen gestolpert und dachte mir sogleich: Das wäre doch der ideale Ort für Baumkuchen …" – liefert der kommunikationsfreudige Naschwerk-Experte das ganze Jahr über nicht nur bis zum Schwarzwald, sondern inzwischen sogar über die deutschen Grenzen hinaus. Umso mehr freut sich Komander, wenn der Familienbetrieb ihm gelegentlich die Zeit für einen Ausflug zu den geliebten Eichen lässt. „Schon allein deren historisch gewaltige Dimensionen wirken auf mich sehr beruhigend."

Festspielorte

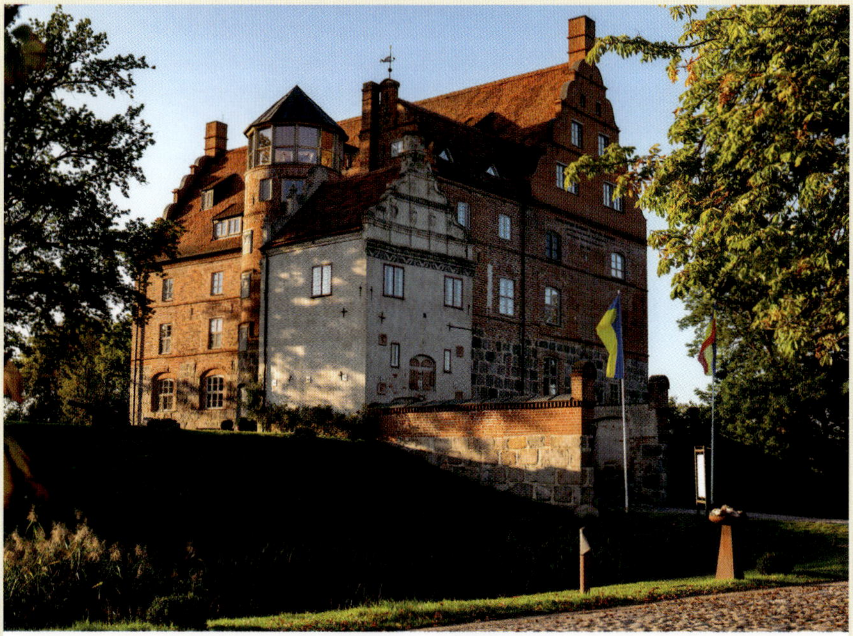

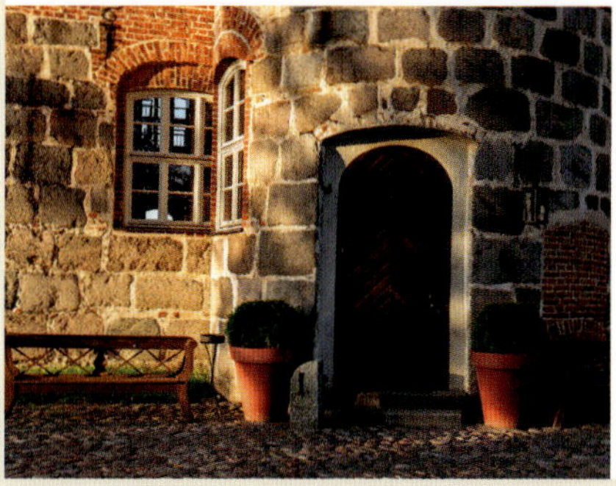

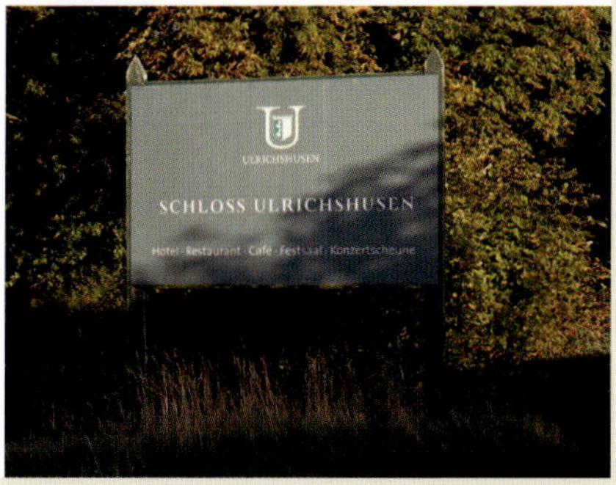

SCHLOSS ULRICHSHUSEN

Vielfach zerstört und doch immer wieder aufgebaut: 1560 ließ Ulrich von Maltzahn in Ulrichshusen erstmals eine Wasserburg errichten – 1993 begann sein Nachfahre Helmuth von Maltzahn nach einem verheerenden Brand mit dem Wiederaufbau der romantischen Ruine. Heute zählt das Schloss zu den bedeutendsten Festspielorten des Landes, die mächtige alte Feldsteinscheune zu den größten Konzertsälen des Nordens. Und Park wie See locken auch über den Sommer hinaus ruhebedürftige Städter in die unberührte Landschaft der Mecklenburgischen Schweiz mit ihren tiefen Wäldern und strohgelben Feldern.

Nachmittagsausflug
Schlössertour: Ein Nachmittag reicht leider nicht, um all die traumhaften Parks und Schätze in Schlitz, Blücherhof, Schorssow, Liepen oder Remplin zu entdecken.
Information: www.auf-nach-mv.de/radweg-schloesser-rundweg

Die Stärkung vor dem Konzert
„Zum Fischer Fritz“: Wels und Zander sind die Renner im Welshof Schliemann, vor dessen Fenstern und Gartentischen sich die Ostpeene entlang schlängelt.
Dorfstraße 2, 17139 Faulenrost, Tel.: 039951/2135

Am nächsten Tag
Mecklenburger Kapellenweg: Pfarrer Eckart Hübener hat acht längst vergessene Andachtsorte ausfindig gemacht und erzählt auf 35 Kilometern Radtour von Glaubens- und Landesgeschichte.
Altes Pfarrhaus, Kirchstraße 11, 17194 Rambow, Infos zu Tour und Terminen: www.kapellenweg.de, Tel.: 039953/70249

Glücksmoment
Jungenträume in Vollrathsruhe: Das neobarocke Gutshaus im einstigen Landschaftspark steht seit langem leer – ein wild-verwunschener Ort, der Kindheitsabenteuer aufleben lässt.
Lindenweg 9, 17194 Vollrathsruhe

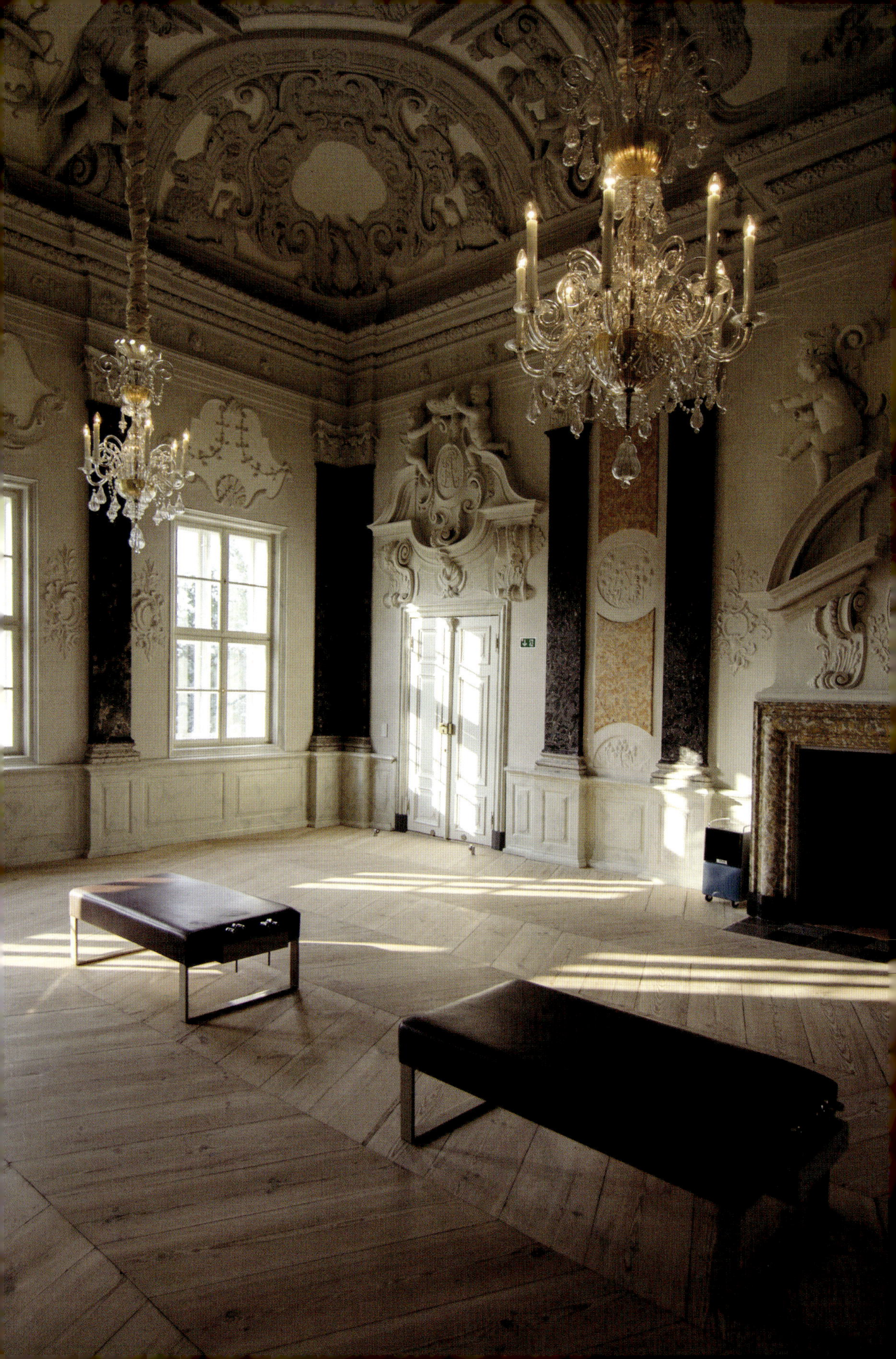

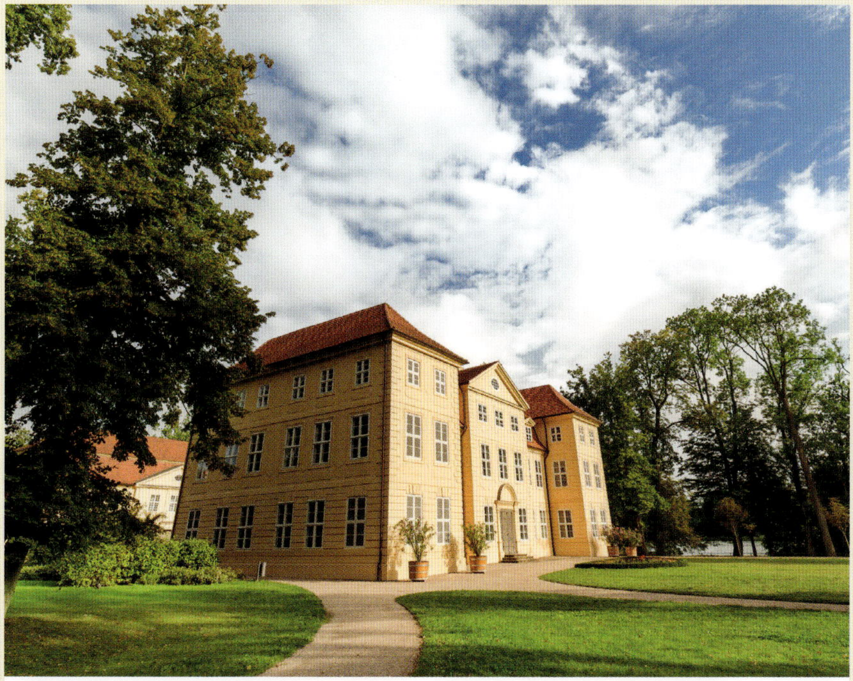

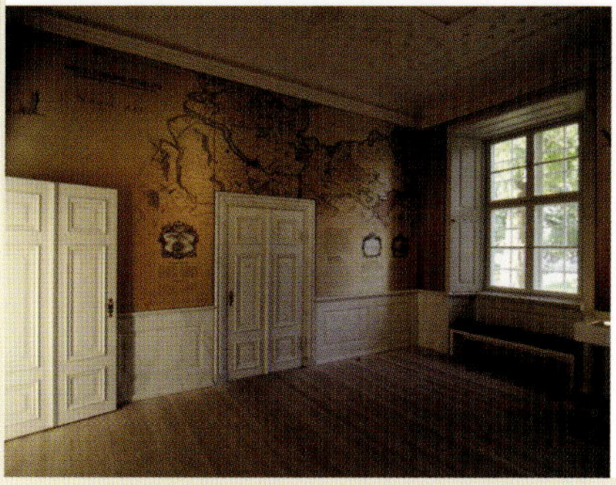

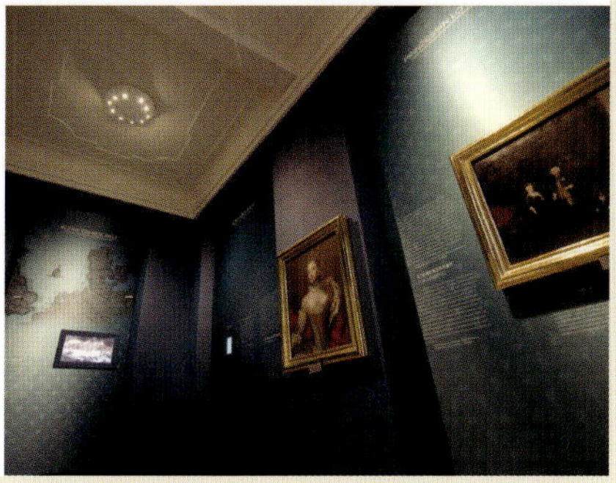

SCHLOSS MIROW

Skurrile Herzöge, mächtige Witwen und Prinzessinnen, die zu Königinnen wurden: Mag das äußerlich schlichte Schloss auch etwas abseits gelegen sein, bei näherer Betrachtung entpuppt sich der auf einer malerischen Insel im Mirower See erbaute Adelssitz als großes Schatzkästlein. Historisch-anekdotisch wie auch in seinen Raumausstattungen, die von der üppigen Pracht des Barock und Rokoko erzählen. Stuckverzierungen, seidene Wandbehänge und Ölgemälde zeugen von der damaligen Kunst – schon seltsam, dass ausgerechnet Friedrich der Große die Herzogsfamilie abfällig als ungebildet, einfach und bizarr bezeichnete.

Nachmittagsausflug
Waldspaziergang: Eine naturgemäße Forstwirtschaft hat sich der Forsthof Krümmel zum Ziel gesetzt – auf Touren durchs eigene kleine Ökosystem erklärt Moritz von Maltzahn die dortige Pflanzenwelt.
Im Dörp 40, 17248 Lärz-Krümmel (Startpunkt Dorfkirche); Termine auf Anfrage: info@forsthof-kruemmel.de

Die Stärkung vor dem Konzert
„Blaue Maus": Paul Handreak, Pilot im Ersten Weltkrieg, benannte das Restaurant einst nach einem gleichnamigen Jagdflugzeug – heute beschert die Jagd dem Haus Wildbret aus eigenem Revier.
Schlossstraße 11, 17252 Mirow, Tel.: 039833/21734

Am nächsten Tag
Einmaliges Ensemble: Prachtvoll das Schloss, doch einen Besuch wert sind in Mirow auch das Renaissancetorhaus, das barocke Kavaliershaus und die Johanniterkirche.
Schlossinsel 1, 17252 Mirow

Glücksmoment
Rendezvous auf der Liebesinsel: Romantisch die Brücke zum Schloss-Eiland, herrlich der Blick auf den See, einladend die steinernen Bänke – Pärchen zieht es nur zu gern an diesen Ort.
Schlossinsel, 17252 Mirow

Nachmittagsausflug
In die Pedale getreten: Einst dampften hier die Loks durch die Landschaft – heute kann die stillgelegte Gleisstrecke zwischen Waren und Schwinkendorf mit Muskelkraft auf Fahrraddraisinen erkundet werden.
Lokschuppen am Bahnhof, 17192 Waren (Müritz), Tel.: 0172/3260694

Die Stärkung vor dem Konzert
„Klassenzimmer": Chefkoch Gunnar Müller ist Slow-Food-Anhänger und bietet auf den wechselnden Abendkarten im Restaurant des Kavaliershauses in Fincken Wunschmenüs.
Hofstraße 12, 17209 Fincken, Tel.: 039922/82700

Am nächsten Tag
Im Karower Meiler ist die Entwicklung seit der letzten Kaltzeit anschaulich aufbereitet, im Agroneum in Alt Schwerin geht's auf die Reise durch Guts- und Landwirtschaftsgeschichte.
Karower Meiler: Ziegenhorn 1, 19395 Karow, Tel.: 038738/73900
Agroneum: Achter de Isenbahn 1, 17214 Alt Schwerin, Tel.: 039932/47450

Glücksmoment
Es fährt (k)ein Zug nach ... Nossentin: Das Bahnhofsgebäude steht unter Denkmalschutz, Gräser sprießen zwischen den Schienen, am Himmel kreist ein Bussard – ein Ort zum Träumen von vergangenen Zeiten.
Bahnhof Nossentin, 17214 Silz

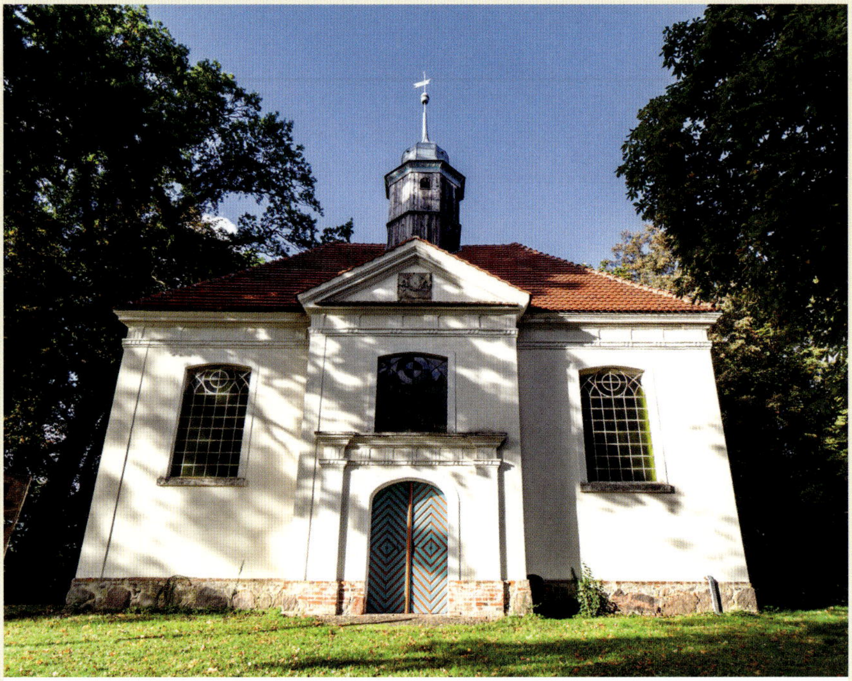

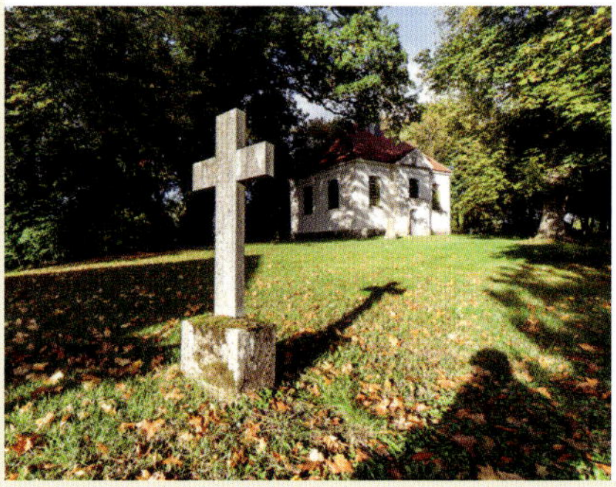

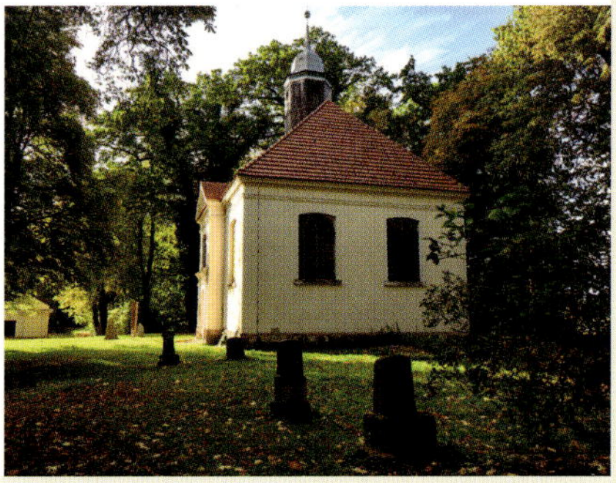

KIRCHE FINCKEN

1748 ließen sich die Herren des Ritterguts Fincken auf einem Hügel am Südrand der Mecklenburgischen Seenplatte eine Kirche errichten: ein schmucker, verputzter Backsteinbau samt einem hölzernen Dachreiter mit Glocke. Die Ursprünge des Gotteshauses sind aber deutlich älter, der Chor aus Feldstein soll bereits zwischen 1290 und 1310 erbaut worden sein. Hingegen stammt die Innenausstattung überwiegend aus der Zeit nach 1850. Blickfang ist hier der hölzerne Kanzelaltar, geschmückt von vier Evangelistenfiguren, Putten und einer Engelsgruppe. Allein die kleine Platte daneben datiert aus dem Jahr 1599.

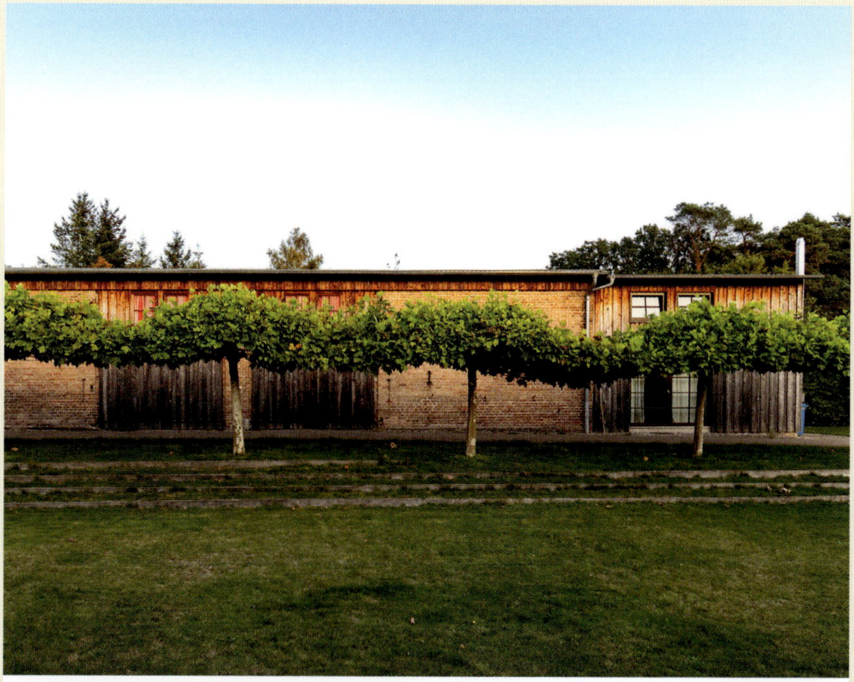

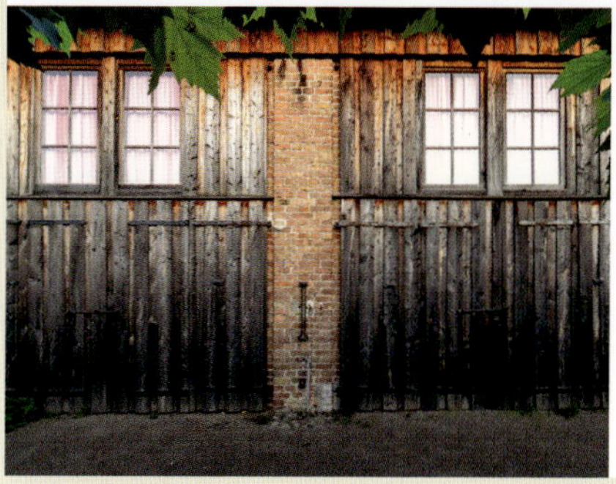

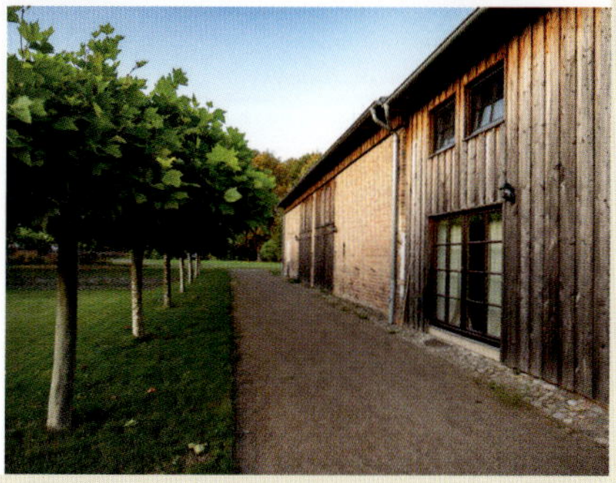

KULTURSCHEUNE GUT DROSEDOW

Friedrich Bredow legte den Grundstein für das heute zur Gemeinde Wustrow gehörende Neu Drosedow. 1713 bekam er die Genehmigung zur Anlage eines Teerofens auf der Drosedower Feldmark, um Holzteer für den Schiffbau zu erzeugen. Im 19. Jahrhundert entstand daraus ein landwirtschaftlicher Betrieb, in der Folge wurde das von klassizistischen Formen geprägte Gutshaus errichtet – samt einem Pferdestall, der heute als Festspielscheune für Konzerte und auch für Ausstellungen genutzt wird. Ein verwunschener Ort, liegt das Anwesen doch am Ende der Dorfstraße inmitten eines Landschaftsparks, umgeben von mehreren kleinen Seen.

Nachmittagsausflug
Flecken Zechlin: Brandenburgs Kurfürsten verhalfen dem Dorf im 16. Jahrhundert zu wirtschaftlicher Blüte – bis heute ein Idyll mit Schloss, Klosterruine und Kirche am Schwarzen See.
Rheinsberger Straße 15, 16387 Flecken Zechlin, Tel.: 033923/715013

Die Stärkung vor dem Konzert
„Büffelhof Strasen": Das Büffelfleisch auf dem Teller ist von besonderer Qualität. Unbedingt reservieren!
Prieperter Landstraße 25a, 17255 Wesenberg, Tel.: 039828/269785

Am nächsten Tag
Auf Tucholskys Spuren ... doch nicht allein Schloss, Park und See locken in Rheinsberg, auch das Städtchen selbst mit seinen Museen ist eine (literarische) Reise wert.
Remise am Schloss/Mühlenstraße 15a, 16831 Rheinsberg, 033931/34940

Glücksmoment
Nebelsee bei Krümmel: Ein Gedenkstein erinnert an die Boxlegende Max Schmeling, die hier Enten und Hasen jagte – mindestens so denkwürdig ist indes die himmlische Ruhe am Seeufer.
17248 Krümmel

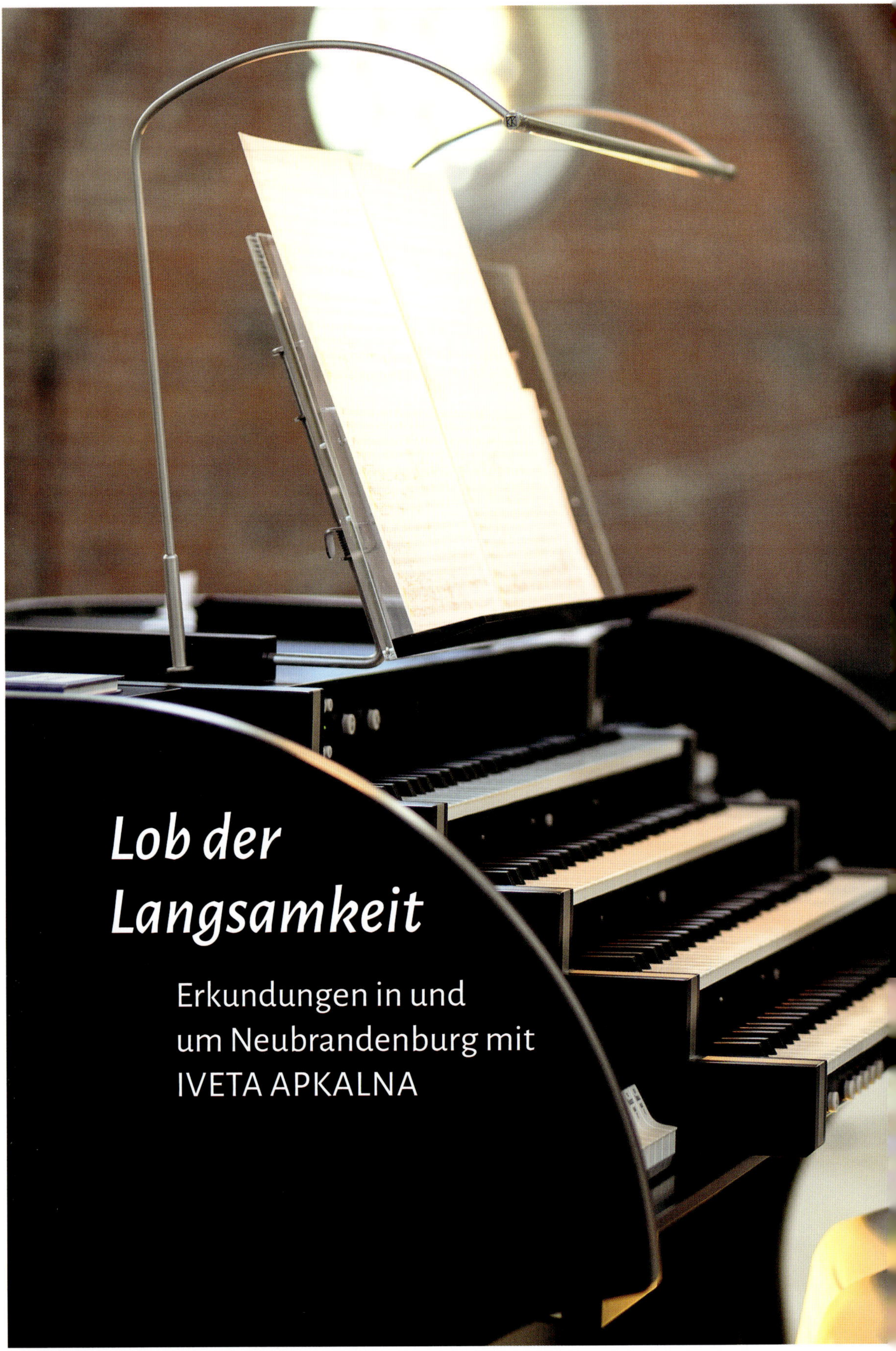

Lob der Langsamkeit

Erkundungen in und um Neubrandenburg mit IVETA APKALNA

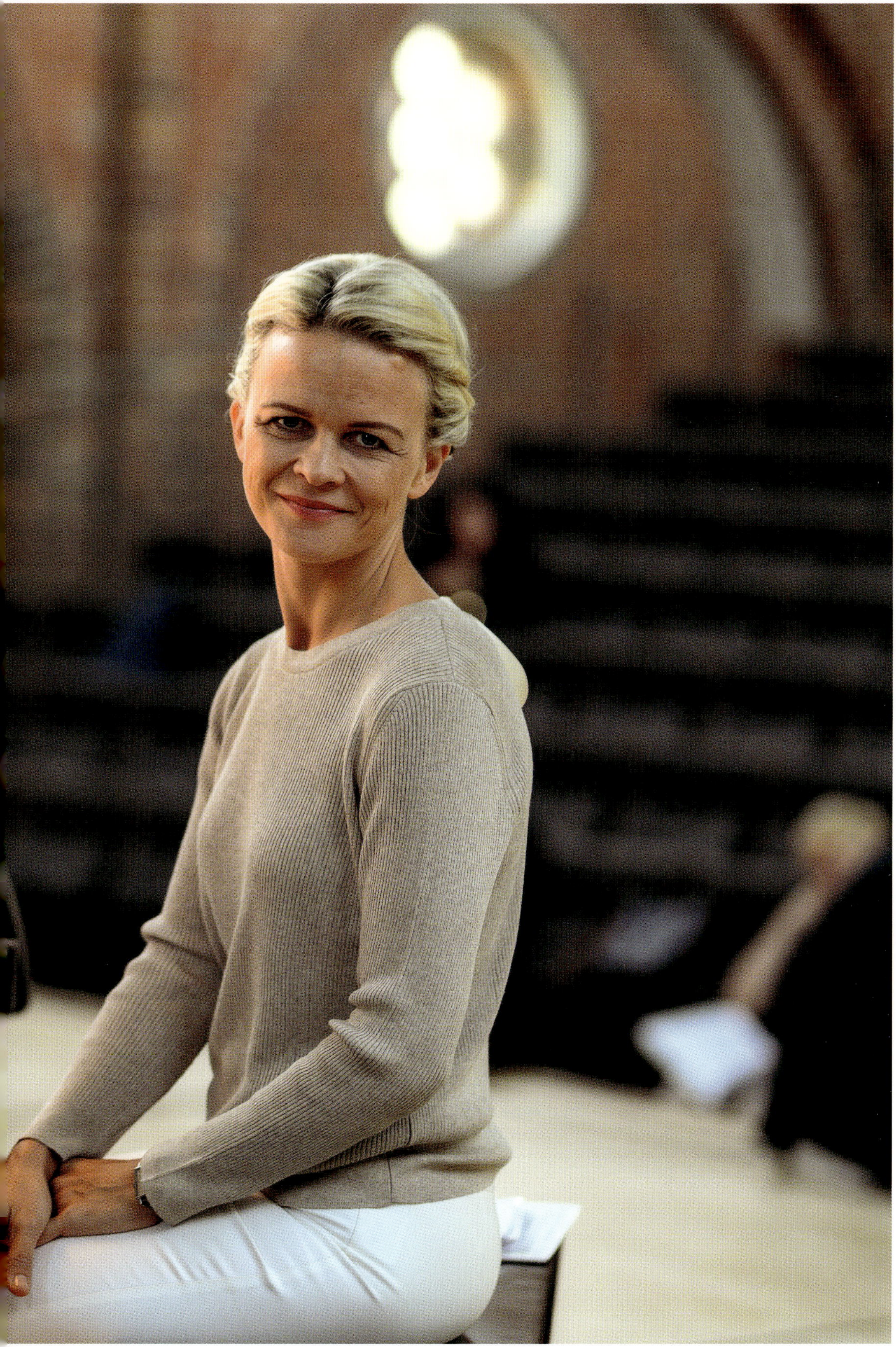

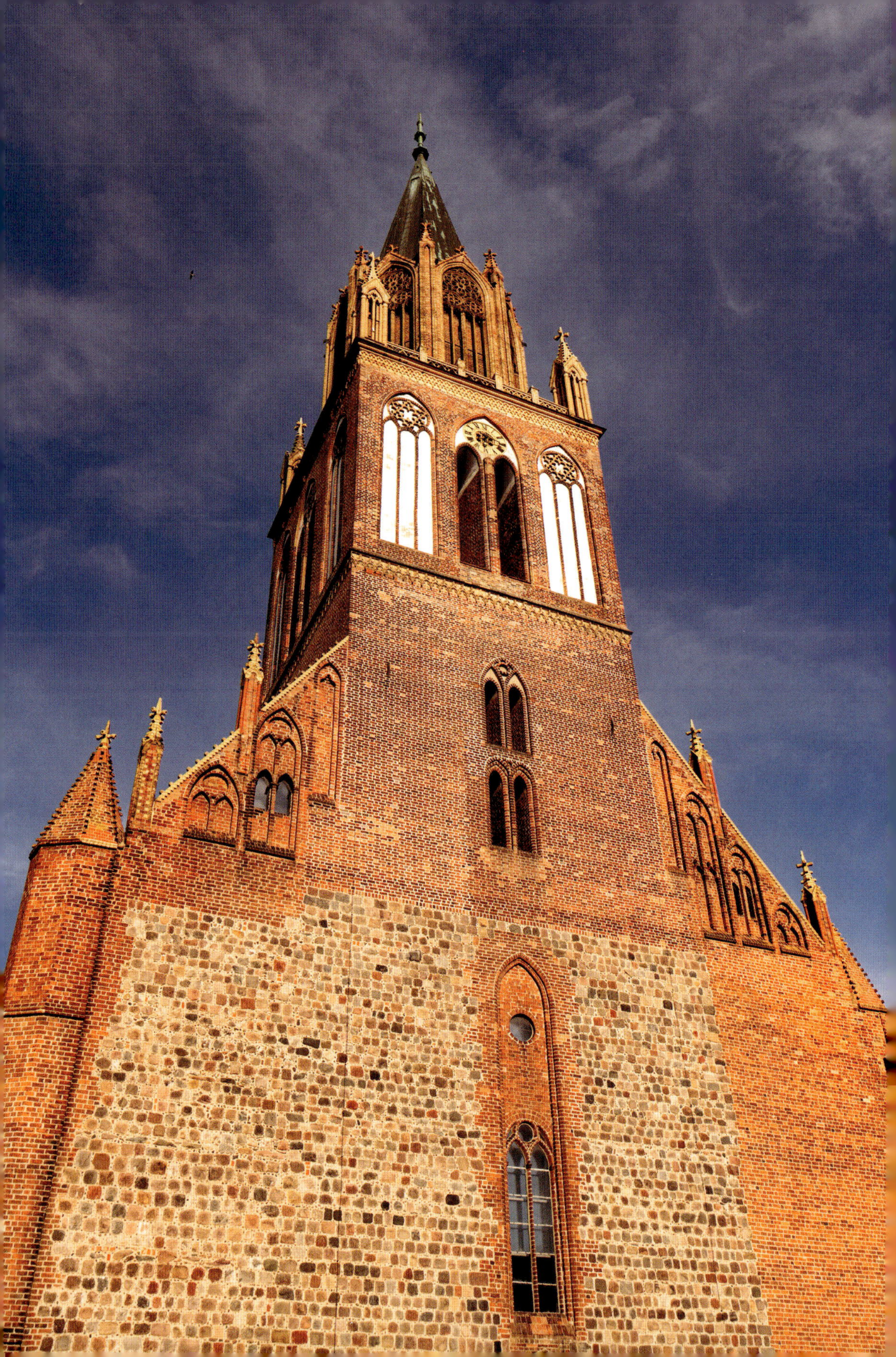

„Aus dem kleinen Fenster dort oben könnte Rapunzel ihr Haar heruntergelassen haben." Fasziniert blickt Iveta Apkalna hinauf zu der kleinen Öffnung in dem mit einem Spitzhelm überdachten hölzernen Turm. Das schöne Kind mit dem langen goldenen Haar aus dem Märchen der Gebrüder Grimm hier, in Groß Teetzleben? Nun, denkbar scheint das in der Tat beim Blick in die dichten hohen Baumkronen ... Und auch das umliegende verschlafene Dorf dünkt nicht so wirklich von dieser Welt. Allein: War nicht in der Erzählung von einem Turm in einem Wald die Rede? Dieser Turm indes ist ganz offensichtlich Teil eines Fachwerkkirchleins inmitten eines Friedhofs – womit wir dann doch wieder in der Wirklichkeit angekommen sind. Und Rapunzel weiterhin im Märchen leben muss ...

Was der Faszination der lettischen Organistin für den schmucken Bau aus dem Jahr 1721 keinen Abbruch tut. Zumal, als die hübsche Frau mit dem blonden Zopf im Inneren „ihr" Instrument entdeckt: Findet sich doch in dem Gotteshaus des 650-Einwohner-Ortes tatsächlich eine Orgel aus der berühmten Orgelbauer-Dynastie Grüneberg. „Das ist ja phänomenal", staunt Apkalna. „Wir haben in der lettischen Hafenstadt Liepaja in der dortigen Dreifaltigkeitskathedrale nämlich ein von Barnim Grüneberg erweitertes Instrument, die größte Orgel mit mechanischen Trakturen – von daher waren für mich Grüneberg-Orgeln bislang immer riesengroß."

Und schon hat die berühmteste Organistin der Welt Platz genommen auf der harten Holzbank, studiert die Register des über hundert Jahre alten Instruments, dessen nötige Druckluft für die Pfeifen noch durch das Pumpen eines Blasebalgs erzeugt werden kann. Ein Bach-Choral erfüllt den Kirchenraum, selbst Christus und Simon in der um 1500 entstandenen Schnitzfigurengruppe des Altars scheinen gebannt zu lauschen, als die handgenähten, goldenen Orgelschuhe der Lettin über die Pedale tanzen. „Ich spiele gern in diesen süßen, kleinen Kirchen mit Wohnzimmeratmosphäre und liebe solche Orgelentdeckungen", schwärmt die Musikerin. „Das ist jedes Mal ein anderes, spannendes Klangerlebnis – hier etwa sind sogar die Pedaltasten sehr empfindlich und man muss schon bei der kleinsten Fußbewegung aufpassen."

Draußen vor der Kirche hält sie noch einmal inne und betrachtet die Gräber des kleinen Friedhofs. Wo andere Menschen sich meist nicht länger als unbedingt nötig aufhalten, hat sie schon seit Kindesbeinen gern Zeit verbracht: „Viele meiner Freunde haben sich davor gegruselt – ich fand Friedhöfe immer beruhigend." Wenn sie als Kind bei ihren Großeltern war, gehörte solch ein Besuch zum „ganz normalen Tagesablauf: Wir haben im Garten gearbeitet und sind jeden zweiten Tag mit einem kleinen Auto – einem süßen, hellgelben Saporoshez – zum Friedhof gefahren."

Damals muss wohl auch ihre Liebe für Dörfer und kleine Städte entstanden sein. Und obwohl Apkalna heute in Berlin lebt, freut sie sich doch immer wieder, in solch „kleinere

Seite 92 – Klingende Auferstehung: Im Zweiten Weltkrieg schwer beschädigt, ist die Neubrandenburger Marienkirche nach ihrem Wiederaufbau zu einem kulturellen Ort mit internationaler Ausstrahlungskraft geworden

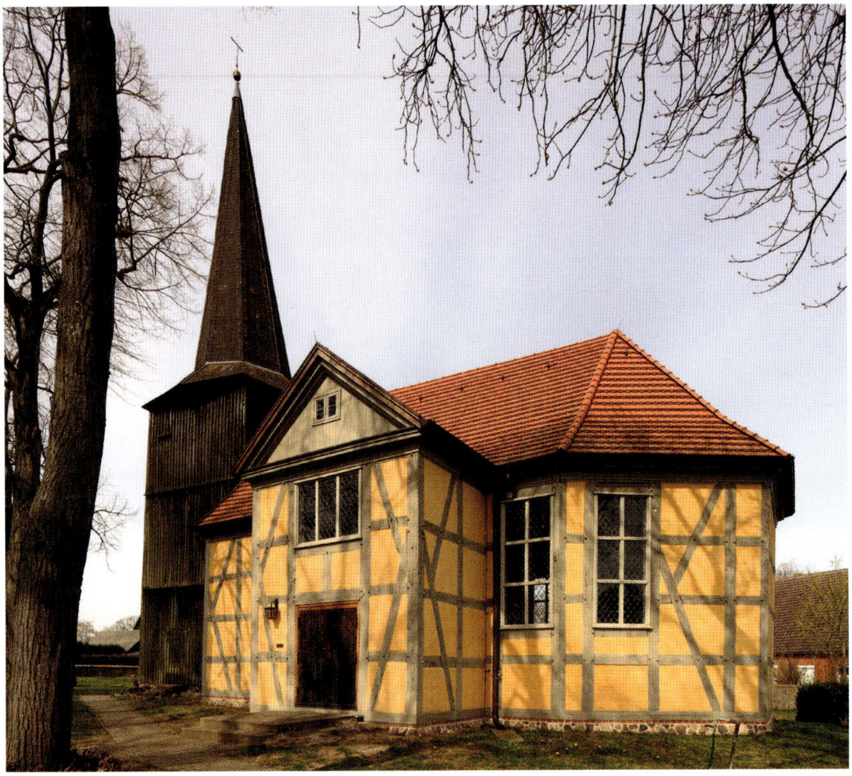

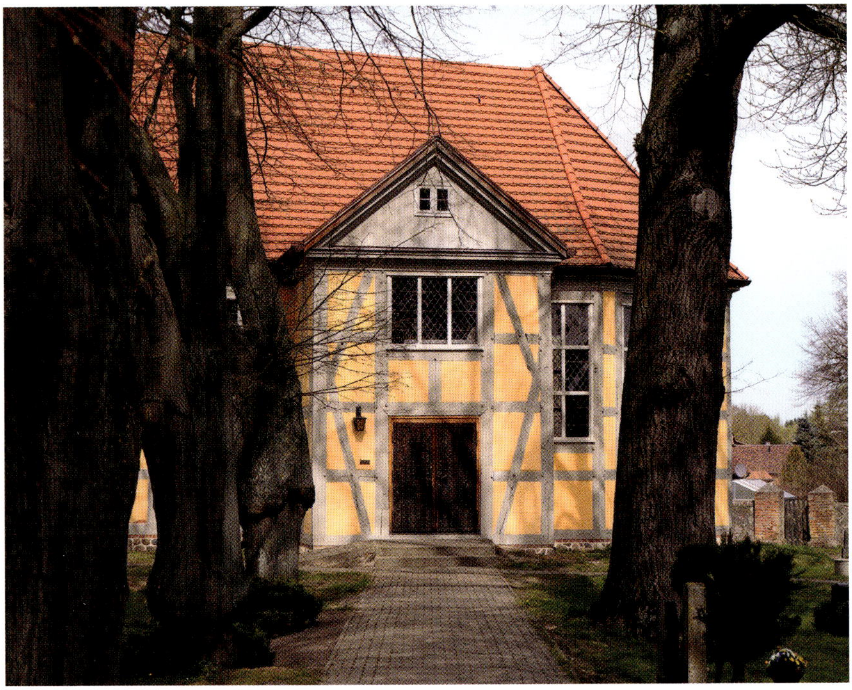

Frische Schale, alter Kern: Nach der Sanierung des Kirchturms Ende der 1980er-Jahre wurde der Fachwerkbau in Groß Teetzleben 2018 renoviert

Dimensionen" zurückzukehren, nicht zuletzt da die Menschen dort „eine andere Mentalität haben". Noch miteinander reden würden und nicht in der zunehmenden Anonymität und Sprachlosigkeit der Großstadt versänken: „Ich mag es einfach, wenn die Kassiererin im Supermarkt lächelt und ein paar Sätze mit dem Kunden spricht – zu meiner Kindheit war das normal, wenn wir einkaufen gegangen sind."

Für die Menschen hier ist es wirklich noch ein Erlebnis, ein Datum, auf das sie warten: Der einzelne Moment hat eine ganz andere Wichtigkeit – und deshalb erleben die Besucher oft solch ein Konzert oder auch einen Gottesdienst viel intensiver

Entsprechend wohl fühlt sich die Künstlerin, wenn sie bei ihren Gastspielen in Mecklenburg-Vorpommern in einer Gemeinde wie Groß Nemerow unterwegs ist oder durch das Dorf Zachow schlendert: Zum einen finden sich auch dort geschichtsträchtige Gotteshäuser wie eine Fachwerkdorfkirche aus dem 16. Jahrhundert oder einer der ältesten frei stehenden hölzernen Kirchtürme in Mecklenburg – zum anderen trifft man immer wieder Menschen zum Gespräch. Vor allem mit Zeit zum Gespräch, denn: „Das Lebenstempo ist ein anderes." Es gehe nicht immer nur um Leistung, Zeit und Druck, man atme hier in Ruhe ein und aus – „und das ist es doch, was vielen von uns heutzutage eigentlich fehlt".

Wie zum Beweis verweilt die energiegeladene Künstlerin für einen langen Moment und lässt ihren Blick über das Fachwerk des Zachower Kirchleins schweifen: eine Bauart, die in Zeiten der Not im 18. Jahrhundert vielerorts als kostengünstige Alternative an die Stelle von Feld- oder Backstein trat und dank Restaurierungen Ende des 20. Jahrhunderts an diesem Ort bis heute nichts von ihrer beschaulichen Andacht verloren hat. Vielmehr sogar mit neuem Leben erfüllt worden ist, denn mit dem aus der

Auf Fontanes Spuren: Schon der Dichter genoss einst den Blick über den Tollensesee – heute lockt das Gewässer Badende ebenso wie Spaziergänger

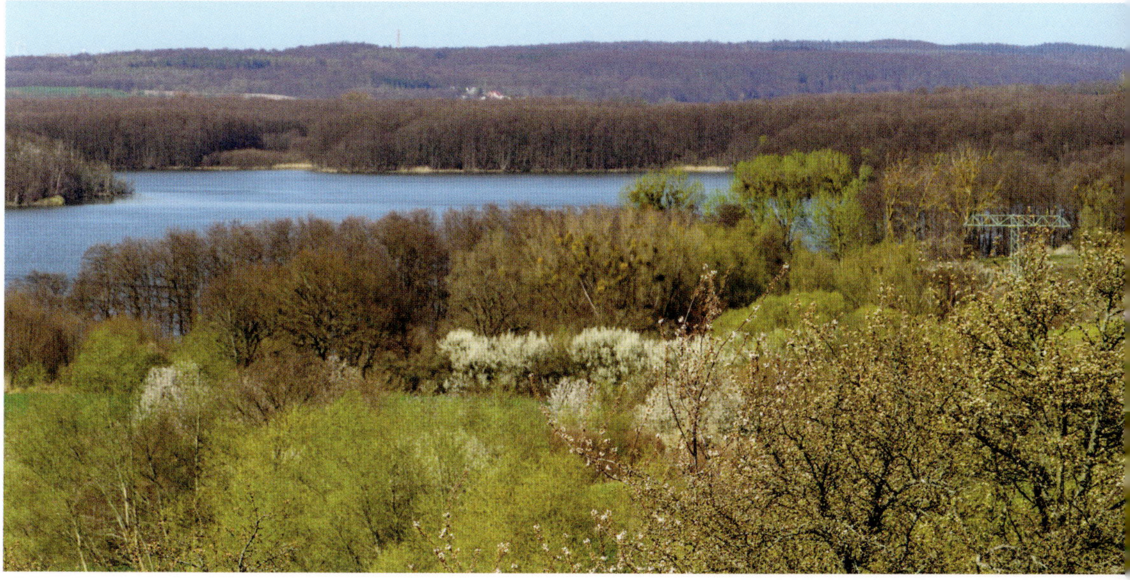

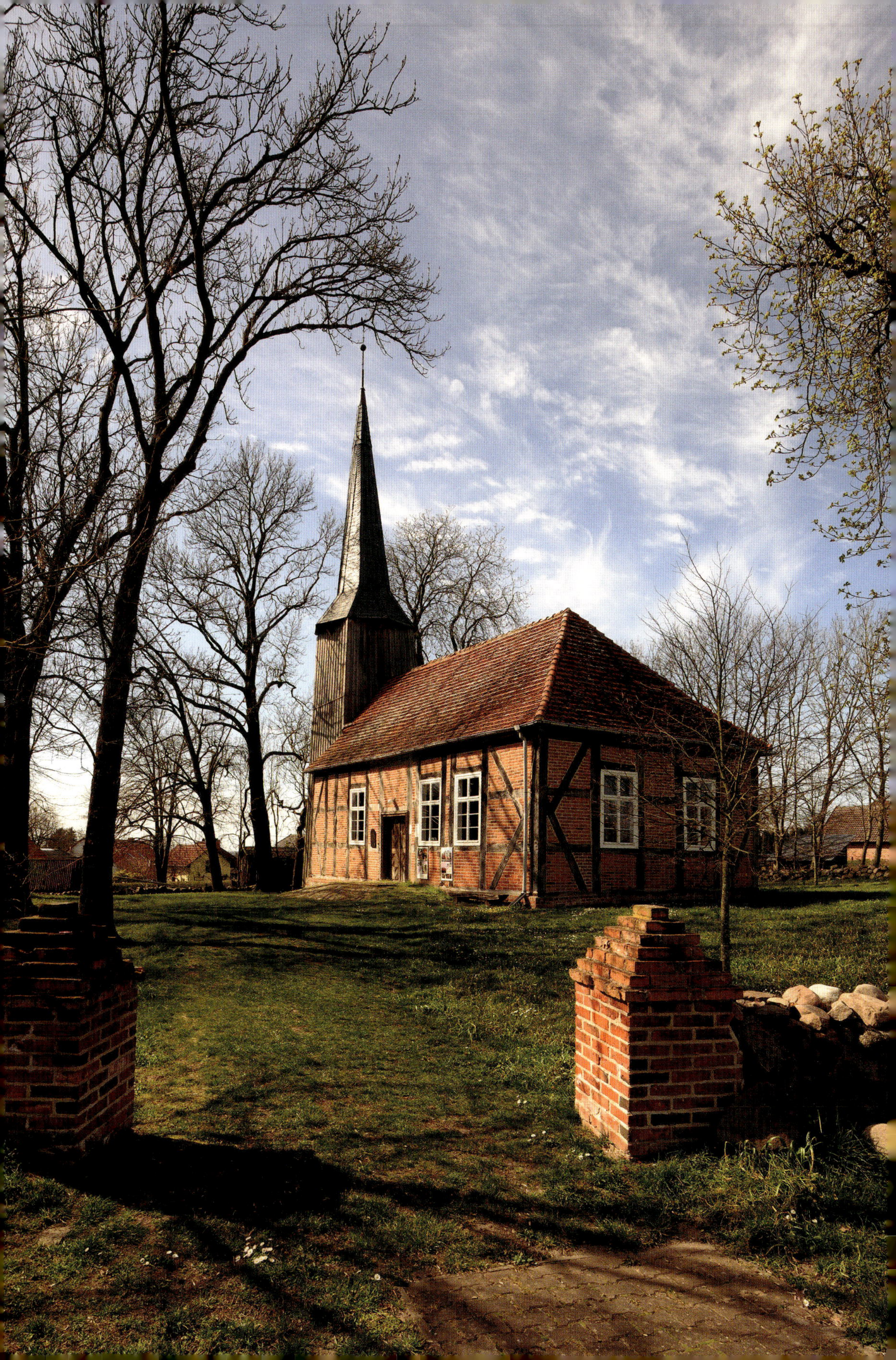

Initiative des ortsansässigen Künstlerpaares Joachim und Heide-Marlis Lautenschläger entstandenen Kulturkreis Zinnober haben über die Gottesdienste vor dem spätgotisch vergoldeten Katharinenaltar hinaus auch Ausstellungen, Konzerte und Dichterlesungen Einzug gehalten in das ziegelgedeckte Haus.

Apkalna ist überzeugt, dass an Orten wie in Zachow oder Groß Teetzleben Besucher Musik und Zeit ganz anders wahrnehmen als in den Metropolen: „Wer hier ins Konzert geht, kommt nicht direkt aus einem Restaurant, ist nicht in letzter Sekunde in ein Parkhaus eingefahren", hat die Organistin beobachtet. „Für die Menschen hier ist es wirklich noch ein Erlebnis, ein Datum, auf das sie warten: Der einzelne Moment hat eine ganz andere Wichtigkeit – und deshalb erleben die Besucher oft solch ein Konzert oder auch einen Gottesdienst viel intensiver." Und nicht wie in den Großstädten, wo gern mal ein Handy klingelt, Leute zwischendurch den Saal verlassen, schon beim letzten Ton rasch nach Hause oder in die Pizzeria zum reservierten Tisch wollen, wie die Titularorganistin der Elbphilharmonie nicht allein aus dem viel gepriesenen Hamburger Konzerthaus nur zu gut aus eigener Erfahrung weiß.

Es ist ein Lob der Langsamkeit, das die selbst so oft unter Strom stehende Frau da anstimmt. Eine innere Ruhe, die sie auch immer wieder beobachtet, wenn sie in Neubrandenburg weilt: als Artist in Residence in der Vier-Tore-Stadt – deren Feldsteinmauer das seltene Beispiel einer vollständig erhaltenen mittelalterlichen Wehranlage darstellt und durch die rekonstruierten, vorspringenden Wiekhäuser eine Ahnung von

Seite 97 – Bescheidene Schöne: Prunk kennt die Dorfkirche von Zachow nicht – dafür ist der Fachwerkbau aus dem 16. Jahrhundert inzwischen zum kulturellen Zentrum des Ortes avanciert

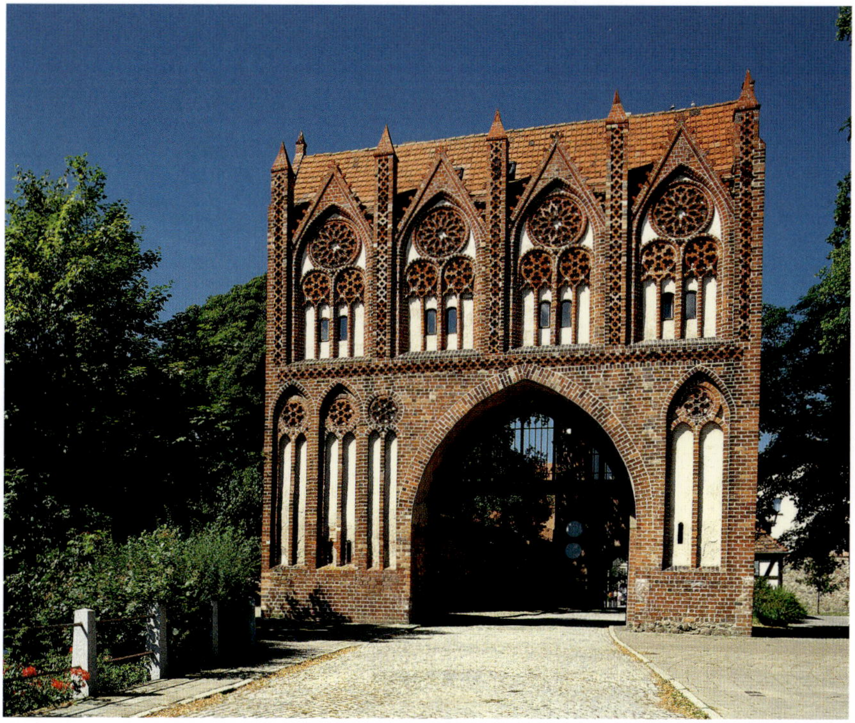

Stargarder Tor: Mitte des 14. Jahrhundert erbaut, fasziniert bis heute die reich geschmückte Fassade des zweitältesten der vier Stadtzugänge Neubrandenburgs

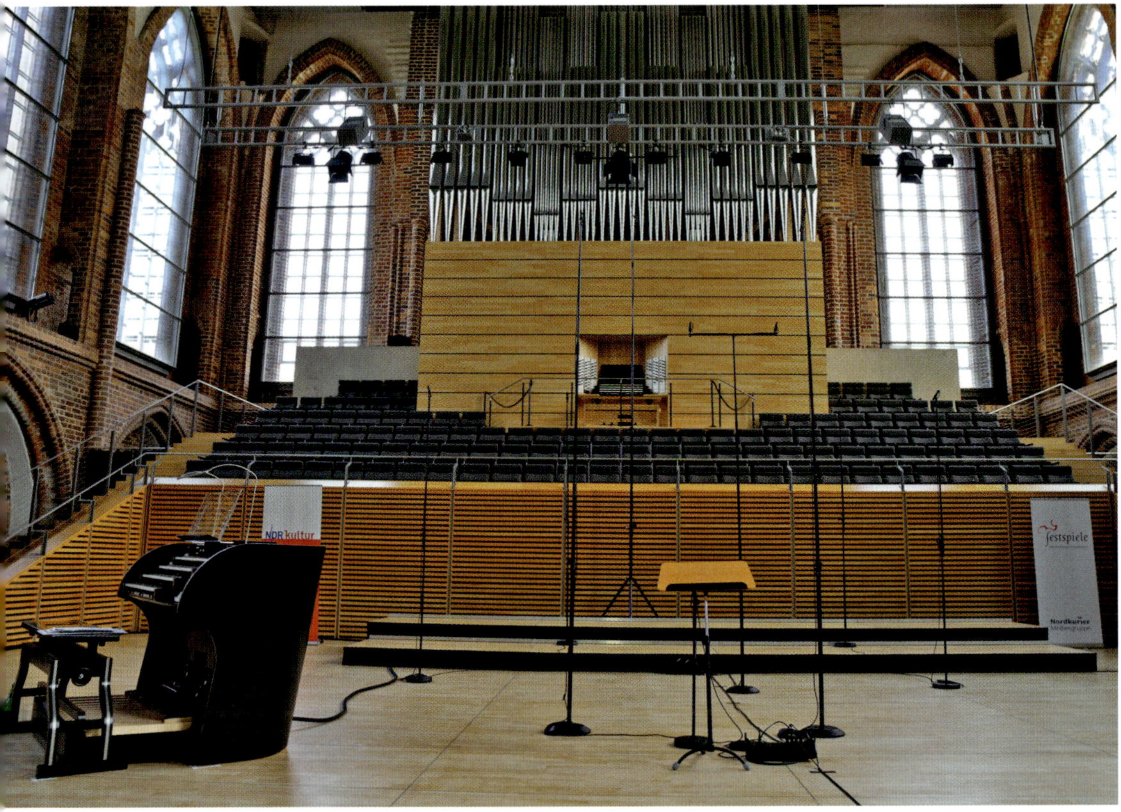

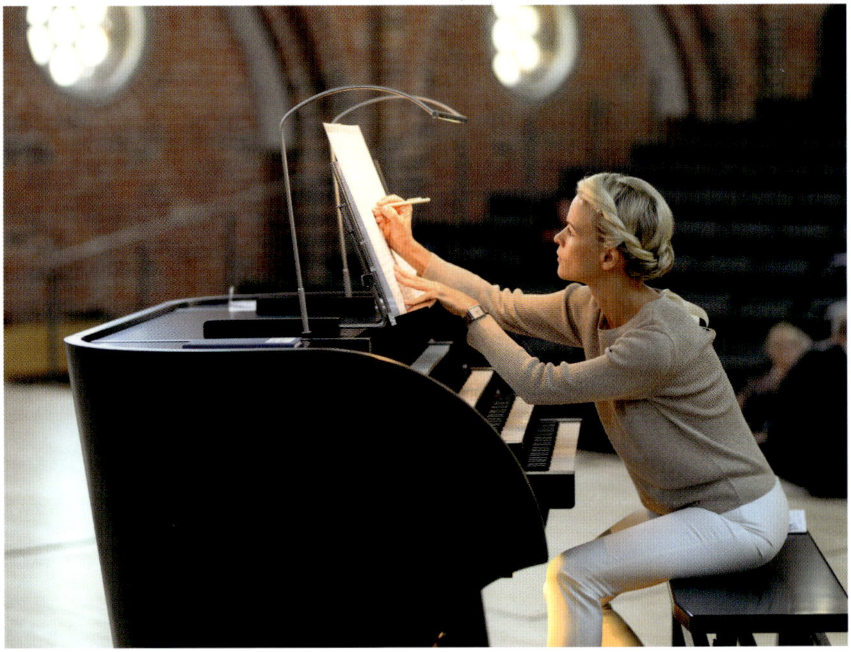

Klänge einer Königin: Seit die Konzertkirche 2017 eine Orgel bekam, gastiert Iveta Apkalna als Artist in Residence regelmäßig in Neubrandenburg

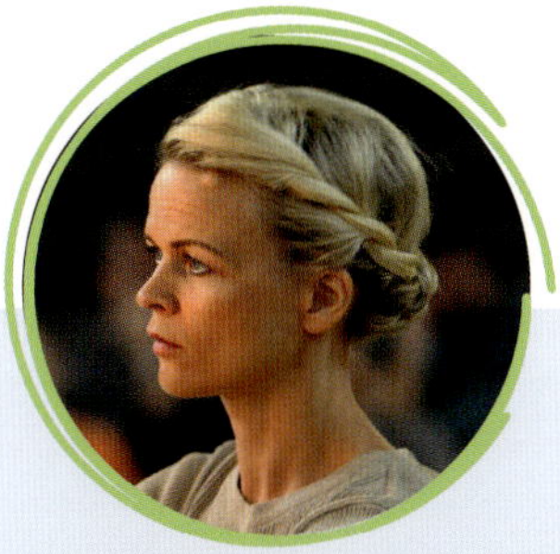

Wortwechsel

Viele Menschen hierzulande verbinden das Baltikum mit der Ostseeküste – und doch sind Sie als Lettin in Mecklenburg-Vorpommern besonders gern in den Wäldern rund um das kleine Dorf Zachow unterwegs …

Iveta Apkalna: *… was insofern wieder mit meiner Heimat zu tun hat, ist doch der Holzexport ein wichtiger Faktor für die lettische Wirtschaft. Vor allem aber hängt es eng mit meiner Kindheit zusammen: Damals haben wir nämlich keine Klassenausflüge ins Museum unternommen wie heute in der Schule meines Sohnes, waren dafür immer zu Wanderungen im Wald – selbst unsere Bundesjugendspiele fanden dort statt. Und es gab ganz in der Nähe auch einen See in einer einstigen Abraumhalde mit steilen Ufern, die wir hoch- und runtergerannt sind.*

Seen gibt es in der hiesigen Umgebung natürlich auch zur Genüge, doch was fasziniert Sie an der Försterei Zachow?

Diese Vorliebe hängt eng mit all jenen Alltagsgeräuschen und -klängen zusammen, die wir im täglichen Leben kaum mehr wahrnehmen – selbst Bienen hören wir in der Stadt ja nicht mehr. Dort im Wald indes herrscht eine ganz besondere konzertante Atmosphäre, es erklingt gleichsam eine Sinfonie: Natürlich ist dort zum einen diese Ruhe, doch zum anderen sind da beim genauen Hinhören eben auch ganz viele einzelne Geräusche. Eine stille Musik, die doch alles andere als lautlos ist und über die wir sonst in unserem städtischen Alltag hinweghören und für die wir uns auch gar nicht mehr die Zeit nehmen.

Welchen Klängen lauschen Sie dort im Wald besonders gern?

Am faszinierendsten ist für mich immer die Kommunikation der Vögel – natürlich auch, weil man diese Klang- und Geräuschwelt am intensivsten wahrnimmt. Du bemühst dich immer erstmal, dich zu orientieren, woher die Stimme kommt – und dann setzt auch schon der Gesang eines zweiten Vogels ein, der dem ersten antwortet. Ich versuche denen dann zu folgen. Einmal habe ich im Sommer ein Open-Air-Konzert um vier Uhr morgens am Strand der baltischen Meeresküste gegeben, und in meinem Programm fand sich auch Liszts „Vogelpredigt" – die Antwort war ein verrücktes Zwitschern und Tirilieren! Obwohl da durchaus andere tolle Werke erklangen, haben die Vögel ausschließlich auf diese vertonte Legende des heiligen Franz von Assisi reagiert. Offenbar wussten Liszt wie auch einige andere Komponisten, in der Sprache der Vögel zu komponieren, Vogelzwitschern zu vertonen – und das fasziniert mich natürlich auch, wenn ich höre, wie die Vögel miteinander kommunizieren. Dann überlege ich mir: Was sagt der jetzt und was hat sie geantwortet? Fliegt sie mit ihm mit oder nicht …

Das klingt, als seien Ihre Gedanken selbst im Wald ständig in Bewegung – oder hat der Spaziergang dort für Sie auch ein beruhigendes Element?

Gerade wenn man sonst viel unterwegs ist, nicht zuletzt auch gedanklich und der Kopf ständig arbeitet, begleitet einen schon eine gewisse innere Unruhe über einen Großteil des Tages. Und als Ausgleich suche ich dann Orte, an denen quasi Stille herrscht, zugleich aber auch eine zarte Musik spielt: Das kann das Rauschen des Meeres sein, die knisternde Flamme eines Feuers – oder eben auch der Soundtrack des Waldes.

früherer Verteidigungstaktik vermittelt: Mehrmals im Jahr gastiert die Künstlerin in der dortigen Konzertkirche und eilt während ihrer Probenpausen oft auf einen Kaffee ins gegenüberliegende Café. „Da sehe ich dann manchmal drei Männer in aller Gelassenheit beim Bier sitzen und denke: Denen geht es gut – die haben bestimmt schon hart gearbeitet und werden es vielleicht auch noch wieder tun, aber jetzt sitzen sie erst einmal ruhig beieinander, haben Spaß und schauen vielleicht nachher noch gemeinsam Fußball." Es klingt, als schwinge da ein ganz klein wenig Neid mit angesichts dieser geerdeten Unaufgeregtheit der Menschen im Südosten Mecklenburgs. Oder ist ihr das hiesige Temperament am Ende doch vertraut?

Rein landschaftlich nämlich erinnert sie vieles in dieser Region an die Stätten ihrer Kindheit: „Das flache Land, die unterschiedlichen Grüntöne, auch das im besten Sinne Wilde der Natur und die vielen Seen – das ist wie bei uns in Lettland." Vor allem die Weite, die scheinbar endlosen Felder und der große Horizont haben es Apkalna angetan: „Das ist schon ein Unterschied etwa zum westlichen Teil Deutschlands." Und deshalb meidet sie denn auch auf ihren Fahrten durch Mecklenburg-Vorpommern eher die Autobahnen und wählt die Wege über die Dörfer auf der Suche nach der Ursprünglichkeit: „Ich liebe die Fläche und Weite – und deshalb kann ich auch so viele Liebeserklärungen an dieses Land abgeben, weil es einfach meinem Wesen entspricht: So bin ich."

DAS FLACHE LAND, DIE UNTERSCHIEDLICHEN GRÜNTÖNE, AUCH DAS IM BESTEN SINNE WILDE DER NATUR UND DIE VIELEN SEEN

So wie die Serrahner Buchenwälder mit ihren über 200 Jahre alten Bäumen, die einem das Erlebnis der Stille wieder bewusst machen und die Fähigkeit des Lauschens

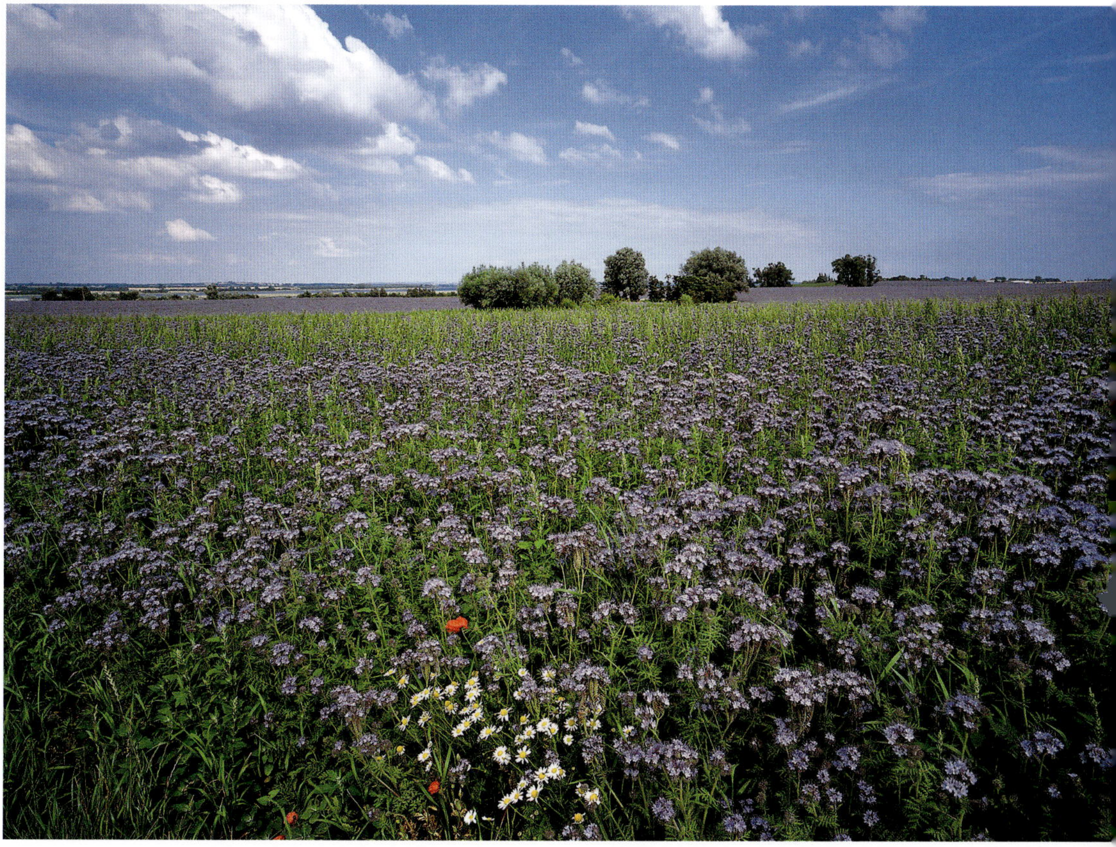

neu lernen lassen in Momenten, in denen das Rauschen der Blätter oder das ferne Klopfen eines Spechtes die einzigen Laute sind. So wie die majestätische Lärchenallee zwischen Schlicht und Krumbeck, die die dortige Gutsbesitzerfamilie von Dewitz um 1840 nach dem Brüsenwalder Vorbild des preußischen Forstministers Graf Friedrich Wilhelm von Arnim anlegen ließ. Oder so wie das Quellgebiet der Havel nahe Ankershagen, dem Ort, in dem der Troja-Entdecker Heinrich Schliemann aufwuchs. Und auch so wie die Lieps, ein im Naturschutzgebiet Nonnenhof ruhender See, an dessen von Schilf- und Binsenröhrichten gesäumten Ufern Eisvögel und Kraniche, Graureiher und Kormorane, Bekassine und Seeadler anzutreffen sind.

Weite Wiesen, weite Felder: Die scheinbare Unendlichkeit des vorpommerschen Horizonts berauscht nicht nur Künstler immer wieder aufs Neue

Natureindrücke, die viele Künstler in ihrem Schaffen immer wieder angeregt haben: Prominentester unter ihnen ist zweifellos Caspar David Friedrich, dessen Reisen zu seinen Geschwistern nach Neubrandenburg und Breesen oder zur Burgruine Landskron sich in verschiedenen Gemälden niederschlugen. Und auch Apkalna hat solch romantische Natureindrücke vor ihrem inneren Auge, wenn sie an der Orgel sitzt und mit ihrer Virtuosität auf Manualen wie Pedalen fasziniert: „Oft sehe ich dann Wasser vor mir, weite Seen, große Wellen, die Ostsee – ohne Wasser wäre unser lettisches Volk und Land gar nicht vorstellbar." Vielleicht ist es diese gewaltige physische Komponente des nassen Elements, die auch ihr Orgelspiel zu einem wohlig wummernden Ganzkörpererlebnis macht, die Luft vibrieren lässt und ein Summen und Sirren in den Ohren beschert, so dass der Begriff „Klangbad" spürbar wird. Und das längst nicht mehr allein für reine Orgelliebhaber, sondern für eine stetig wachsende Zahl von Musikfreunden, die nicht zuletzt hingerissen sind vom Auftritt dieser Königin majestätischer Klänge: Fließende Stoffe, goldene Schuhe, kunstvoll geflochtenes Haar, charismatische Erscheinung – die lettische Organistin ist zu einem Star ihres Instruments avanciert und wird weltweit entsprechend gefeiert.

MECKLENBURG-VORPOMMERN, DAS IST FÜR MICH WIE EIN ZEITFENSTER, DURCH DAS DU ZURÜCKBLICKEN KANNST

Beim Blick auf Bilder von ihr (bis heute ist sie die einzige Orgelspielerin, die jemals in der Mode-Bibel „Vogue" eine Fotostrecke bekam) fühlt sich mancher Betrachter an eine andere, nicht minder schöne und vom Volk verehrte Regentin erinnert: Königin Luise von Preußen, eine der beiden sagenhaft hübschen Töchter des Herzogs Karl II. von Mecklenburg-Strelitz. Bereits mit 17 heiratete sie, als sie 21 Jahre alt war, bestieg ihr Mann als Friedrich Wilhelm III. den preußischen Thron. Napoleon bot sie während

Luisenkult: Am 19. Juli des Jahres 1810 starb Königin Luise von Preußen völlig überraschend auf Schloss Hohenzieritz – seither pilgern nicht nur Adelige hierher

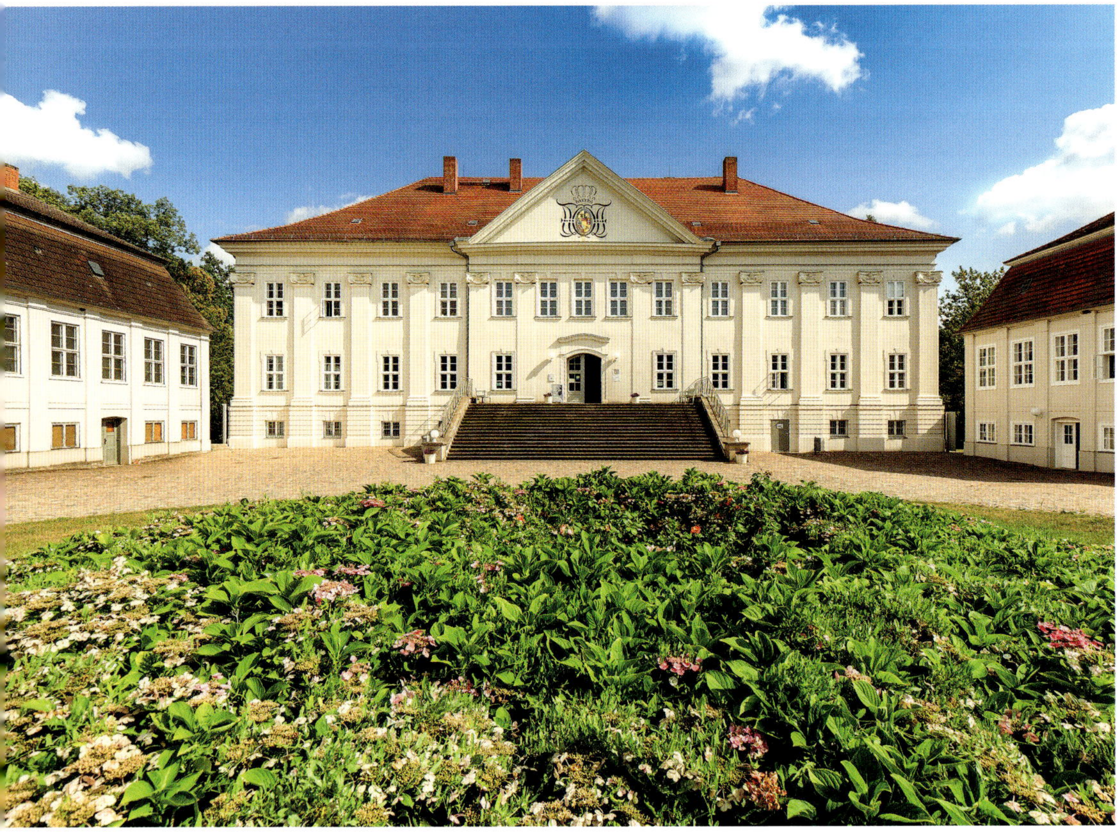

der Friedensverhandlungen zu Tilsit vergebens die liebliche Stirn, gebar zehn Kinder und starb mit nur 34 Jahren 1810 auf Schloss Hohenzieritz.

Ihr Vater, dem das Gut 1770 übereignet worden war, hatte hier auf einem sanft abfallenden Hang auf der Südseite des Schlosses von Archibald Thompson den frühesten englischen Landschaftspark Norddeutschlands anlegen lassen. Britische Bande, die natürlich aus familiären Beziehungen resultierten: Sophie Charlotte, verheiratet mit König George III. von Großbritannien, hatte ihrem Bruder Karl den englischen Gärtner vermittelt. Der plante den Park in möglichst natürlicher Form bis hin zu den flachen

MVorlieben

– LIEBLINGSORT –

Lange Winterspaziergänge liebe ich sehr – vor allem, wenn es draußen knackig kalt ist und ich mich anschließend vor einem Kaminfeuer wieder aufwärmen kann. So wie im Schlosshotel Fleesensee: Dort schaue ich wahnsinnig gern in die hell tanzenden Flammen, von denen eine große Ruhe ausgeht – und in denen doch zugleich eine unheimliche Energie steckt. Mich erinnert das oft an Werke von Mozart oder Philip Glass in Rondoform, wo sich ein Teil immer wiederholt – du meinst, es würde kaum etwas passieren, dabei ändert es sich doch ständig. Und wenn dann dort noch eine kleine Bibliothek untergebracht ist, habe ich meinen Lieblingsplatz gefunden.

– LIEBLINGSSINNESWAHRNEHMUNG –

Irgendwann möchte ich unbedingt noch einmal reiten lernen. Meine Mutter warnt mich zwar immer wieder ob des Risikos: Bloß nicht, wenn da etwas mit deinen Armen passiert, kannst du nicht mehr Orgel spielen – aber mich fasziniert die Vorstellung, durch den unmittelbaren Kontakt eins zu werden mit solch einem königlichen Tier. Und deswegen liebe ich auch den Pferdegeruch, der einem hier bei den Fahrten übers Land aus den Ställen entgegenschlägt; zumal mich dieser an meine Schulzeit erinnert, als ich in den Sommerferien meine Großeltern auf dem Dorf besuchte und es dort natürlich immer auch Pferdeställe gab.

– LIEBLINGSESSEN –

Ich habe eine Vorliebe für Süßes und bin eine richtige Süßschnut – wohl auch, weil es in meiner Kindheit Schokolade, Eis oder Konfekt in Lettland lediglich zum Neujahr gab. Da viele Obstbäume in unserem Garten standen, hat meine Großmutter allerdings immer einen wunderbaren Apfelkuchen gebacken, eher flach und mit wenig Teig, doch dafür mit umso mehr Apfel und ganz viel Zimt. Und eben solch einen herrlich fruchtigen Blechkuchen gibt es auch im Café „Alte Post" in Neubrandenburg direkt neben der Konzertkirche: Jedes Mal, wenn ich dort für einen Auftritt probe, nutze ich die kleinen Pausen zwischendurch, um in dem Café ein Stück Kuchen zu essen – der schmeckt nämlich wirklich noch wie von Omas Hand!

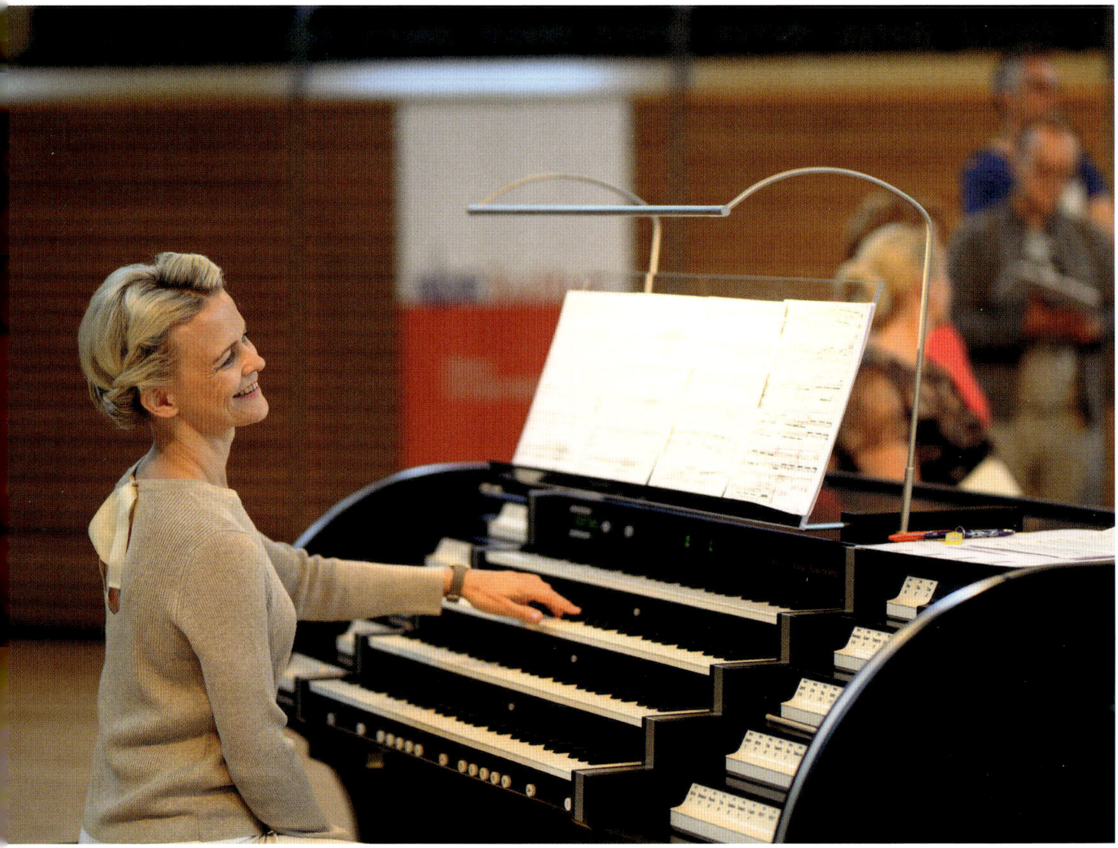

Gelassenheit und Freude: Mehrmals im Jahr gastiert Iveta Apkalna in Neubrandenburg und genießt nicht nur die vorzügliche Akustik in der Konzertkirche

Feldsteinmauern als kaum sichtbare Grenze, passte die sanft geschwungenen Wege der Umgebung an und schuf Blickachsen, die der umliegenden Natur größtmögliche Aufmerksamkeit verschafften.

Kontrast und Überraschung prägen dieses Juwel der Gartenkunst bis heute – daran hat auch der zwischenzeitliche Stimmungswechsel in der Gestaltung nichts geändert: War der 22 Hektar große Park anfangs noch Ausdruck von Frohsinn und Lebensfreude, wandelte sich dieser Stil nach dem Tod der zweiten Regentengattin zu einer eher sentimentalen Romantik. Das von Christian Philipp Wolff geschaffene Denkmal „Die Hoffnung tröstet die Trauer" erinnert an die früh verstorbenen Ehefrauen und Kinder – für seine berühmteste Tochter aber ließ Karl II. in dem von ihr so geschätzten Park den Luisentempel errichten; just auf jener Anhöhe, die als Lieblingsplatz der unkonventionellen Prinzessin galt, die das ungezwungene Landleben, fast frei von jeglicher Etikette, so geliebt hatte.

Geschichte und Geschichten, die hier Jahr für Jahr zehntausend Besucher anlocken – ein paar Kilometer weiter westlich, in dem 1247 erstmals urkundlich erwähnten und einst bedeutenden Bauerndorf Liepen, würde sich mancher schon über einen kleinen

Teil dieser Gäste freuen. Malerisch gelegen in einem Weiler am Lieper See, bezaubert hier die im neugotischen Stil aus Feldsteinen und Ziegeln erbaute Dorfkirche mit ihren kunstvoll verzierten Bänken, gemauerten Spitzbögen und ... tatsächlich: einer weiteren Grüneberg-Orgel. Einer leider verstummten, doch die Reparatur ist dank eines rührigen Fördervereins, der sich um das pittoreske Gotteshaus kümmert, und bereits gesammelter Spendengelder für die nahe Zukunft geplant.

Und da das Langhaus im Inneren eine hölzerne Decke hat, blicken nicht nur die Liepener erwartungsvoll dem akustischen Ergebnis entgegen, denn wie Apkalna es so treffend formuliert hat: „Entscheidend ist, dass man eine Orgel für einen bestimmten Raum baut."

In solch einem grossen Raum sitzt man zwar einerseits höher und fühlt sich dem Himmel näher, andererseits braucht es auch weitere Wege, um die Menschen und Gott anzusprechen

So wie sie gleichfalls der Stettiner Meister Barnim Grüneberg 40 Kilometer nordöstlich in Altentreptow geschaffen hat: Begonnen hatte der Bau der dortigen Pfarrkirche St. Petri in der ersten Hälfte des 13. Jahrhunderts, doch mit dem wachsenden Ansehen und Reichtum der Stadt folgte 200 Jahre später die Erweiterung zu einer dreischiffigen Hallenkirche mit einem prachtvollen, reich geschmückten Sterngewölbe und einem nicht minder aufwändig geschnitzten Flügelaltar um den auferstandenen Christus. Ähnlich erging es dort der ersten Orgel des Berliners Johann Simon Buchholz aus dem Jahr 1812, die Grüneberg ein halbes Jahrhundert später auf 1800 Pfeifen ausbaute – zu einem romantischen Instrument mit einem warmen grundtönigen Klang. Ein Klang, der die größte Kirche im Tollensetal schier überwältigend füllt, als die lettische Organistin sich auf die Orgelbank setzt und fast alle der 31 Register zieht. Eine akustische Begegnung mit der Königin der Instrumente, die auch Iveta Apkalna Ehrfurcht abnötigt: „Je gewaltiger der Raumklang ist und je weiter dieser trägt, desto größeren Respekt habe ich gegenüber dem Raum", bekennt die gläubige Musikerin. „In solch einem großen Raum sitzt man zwar einerseits höher und fühlt sich dem Himmel näher, andererseits braucht es auch weitere Wege, um die Menschen und Gott anzusprechen." Doch ihre blauen Augen leuchten ob des ersten Eindrucks: „Hier würde ich sofort auftreten, ob nun konzertant oder auch im Gottesdienst mit Chor: Das wäre fantastisch!"

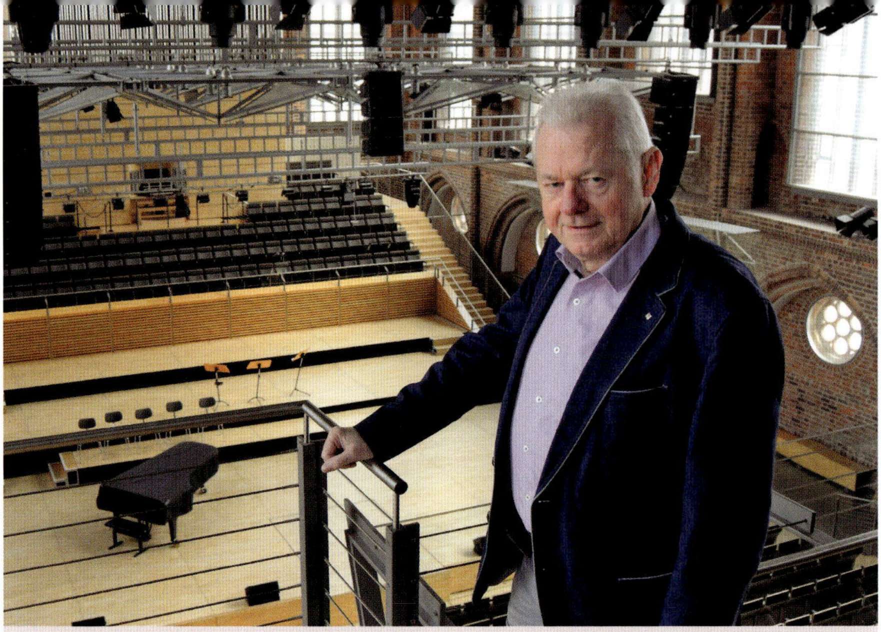

Aufgespürt

Manfred Tepper muss nicht lange überlegen: „Wenn man Neubrandenburger ist, dann steht für einen der Tollensesee im Mittelpunkt aller Ausflüge." Sei es nun als Rundweg mit dem Fahrrad, zu Fuß oder mit dem Pferd durch „eine wunderschöne Endmoränenlandschaft mit herrlichen Ausblicken" – oder als Bootstour. Und das weniger, weil sich auf dem Wasser potenzielle Goldmedaillengewinner und Weltmeister von morgen beim Training erleben lassen – der Olympiastützpunkt der deutschen Kanuten ist hier angesiedelt –, sondern wegen der „himmlischen Stille" wie auch der Möglichkeiten abzutauchen. Denn mit einer Tiefe von bis zu 36 Metern ist dieses klare stehende Gewässer ideal für alle Tauchsportler.

Da überrascht es, dass schon zu DDR-Zeiten die meisten Urlauber lediglich durch Neubrandenburg hindurch gefahren sind auf dem Weg zur Ostsee: Gezielt in die Stadt kommt als Auswärtiger bis heute meist nur, wer seine Ruhe haben will. Oder ein Gastspiel bekannter Künstlerinnen und Künstler in der Konzertkirche erleben möchte: Nicht allein ob der viel gelobten Akustik ist das einstige Gotteshaus St. Marien unter Musikern wie Zuhörern längst über die Landesgrenzen hinaus bekannt und geschätzt. Dass Tepper all diese Auftritte in dem mittelalterlichen Backsteinbau als hiesiger Veranstaltungsmanager organisieren und koordinieren darf, erfüllt den Sohn der Stadt nach wie vor mit Stolz: „Das ist kein Job, sondern eine Berufung und das Höchste, was man als Neubrandenburger machen kann." Worte, aus denen eine große Liebe zu seiner Heimat spricht – und aus eben dieser macht der von seinen meisten Mitbürgern schlicht „Manne" Genannte auch gar keinen Hehl: „Ich habe miterlebt, unter welchen Mühen diese Stadt aus Trümmern wieder zu einem lebenswerten Ort aufgebaut worden ist und wie aus einer elenden Brandruine einer der besten Konzertsäle Norddeutschlands geschaffen wurde – können Sie verstehen, dass ich da unruhig werde, wenn ich einmal zwei Wochen meinen Kirchturm nicht sehe?"

Festspielorte

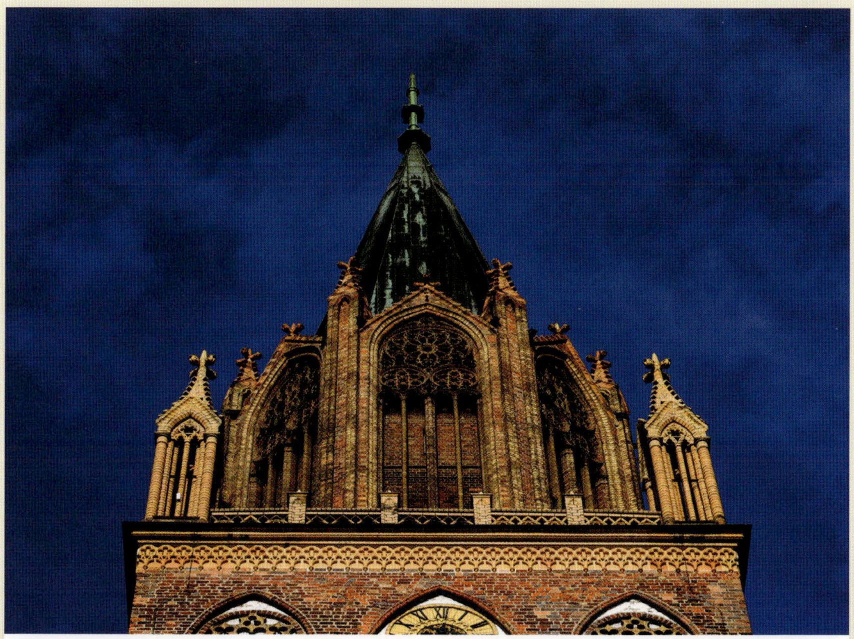

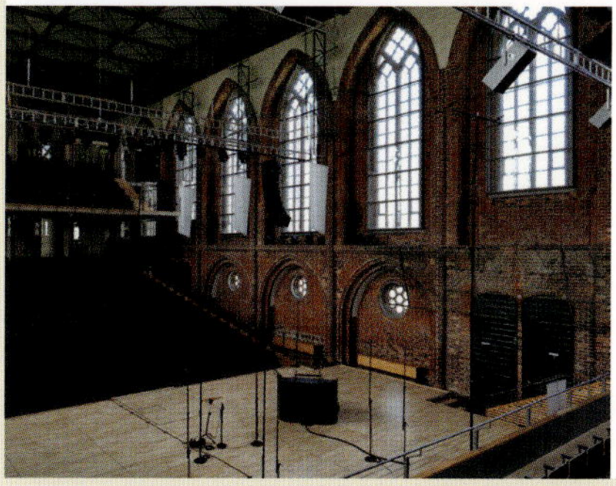

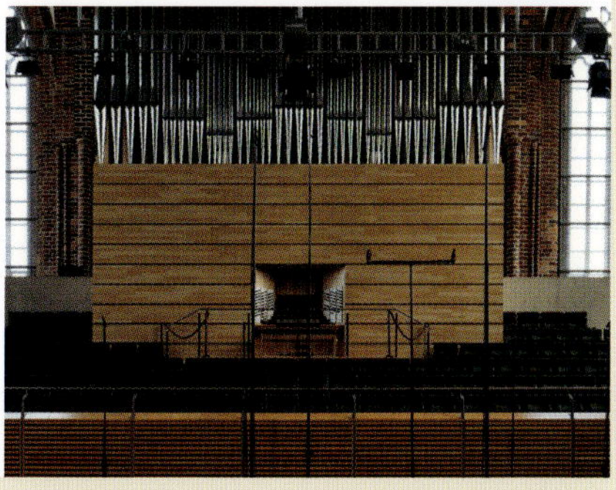

KONZERTKIRCHE NEUBRANDENBURG

Bereits kurz nach der Stadtgründung 1248 begannen die Neubrandenburger mit der Errichtung von St. Marien, auf eine erste Holzkirche folgte 1270 ein Sakralbau aus Granitquadern. Mit dem kunstvollen, filigranen Maßwerk des Ostgiebels im gotischen Stil zählt die dreischiffige Hallenkirche zu den bedeutendsten Baudenkmälern Norddeutschlands. 1945, am Ende des Zweiten Weltkriegs, bis auf die Außenwände und Turmmauern ausgebrannt, wird das Gebäude nach dem Einbau eines Saals aus Glas, Beton, Stahl und Holz seit 2001 als Konzertkirche mit einer viel gepriesenen Akustik genutzt und erhielt 2017 durch den Unternehmer Günther Weber eine eigene Orgel.

Nachmittagsausflug
Malerische Idylle: Eingebettet in eine hügelige Waldlandschaft liegt eines der größten Gewässer des Landes – der Tollensesee. Besonders eindrucksvoll erschließt sich seine Schönheit auf einer Bootstour.
Fahrgastschiff „Mudder Schulten", Tel.: 0395/5841218

Die Stärkung vor dem Konzert
„Zur Lohmühle": Der Küchenchef ist ein höchst kreativer Suppenkasper – wie wäre es mit Sellerie-Romanesco- oder Radieschen-Kartoffelcremesuppe im schönsten Biergarten der Stadt?
Am Stargarder Tor, 17033 Neubrandenburg, Tel.: 0395/5442843

Am nächsten Tag
Im Lebensraum von Eisvogel und Fischotter: Naturpark-Ranger Fred Bollmann führt durch verwunschene Landschaften rund um den Kleinen Mechowsee.
www.ranger-tours.de, Tel.: 0171/7920594 oder 039831/22174

Glücksmoment
Schwimmen rund um die Trümmerinsel: Im Zweiten Weltkrieg wurden Torpedos auf dem künstlich angelegten Eiland im Tollensesee erprobt – heute findet die Vogelwelt inmitten der gesprengten Überreste geschützte Brutstätten.

Nachmittagsausflug
Hans-Fallada-Museum: Am Carwitzer See fand der Erzähler Ruhe – und Stoff für seine Romane. Ausstellung, Fotoschau, Filmraum und der herrliche Garten erinnern an Lebens- und Arbeitswelt.
Zum Bohnenwerder 2, 17258 Carwitz/Feldberger Seenlandschaft, Tel.: 039831/20359

Die Stärkung vor dem Konzert
„Zum Schwalbennest“: Die gefiederten Freunde bringen Glück ins Haus – und dem Gast auf der Terrasse kleine Konzerte zu Wildbraten, Zanderfilet und Apfelbuchtel.
Hullerbuscher Weg 25, 17258 Wittenhagen, Tel.: 039831/20472

Am nächsten Tag
Ausflug zum Hullerbusch bei Feldberg: Wir starten mit einem Spaziergang zum Fähranleger, setzen über den Schmalen Luzin auf einen Kaffee im Fährladen – und stöbern auf dem Rückweg in der Schäferei in Schafsprodukten.
Fähre, An der Fähre 1, 17258 Feldberg, Tel.: 0170/3070128

Glücksmoment
Farbenzauber: Bei Sonnenuntergang in das smaragdgrüne Wasser im Schmalen Luzin eintauchen und sich in den orange-blau schimmernden Wölkchen am Abendhimmel verlieren.
Hullerbusch, Wanderweg ab Parkplatz hinter Ortsausgang Carwitz

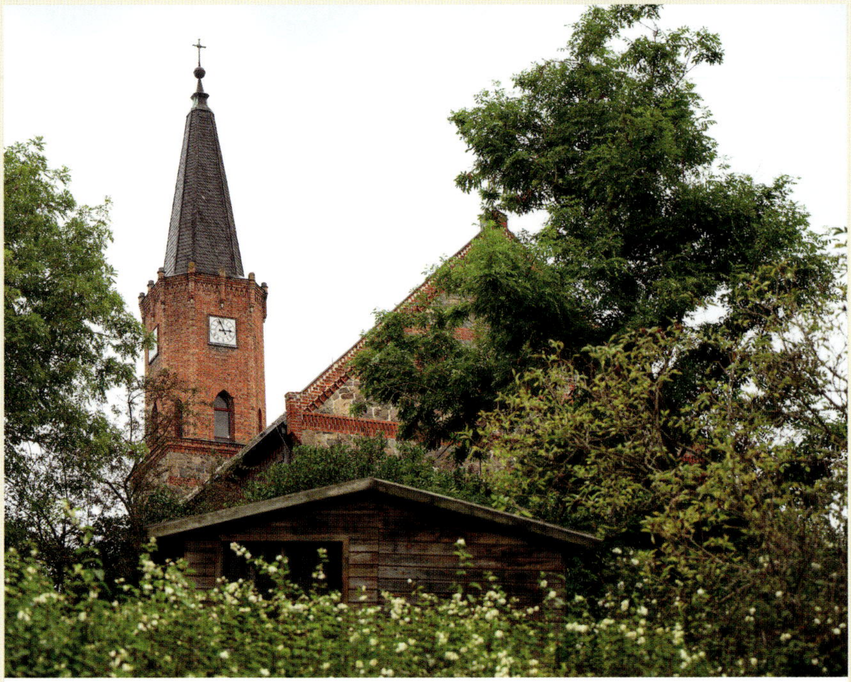

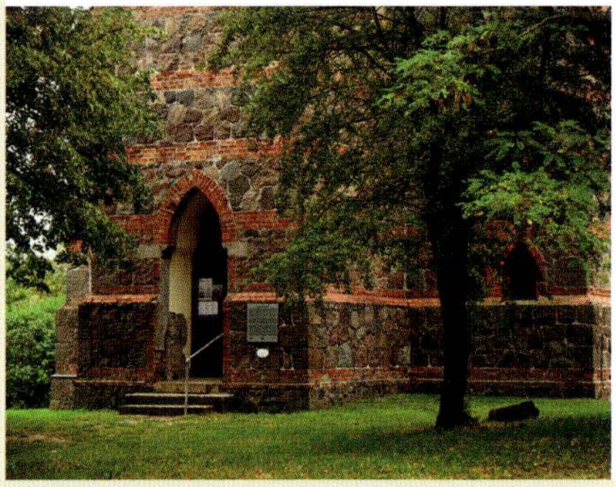

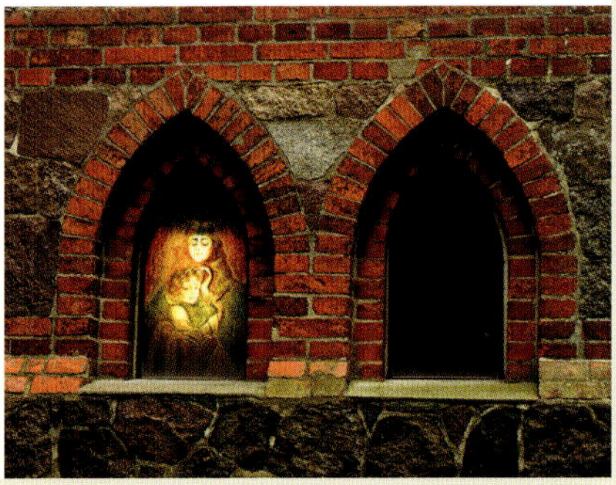

KIRCHE FÜRSTENHAGEN

Seine Kirche hat Fürstenhagen eigentlich Georg von Mecklenburg-Strelitz zu verdanken: War es doch der baufreudige Großherzog, der 1821 Karl Friedrich Schinkels jungen Mitarbeiter Friedrich Wilhelm Buttel in seine Dienste nahm und ihn bereits zwei Jahre später zum Hofbaumeister beförderte. Statt – wie im Klassizismus verbreitet – die Antike nachzubilden, begeisterte sich Buttel für die Gotik und folgte dieser Formensprache auch in seinen Plänen für das 1869 geweihte Gotteshaus. So finden sich Feld- und Backstein im dekorativen Mauerwerk, die schlichte einschiffige Saalkirche ist lichtdurchflutet. Nach der Renovierung zwischen 1994 und 1997 schmücken heute 17 Fensterbilder des russischen Malers Andrej Vystropov den Raum.

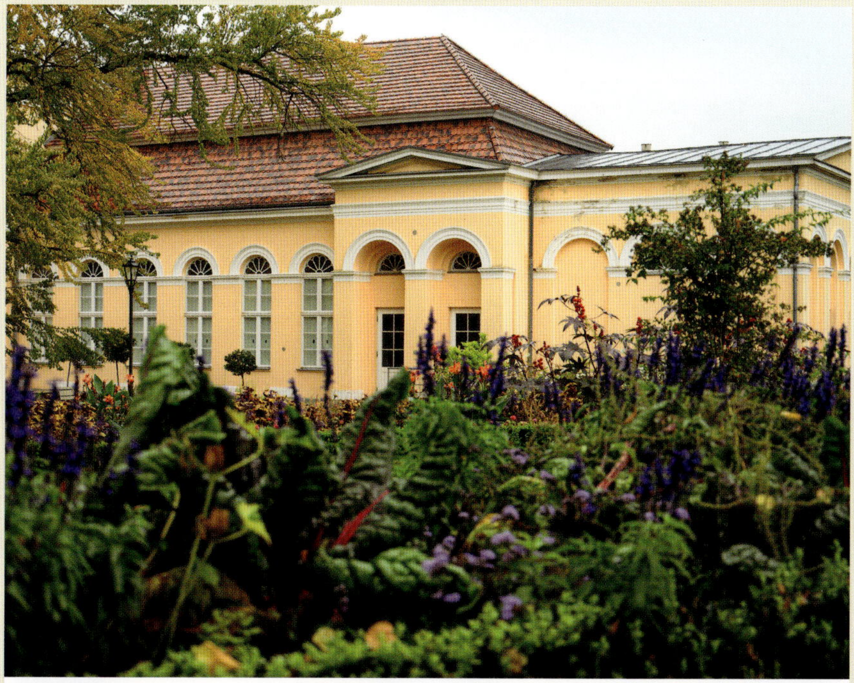

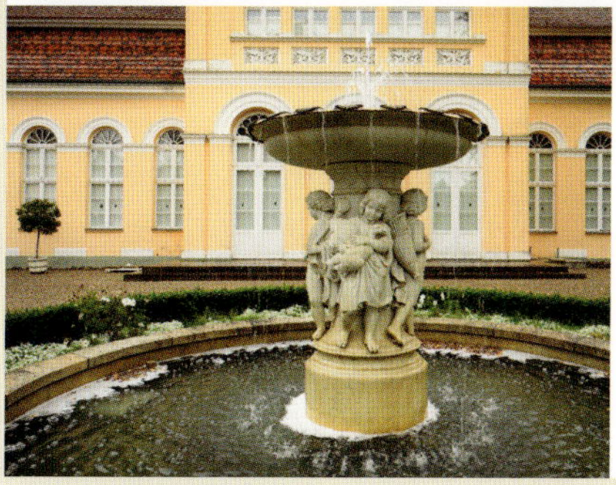

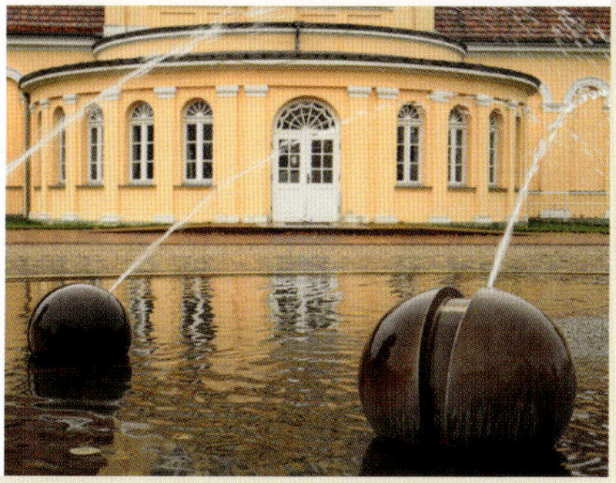

ORANGERIE NEUSTRELITZ

Ein klassizistisches Kleinod ist dieser eingeschossige Bau im Schlosspark von Neustrelitz: Dank des kunstsinnigen Georg von Mecklenburg-Strelitz war es einmal mehr Preußens berühmtester Architekt Karl Friedrich Schinkel, der die Entwürfe für die 1842/43 umgebaute Orangerie lieferte. Damals nicht allein Winterquartier für bis zu 138 Orangenbäume, gehörte das Haus mit den drei Sälen in den Landesfarben Gelb, Blau und Rot zu den repräsentativsten Anlagen des Großherzogtums und wurde auch für Gartenfeste genutzt. Unvergessen zudem, dass hier Anfang des 19. Jahrhunderts erstmals in Europa jene prachtvolle, nach der Herkunft der damaligen britischen Königin benannte Pflanze blühte: die Strelitzie.

Nachmittagsausflug
Platanen, Linden, Ulmen und Weymouthskiefern: Viele prachtvolle Gehölze, die 1832 Preußens bedeutendster Gartenbaumeister Peter Joseph Lenné anlegen ließ, sind noch heute im Park Krumbeck zu bewundern.
Am Lenné-Park, 17258 Krumbeck

Die Stärkung vor dem Konzert
„Fürstenhof": Mecklenburger Rippenbraten, gefüllt mit Backobst, und die geschmorte Rinderbacke sind die Klassiker des Gasthauses – als Beilage gibt's den Blick auf den imposanten Marktplatz.
Markt 3, Neustrelitz, Tel.: 03981/204774

Am nächsten Tag
Ritter und Königin: Auf Burg Stargard wird die Kulturgeschichte des Pferdes erzählt – in Hohenzieritz erinnert im Sterbezimmer Luise von Preußens eine Schau an die Regentin und ihre kulthafte Verehrung.
17094 Burg Stargard; Schlossplatz 3, 17237 Hohenzieritz

Glücksmoment
Lustwandeln im Neustrelitzer Barockpark: Auf den verschlungenen Wegen des von Julius Löwe 1731 konzipierten Schlossgartens in vergangene Zeiten eintauchen …
Schlossstraße, 17235 Neustrelitz

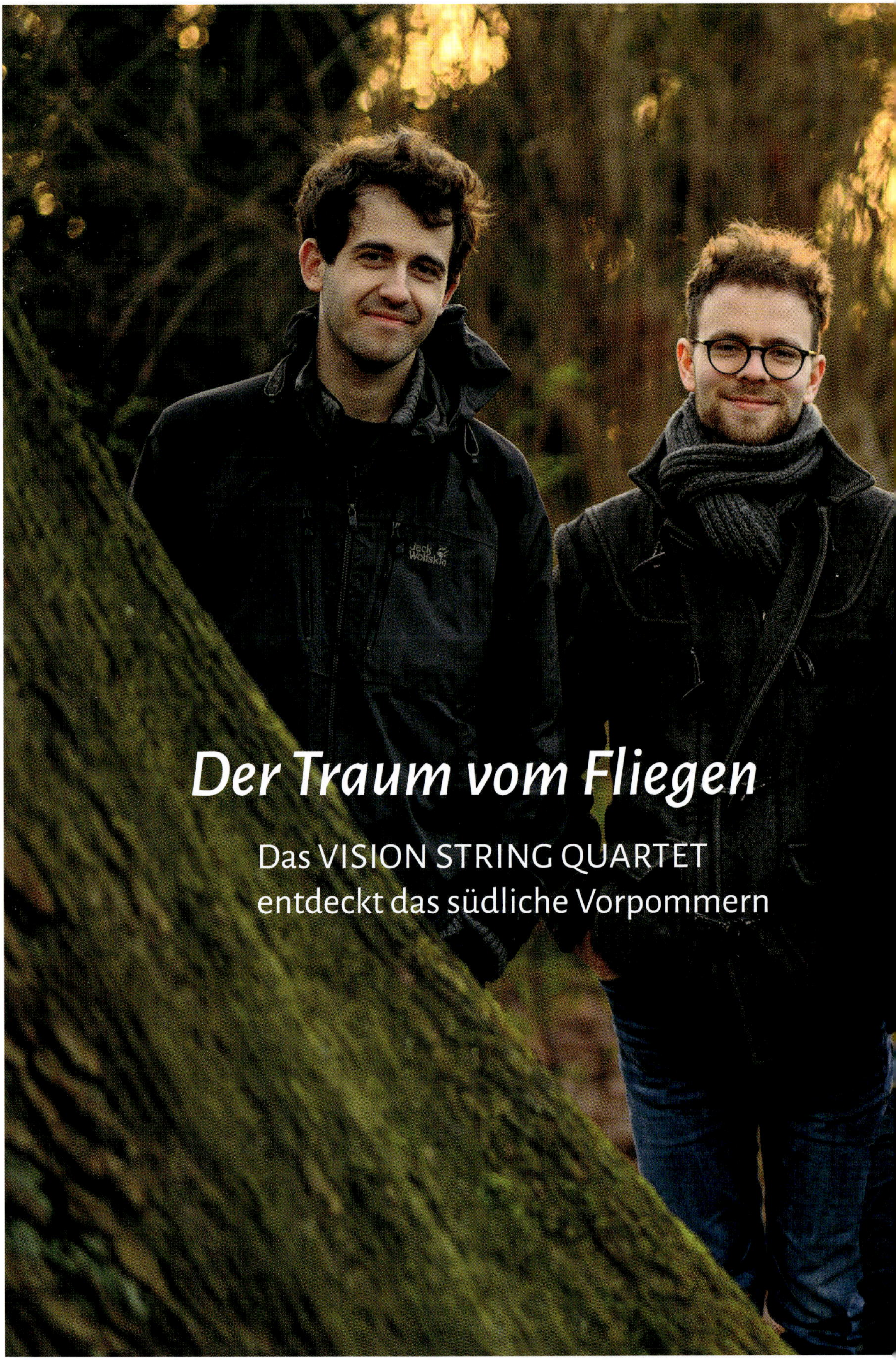

Der Traum vom Fliegen

Das VISION STRING QUARTET entdeckt das südliche Vorpommern

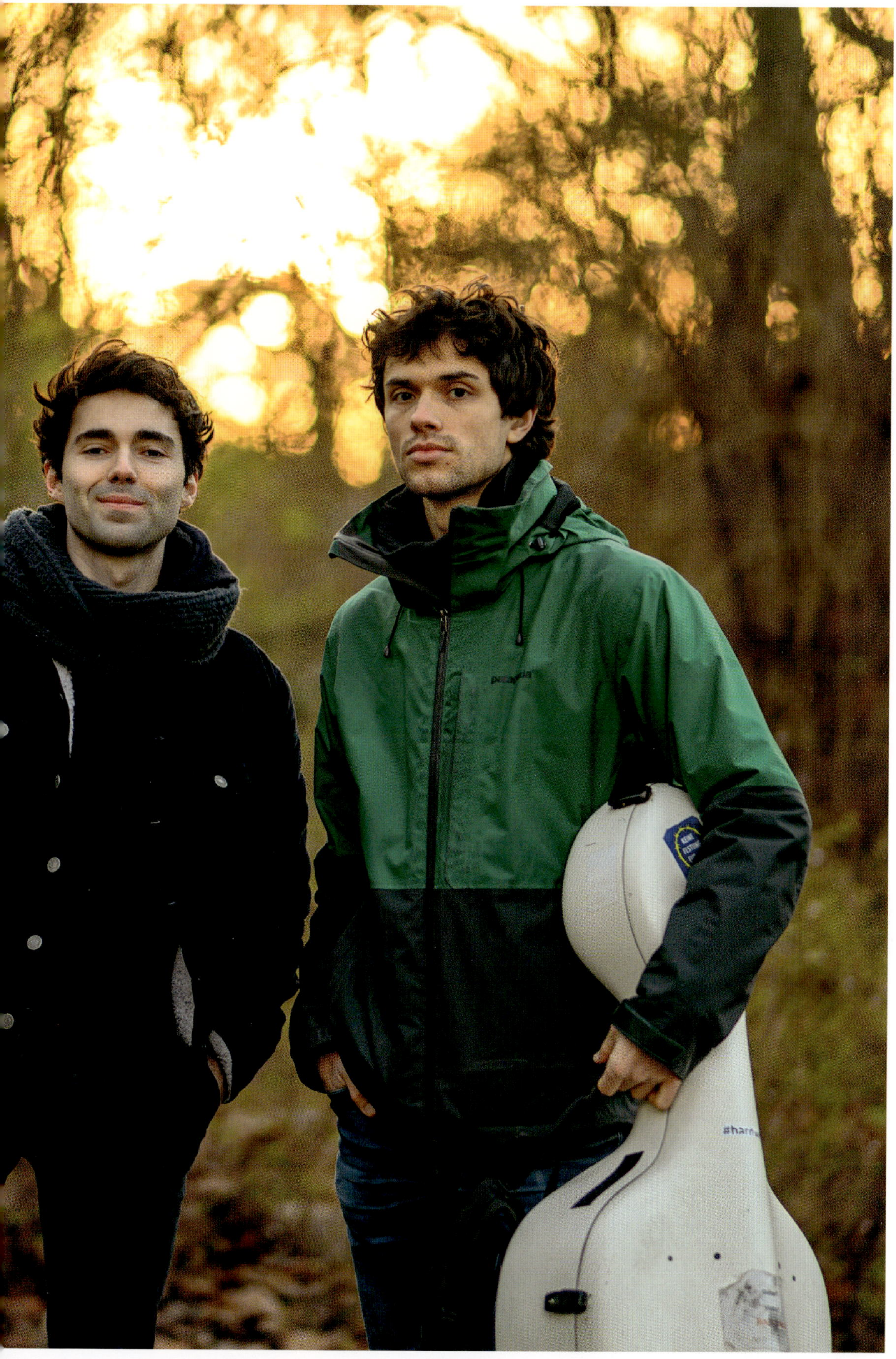

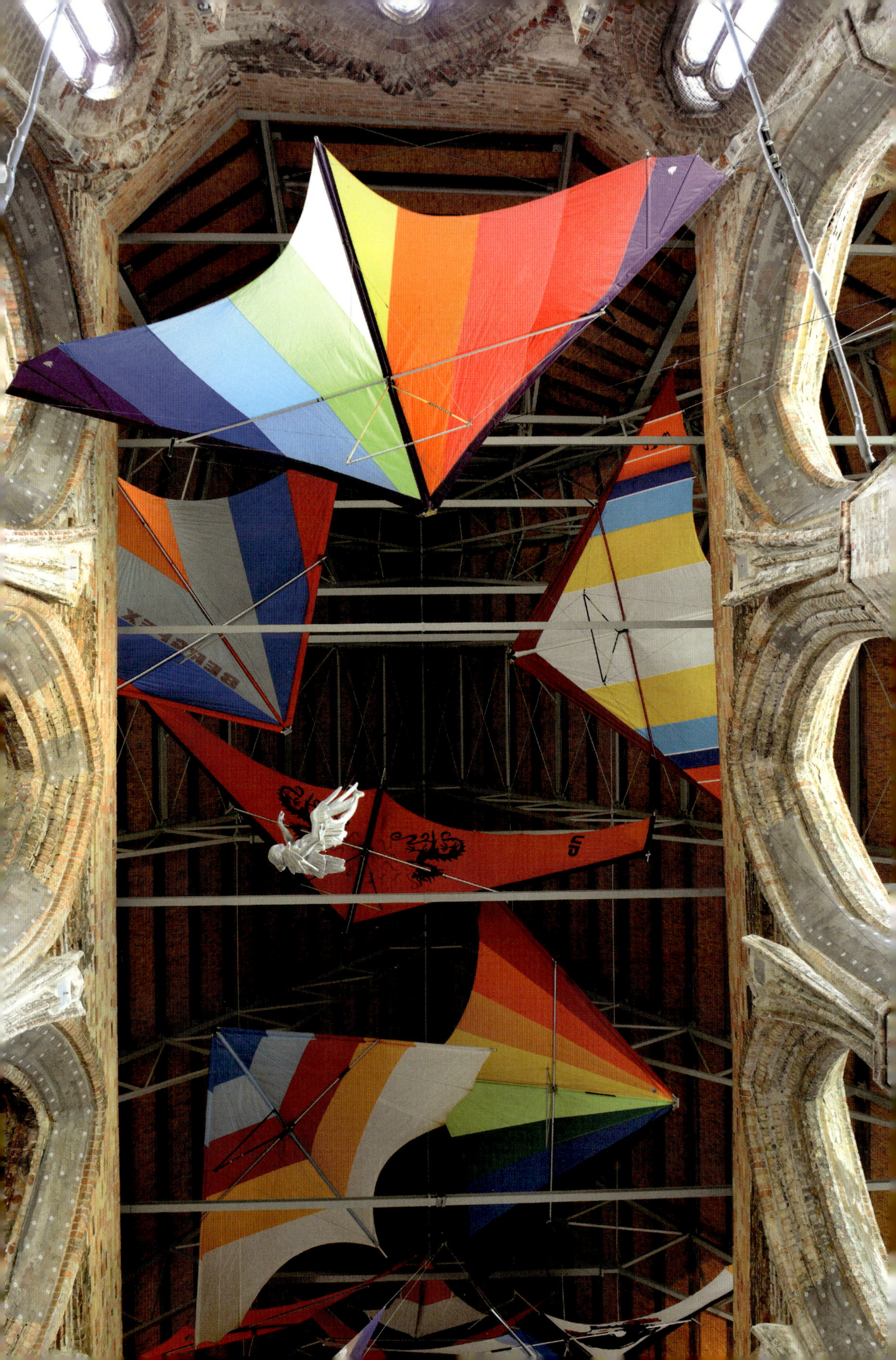

„Flugzeuge waren schon als Kind meine große Leidenschaft, ich wollte unbedingt mehr darüber wissen und habe oft entsprechende Museen besucht – und dabei bin ich natürlich immer wieder Otto Lilienthal begegnet." Daniel Stolls Augen leuchten, wenn der Geiger des vision string quartet von seiner Faszination für den großen Menschheitstraum vom Fliegen erzählt. Zumal hier in Anklam, wo der berühmteste Sohn der Stadt, ja, des Landes Mecklenburg-Vorpommern, 1848 das Licht der Welt erblickte, bis zu seinem 16. Lebensjahr wohnte und auch – mit 14 – seine ersten Flugversuche unternahm. Bis zu seinem tödlichen Absturz 1896 erfand er ständig neue Dinge, darunter vieles jenseits der Fliegerei: Der Großteil seiner 25 Patente stammt aus dem Maschinenbau – und manches wie die Erfindung des legendären Anker-Steinbaukastens, dem Urahn aller Lego-, Fischertechnik- und Stabilbaukästen, ist nur deshalb nicht unmittelbar mit seinem Namen und dem seines Bruders Gustav verknüpft, weil die beiden kein tragfähiges Marketingkonzept für das Spielzeug entwickelten und ihre Idee

Von der Taufstätte zum Ikareum: In der Nikolaikirche (Seite 112) erhielt der Flugpionier Otto Lilienthal 1848 das Sakrament – heute entsteht in dem Anklamer Denkmal der norddeutschen Backsteingotik das Lilienthal Flight Museum, das den universalen Traum vom Fliegen noch spektakulärer in Szene setzt als der Nachbau des Doppeldeckers von Lilienthal im nach ihm benannten Museum der Hansestadt (unten)

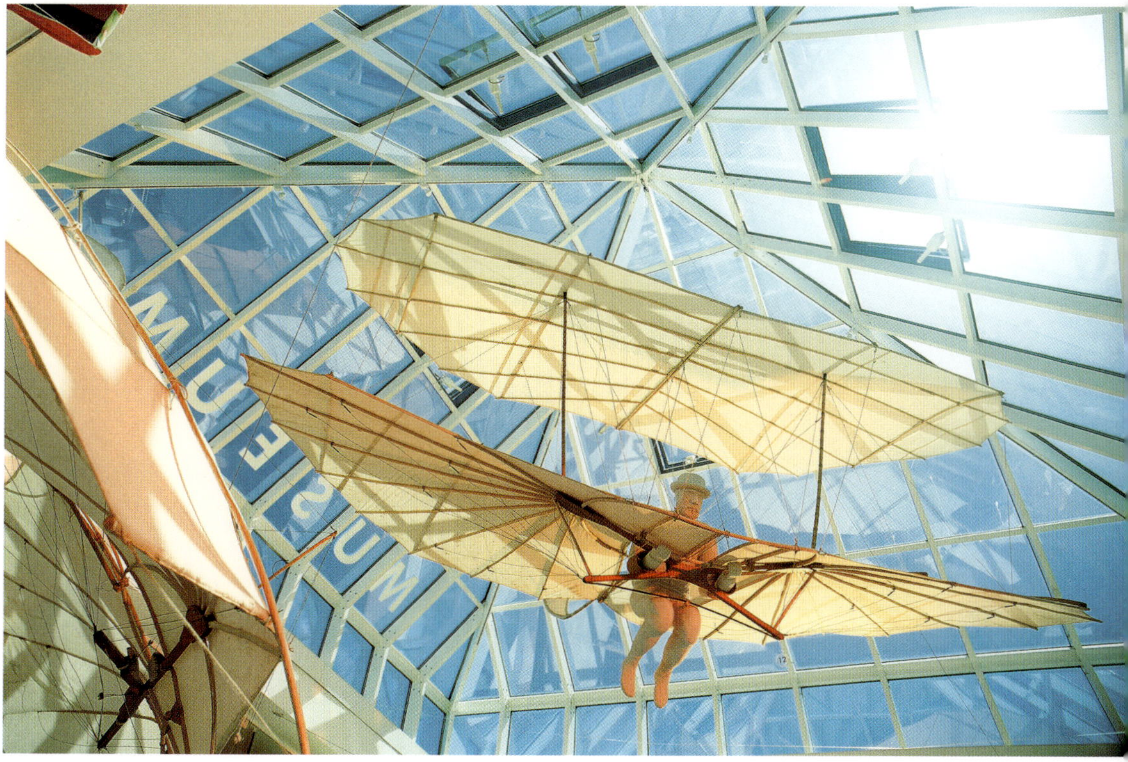

weiterverkauften. „Vielleicht war es ja auch dieses kindliche Verlangen, immer wieder Sachen neu zu erfinden oder zu entdecken, die es halt noch nicht gab – und warum soll das bei ihm nicht auch noch im erwachsenen Alter der Fall gewesen sein?", orakelt Stolls Ensemblekollege Sander Stuart.

Wer heute mehr über diesen Pionier der modernen Luftfahrt und seine ersten erfolgreichen Flüge mit einem Gleiter, aber auch über seine Erfindungen wissen möchte, dem öffnet sich im Otto-Lilienthal-Museum der alten Hansestadt eine wahre Schatztruhe der menschlichen Flugträume: von Ikarus, welcher der Sonne zu nah kam, über den Ritt auf einem Adler, bis zum gasbetriebenen Luftschiff Henri Giffards. Im Zentrum indes stehen die Entwicklungen Lilienthals, dokumentieren Momentfotografien die ersten Flugversuche – und an der Hallendecke hängen seine in Originalgröße nachgebauten Flugapparate vom kleinen Flügelschlag- über den Derwitzer Apparat bis hin zum frühen Doppeldecker. „Ist es nicht krass, dass es noch gar nicht so lang her ist, dass dies die neueste Technik war: ein Segler, mit dem er sich, wahnsinnig riskant, vielleicht 30 Meter vom Boden entfernt hat?", begeistert sich Stoll für die rasante Entwicklung des Fliegens. „15 Jahre später gab es dann Doppeldecker, die schon ziemlich sicher geflogen sind, und ein paar Jahrzehnte darauf ist die zivile Luftfahrt alltäglich und die risikoärmste Art des Reisens!"

Den Spuren des Anklamer Wegbereiters begegnen Besucher allenthalben in der Altstadt: ob nun am Geburts- und Wohnhaus, im Gymnasium, am Grab seiner Eltern,

Flusslandschaft Peenetal: Am Rande dieses Naturparks gelegen, lässt sich von Anklam eines der größten Niedermoorgebiete Mittel- und Westeuropas auf Bootstouren erkunden

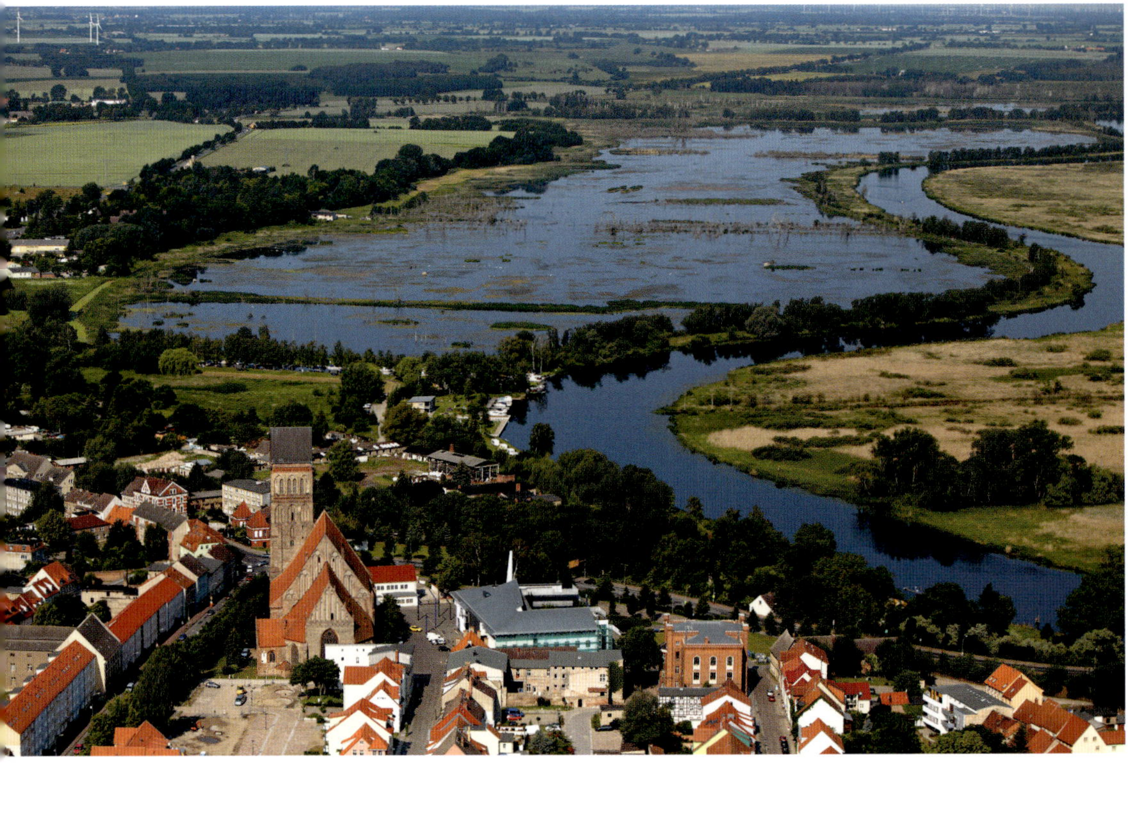

an verschiedenen Denkmälern und in mehreren Museen – oder in der Nikolaikirche, in der Lilienthal am 25. Juni 1848 getauft wurde. Ein ebenso grandioses Bauwerk der Backsteingotik wie ihre nur 300 Meter entfernte Schwester St. Marien, deren imposante Wirkung in einer mittelalterlichen Stadt noch heute zu erahnen ist – auch wenn der Turmhelm St. Nikolais am letzten hiesigen Kriegstag im April 1945 dem deutschen Beschuss auf das bereits besetzte Anklam zum Opfer fiel. Seit den 90er-Jahren ist die Ruine Mauer für Mauer stabilisiert und instandgesetzt und das Dach erneuert worden, nun gehen die Menschen hier dem Traum vom „Ikareum" nach: eines Erlebnismuseums für und über den bekanntesten Bürger ihrer Stadt und seinen Traum vom Fliegen. Schon heute schweben gewaltige Gleiter in dem riesigen Kirchenschiff, doch eines Tages soll man hier abheben können und der auf seine ursprüngliche Höhe von 103 Metern wieder aufgebaute und dann begehbare Turm einen weiten Blick ermöglichen auf Peenetal und Stettiner Haff bis hin zur Insel Usedom.

Eine faszinierende Vision, finden auch die beiden Streicher. „Diese Kirche bietet das höchste Dach der Stadt – das passt perfekt zur Flugkunst Lilienthals", meint Stuart. Und sein Quartettpartner sinniert über jene in Mecklenburg-Vorpommern immer wieder anzutreffenden „Orte, die viel mehr zu bieten haben, als man ihnen auf den ersten Blick anmerkt – Dinge, die einen in ihrer Schönheit und Besonderheit staunen lassen. Wenn wie hier ein altes Baudenkmal neu in Szene gesetzt wird, ist das nicht nur eindrucks-, sondern auch höchst geistvoll." Zweifellos. Selbst wenn Großstädter wie die beiden und ihre vision-string-Kollegen Jakob Encke und Leonard Disselhorst sich in solch kleinen vorpommerschen Orten wie Anklam oder dem 25 Kilometer weiter nördlich gelegenen Wolgast nicht des Eindrucks erwehren können, dass die Zeit stehen geblieben ist: „Einst hatten diese Städte eine große Bedeutung und es war hier sehr viel los, doch heute hat man oft nicht das Gefühl, dass da noch etwas kommt."

Hier kannst du runterkommen und dich voll und ganz auf die Kunst einlassen. Du findest wirklich zu dir – und dann beginnt der Geist zu arbeiten und all die Eindrücke in kreative Masse zu verwandeln

Allein: Vielleicht macht dieses Ruhen in der Vergangenheit gerade den Charme einer solchen Kleinstadt aus? Wolgast lässt seinen berühmtesten Sohn Philipp Otto Runge in einem weit helleren Glanz erstrahlen als dies etwa in der Berliner Heimat des Quartetts möglich wäre, wo der vielseitigste Künstler der Frühromantik wohl niemals eine solche Aufmerksamkeit erfahren würde. Stuart nickt nachdenklich – und räumt dann ein, dass er selbst es inzwischen genösse, aufs Land zu fahren und „das ruhige, authentische Leben wieder zu entdecken", denn in den Metropolen herrsche viel mehr Hektik und die Menschen seien nicht zuletzt vom Materialismus getrieben. „Hier indes lässt sich eine ganz andere Ruhe und Lebensweise erfahren, die Nachbarn kennen noch einander und pflegen den Kontakt." So wie im niedersächsischen Luthe, jenem „behüteten Dörfchen" seiner Kindertage, wo „alle miteinander verbunden waren, jeder den anderen mal half und seinen Zweck im Ort erfüllte".

Es ist diese Offenheit für ein Leben zwischen Tradition und Aufbruch, die auch die künstlerische Note des Quartetts charakterisiert. Im Programm mit einer Mischung aus

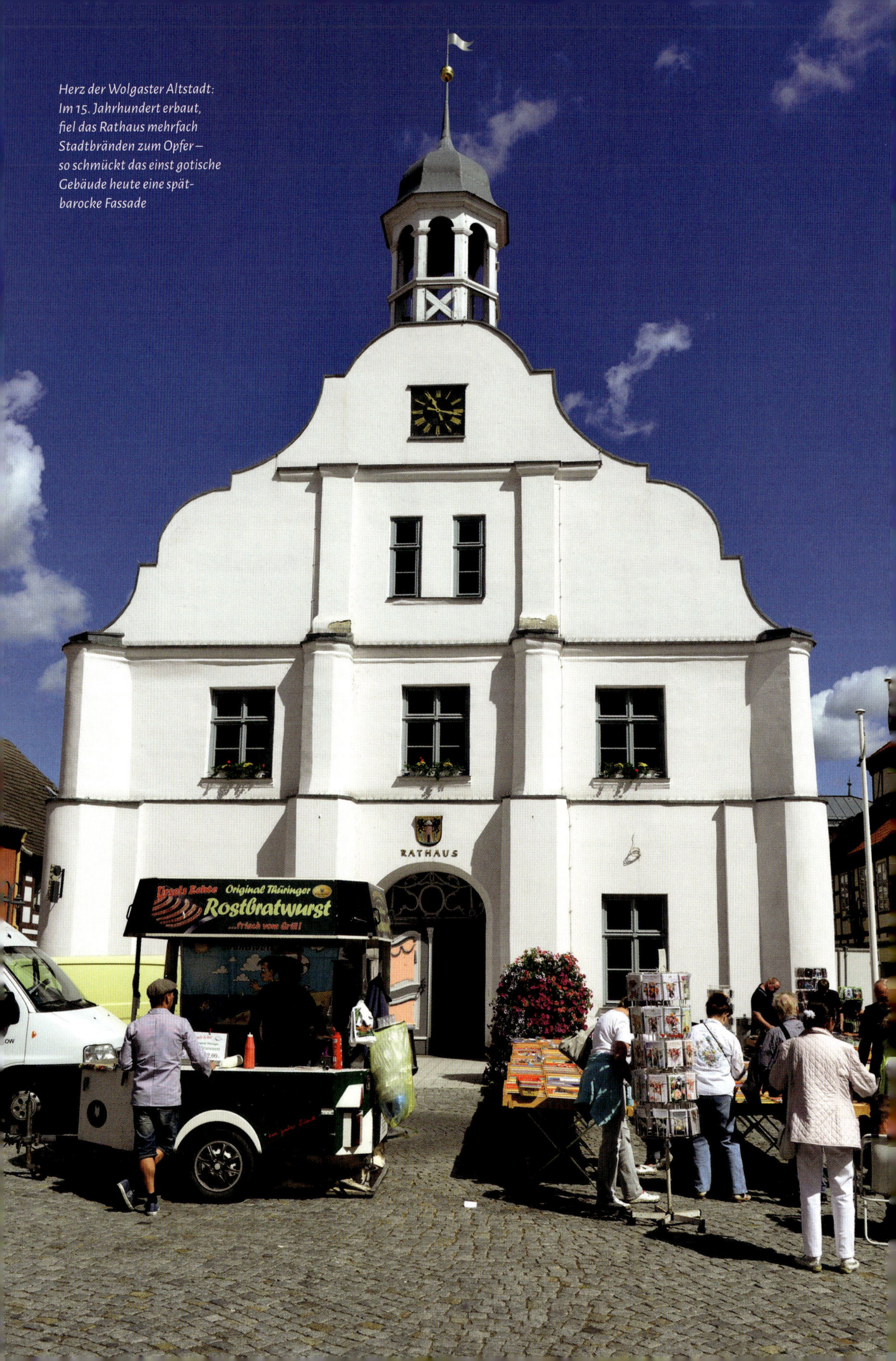

Herz der Wolgaster Altstadt: Im 15. Jahrhundert erbaut, fiel das Rathaus mehrfach Stadtbränden zum Opfer – so schmückt das einst gotische Gebäude heute eine spätbarocke Fassade

klassischem Repertoire, Jazz und Pop, in ihren Auftritten durch den Kontrast von dunklen Konzertanzügen und bunter Lichttechnik. Und so überrascht es dann auch nicht, dass die hippen Weltstädter insgeheim eine Liebe für die weiten, oft menschenleeren Regionen Vorpommerns hegen: „Bezogen auf die Inspiration ist solch eine Einsamkeit für einen Künstler immer von Vorteil – Dichter und Denker, die in sich gehen wollten, hat es stets in die Ruhe der Natur gezogen, wo sie keinerlei geistiger Ablenkung ausgesetzt waren", unternimmt Sander Stuart eine historische Landpartie. „Hier kannst du runterkommen und dich voll und ganz auf die Kunst einlassen. Du findest wirklich zu dir – und dann beginnt der Geist zu arbeiten und all die Eindrücke in kreative Masse zu verwandeln." Auch für einen Musiker liegt eben in der Ruhe die Kraft ...

... oder doch zumindest manch überraschende Erkenntnis. Wie jene vom Alten Lager am Nordrand des Peene-Urstromtals: Wer würde angesichts der Idylle der hiesigen Natur schon auf die Idee kommen, dass hier über die heute streng geschützte Gemeine Kuhschelle und die Wiesenkuhschelle hinaus im Mittelalter von den Slawen auch Siedlungsgeschichte geschrieben wurde? Das nahe Dörfchen Menzlin war bis zum Anfang des 10. Jahrhunderts ein bedeutendes frühstädtisches Handwerker- und Kaufmannszentrum – und die dort entdeckten Gräber in Schiffsform samt der kreisförmigen Steinsetzungen sind einmalig im südlichen Ostseegebiet.

Urstromtal der Peene: Viele Altarme zweigen von dem breiten Fluss ab und bieten Rückzugsräume für zahlreiche seltene Tier- und Pflanzenarten

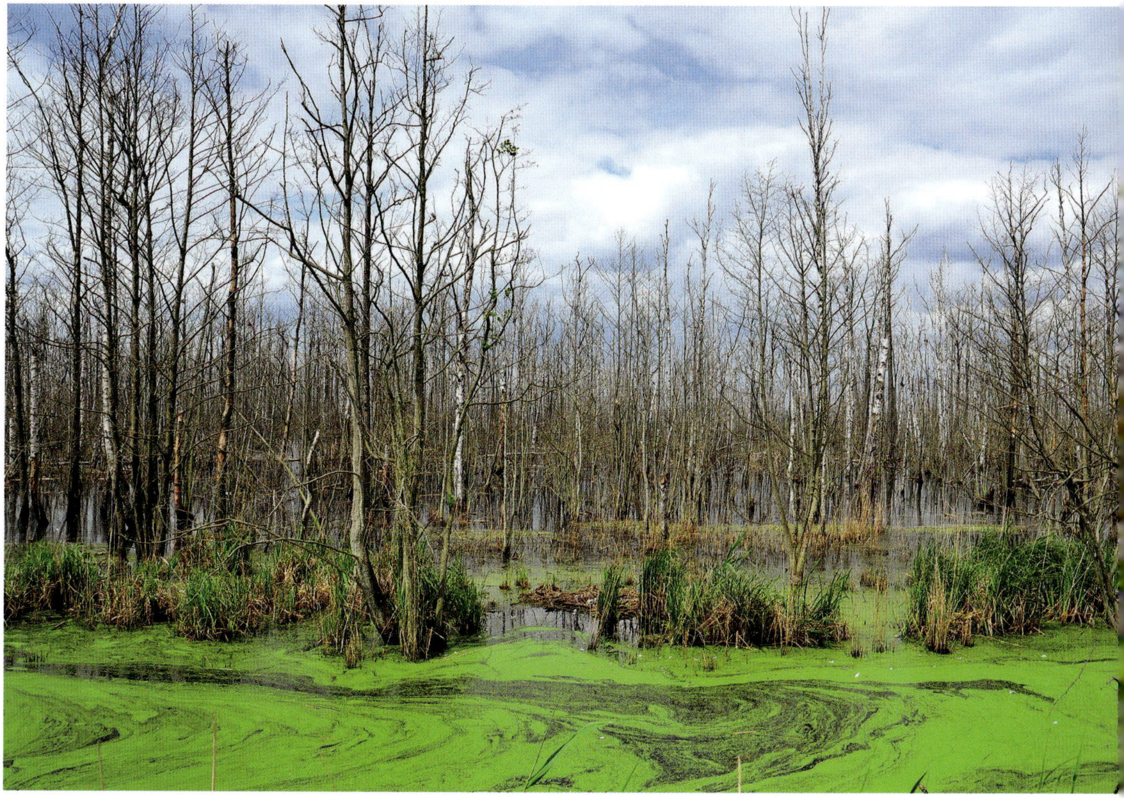

Und wer suchte schon ausgerechnet „Im Zentrum des vermeintlichen Nichts" nach Kultur? So prangt es nämlich auf einer großen Tafel der Galerie Subitow im Tollensetal – und doch ist gerade dieses Nirgendwo von kreativem Leben auch auf der benachbarten Burg Klempenow erfüllt. Vormals eine Grenzfeste und Stammsitz der Pommern-Herzöge, die von hier die Geschicke der Region bestimmten – heute wegen seiner historischen Mauern und halb verfallenen Räumlichkeiten ein vom Keller bis zum Burgfried ebenso abenteuerlicher wie bizarrer Ort im Niemandsland, den ein Kulturverein zu neuem Leben erweckt hat mit Ausstellungen, Festivals, Workshops und Seminaren.

Wer würde in einem kleinen, ziegelgedeckten gotischen Kirchlein aus Feld- und Backstein wie in Garz auf der Insel Usedom eine beeindruckende Ausstellung über eine der größten deutschen Kriegsgräberstätten auf dem nahen Golm vermuten? Ganz abgesehen von Dornröschenschlössern wie jene bald 450 Jahre alte Usedomer Wasserburg in Mellenthin, die ehedem Rittern wie auch Mönchen des nahen Klosters Pudagla als Ort für amouröse Abenteuer gedient haben soll.

Im Burghof: Um 1575 erbaut, lockt das Wasserschloss Mellenthin neben Hotel und Restaurant heute auch mit diversen Veranstaltungen

Und wer erwartet schon staunenswerte historische Spuren in dem 200-Seelen-Dorf Stolpe, in dem neben den Resten des ersten vorpommerschen Klosters auch der Dichter Fritz Reuter literarische Erinnerungen hinterlassen hat und im Gasthaus „Stolper Fährkrug" noch heute die Reuterbank an ihn erinnert, auf der er während seiner Auf-

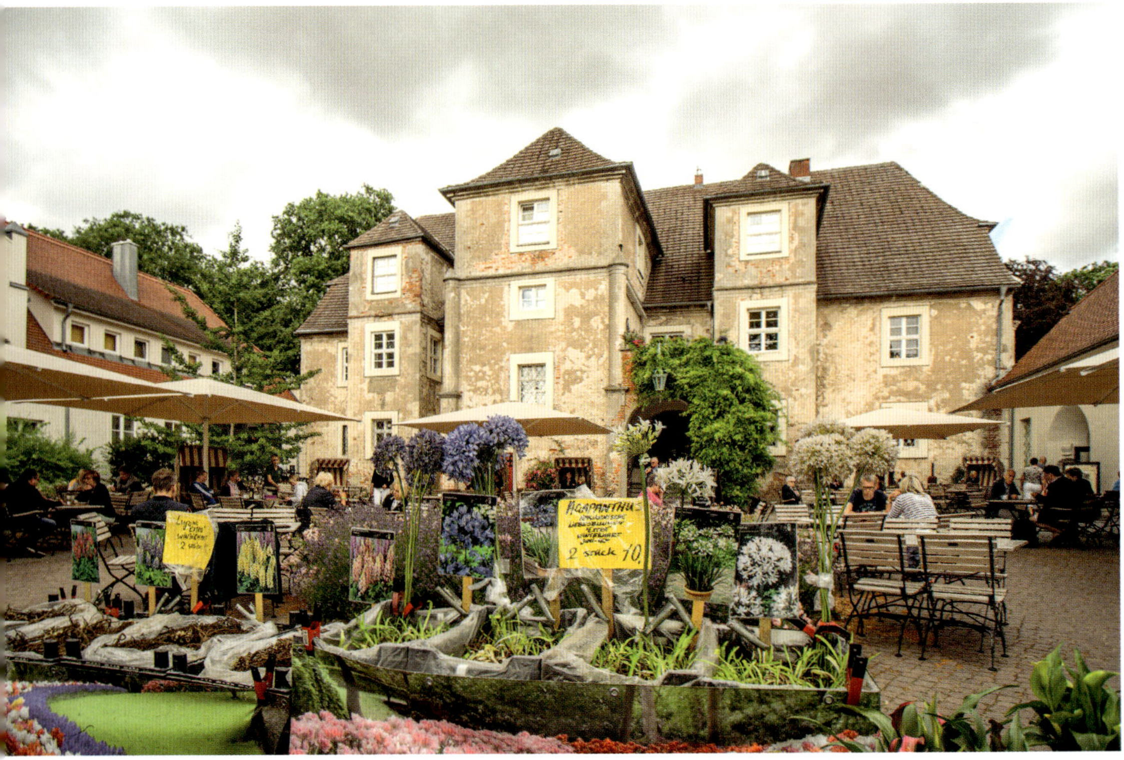

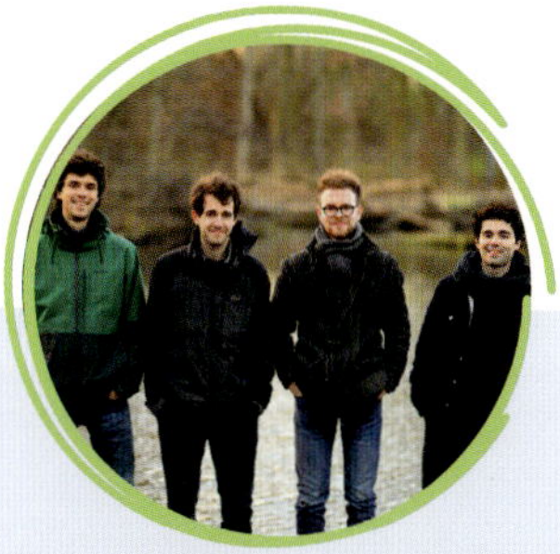

Wortwechsel

Worin liegt für euch der Reiz des Paddelns?

Vision String Quartet: *Du bist so greifbar nah am Wasser, weil du ja in diesem flachen Boot sitzt – und dadurch sind auch die Geräusche der Natur viel präsenter. Zudem sieht vom Wasser alles immer viel schöner aus: Fährst du auf einem Boot durch eine Stadt, so erscheint dir diese viel attraktiver, als wenn du am Ufer entlangläufst. Natur verbindet sich durch diese unmittelbare Nähe mit Kultur einfach noch besser. Und so ein Fluss wie die Peene, der die ganze Zeit ruhig und gleichmäßig dahinzieht, der strahlt eine unglaublich große Ruhe aus – kurz: Wasser übt auf uns eine totale Faszination aus.*

Insofern ist es wunderbar, auf einer natürlichen Wasserstraße unterwegs zu sein. Zu Fuß oder mit dem Rad gehst oder fährst du ja immer auf angelegten Wegen. Doch hier auf dem Wasser ist man weit weg von der Zivilisation: Selbst wenn diese eigentlich um die Ecke liegt, präsent sind in dem Moment nur der Fluss und das Ufer und die dortige Vegetation. Und dann diese Stille: keine Autos, keine Straße, kein anderer Lärm – einfach traumhaft!

Was macht dieses Erlebnis der Stille hier für euch so wertvoll?

Beruhigend ist gar nicht die eigentliche Stille, sondern eher das Gefühl der Stille. Denn selbst wenn das Flusswasser kaum Klang reflektiert, plätschert es natürlich; doch dieses Geräusch eines anderen Elements ist faszinierend gleichmäßig und hat etwas ganz Natürliches, vertraut schon seit Säuglingstagen im Mutterbauch – wobei Wasser noch einmal ganz anders klingt, wenn man auf einem Fluss oder See unterwegs ist.

Dann empfindest und siehst du natürlich auch die unmittelbare Fortbewegung bei solch einem kleinen Paddelboot, spürst wie es dahintreibt. Doch im Gegensatz zum Laufen oder Fahren, das ja immer mit irgendeinem Gefühl der Erschütterung einhergeht, scheinst du im Boot dahinzuschweben – und das verschafft einem solch ein traumverlorenes Erlebnis des absoluten Stillstands.

Und dies in einer doch eher wilden Landschaft – oder wie erlebt ihr die Natur hier?

Tatsächlich hat etwa der Uferwald hier noch etwas sehr Ursprüngliches und sieht so gar nicht nach Forstwirtschaft, sondern eher nach einem kleinen Urwald aus. Und alles wirkt natürlich viel mächtiger, da die Natur einem einfach mehr auf Augenhöhe begegnet – bis hin zu den Schwänen, die bisweilen auch schon einmal etwas Bedrohliches bekommen können. Da sollte man dann besser vorsichtig sein, denn manchmal findet so ein Schwan es alles andere als witzig, wenn unsereiner in sein Territorium eindringt.

Obwohl die Tour auf der Peene oft auch ganz nah am dichten Schilf vorbeiführt, beeindruckt hier immer wieder die Weite sowie der 360-Grad-Blick, der sich einem eröffnet – oder lässt sich Letzterer in Berlin und Umgebung auch erleben, wenn ihr im Spreewald paddelt?

Der Unterschied ist: Hier bist du ganz allein und kannst den Fluss ohne einen anderen Paddler für dich erkunden und genießen. Im Spreewald hingegen ist alles auf Touristen ausgerichtet, gibt es ständig Biergärten am Wasser und andere Paddlerstopps. Die Peene ist da noch ein echter Geheimtipp und bietet ein sehr ursprüngliches Naturerlebnis.

enthalte zwischen 1853 und 1863 stets gesessen haben soll – und vielleicht ja schon damals die Urtümlichkeit des vor ihm liegenden Peenetals bewundert hat …

Heute gehört die Region zu den größten naturbelassenen Flusslandschaften Westeuropas und lockt mit ihrer Ursprünglichkeit und ihrem Artenreichtum einfache Naturliebhaber ebenso an wie Vogelkundler. In der abgeschiedenen Stille haben sich Fischotter und Seeadler ihre Reiche gesucht, sind zahlreiche Orchideenarten ebenso zuhause wie das seltene Ostseeknabenkraut. Vom Quellgebiet nahe dem Kummerower See fließt die Peene über mehr als 100 Kilometer in weiten Teilen durch Vorpommern und eines der größten Niedermoorgebiete Mittel- und Westeuropas, bevor der Strom schließlich in die Ostsee mündet. Eine Tour durch die Wildnis, deren Abgeschiedenheit und Schönheit am eindrucksvollsten vom Wasser aus erlebbar wird – sei es mit Kanu, Kajak oder Hausboot. „Selbst wenn die Zivilisation manchmal nur hundert Meter entfernt ist, so paddelst du doch hier in einer anderen Welt, denn du bist auf einer natürlichen Wasserstraße unterwegs und siehst nur den Fluss und die Vegetation am Ufer“, schwärmt Daniel Stoll.

Im 21. Jahrhundert ist der einst von den Schweden scharf kontrollierte Grenzfluss zwischen Schwedisch-Pommern am Nordufer und Preußen am Südufer über weite Strecken zu einer wildromantischen Oase der inneren Einkehr geworden. Zu einem Naturpark, dessen Stille und Abgeschiedenheit überrascht angesichts der mehr als eine Million Urlauber, die es Jahr für Jahr auf die nahe Insel Usedom zieht: „Das ist schon unglaublich“, schüttelt der Geiger den Kopf. „Einerseits hast du mit Usedom eine der schönsten Urlaubsgegenden in Deutschland, die jeder kennt – aber sobald du auf dem Festland auch nur ein paar Kilometer ins Landesinnere fährst, kommt es dir vor wie eine abgehängte Region.“

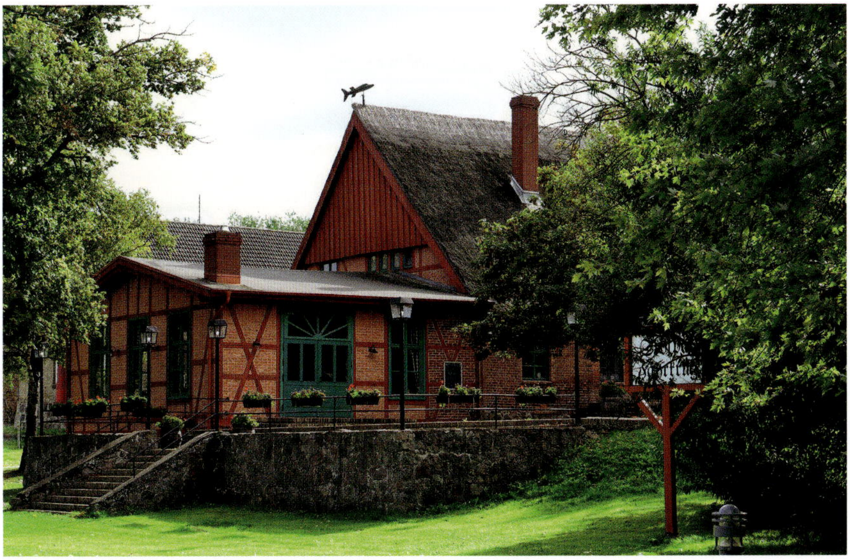

Längsvorlaubenhaus: Der „Stolper Fährkrug" wurde vor über 300 Jahren teilweise mit mittelalterlichen Ziegelsteinen aus der gegenüberliegenden Klosterruine erbaut

Ganz anders auf der Deutschen zweitliebsten Ferieninsel, die in puncto Infrastruktur ebenso gut erschlossen ist wie hinsichtlich ihrer Freizeitangebote. Und doch zieht es Stoll nach der Überfahrt in Peenemünde nicht als Erstes an den Strand, sondern ins Historisch-Technische Museum: Einmal mehr offenbart sich hier seine Faszination für den universalen Traum vom Fliegen und die Physik. Physik? „Zu Schulzeiten wollte ich immer Physiker werden, um die Welt zu verstehen – und um nicht dumm zu sterben, habe ich das Fach vor der Musik noch einige Semester studiert", lacht der Saiten-Springer. Klar, dass da die Geschichte von der ehemaligen Heeresversuchsanstalt sogleich sein Interesse geweckt hat: Schließlich gelang deren Leiter Wernher von Braun hier 1942 der weltweit erste Start einer Rakete ins All, und mit der „Wunderwaffe" V-2 konnte Propagandaminister Joseph Goebbels einmal mehr die vermeintliche technische Überlegenheit der Deutschen in seinen Hetzreden verkünden. „Reine Propaganda, denn die Ressourcen, die das Ding verschlungen hat, waren um ein Vielfaches höher als bei einem konventionellen Bomber, da die V-2 mit einem Gemisch aus Flüssigsauerstoff und Ethanol als Treibstoff betrieben wurde – allein für die Gewinnung des Ethanols hat man einen kompletten Güterzug Kartoffeln gebraucht", erzählt Stoll, der im größten technischen Denkmal Mecklenburg-Vorpommerns in die Rolle des Museumsführers schlüpft. Vom riesigen Heer der für die Raketenproduktion eingesetzten Zwangsarbeiter weiß er ebenso zu berichten wie über Brauns Emigration nach dem Krieg in die USA, wo der Freiherr nicht nur die Mission von Apollo 11 samt Mondlandung auf den Weg brachte, sondern sogar noch die Pläne für das Space-Shuttle-Programm entwickelte. Es ist eine Mischung aus Faszination und Schrecken, die der Geiger auf dem Gang über das ehemalige Versuchsgelände rund um das Steinkohlekraftwerk und die dortige Ausstellung empfindet – „inmitten der Natur eine große Tötungsmaschinerie".

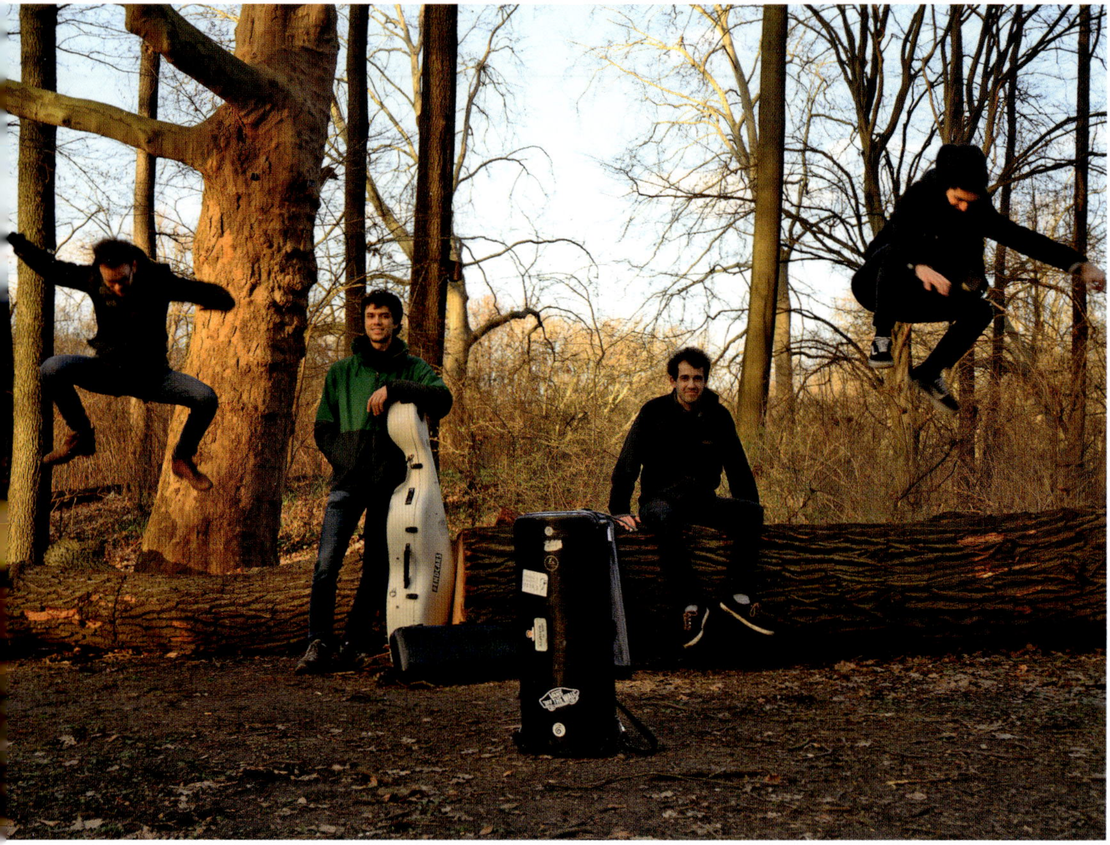

Erkundungen jenseits eingefahrener (Musiker-) Wege: „Gerade in solch wenig erschlossenen Regionen kann man ungeheuer kreativ werden"

Am Strand bleibt Zeit zum Nachdenken über das eben Gesehene: Über 40 Kilometer zieht sich der steinfreie weiße Sand bis hinunter zur polnischen Grenze – und damit auch der Blick über die Ostsee auf den Horizont, wo in der Ferne der Himmel mit dem Meer verschmilzt. Ob nun der sonnigste Ort Deutschlands ausgerechnet in Zinnowitz und nicht vielleicht doch in einem der drei berühmten Kaiserbäder Bansin, Heringsdorf und Ahlbeck anzutreffen ist, darüber wird vielleicht auch in Freiburg und auf Sylt gestritten – bei Stuart weckt der oft bis zu 40 Meter breite Strand auf jeden Fall Kindheitserinnerungen. „Das wilde Rauschen des Meeres, das durch seine gleichmäßige Wiederkehr doch etwas sehr Beruhigendes hat, überwältigt mich immer wieder." Gelegenheit, den Kopf einmal auszuschalten und sich allein auf die eigenen Schritte zu konzentrieren: „Auf einmal bemerkst du dann Dinge, die sonst unbeachtet bleiben, spürst beim Laufen kleine Unebenheiten, ziehst den Fuß beim Versinken im Sand nach oben oder gehst auch einmal barfuß – womit das Laufen etwas ganz Besonderes bekommt, da die Sandkörner die Füße massieren und die Sinne anregen."

Wer indes hier wirkliche Einsamkeit sucht, lenkt seine Schritte weg vom Meer hin zum Achterwasser: jene flache Lagune der Ostsee, die unter anderem den unter Naturschutz stehenden Südteil der Halbinsel Gnitz umgibt – eine Endmoränenlandschaft, von deren 32 Meter hohem Weißen Berg sich ein berauschender Blick auf das fischreiche Boddengewässer eröffnet, auf die von ihm umspielten großen Findlinge und die dahinziehenden Wolken am Himmel. „Dieser Blick in die Weite hat etwas sehr Erhabenes und Beruhigendes und reflektiert auch auf einen selbst", hat der Bratscher festgestellt. „Wenn du alles überschauen kannst und doch eigentlich nichts beobachtest, blickst du tief in dein eigenes Inneres." Und auf einmal wird selbst der große Traum vom Fliegen für einen ewig langen Moment Wirklichkeit.

MVorlieben

– LIEBLINGSORT –

Wir lieben es, wenn wir vor unseren Konzerten noch im Schweriner Büro der Festspiele proben dürfen, gibt es dort doch auch das Haribo- und Weintraubenlager für die Künstler. Normalerweise sind die Süßigkeiten nur für deren Lunchpakete vorgesehen, doch wenn man schnurstracks durch die neue Kartenvorverkaufsstelle marschiert, am Tisch links abbiegt, danach zweimal rechts und an der Küche vorbei, steht man schon vor Lager und Kühlschrank. Am begehrtesten sind die harten Zuckerhimbeeren mit ihrem weichen Kern, von denen sich immer nur wenige in einer Packung finden: Der frühe Vogel fängt hier also den süßen Wurm – und zur Not stibitzt man die auch mal aus dem Lunchpaket von Nils Mönkemeyer …

– LIEBLINGSSINNESWAHRNEHMUNG –

Gefühlt gibt es in Mecklenburg-Vorpommern ja mehr Seen als Menschen … was die herrliche Situation mit sich bringt, dass wir nach jedem Auftritt nochmal an ein nahes Gewässer spazieren, um dort an einem einsamen Ufer diese ganz besondere Abendstimmung des Nordens zu genießen, wenn sich das Licht im Wasser spiegelt und langsam die Farbe verändert. Auf der einen Seite ist der Himmel schon blauschwarz, auf der anderen ist noch das Abendrot zu sehen, und während sich rund herum das Leben bereits beruhigt hat, tröpfeln aus dem Schilf noch letzte, zarte Tierlaute. Die doch in der Stille viel lauter klingen und weit durch die Luft tragen.

– LIEBLINGSESSEN –

Zu unseren Lieblingsspielstätten gehört die Haferscheune in Stolpe, wo wir vor oder nach unseren Auftritten immer noch im benachbarten „Stolper Fährkrug" essen. Unmittelbar an der Peene gelegen, wird uns dort das fantastisch saftige Steak vom Weiderind auf heißen Steinen serviert, so dass es zum einen tatsächlich bis zum allerletzten Biss noch richtig warm bleibt, zum anderen wir den Gargrad des Fleisches selbst regulieren können. Eine prima Idee, denn sonst ist es beim Steak ja oftmals so, dass die letzten Happen doch schon ziemlich abgekühlt sind. Obendrein gibt es im „Stolper Fährkrug" zum Fleisch richtige schöne Dips – eben alles perfekt heiß und lecker!

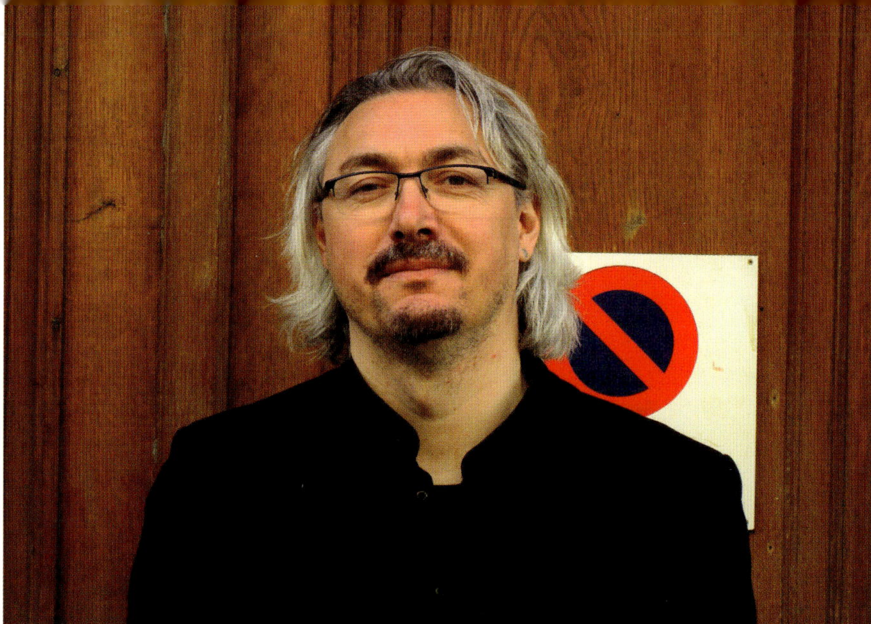

Aufgespürt

„In viele Gotteshäuser geht man rein und wieder raus, ohne dass der Besuch Spuren hinterlässt – doch in dieser Fachwerkkirche herrscht immer eine ganz besondere Atmosphäre, man spürt die Geschichte und alles, was man sonst mit sich herumträgt, fällt hier von einem ab." Nein, Holger Brandstädt ist weder als Missionar noch als Werber für die immer kleiner werdende Zahl der vorpommerschen Protestanten unterwegs: Der Mann ist lediglich Buchhändler in Ueckermünde – wenn auch einer der prominentesten Deutschlands, wurde seine Friedrich-Wagner-Buchhandlung doch 2016 als beste der Republik ausgezeichnet. Und mag der gelernte Koch auch kein sonderlich gläubiger Mensch sein, der barocke Sakralbau zu Luckow, neben dessen Altar das älteste Votivschiff im Osten Deutschlands gondelt, hat es ihm seit seiner ersten Begegnung mit der aus Holz und Lehm errichteten Dorfkirche im Jahr 2001 angetan. Damals hatte es Brandstädt aus Berlin nach Ueckermünde gezogen, wo er schon als Kind die Sommerferien bei seinen Großeltern verbracht und früh die Faszination des gedruckten Wortes entdeckt hatte: im Bücherschrank seiner Großmutter, die bis zu ihrer Rente nämlich als Buchhändlerin in seinem heutigen Geschäft arbeitete. Seinerzeit suchte dies einen Nachfolger, und so ergriff der Enkel die Gelegenheit und machte sich hier selbstständig. Und da er feststellte, dass es den Menschen offenbar an Orten der Begegnung fehlte, war für ihn früh klar, dass der traditionsreiche Laden mehr sein sollte als nur ein Raum für Literatur – Lesungen, Konzerte, Kino und Ausstellungen gehören seither ebenso zu seinem Angebot. Deshalb freut sich der gebürtige Brandenburger über ähnlich inspirierende Orte wie in Luckow, wo die Kirche sommers zu Ausstellungen, Besuch und Innehalten einlädt. Eine inhaltliche Erweiterung, die bereichere, ist der Buchhändler überzeugt: Wer heute in den Raum komme, spüre, „da passiert etwas mit dem Besucher, wie man es auch in einem guten klassischen Konzert erleben kann". Nicht das Schlechteste für eine Gegend, in der Pastorinnen und Pastoren in den Gotteshäusern immer rarer werden.

Festspielorte

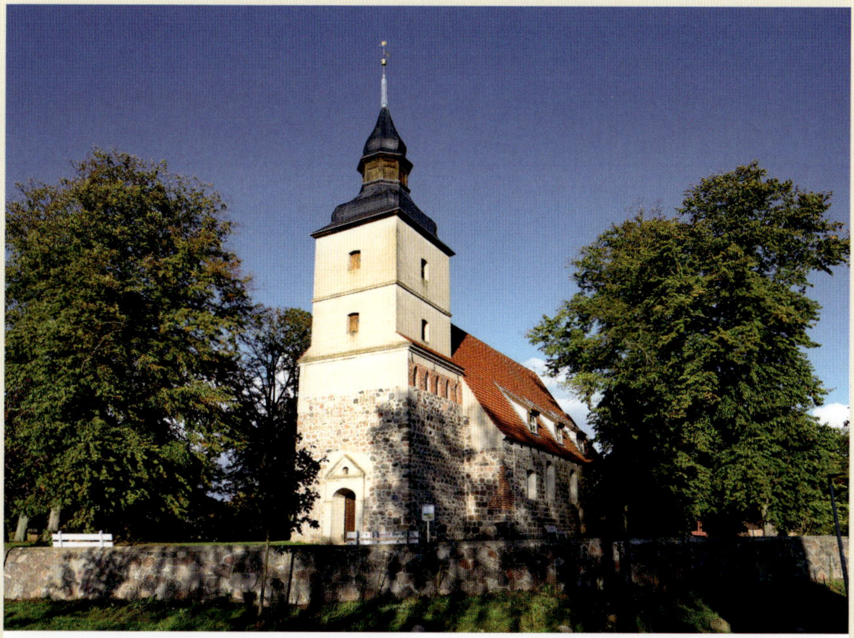

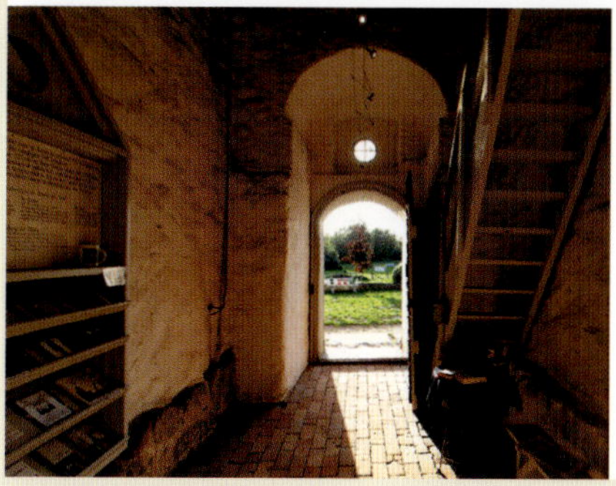

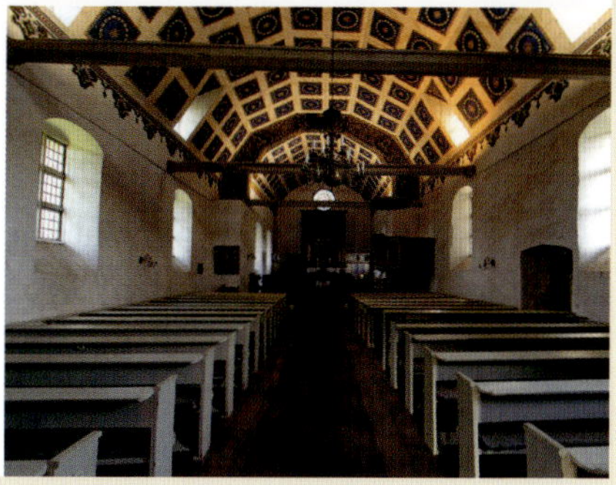

KIRCHE BENZ

Sternenglanz: Der heutige Feldsteinbau der Kirche auf der Insel Usedom stammt bereits aus dem 15. Jahrhundert, doch über Benz hinaus bekannt geworden ist das Gotteshaus durch zwei Künstler Anfang des 20. Jahrhunderts. 1909 gestaltete der Königliche Hof- und Dekorationsmaler Adolf Dittmer die 73 Jahre zuvor eingezogene Holztonnendecke mit einem prachtvollen Himmel aus 148 Sternen, der an Popularität schon bald die mittelalterlichen Schnitzfiguren im Kirchenschiff übertraf. Und dass der Expressionist Lyonel Feininger den Bau zu einem seiner Lieblingsmotive erkor, hat der Dorfkirche weltweite Aufmerksamkeit beschert.

Nachmittagsausflug
„Große Geliebte": So nannte Otto Niemeyer-Holstein den Strand – auf seinem einstigen Anwesen am Achterwasser umarmen sich (seine) Kunst und die Natur.
Gedenkatelier Lüttenort, 17459 Koserow

Die Stärkung vor dem Konzert
„Café Knatter": Traumsonnenuntergang beim Blick von der Terrasse des Restaurants übers Achterwasser, dazu den Fischtopf „Knatter" und als Dessert das Knatter-Crumble – mehr braucht es nicht zum Glück!
Hauptstraße 36, 17459 Ückeritz, Tel.: 038375/22966

Am nächsten Tag
Aus der Perspektive Lyonel Feiningers: Regelmäßig war der Maler von 1908 bis 1918 auf Usedom zu Gast – auf einer Radtour lässt sich den Orten folgen, an denen der leidenschaftliche Radler zum Skizzenblock griff.
Start: Kirche Benz, Kirchstraße 16, 17429 Benz,

Glücksmoment
Weite und Stille am Haff: Im Hafen des Fischerdorfes Kamminke schaukeln die letzten Kutter, Enten gründeln neben dem Badenden und den kleinen Grenz-Sandstrand hat man (fast) für sich allein.
Parkplatz Mole, 17419 Kamminke

Nachmittagsausflug
Auf Bibers Spur: Im Peenetal ist der Nager allgegenwärtig – am besten zu entdecken vom Wasser aus. Und wer sicher gehen will, bucht einen naturkundigen Führer zur Tour mit Kanu oder Floß.
Kanuverleih Menzlin: Dorfstraße 5, 17239 Groß Polzin, Tel.: 0152/04052068

Die Stärkung vor dem Konzert
Lust am Experiment: Tee vom pommerschen Wild, geschmortes Welsfilet, Sauerkleeeis – im Gutshof Liepen mischt der Küchenchef die regionalen Klassiker gekonnt auf.
Dorfstraße 31, 17391 Neetzow-Liepen, Tel.: 039721/56758

Am nächsten Tag
Grenzquerung: Von Bansin aus lässt sich die größte Stadt Usedoms entspannt per Rad erreichen – Swinemünde. Sehenswert: der über 160 Jahre alte Leuchtturm, die Bäderarchitektur im Kurviertel sowie die drei alten preußischen Festungen.
Touristeninformation: Plac Słowiański 6/1, 72-600 Świnoujście, Tel.: 0048/91/3224999

Glücksmoment
Wo die Zeit still steht: Nebenan die „Galerie im Zentrum des vermeintlichen Nichts", auf Burg Klempenow selbst eintauchen ins Mittelalter – und im Café die Gedanken schweifen lassen.
17089 Breest/OT Klempenow, Tel.: 03965/211331

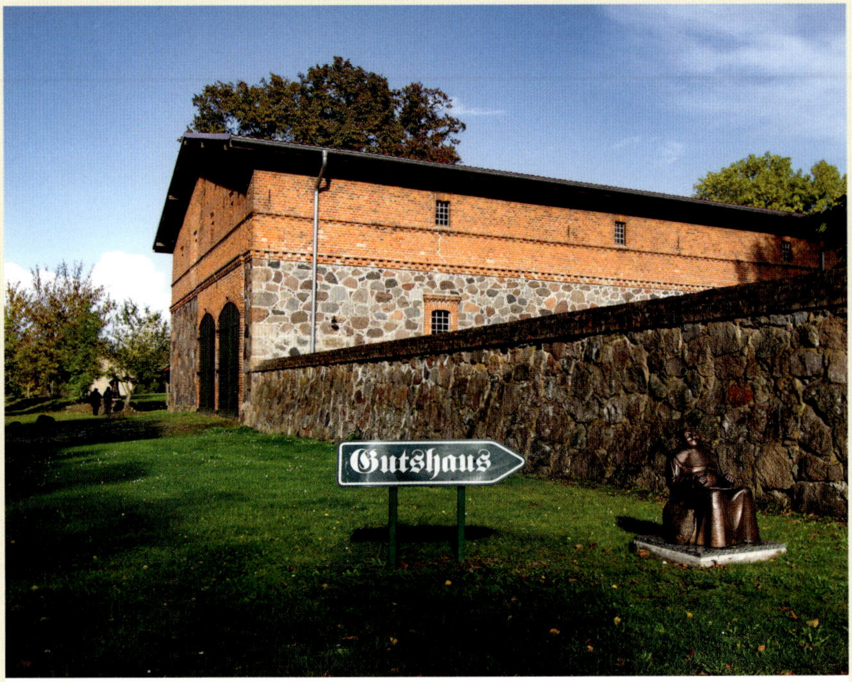

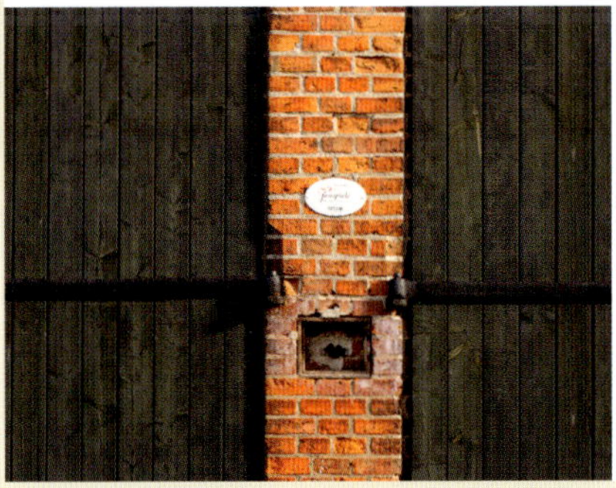

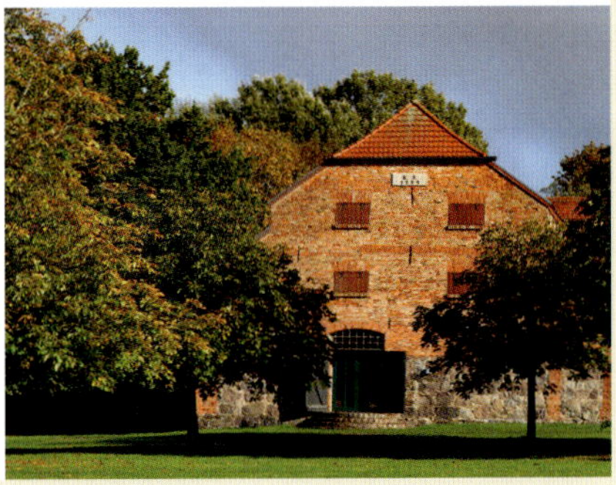

HAFERSCHEUNE STOLPE

Ein Märtyrer als geistiger Gutsstifter: Als 1136 in Stolpe der zum Christentum übergetretene pommersche Herzog Wartislaw I. ermordet wurde, errichteten dort nicht nur seine Söhne eine Kirche zum Gedenken an ihren Vater, sondern sein Bruder stiftete 1153 an diesem Ort auch das erste Kloster Vorpommerns. Letzteres brannte im Dreißigjährigen Krieg bis auf einige noch heute zu sehende Grundmauern nieder. Das 1852 von der Familie von Bülow erbaute Gutshaus beeindruckt indes nach wie vor in seiner ganzen Pracht. Und während über der Kopfsteinpflaster-Auffahrt die Schwalben zwitschern, schätzen Konzertbesucher die Akustik und Atmosphäre in der Haferscheune des Gutes.

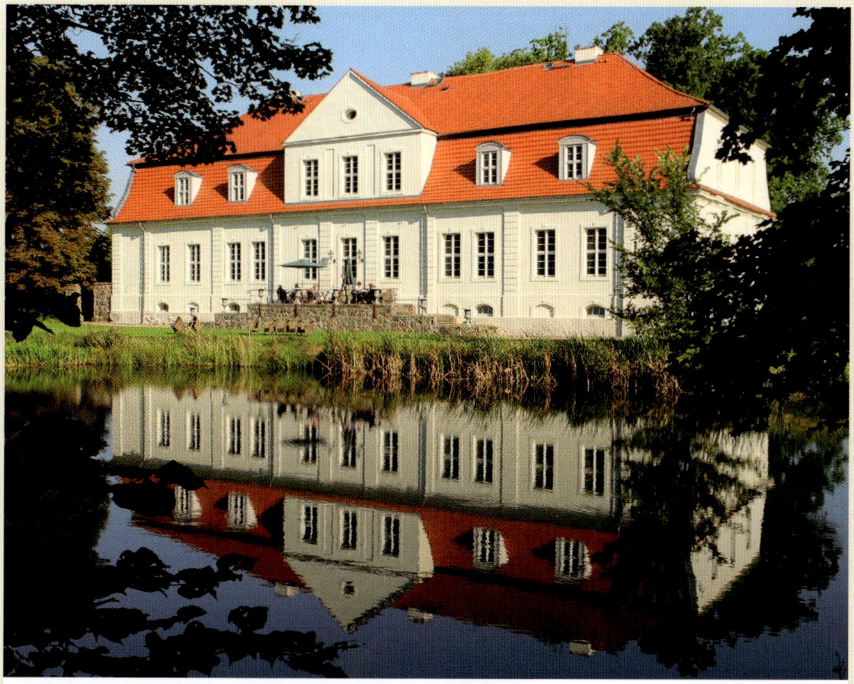

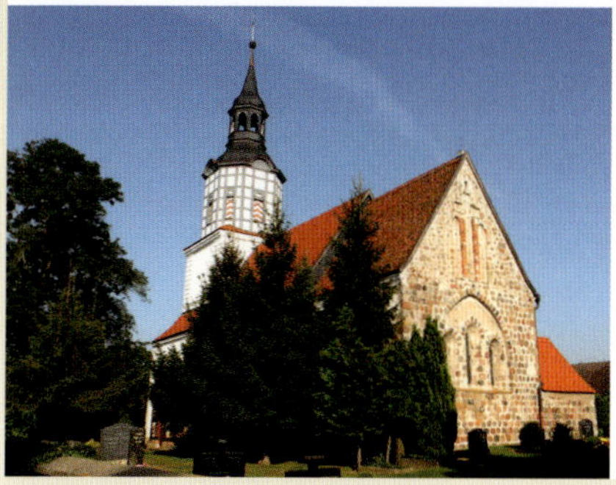

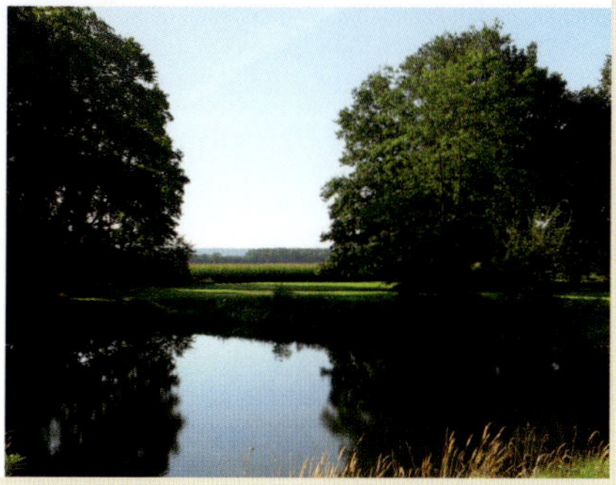

JAGDSCHLOSS KOTELOW

Wo die Zeit zur Ruhe kommt … zugegeben: Das Motto des Jagdschlosses klingt allzu sehr nach bester Werbersprache. Und doch, wer einmal in Kotelow gewesen ist und den Blick über die weiten Felder streifen ließ oder sich den Momenten der Muße unter den großen alten Eichen vor dem Barockgebäude hingegeben hat, entdeckt für sich die Wahrheit dieser Worte. Die Geschichte des Gutes datiert bis ins Jahr 1672 zurück – bei der Restaurierung Anfang des Jahrtausends hat man sich nicht allein der historischen Farbgebung und aufgearbeiteter Holzböden besonnen, sondern auch der klimatischen Vorzüge durch traditionellen Lehmputz.

Nachmittagsausflug
Paradies für Ornithologen: Am Galenbecker See rasten nicht nur alljährlich im Herbst Tausende von Kranichen, auch Seeadler, Blaukehlchen und Eisvögel sind auf dem ausgeschilderten Pfad zur Aussichtsplattform anzutreffen.
Galenbecker See, 17099 Fleethof

Die Stärkung vor dem Konzert
„Zum Burgwall“: Von der Wallanlage ist zwar kaum noch ein Stein zu finden, auf der Speisekarte mit Wildbraten, Rumpsteak „Modderkuhle“ und Sturmsäckchen dafür umso mehr.
Burgwall 2, 17335 Strasburg, Tel.: 03975/325288

Am nächsten Tag
Auf in die Brohmer Berge: Bayern werden lachen, aber mit 148 Metern erreicht dieser Endmoränenzug eine für den Nordosten beachtliche Höhe. Doch mit einem guten Rad ist die Tagestour locker zu schaffen.
Radtour in: „Natur erleben, Naturschutz verstehen – Natura 2000“; Broschüre über Touristeninformation Strasburg, Tel.: 039753/22584

Glücksmoment
Lehrstunde im Schlosspark Rattey: Ein Weg der Dendrochronologie klärt mit Schautafeln über die Geschichte der Bäume auf. Die erste Eiche pflanzte die Rittersfamilie Manteuffel hier vor mehr als 700 Jahren.
Rattey 21, 17349 Schönbeck/OT Rattey

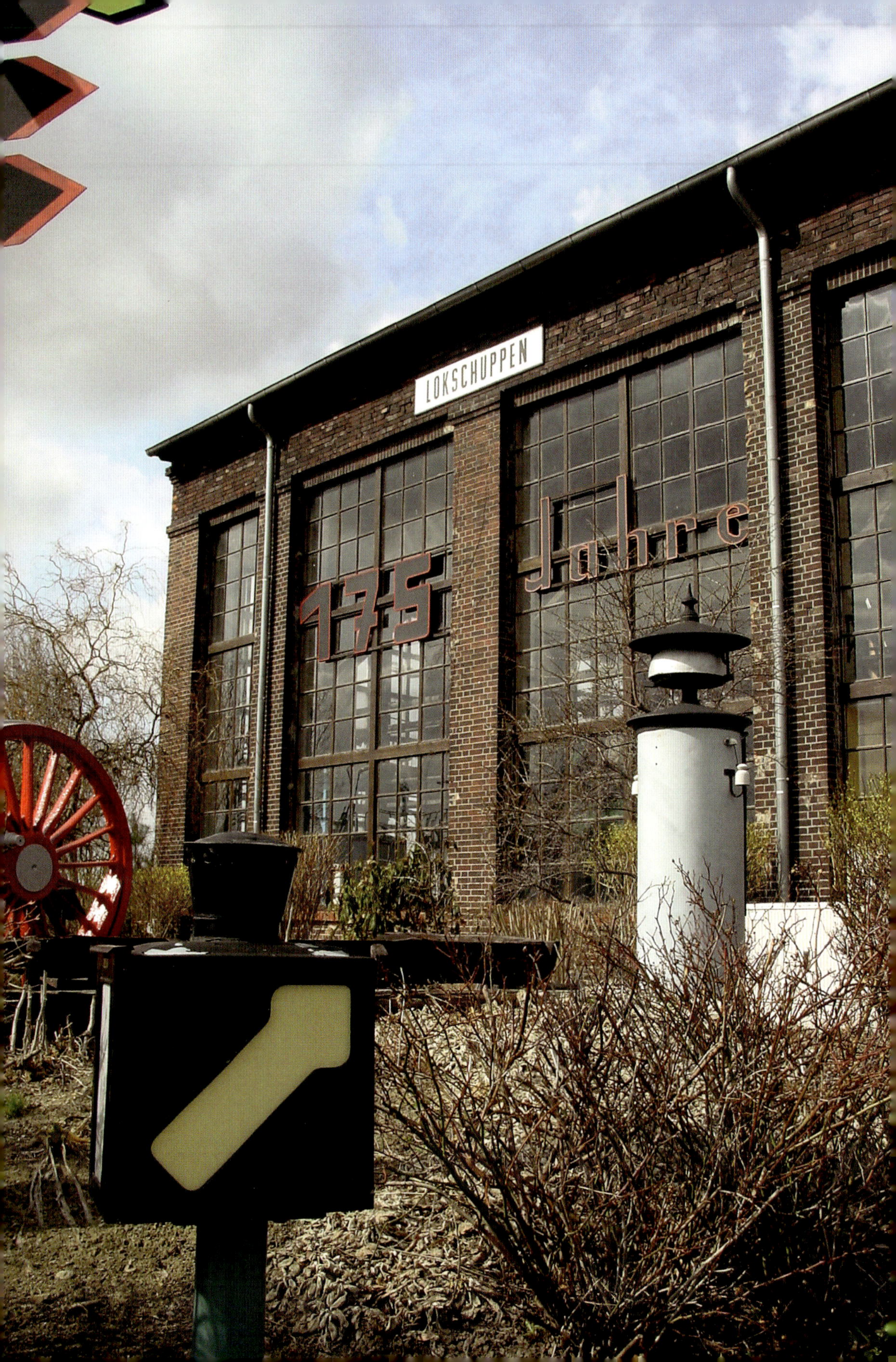
LOKSCHUPPEN
175
Jahre

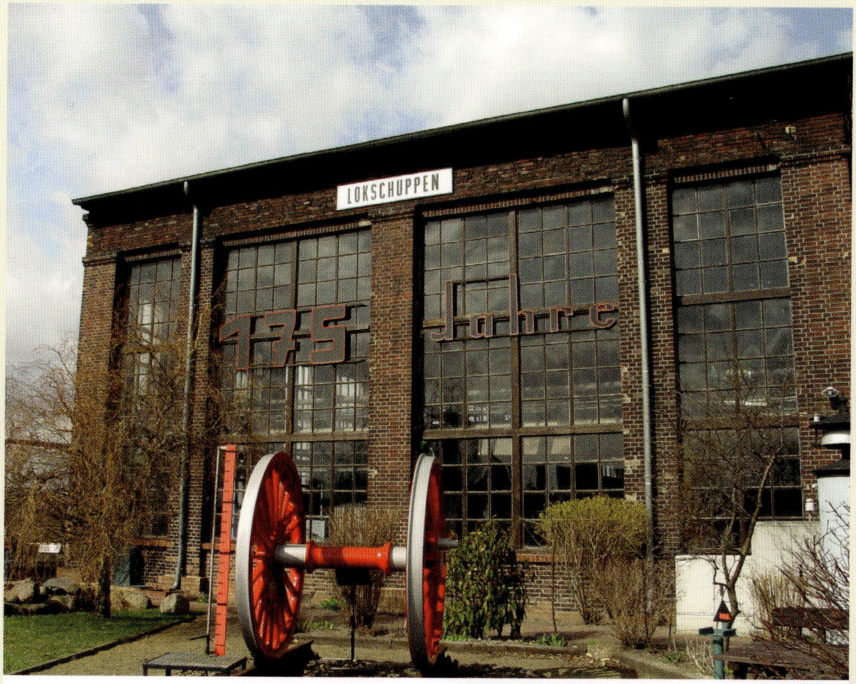

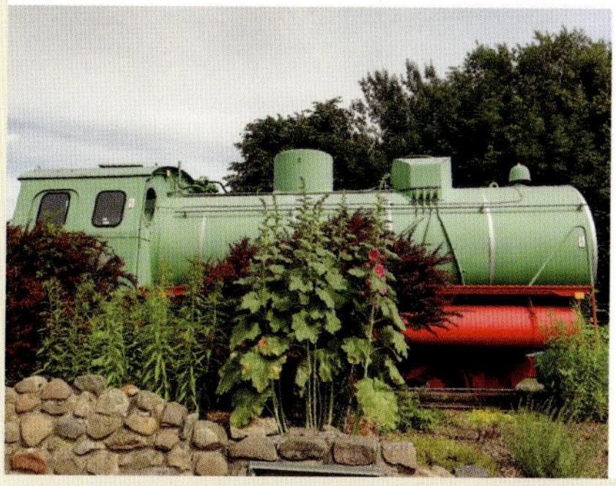

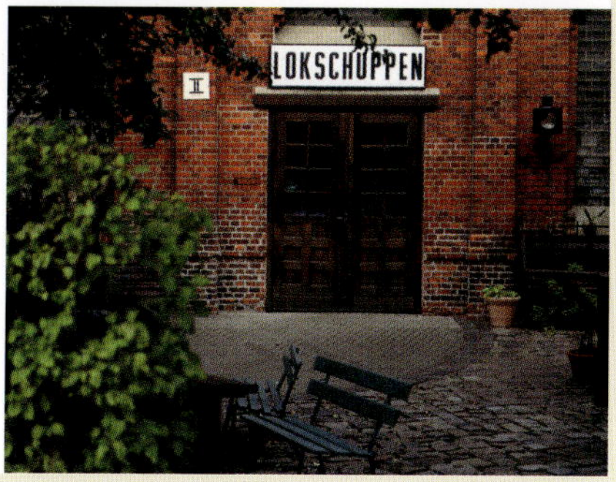

LOKSCHUPPEN PASEWALK

„Schrankenöffnung durch kurzes Drücken der Taste anfordern. Weisung des Wärters abwarten." Nun, statt des Schrankenwärters gibt heute vor dem Lokschuppen Pasewalk allenfalls ein Museumsführer noch Anweisungen, und der Hinweis auf dem alten Schild erinnert nur an vergangene Zeiten, als die Stadt mit 25 Gleisen und bis zu 49 hier stationierten Dampflokomotiven Eisenbahnknoten war. Lang ist's her, in den 1990er-Jahren kam nach dem Personen- auch der Güterverkehr zum Erliegen. Heute ranken Brombeeren über die Schienen – und als Museum beschwört der Lokschuppen die gute alte Eisenbahnzeit und bietet Übernachtungen im einstigen Regierungszug der DDR an.

Nachmittagsausflug
Zwischen Driving Range und Puttinggrün: Auf dem Kranich Course von Schloss Krugsdorf sind Anfänger wie fortgeschrittene Golfer als Gäste jederzeit willkommen.
Zerrenthiner Straße 2–3, 17309 Krugsdorf, Tel.: 039743/519611

Die Stärkung vor dem Konzert
„Hotel am Park": Soljanka und Würzfleisch, gefüllter Wildbraten und Zander in Kartoffelkruste – es sind die Klassiker der Region, die auch hier auf den Tisch kommen.
Prenzlauer Straße 20, 17309 Pasewalk, Tel.: 03973/20600

Am nächsten Tag
Grüne Hansestadt: Großzügige Parkanlagen, historische Bauten und kunstvoll-bunte Hausfassaden – Stettin vermag mit Geschichte ebenso zu punkten wie mit den bewaldeten Hügeln des Oderufers.
Touristeninformation: Żołnierza Polskiego Platz 20/Glaspavillon auf der Blumenallee, 70-551 Szczecin, Tel.: 0048/91/4340440

Glücksmoment
Kleiner großer Traum: 500 verschiedene Pfingstrosen, 300 Funkien- und 250 Magnoliensorten blühen im Botanischen Garten in Christiansberg zwischen Rosen, Azaleen, Rhododendron und seltenen Stauden.
Christiansberg 123, 17375 Luckow, Tel.: 039775/20138

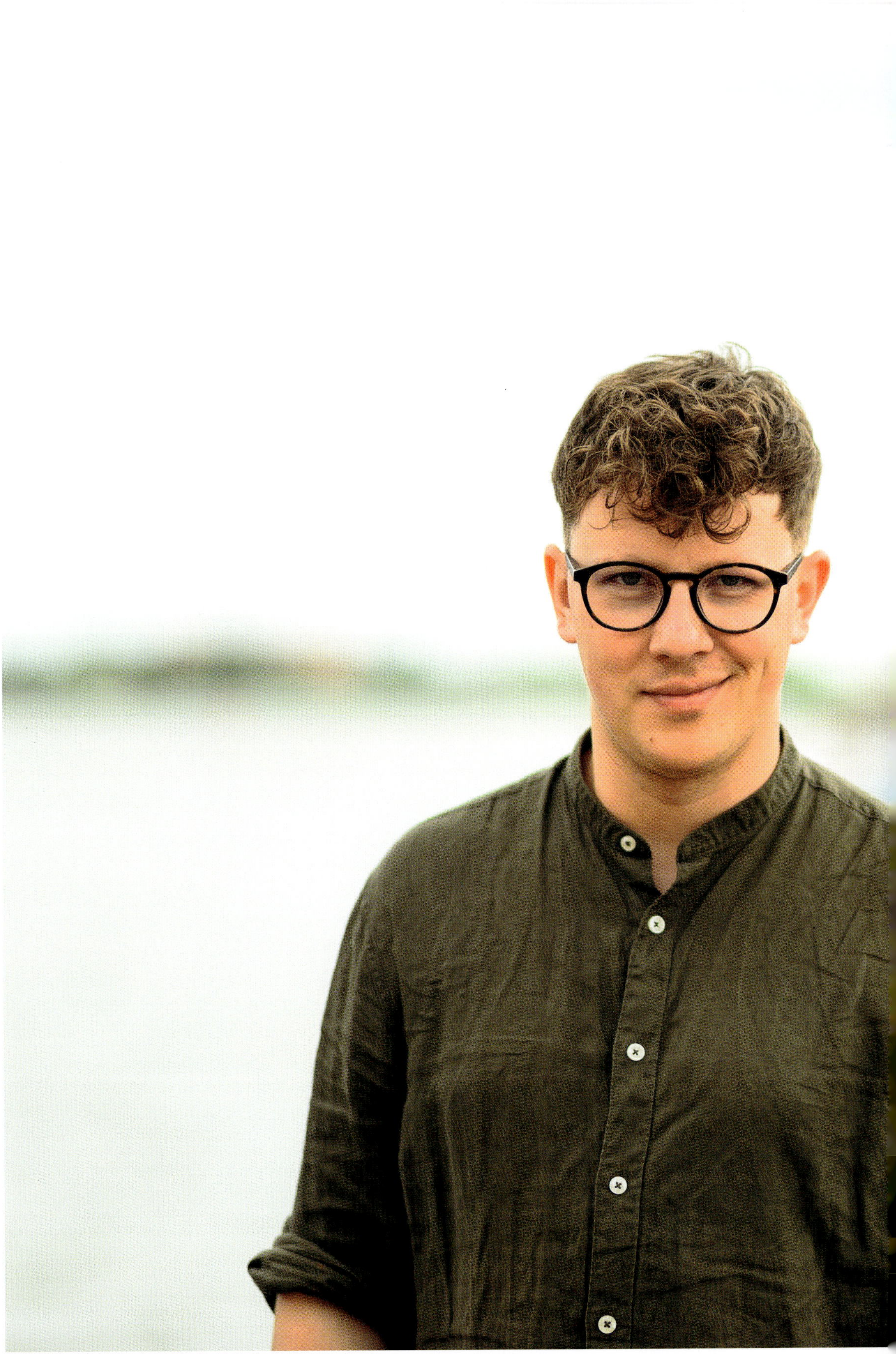

Sehnsucht nach der alten Zeit

MARTYNAS LEVICKIS schlendert durch Greifswald, Stralsund und das Umland

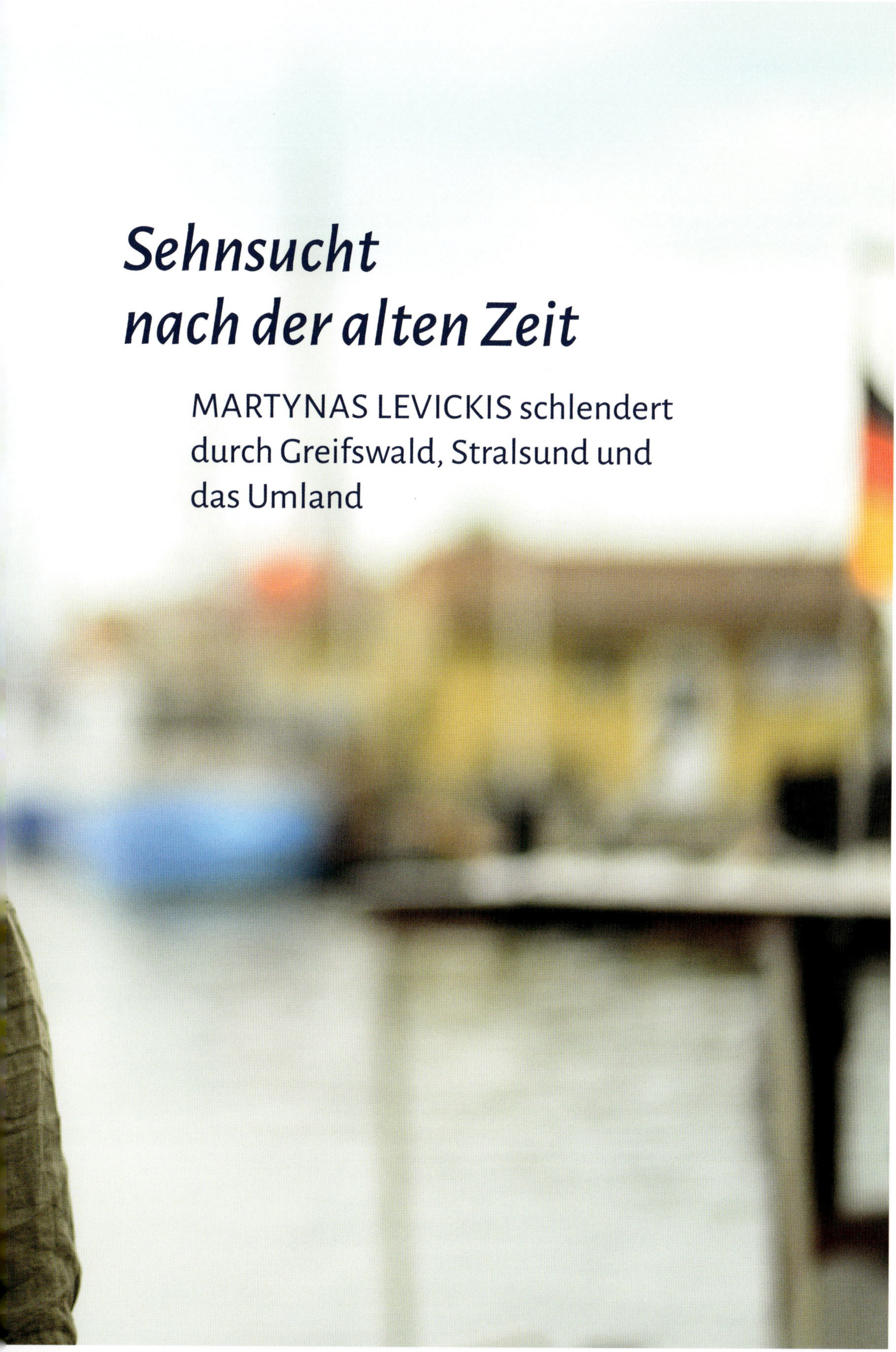

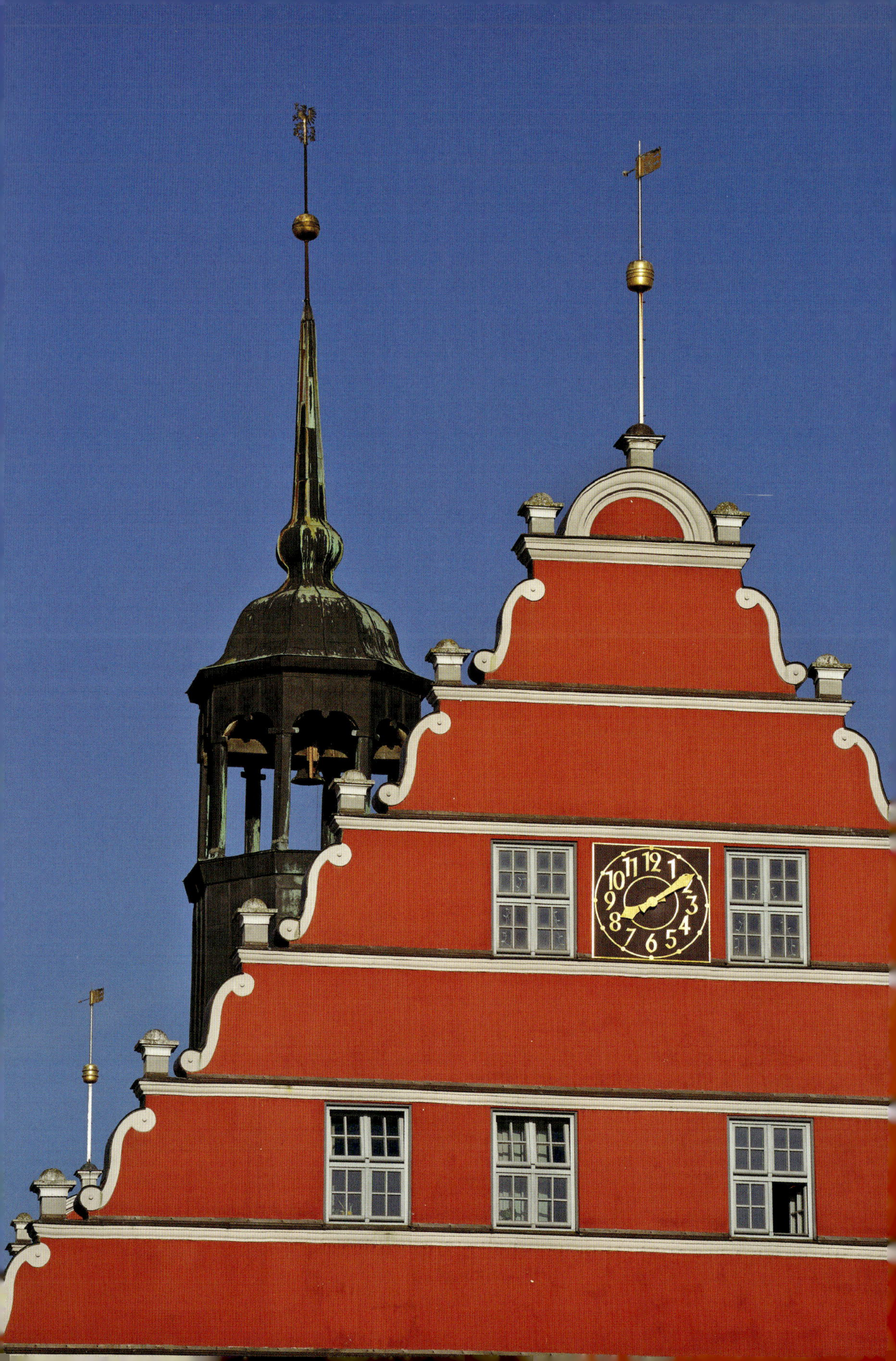

Die gute Stube der Hansestadt hat Caspar David Friedrich bereits 1818 in seinem Aquarell „Der Greifswalder Markt" verewigt – und mehr als 200 Jahre später scheinen deren stilgerecht restaurierte gotische Giebelhäuser noch immer unverändert. „Ich schätze solch kulturelles Erbe sehr", begeistert sich Martynas Levickis angesichts des einstigen Wohnspeichers Markt 11, dessen mit glasierten Formsteinen gegliederte Fassade als eine der prachtvollsten und schmuckreichsten mittelalterlicher Backsteinbaukunst gilt. Stammt doch das älteste der ehemaligen Kaufmannshäuser schon aus dem späten 13. Jahrhundert: „Der Atem der Geschichte ist hier überall zu spüren: Die Anlage der Stadt, Architektur, Straßen – ein großes Glück, dass sie all dies bewahrt haben, denn es ist so wichtig, dass wir Menschen uns unserer eigenen Historie bewusst sind." Im Zentrum Greifswalds lebt diese Geschichte: Ob nun das alte Rathaus, dessen Bau vermutlich um das Jahr 1340 begann, der Dom St. Nikolai (von Alteingesessenen liebevoll „Langer Nikolaus" genannt) mit seiner barocken Doppellaterne oder die 1551 von dem Arzt Franciscus Joel gegründete Rats-Apotheke – der bürgerliche Wohlstand während der Hansezeit ist noch heute allenthalben zu spüren.

Seite 132 – Lebendes Erbe: Greifswalds Innenstadt mit dem ochsenblutfarbigen Rathaus am Markt begeistert nicht nur Martynas Levickis

„Wenn ich auf solch einem Marktplatz stehe, halte ich immer einen langen Augenblick inne, um diese eindrucksvolle Atmosphäre aufzunehmen: Hier fand schon im

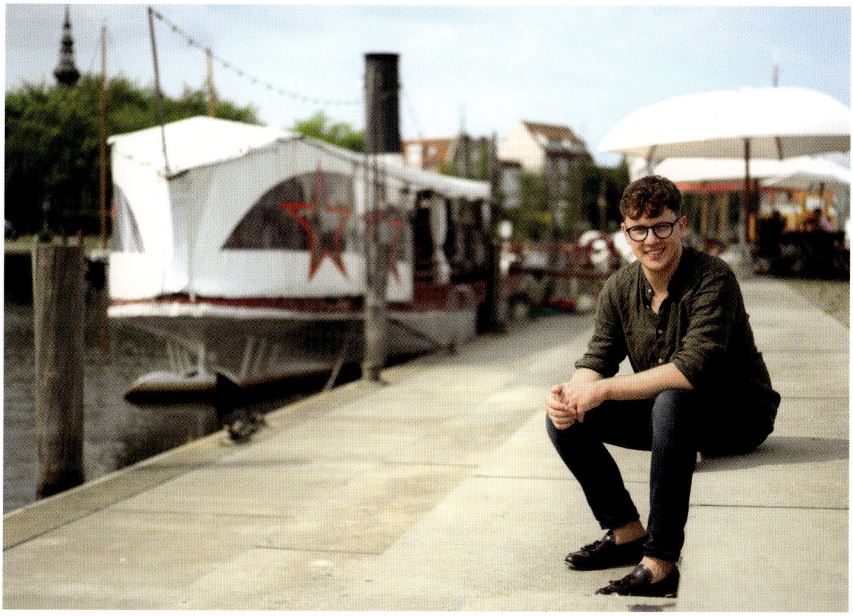

Kleine Pier, große Ruhe: Im Greifswalder Hafen lässt Martynas Levickis die Seele baumeln – „ein sehr entspanntes Urlaubsgefühl"

Mittelalter der Markt statt – wie heute auch noch. Das sind hunderte von Jahren Kultur und Tradition." Fast andächtig blickt der litauische Akkordeonist über das 11 000 Quadratmeter große, mit Lausitzer Granit gepflasterte Herzstück der Altstadt. Überraschend, solch ein Bekenntnis zur Vergangenheit aus dem Munde eines jungen Menschen zu hören. Zumal wenn dieser seine eigene Popularität nicht zuletzt einer jener gehypten „Errungenschaften" der Moderne verdankt: Gewann Levickis doch 2010 die litauische Castingshow „Lithuania's Got Talent" – ein Erfolg, der ihm nicht nur die Aufmerksamkeit eines breiten Fernsehpublikums in den baltischen Staaten verschaffte, sondern sich binnen kürzester Zeit auch über die sozialen Netzwerke verbreitete und dem stilbewussten Künstler einen Plattenvertrag bei einem der großen Musiklabels bescherte.

Aber mag der ruhige, eher in sich gekehrte Musiker den technischen Errungenschaften des digitalen Zeitalters auch nicht abhold sein, sein Interesse in der 1248 erstmals als „oppidum Gripheswald" erwähnten Stadt richtet sich vor allem auf die Hinterlassenschaften längst verflossener Tage. Angefangen beim Kopfsteinpflaster – „eine hübsche Erinnerung an die Vergangenheit" – über das Fachwerk des ehemaligen Wohnhauses für Pfarrwitwen bis hin zur Universität, an der bereits 1509 der Humanist Ulrich von Hutten studierte. „Ich finde es einfach beeindruckend, wenn du beim Gang durch die Stadt auf einmal vor einem Denkmal stehst, das 1856 zum 400-jährigen Jubiläum der Uni errichtet worden ist", erzählt der Musiker. „Selbst heute vermag nicht jeder nachzuvollziehen, welche Bedeutung Bildung für uns Menschen hat – und hier haben sie schon 1456 eine Universität gegründet, und zwar offenbar keine kleine: Erziehung und Bildung besaßen also bereits damals für die Bürger eine große Wichtigkeit – faszinierend!"

Als Musiker habe ich natürlich gleich den Sound dieses Wiecker Wahrzeichens erfasst – und das Knarren und Ächzen des Holzes, aber auch das Quietschen und Sirren der schmiedeeisernen Beschläge, wenn mal ein Auto darüber fährt, klingen sehr eindrucksvoll

Die Sehnsucht nach der alten Zeit: Für den Litauer lebt diese besonders in den historischen Gebäuden auf, in denen hier im Zentrum immer wieder individuelle, kleine Geschäfte statt allein Filialen großer Ketten zu finden sind. „Ich bin zwar kein großer Shopping-Fan, aber in solchen Läden gibt es oft Dinge, die man weder beim Online-Shopping noch in riesigen Einkaufszentren entdeckt – weshalb ich Käse oder Fleisch mit Genuss im Delikatessladen kaufe oder auch gern in Ruhe in einer Buchhandlung stöbere." Nein, Levickis geht es nicht um die schlichte Parole, dass früher alles besser war, sondern um die Besinnung auf Errungenschaften, Traditionen und Werte. Und vielleicht ist eine Schärfung dieses Bewusstseins tatsächlich eher möglich an Orten, wo die Zeit still zu stehen scheint.

Orten wie etwa dem beschaulichen Wieck, ein Fischerdorf, heute Ortsteil von Greifswald, gelegen an der Mündung des Ryck in die Ostsee: Beeindruckt betrachtet der Akkordeonist die hölzerne Doppel-Waagebalken-Brücke, die hier seit über 130 Jahren den Fluss überspannt und deren Klappen nach wie vor mit Muskelkraft für durch-

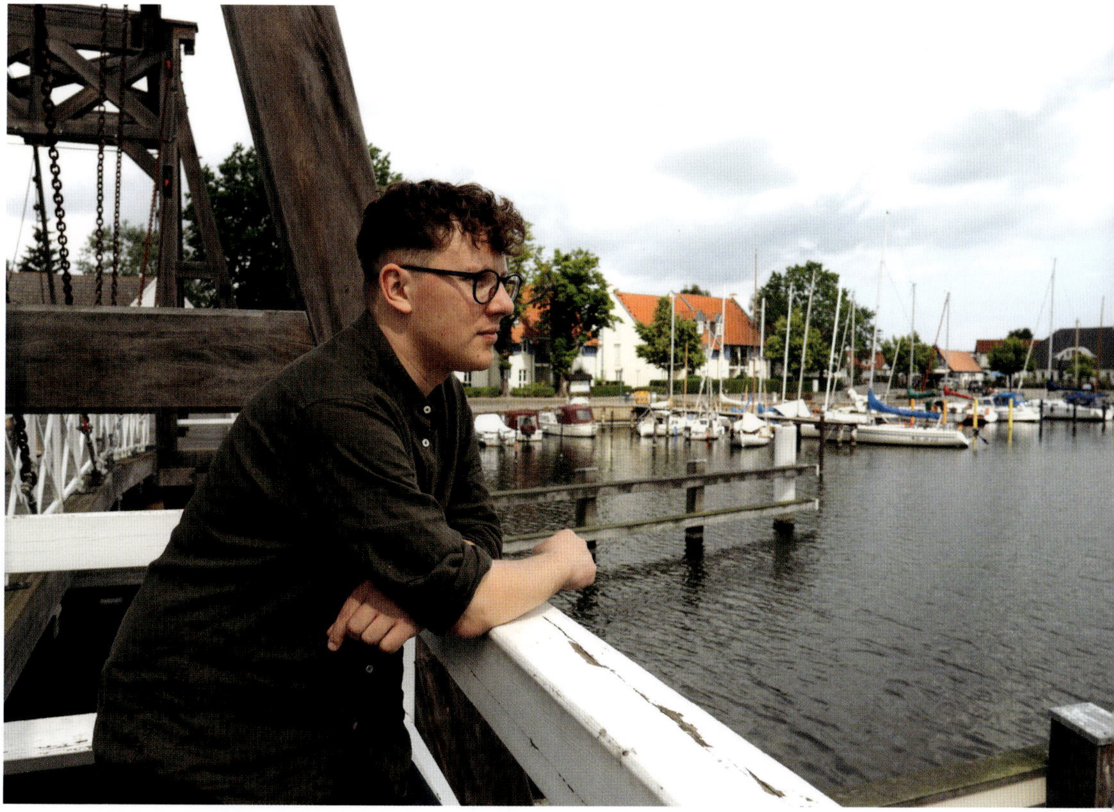

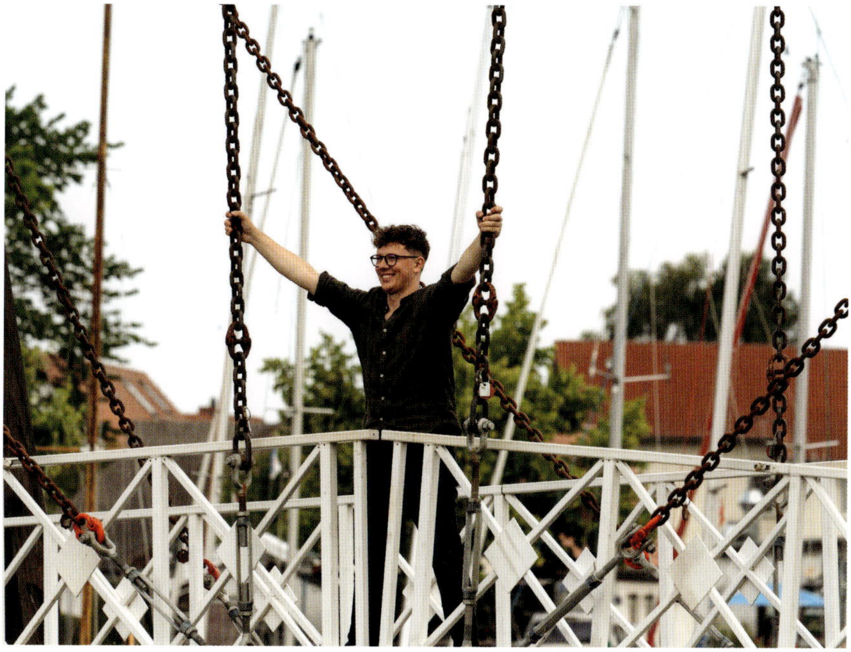

Hand anlegen: Die nach holländischem Vorbild erbaute Holzklappbrücke in Wieck wird stündlich mit einer Drehkurbel geöffnet

fahrende Schiffe geöffnet werden. „Als Musiker habe ich natürlich gleich den Sound dieses Wiecker Wahrzeichens erfasst – und das Knarren und Ächzen des Holzes, aber auch das Quietschen und Sirren der schmiedeeisernen Beschläge, wenn mal ein Auto darüber fährt, klingen sehr eindrucksvoll."

Die Brücke verbindet Wieck mit dem Ortsteil Eldena und führt damit geradewegs zur dortigen Klosterruine, die als Wahrzeichen der Romantik gilt: Caspar David Friedrich liebte dieses Motiv und machte die in seinen Gemälden immer wieder neu aufgegriffenen Reste der einstigen Zisterzienserabtei in verschiedensten Perspektiven weltberühmt. Friedrichs Spuren lassen sich heute auf einer Zeitenreise entlang der Küste des Greifswalder Boddens über Vierow und Lubmin bis nach Wolgast verfolgen.

Ich mag dieses langsamere Leben

Und in seiner Heimatstadt begegnen Besucher dem bekanntesten Maler dieses von einer großen Sehnsucht nach Gefühlen erfassten Zeitalters ohnehin allenthalben: im Pommerschen Landesmuseum ebenso wie in seinem Geburtshaus, dem heutigen Caspar-David-Friedrich-Zentrum, in seiner Taufkirche St. Nikolai wie im Greifswalder Museumshafen oder der Universität. Dass auch seine Malerkollegen Friedrich August von Klinkowström und Philipp Otto Runge sowie der Dichter Karl Lappe hier ihre Spuren hinterlassen haben, droht im Heimathafen der Romantik beinahe unterzugehen.

Für Levickis ist es indes vor allem die Atmosphäre jener Jahrzehnte vom Ende des 18. bis weit ins 19. Jahrhundert hinein, die sich einem auch heute noch beim Gang durch die Straßen vermittle: „Ich mag dieses langsamere Leben." Zeit zu haben für Historie und landschaftliche Schönheiten wie auch deren Einflüsse in Malerei und Literatur – etwa in jener hübschen Geschichte vom Kloster Dargun nahe dem Kummerower See, die erzählt, wie die Nonnen aus dem direkt am Wasser liegenden Verchen den Mönchen die Fischereirechte mit einer gefälschten Urkunde streitig machten. Dass die Damen und Herren der Schöpfung sich insgeheim dennoch bestens verstanden, davon zeugt – laut Geschichte – ein unterirdischer Gang zwischen den beiden Orten, über den sich Betbrüder und Glaubensschwestern nächtens besucht haben sollen ... sicher nicht allein zum Streiten.

Oder die Sage vom Hengst Herodot aus dem einst bedeutenden Gestüt Ivenack: Im hohlen Stamm einer der dortigen tausendjährigen Eichen wollten die Grafen von Plessen den besten Vollblut-Zuchthengst, der jemals über die mecklenburgischen Böden galoppiert war, vor den nach Osten marschierenden Truppen Napoleons verstecken. Doch eine rossige französische Stute brachte ihn zum Wiehern, die Soldaten entdeckten den Vollblüter und Bonaparte ritt auf Herodot in Moskau ein. Nur ein Märchen? Nun, wer durch den Ivenacker Forst streift oder sich gar auf den Baumkronenpfad begibt, der sich in 20 Meter Höhe durch die prachtvollen Wipfel schlängelt, den erfasst nicht allein Ehrfurcht angesichts Europas ältester Stieleiche, deren Stamm nahe der Wurzel 17 Meter dick ist: Nein, wenn es in dieser Gegend Nacht wird und dank fehlender Lichtverschmutzung sich die Welt ähnlich zeigt, wie es unsere Vorfahren schon vor tausend Jahren erlebt haben, lässt sich am Sternenhimmel nicht nur die Milchstraße verfolgen, dann erwacht auch die Legende von der Entstehung dieser knorrigen Prachtstücke zu neuem Dasein.

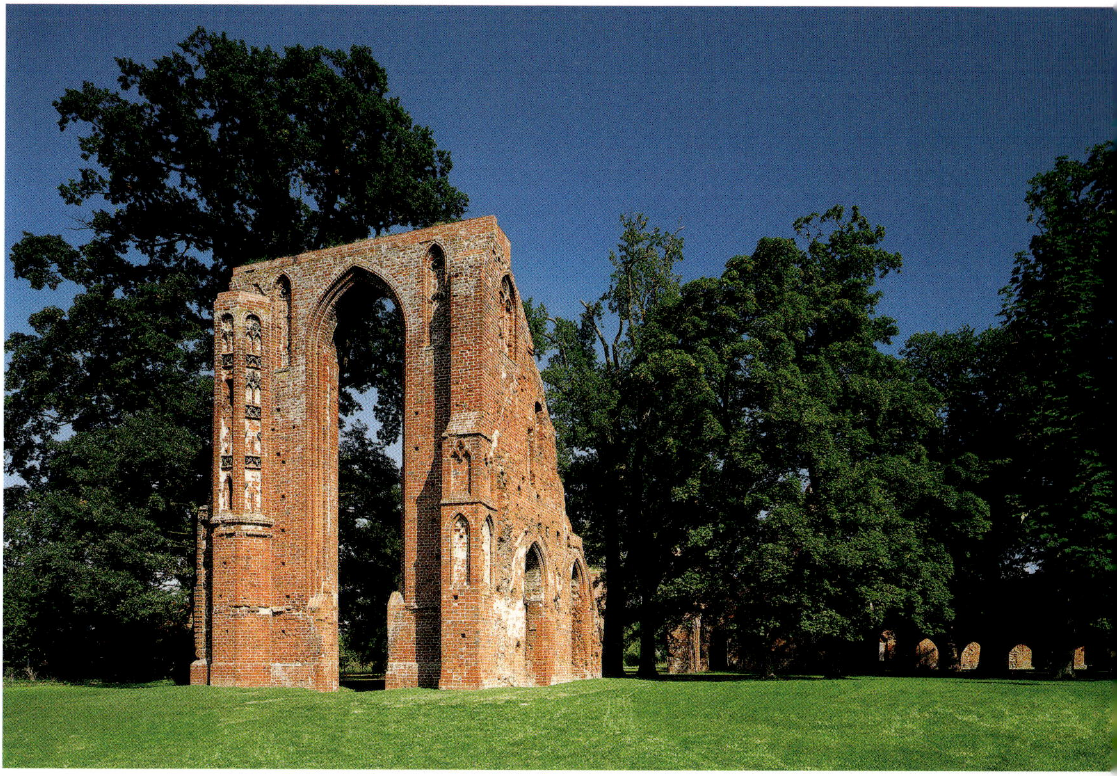

Lebten doch im hiesigen Kloster einst sieben Nonnen – todunglücklich, derart fern der übrigen Welt, und so schlossen sie in ihrer Not einen Pakt mit dem Teufel. Satan versprach, sie um Mitternacht zu befreien – seine einzige Bedingung: Auf ihrer Flucht durften sie sich nicht nach ihm umschauen. Doch die Neugierde war größer, und kaum dass sie die Klostermauern hinter sich gelassen hatten, blickte sich erst eine um, dann folgte die zweite, letztlich konnte keine widerstehen. Des Teufels Strafe folgte auf dem Fuß und eine Nonne nach der anderen verwandelte sich augenblicklich in eine Eiche.

Greifswalder Keimzelle: Vom Kloster Eldena ging im 13. Jahrhundert die Ansiedlung der benachbarten Stadt aus – bis heute erinnern Ruinen wie jene der Abteikirche an das im Mittelalter bedeutendste Stift der Region

Reine Fabel oder doch ein bisschen Wahrheit? Wer will das schon mit Bestimmtheit sagen in einer Region, in der trotz unserer globalisierten Welt die Uhren in einigen Landstrichen bisweilen langsamer gehen, wie Levickis beobachtet hat. Wo die Menschen gern einmal schweigen und die Weite offenbar auch eine größere innere Ruhe beschert: „Ich mag diese Mentalität, nicht zuletzt, da auch ich selbst eher introvertiert bin." Wo sich der Blick nach innen mit dem in die Ferne verbindet, insbesondere an den Gestaden des Meeres – für den Musiker ein typischer Wesenszug der Menschen im Ostseeraum, der ihm aus seiner Heimat wohlvertraut ist.

Wie auch so manches in der Architektur: In Wieck fühlt er sich an das litauische Örtchen Nida erinnert, in das sich einst Thomas Mann verliebte, weshalb er dort als Refugium ein Sommerhaus erwarb. Der Greifswalder Dom weckt Erinnerungen an die

„flammende“ Gotik der Annenkirche in Vilnius, und ähnlich beeindruckt zeigt sich der Balte in Stralsund von St. Marien und ihrer wertvollen Barockorgel mit 4000 Pfeifen, einem der schönsten Gotteshäuser norddeutscher Backsteingotik. „Diese Größe lässt einen den Atem anhalten – in Vilnius haben wir keine solch hohen Kathedralen“, zieht Levickis den Vergleich zu seiner Heimat. „Dieser monumentale Bau strahlt eine Aura der Bedeutsamkeit aus, über die Religion und den Glauben hinaus: Einst handelte es sich hier um eine wirklich große Stadt.“ Deren Erbe vielerorts in der aus dem slawischen Fischerdorf Stralow erwachsenen Hansestadt bis heute fortlebt. Gleich um die Ecke der Marienkirche etwa in der Frankenstraße 9, wo die Schiffer-Compagnie ihren Sitz hat: 1488 als Bruderschaft gegründet, pflegen die Schifferbrüder hier Kapitänsbilder, Schiffsmodelle oder auch eine ausgestopfte Riesenschildkröte aus dem Jahr 1766 – Schätze, die Stralsunder Seefahrer aus aller Welt mitbrachten.

Wer die Frankenstraße weiter hinabläuft, zählt 41 unter Denkmalschutz stehende Gebäude. Und auch in vielen anderen Straßen der historischen Altstadt zeugen nicht allein die Sehenswürdigkeiten vom einstigen Wohlstand der hanseatischen Kaufmannsfamilien, deren Blütezeit bis ins späte Mittelalter reichte: vom Kütertor mit seinem Barockspitzdach über das besonders gut erhaltene Wulflamhaus des ehemaligen Stralsunder Bürgermeisters Bertram Wulflam, der sich seinen von einer aufwändigen Pfeilergiebelkonstruktion geschmückten Wohnsitz Mitte des 14. Jahrhunderts direkt gegenüber dem Rathaus und St. Nikolai bauen ließ, bis hin zur dreischiffigen go-

Bürgermeisters Spuren: Als Spiegelbild der Stralsunder Rathausfassade ließ sich Bertram Wulflam seinen Wohnsitz im Stil der Spätgotik errichten

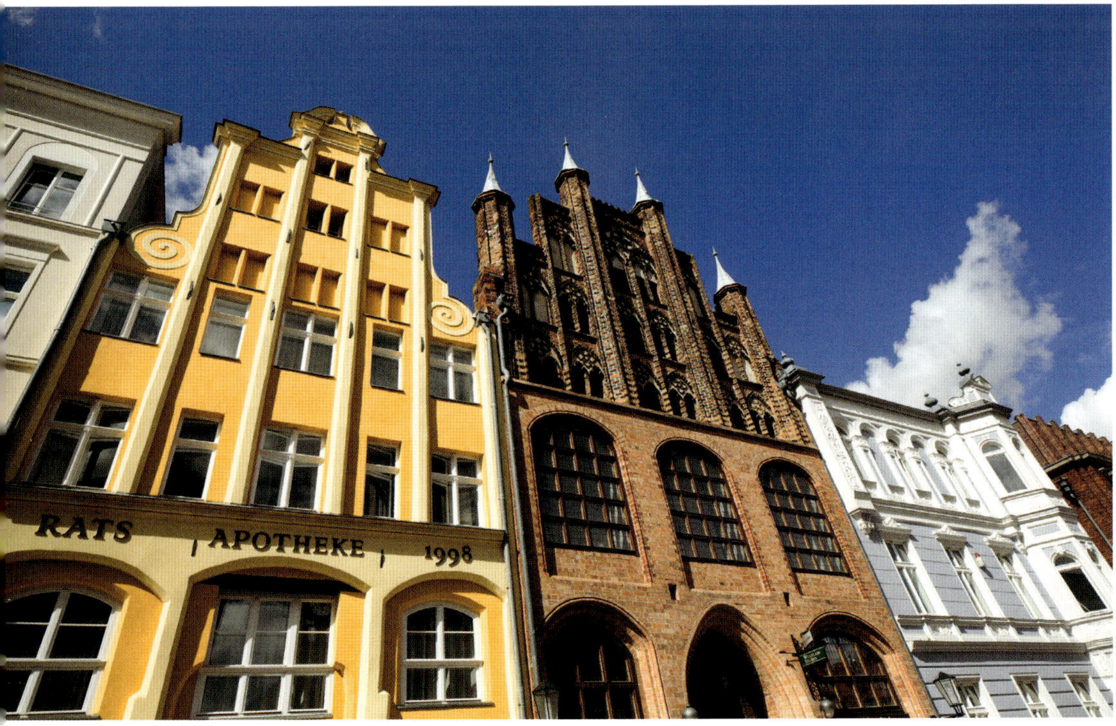

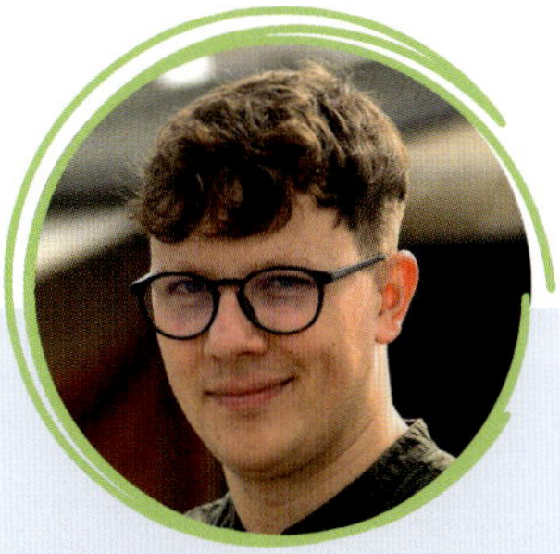

Wortwechsel

Sie haben 2018 Freest kennengelernt, als Sie auf der dortigen Bootswerft ein Festspielkonzert gaben – was hat Sie so fasziniert, dass Sie diesen Fischerort als Ausflugsziel empfehlen?

Martynas Levickis: *Ich mag es, an ungewöhnlichen Plätzen zu spielen, doch ich habe noch nie an solch einem einzigartigen Ort musiziert, der so gar nicht aufgehübscht ist – das ist weder ein moderner Glaspalast noch ein Stahlbau, sondern schlicht ein Holzhaus mit all dem Material und den Werkzeugen, die man zum Bootsbau braucht. Ganz altmodisch und unglaublich authentisch.*

Und zweifellos auch sehr traditionsreich. Ist Freest, dieses kleine verträumte Dorf am Peenestrom, für Sie wie ein Ausflug in eine andere Zeit?

Dieser Ort ist definitiv Überbleibsel einer vergangenen Epoche. Was ihn aber umso interessanter macht, denn Dörfer wie dieses sind sehr wertvolle Zeugen der Vergangenheit und nicht wirklich Teil irgendeines größeren städtischen und gesellschaftlichen Systems. In kleinen Orten wie diesem ist alles unmittelbar mit der Handlung der einzelnen Menschen verbunden: Das ist natürlich auch woanders so, aber in einem derartig kleinen Dorf hängt das Überleben wie auch die Fortentwicklung tatsächlich von jedem einzelnen Bewohner ab. Natürlich könnten die Fischer in größere Städte ziehen, wo vielleicht mehr Geld zu verdienen wäre, aber sie halten lieber solch einen Ort am Leben – und ich glaube, sie sind darüber glücklich.

In Ihren Worten schwingt viel Respekt gegenüber diesen Menschen mit …

… absolut – ich habe allergrößten Respekt und bin glücklich, dass sie ihrem Fischerhandwerk nachgehen. Auch wenn ich selbst aus einer größeren Stadt stamme, genieße ich es doch immer wieder, in Orte wie Freest zu kommen und an der Lebenserfahrung der Menschen dort teilhaben zu können – und diese Fischer sind der Grund, warum ich diese Erfahrung machen kann.

Obgleich die Männer im Hafen zwischen ihren in verschiedensten Blautönen bemalten Kuttern selbst nicht gerade großes Interesse für andere zeigen …

Ja, sie scheinen völlig desinteressiert an unserem Tun. Aber es ist eben einfach eine sehr harte Arbeit – und bei der wollen sie nicht gestört werden.

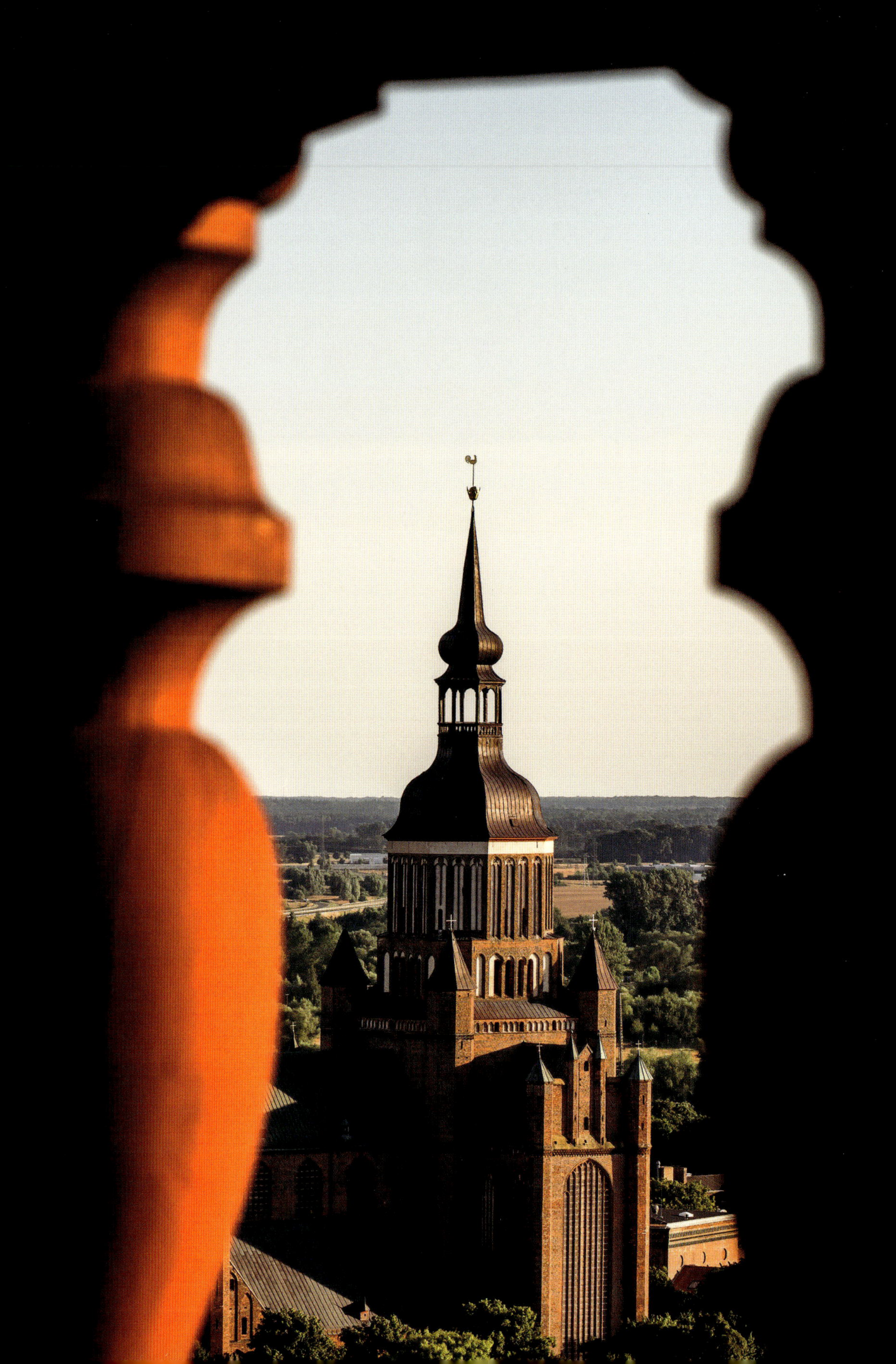

tischen Jakobikirche. „Ich spiele sehr oft in Kirchen", erzählt der Akkordeonist. „Insofern frage ich mich immer gleich, wenn ich solch einen Bau betrete: Wie wäre es wohl hier zu musizieren?" Wobei der sensible Musiker in ihm wenig Wert auf architektonische Monumentalität legt, denn: „Tief in der Seele berühren mich nur wenige Kirchen – und das sind meist die kleineren." Und auch das weniger aus religiösen Gründen, sondern wegen der Atmosphäre und des Geistes in solch einem Sakralbau und seiner Gemeinde.

Seite 140 – Imposantestes Bauwerk der Hansestadt: Einst orientierten sich die Seeleute an der hohen Turmspitze – heute lockt der Ausblick von der Stralsunder Marienkirche Touristen

Wie etwa in Walkendorf und seiner von außen eher unscheinbaren mittelalterlichen Dorfkirche, deren kunstvolle Wandmalereien aus der ersten Hälfte des 14. Jahrhunderts im Inneren für ehrfürchtiges Staunen sorgen; in Basse, wo der Sakralbau schon bei der Betrachtung von außen innehalten lässt ob seiner Mischung aus Feldstein und rotem Ziegel; oder auch in Nossendorf, wo die um 1250 gebaute und nach Kriegsende 1945 ihrer Orgel beraubte Marienkirche dank der Initiative zweier lokaler Vereine 2019 musikalisch auferstanden ist mit einem 200 Jahre alten Instrument des Berliner Orgelbaumeisters Carl August Buchholz.

Häufig im Hoch- und Spätmittelalter als Feld- und Backsteinbauten errichtet, sind viele dieser kleinen wie auch großen Kirchen nach der Reformation lediglich im Inneren für den lutherischen Gottesdienst umgestaltet worden, wobei hier vor allem niederländische Handwerker und Künstler zum Zuge kamen: eine „Nordische Renaissance", die im 16. Jahrhundert auch in Mecklenburg und Vorpommern zahllose außergewöhnliche, bisweilen hinreißende Altaraufbauten, Kunstwerke und aufwändige Patronatsgestühle hinterlassen hat – nicht zuletzt die durch Intarsien und zahlreiche Schnitzwerke geschmückte Kanzel der Greifswalder Marienkirche. Ein Schaffen, das Levickis umso mehr bewundert, da sein Onkel selbst Holzbildhauer ist und zahlreiche Skulpturen für Kirchen in Litauen gestaltet hat.

„Wir besitzen ein Sommerhaus in den litauischen Wäldern. Dort habe ich ihm schon von Kindesbeinen an immer bei seiner Arbeit geholfen und kenne daher auch all die Werkzeuge gut, die man für die Holzbearbeitung braucht." Ein Wirken und Schnitzen, das für den Neffen damals die erste künstlerische Inspiration gewesen ist – und sein Oheim war es denn auch, der den jungen Martynas in seinen musischen Neigungen förderte: Trommelte der doch mit seinen kleinen Fingern oft auf dem Tisch herum und träumte davon, Klavier zu spielen. „Doch das gab es bei uns zuhause nicht und solch ein Instrument war auch viel zu teuer – also hat er mir als günstigere Alternative ein Akkordeon geschenkt, als ich drei Jahre alt war." Schifferklavier statt Flügel: Vielleicht ist es eben diese Bodenständigkeit, die den Musiker nie hat abheben lassen, weder als er bereits mit 20 Jahren die Akkordeon-Weltmeisterschaft gewann noch heute, da der Litauer als Solist in den großen Konzertsälen in aller Welt gastiert.

Geerdet wie das nordostdeutsche Bundesland, das er so mag und das an so vielen kleinen Orten diese Bodenständigkeit immer wieder offenbart: sei es auf der Greifswalder Museumswerft, wo alte, für die Kulturgeschichte der vorpommerschen Küste charakteristische Schiffe restauriert werden, oder im Torfkopp Museum in Loitz, das die Geschichte und Gewinnung des einstigen Brennstoffs dokumentiert; sei es im Thünen-Museum des ehemaligen Gutsdorfs Tellow, das an den ebenso genialen wie exo-

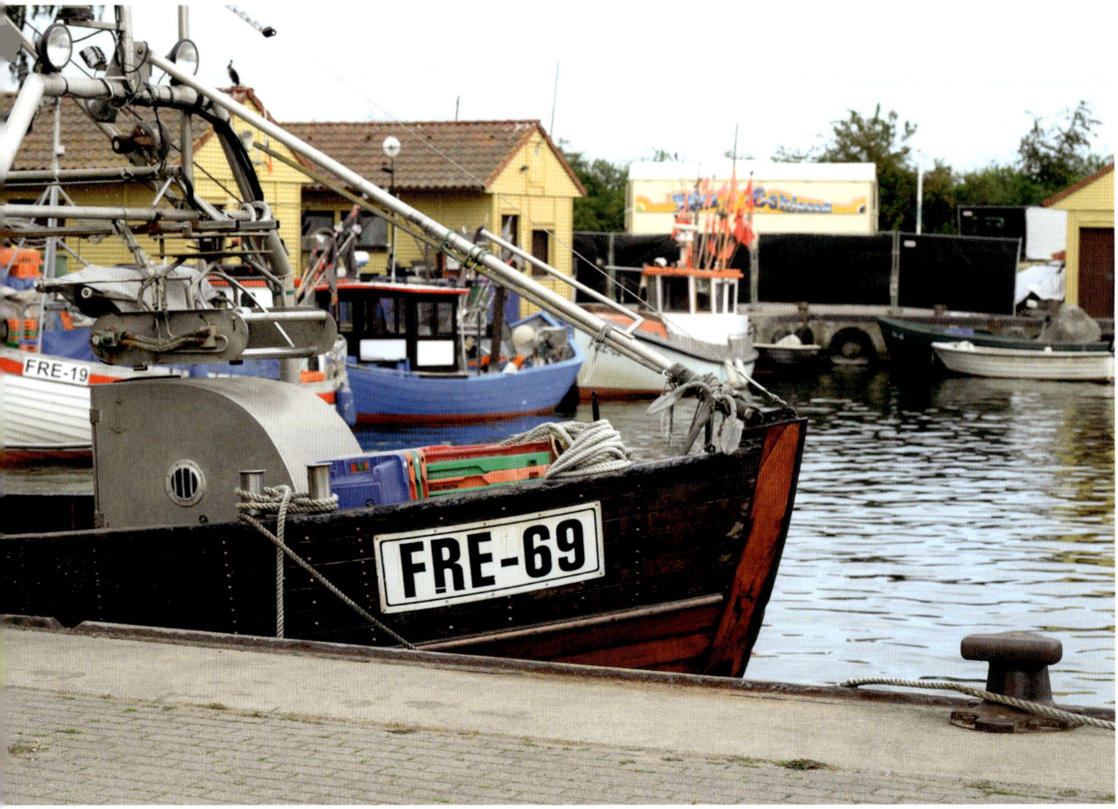

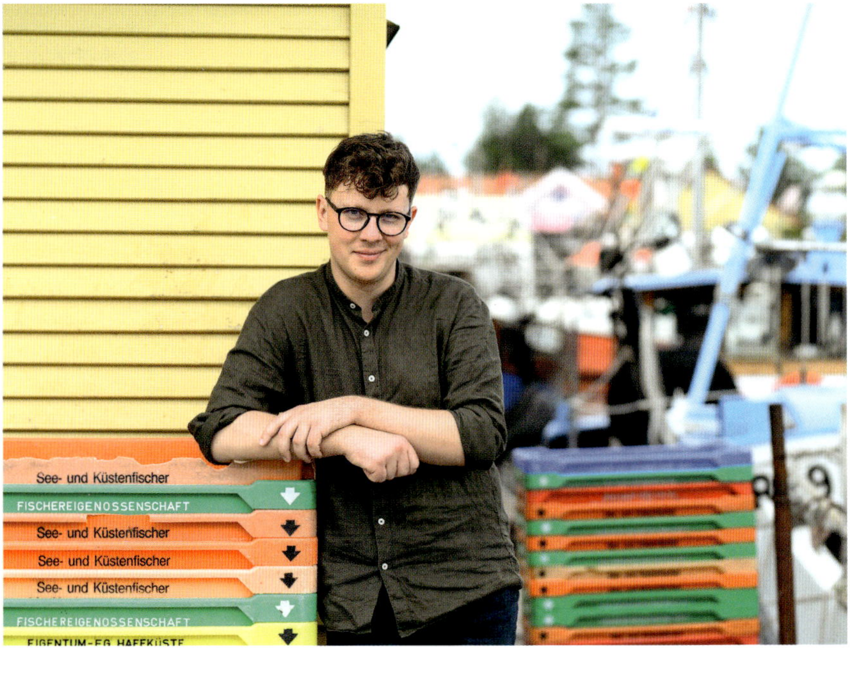

Aus der Zeit? Die beschauliche Atmosphäre täuscht: Der Fischereihafen von Freest ist der größte des Bundeslandes

tischen Wirtschaftswissenschaftler und Sozialreformer Johann Heinrich von Thünen erinnert, der hier seine berühmte Theorie der optimalen Bodennutzung in natura praktizierte und der Stadtökonomie wichtige Impulse gab; in Orten wie dem Fischerdorf Freest, wo Boote in der Mittagssonne am Kai schaukeln, ein leichter Wind den salzigen Geruch der Ostsee herüberweht und sich vor den Hütten im Hafen Fischkisten stapeln. „Eine unglaublich beruhigende Stimmung – das Leben hier scheint sehr beständig, die Männer holen die Netze ein und die Fische raus, alles geschieht sehr gelassen“, stellt Levickis fest. „Ich mag das, denn gerade in unserer Zeit brauchen wir solche Orte, die nicht völlig industrialisiert und digitalisiert sind.“ Eine Stetigkeit, die charakteristisch für das Leben hier zu sein scheint, wie auch der Blick auf die tradi-

MVorlieben

– LIEBLINGSORT –

Mein allererstes Festspielkonzert habe ich auf der Seebrücke von Sellin gegeben, Vollendung der prächtigen Bäderarchitektur-Allee in dem Strandbad – und schon aus dem Grund ist dieser Ort in meinem Herzen mit ganz besonderen Erinnerungen verbunden. Doch ich mag auch die kleine Gemeinde mit ihren wunderhübschen weißen Häusern und ihre unmittelbare Lage am Kliff, wo einem das Meer zu Füßen liegt. Und wenn man dann aus dem rundum verglasten Balticsaal den Blick über die träge dahinplätschernden Ostseewellen und die Kreideküste schweifen lässt, möchte man gar nicht mehr aufhören, dort zu spielen.

– LIEBLINGSSINNESWAHRNEHMUNG –

Sonnenuntergänge über dem Meer kennt jeder – doch jener in einem Kornfeld nahe Hasenwinkel wird mir immer im Gedächtnis bleiben. Wir waren auf dem Rückweg von Rühn, über den Niederungen stiegen die Abendnebel auf, und das Licht am Horizont wandelte sich ganz langsam in einem Meer aus Farbtönen von Orange über ein samtenes Rot in ein tiefdunkles Blau. Die Zeit schien still zu stehen und das Farbenspiel machte einem bewusst, wie wertvoll es ist, angesichts solch eines Naturschauspiels innezuhalten, den Moment zu genießen und wertzuschätzen – ein wahrlich magisches Abendbild!

– LIEBLINGSESSEN –

Das erste Fischbrötchen meines Lebens habe ich in Freest probiert – und seither ist diese norddeutsche Spezialität für mich untrennbar mit dem kleinen Fischerdorf verbunden. Es war ein Matjesbrötchen, denn ich mag diesen kräftigen, salzigen Geschmack sehr gern: zweifellos nicht jedermanns Sache, doch mir aus Litauen wohlvertraut. Dort ist der Hering nämlich sehr populär – allerdings würden wir diesen nie im Brötchen essen, sondern immer pur mit Zwiebeln und allenfalls noch eine Scheibe Brot dazu reichen. Oder aber als Salat mit Rote Bete, Karotten und manchmal auch Pilzen: Das mildert den strengen Fischgeschmack ab.

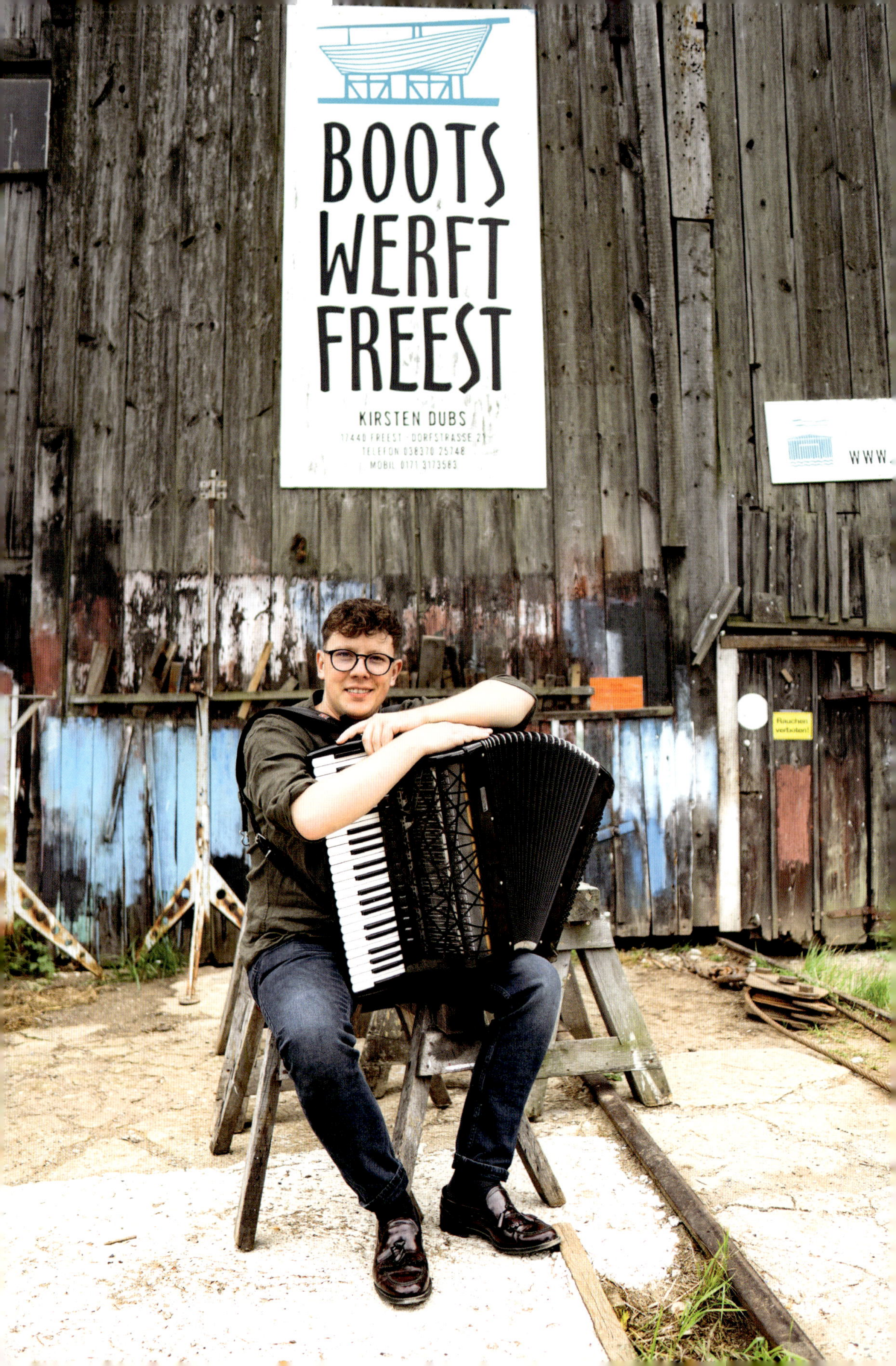
BOOTS
WERFT
FREEST
KIRSTEN DUBS
17440 FREEST · DORFSTRASSE 21
TELEFON 038370 25748
MOBIL 0171 3173583
Rauchen verboten!

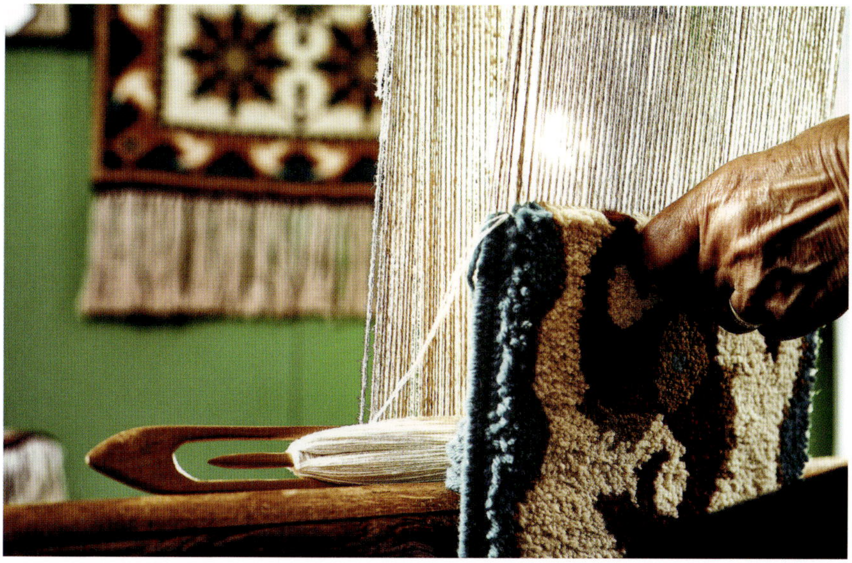

Perser von der Ostseeküste: Knoten um Knoten knüpfen Freester Fischerfamilien bis heute ihre Teppiche – schon seit dem späten Mittelalter eine willkommene zusätzliche Einnahmequelle in schlechten Fangzeiten

tionellen Fischerteppiche in der örtlichen „Heimatstube" zeigt: Schon im späten Mittelalter hatten sich die Familien in der Kunst des Knüpfens von Naturwolle geübt, mit der Weltwirtschaftskrise Ende der 20er-Jahre des letzten Jahrhunderts erlebte das alte Handwerk dann unter den verarmten Fischern eine Renaissance und entwickelte sich mit Teppichmotiven aus der Lebens- und Arbeitswelt zu einem schmuckvollen Nebenerwerb.

Oder auch im Richard-Wossidlo-Museum in Walkendorf, zu dem heute der Ortsteil Friedrichshof zählt, in dem Mecklenburg-Vorpommerns berühmtester Volkskundler geboren wurde: In seinen Feldforschungen und Sammlungen widmete sich der Gymnasialprofessor den heimischen Bräuchen und Sagen, der plattdeutschen Sprache, der Arbeits- und Alltagswelt, aber auch den Märchen und Liedern. Liedern, die Wossidlo auf seinen Reisen durchs Land vernahm, nicht selten begleitet vom Akkordeon – dem Schifferklavier, wie es hier meist genannt wird. „Ein lustiger Name für das Instrument, doch stammt dieser ja aus einer Tradition, denn die Seefahrer haben darauf gespielt … insofern habe ich viel Respekt für diese Bezeichnung", sagt Martynas Levickis. Und auch wenn der Musiker selbst eigentlich in die Welt von Bach, Mozart und Brahms aufgebrochen ist, um das Image der vermeintlichen „Quetschkommode" zu verändern, um durch anspruchsvolle Arrangements und Brückenschläge zwischen Klassik, Tango und Volksmusik der Ziehharmonika über Shantys hinaus ein neues Profil zu verschaffen – am hiesigen Namen will er nicht rütteln. „Ich mag den Begriff ‚Schifferklavier' – und gerade hier an der Küste ergibt das Wort sehr viel Sinn." Manchmal kann auch ein Bekenntnis zur Tradition zukunftsweisend sein.

Seite 144 – Altes Handwerk: „Alles, was mit Erbe zu tun hat, inspiriert mich" – klar, dass da die „Bootswerft Freest" mit ihrer über hunderte Jahre alten Schiffbautradition für den Akkordeonisten ein anregender Konzertort ist

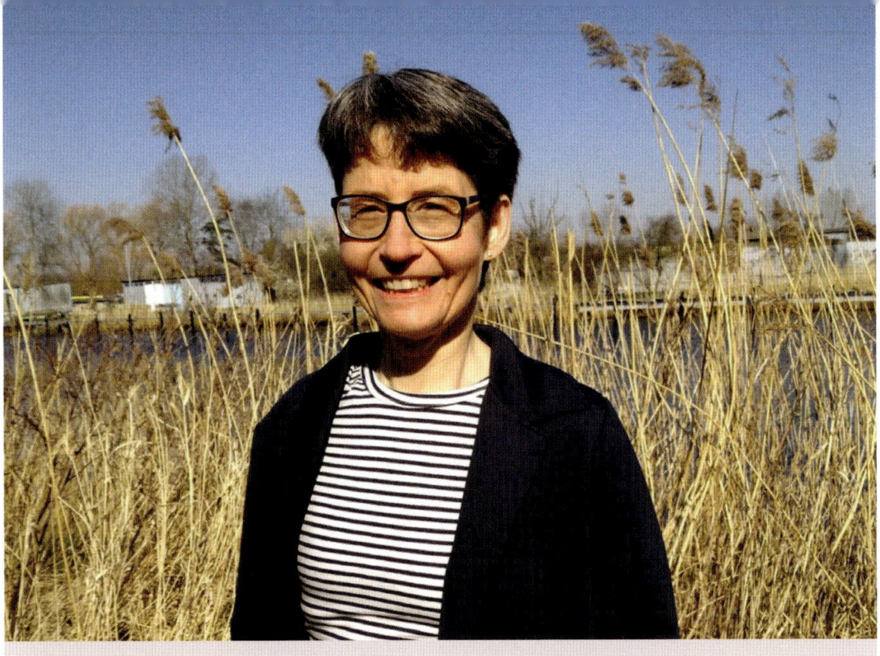

Aufgespürt

„Wrangelsburg, das ist ein Gang durch die Pommersche Geschichte, der romantische Wandereindrücke mit der Historie des Landes bis tief in die Slawenzeit verknüpft.“ Mag Birte Frenssen auch stellvertretende Direktorin des Pommerschen Landesmuseums sein, beim Spaziergang unter alten Bäumen entlang der Ufer am Schlosssee bringt die gebürtige Nordfriesin vor allem die landschaftliche Idylle stets aufs Neue ins Schwärmen: Im 19. Jahrhundert erweitert und im englischen Stil angelegt, finden sich in dem Park heute nicht allein die älteste Douglasie Deutschlands, sondern auch eine zum Naturdenkmal erklärte Esche, Zirbelkiefern und 300 Jahre alte Buchen. Dass zudem Caspar David Friedrich, dessen Werk einer ihrer Forschungsschwerpunkte gilt, hier Station machte, hat die Faszination für diesen abgelegenen Flecken noch wachsen lassen.

Nach dem Dreißigjährigen Krieg war das ehemalige Rittergut in den Besitz des einstigen Generalgouverneurs von Schwedisch-Pommern Carl Gustav Wrangel übergegangen, der neben einem Barockschloss 1657 auch eine Rundkapelle in gotisierenden Formen errichten ließ. „Als Friedrich 1809 ankam, fand er allerdings nur noch die Ruinen vor und verewigte diese in seiner Zeichnung ‚Die verfallene Kapelle von Wrangelsburg‘.“ Ein Bild, das heute verschollen ist – und doch gerade deshalb die mystische Aura dieses Ortes weiter vertieft. Zumal auch Wrangels bereits auf dem Fundament eines im Dreißigjährigen Krieg zerstörten Renaissancebaus hochgezogenes Barockschloss längst wieder Geschichte ist: 1880 ließ ein Wolgaster Getreidekaufmann auf dessen Überresten das heutige Herrenhaus errichten.

Eine Wanderung auf historischen Spuren, auf der die promovierte Kunsthistorikerin immer wieder nur zu gern den alten steinernen Wegweisern mitten durch den Wald folgt, hinüber zum Schwarzen See – „ein wahrlich verzauberter Ort“. Der uns selbst im 21. Jahrhundert noch erahnen lässt, welche Eindrücke und Emotionen hier ein Romantiker wie Friedrich einst empfunden haben muss.

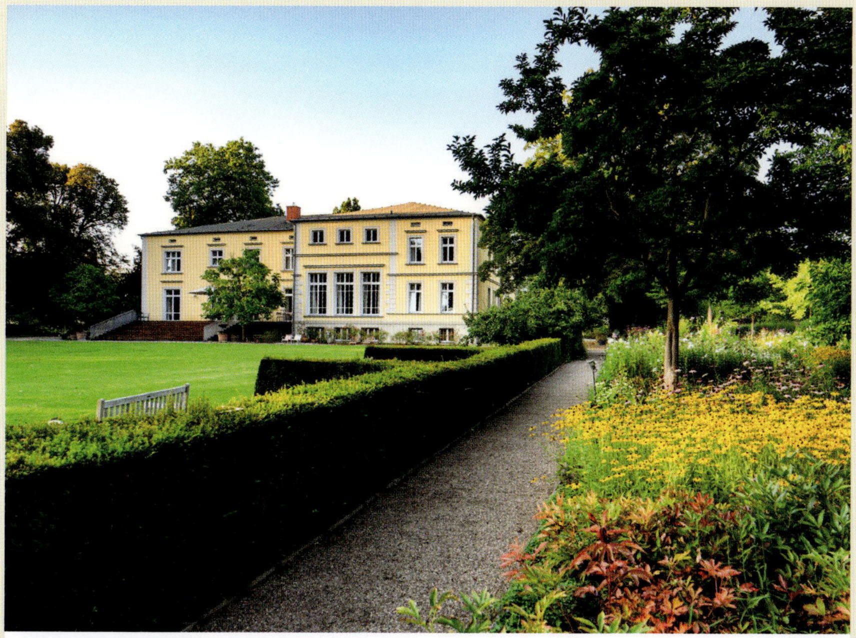

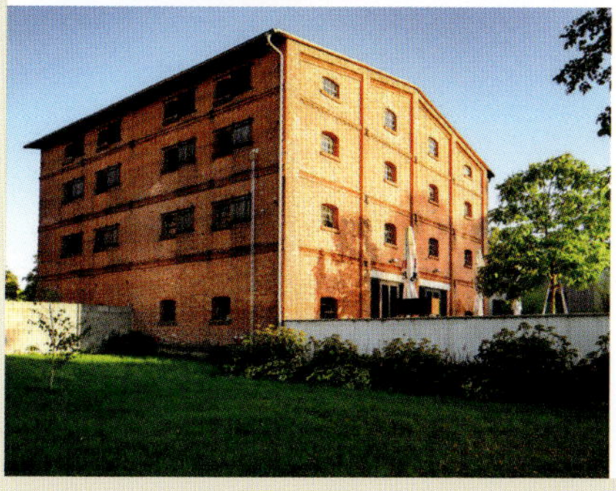

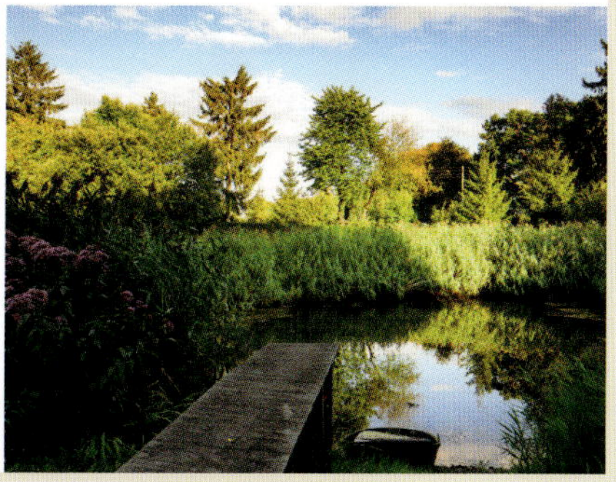

GUTSHAUS UND KORNSPEICHER LANDSDORF

Die kleinste Kunsthalle der Welt: Das sanierte Trafohaus an der Auffahrt zum Gutshaus Landsdorf weckt die Neugier. Nur ein einziges Bild bespielt den winzigen Raum – doch die Idee funktioniert. Wie so viele der Brückenschläge zwischen zeitgenössischer Kunst und historischer Anlage, seit Angela und Gerd Schäfer das ungewöhnliche Gebäude 2001 übernommen haben. Neoklassizistisch der Nordflügel aus dem 19. Jahrhundert, wurde der eher schlichte südliche Teil Anfang des 20. Jahrhunderts errichtet und im Inneren dominiert die Moderne. Im Kornspeicher ist ein Konzertsaal entstanden und der großzügig angelegte Park geht nahtlos in wogende Raps- und Roggenmeere über.

Nachmittagsausflug
Meister des Monumentalfilms: 2002 ist Hans-Jürgen Syberberg in sein Nossendorfer Geburtshaus zurückgekehrt, um hier ein künstlerisch-geistiges Zentrum zu schaffen.
Alte Poststraße 3, 17111 Nossendorf, www.syberberg.de

Die Stärkung vor dem Konzert
Leidenschaft trifft Experimentierlust: Im Kornspeicher sorgt Schäfer Jr. für kleine Geschmacksexplosionen – und verrät bei Kochkursen seine Küchengeheimnisse.
Gutshaus Landsdorf, Dorfstraße 63, 18465 Landsdorf, Tel.: 038320/715740

Am nächsten Tag
Retter der Dorfkirche: Zu DDR-Zeiten bewahrte Klaus Bergemann die 1350 geweihte Kapelle St. Andreas in Nehringen vor dem Verfall – heute erzählt der Steinmetz Besuchern zahllose Ortsgeschichten.
Dorfstraße 31, 18513 Nehringen, Tel.: 038334/80231

Glücksmoment
Rosenlikör oder Apfelgelee mit Thymian und Rosmarin: Die Kelterei Leithoff setzt bei Spirituosen wie Marmeladen auf die Früchte der Natur.
Rostocker Chaussee 25, 18437 Stralsund, Tel.: 03831/498399, www.kelterei-leithoff.de

Nachmittagsausflug
40 Jahre DDR-Alltagskultur zum Anfassen: Robotron-Schreibmaschine, Amiga-LPs, Ulbricht-Bilder, FDJ-Wimpel und das Sandmännchen – nostalgisches Sammelsurium im DDR-Museum Tutow.
Erlenweg 42, 17129 Tutow, Tel.: 039999/70557

Die Stärkung vor dem Konzert
„Torfkopp" im ehemaligen Bahnhof: Die Loitzer Whiskey-Spezialität wird nebenan destilliert – da avanciert beim Blick ins romantische Hafenidyll selbst ein Mecklenburger Nackenbraten zum Gourmet-Mahl.
Restaurant „Korl Loitz", Mühlentorvorstadt, 17121 Loitz, Tel.: 039998/18704

Am nächsten Tag
Heimathafen der Romantik: Caspar David Friedrich hat seiner Geburtsstadt diesen Titel verschafft – doch Greifswald hat weit mehr zu bieten, wie eine Tour offenbart.
Stadt-Information, Rathaus am Markt, 17489 Greifswald, Tel.: 03834/85361380, www.greifswald.info

Glücksmoment
Tour durchs grüne Gewölbe: Schier endlos zieht sich die B194 hier durch Wälder und Alleen – so wird selbst eine Autofahrt zur reinen Entspannungsreise.
B194 von Grimmen über Loitz und Demmin bis Neu Kentzlin

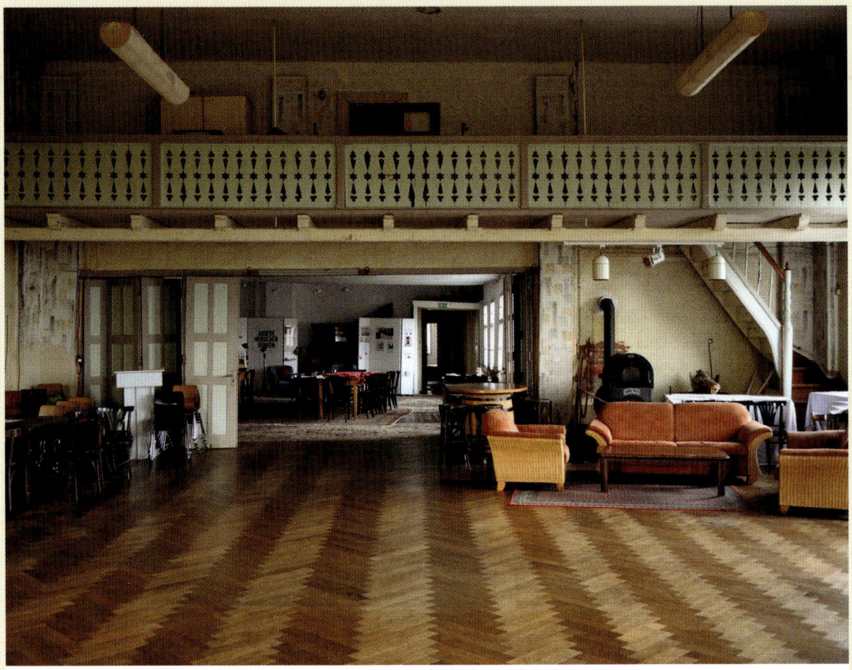

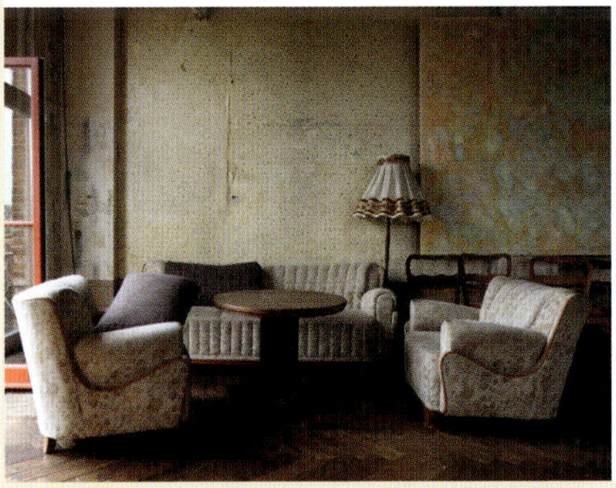

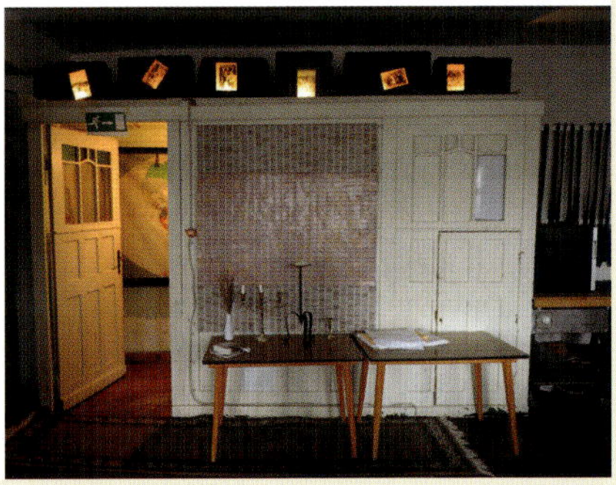

BALLSAAL IM HOTEL TUCHOLSKI LOITZ

Wenn Steine, Möbel und Tapeten Geschichten erzählen: Wer seinen Fuß in dieses Fachwerkhaus aus dem späten 18. Jahrhundert setzt, sollte sich Zeit nehmen und dem heutigen Eigentümer lauschen. Denn in den Erzählungen Peter Tucholskis (wie auch auf dem von zahllosen Schuhen geschundenen Original-Eichenparkett des 1870 errichteten Ball- und Festsaals) lebt die Vergangenheit fort mit all ihren ausgelassenen Geselligkeiten, Auftritten von Militärkapellen und Viehhändlern, die im Gasthof ihren Ertrag vertranken. Und da solch eine Historie bewahrt werden will, hat der Nachfahr des vormaligen Hoteliers hier ein Atelier für Künstler aller Sparten geschaffen.

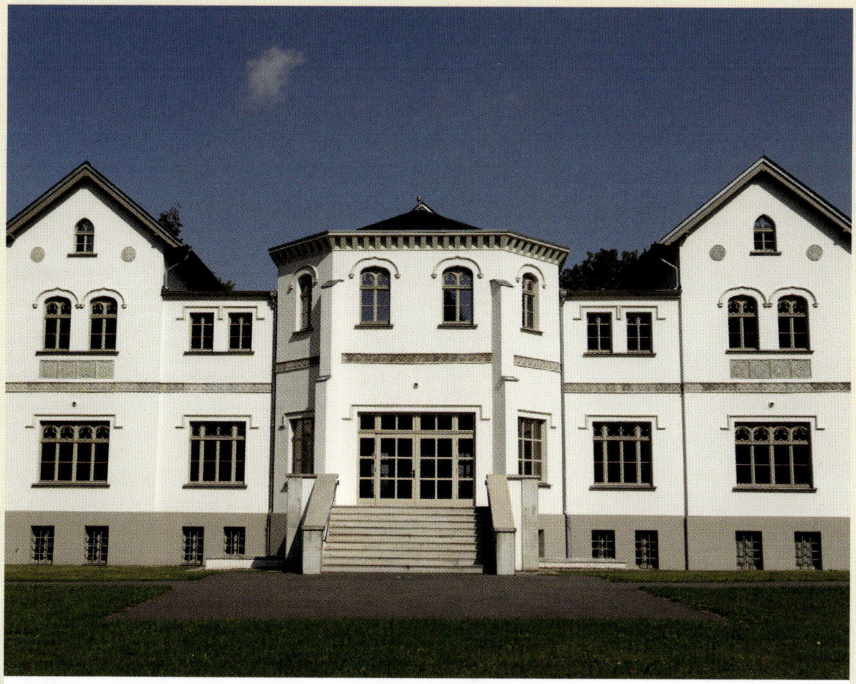

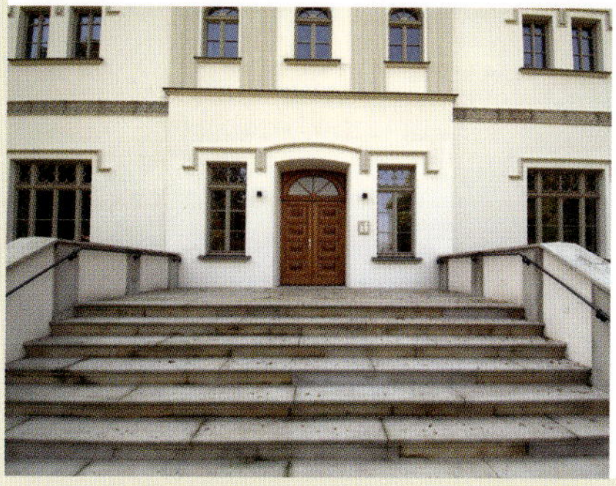

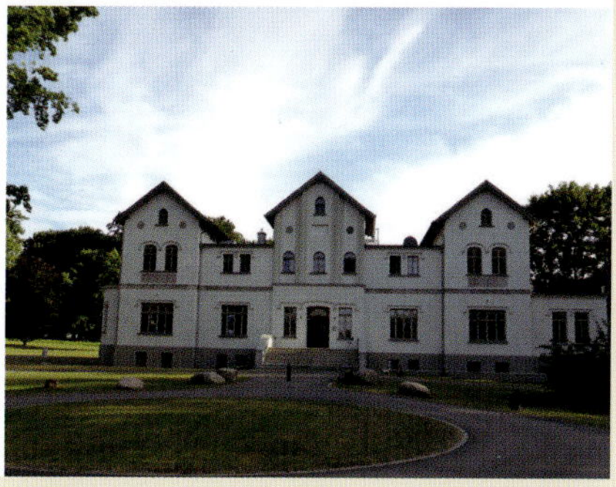

SCHLOSS SCHWIESSEL

Stiller und dem himmlischen Frieden näher kann ein Friedhof kaum gelegen sein: Ein Dutzend Gräber (darunter jenes von Ernst Henning Graf von Bassewitz, Sohn des Schlosserbauers) finden sich am Rande des Schlossparks Schwiessel – dahinter wandert der Blick über weite Felder. Und die Gedanken verlieren sich in Betrachtungen über das Werden und Vergehen des Menschen ... wie auch jenes des um 1860 im Tudorstil errichteten Herrenhauses. In den 30er-Jahren umgebaut, stand es seit 1985 leer und verfiel bis auf die Grundmauern – ehe sich ein neuer Besitzer der Ruinen annahm und dem alten Gemäuer zu neuer alter Schönheit verhalf.

Nachmittagsausflug
Dornröschens Schloss: Holpernd geht es durch dichten Wald – bis sich plötzlich das gewaltige, leerstehende Herrenhaus aus dem Baum-, Strauch- und Brennnesselmeer emporrankt. Märchenhaft!
Herrenhaus Rossewitz, 18276 Laage, Führung Tel.: 038459/30041

Die Stärkung vor dem Konzert
„Remise": Auf den Weiden des Gutes Dalwitz grasen die Rinder, im Hofrestaurant wird das Fleisch durch langsames Grillen auf Holzkohlefeuern südamerikanisch zubereitet.
Dalwitz 46, 17179 Walkendorf, Tel.: 039972/56140

Am nächsten Tag
Auf historischen Spuren: Ob der englische Landschaftspark des Gutes Nustrow, die Fresken in der Walkendorfer Kirche, der Ramée-Park des Gutes Gottin oder der Rosengarten in Groß Wokern – kleine Dörfer und Parks ganz groß!

Glücksmoment
Eintauchen ins Blütenmeer: Es ist dieses eine Zimmer hoch oben im Gutshaus Gottin, das die Sichtachse durch den Park mit seinen mehr als 2000 Rosen und seltenen Hölzern eröffnet ...
Dorfstraße 17, 17168 Warnkenhagen, Tel.: 039976/50251

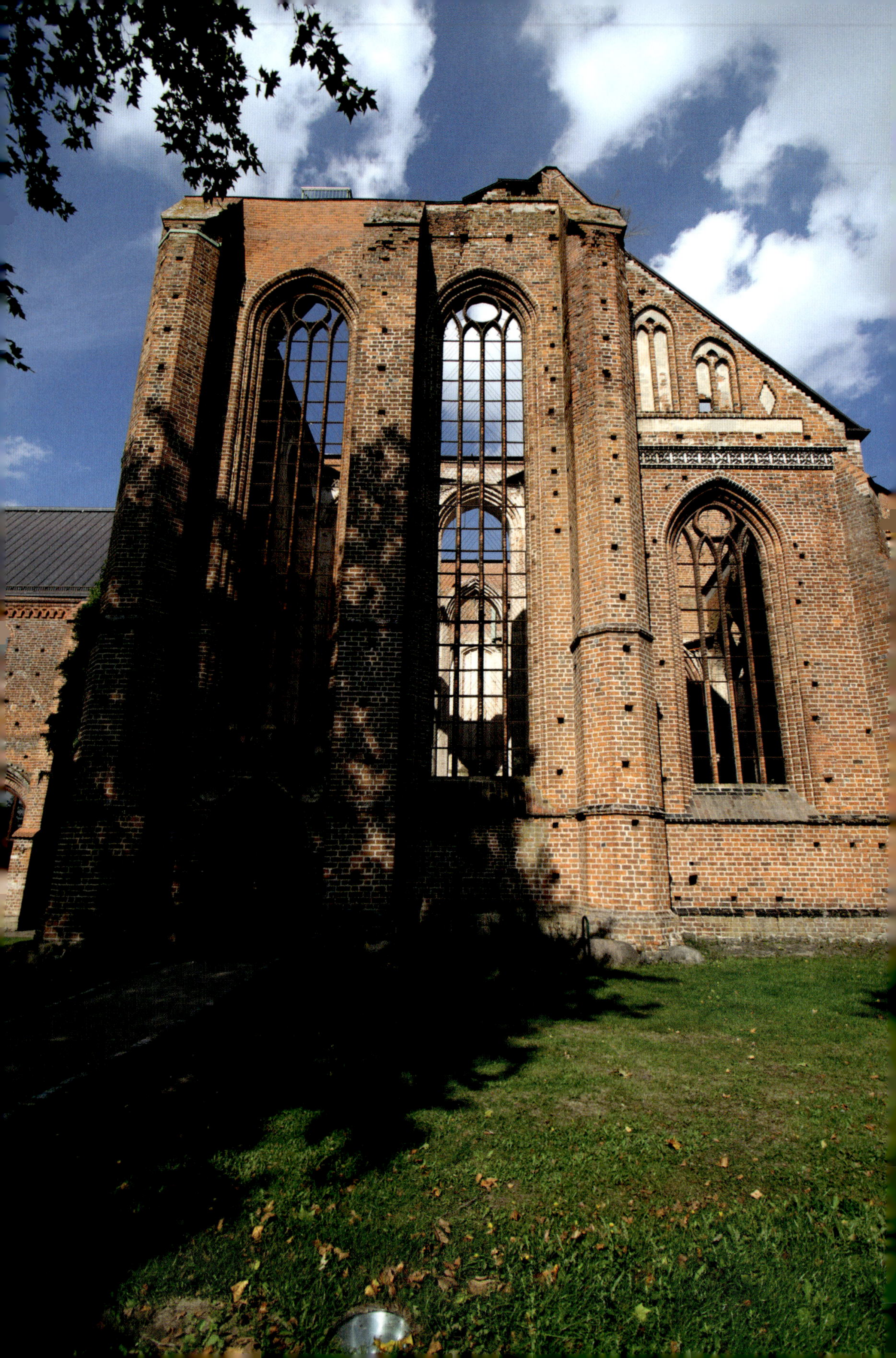

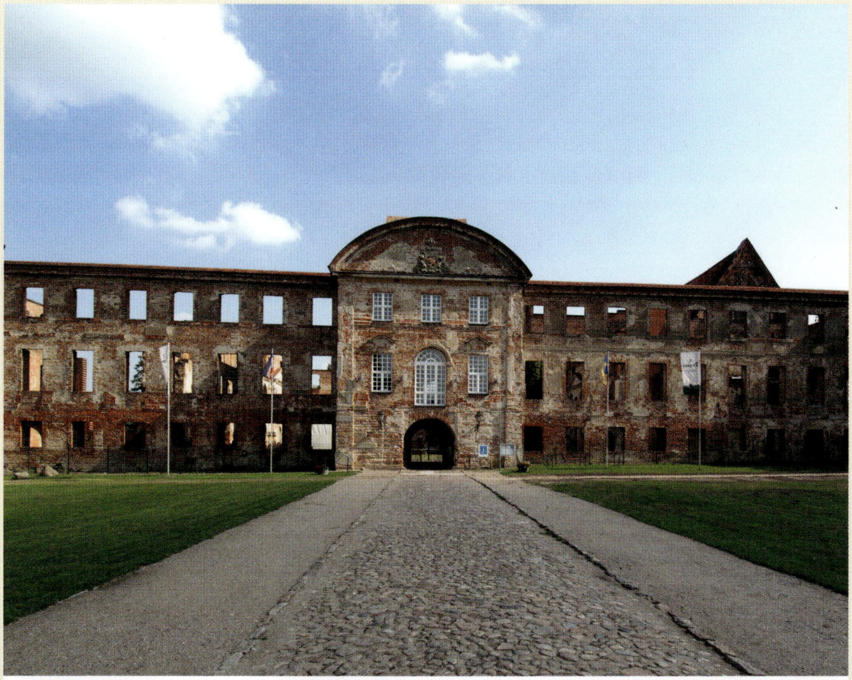

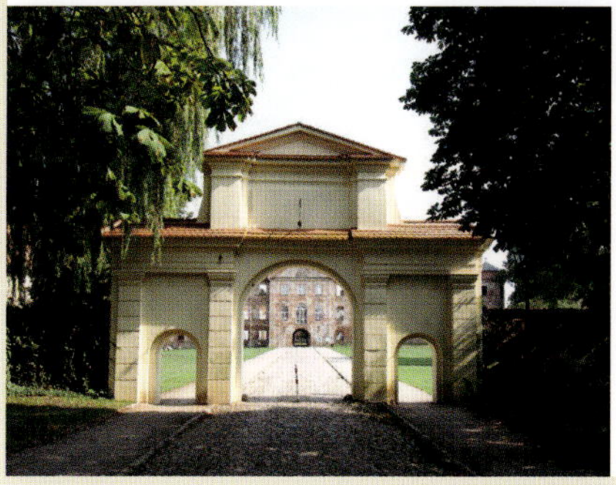

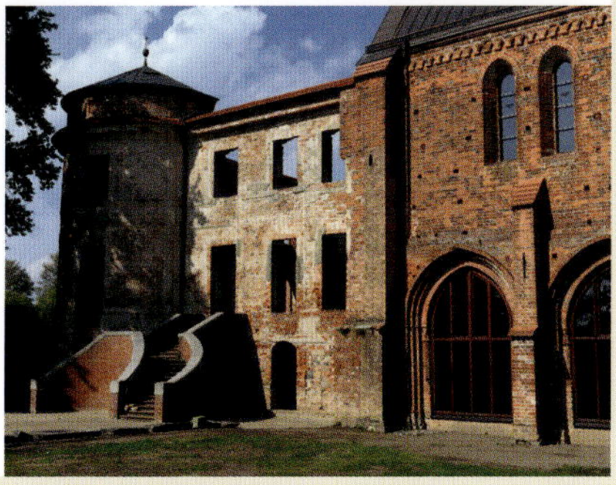

KLOSTER- UND SCHLOSSANLAGE DARGUN

Vom Kloster zum Schloss: Dänische Zisterziensermönche legten bereits 1172 den Grundstein für das 1209 gegründete Kloster Dargun – doch im Zuge der Säkularisierung übernahm Herzog Ulrich I. von Mecklenburg-Güstrow 1556 die Anlage und baute nicht allein das Korn- und Brauhaus für seine Genüsse aus. Das weitläufige Gelände des rekonstruierten Parks mit seinen 300 Jahre alten Eiben gibt noch heute eine Ahnung des um 1690 im Barockstil umgestalteten Schlossgartens, während das in den letzten Kriegstagen 1945 durch einen Brand zerstörte Schloss weiter auf seine Auferstehung wartet.

Nachmittagsausflug
Walderlebnispfad Dargun: Klingt nach Kinderabenteuer, doch die „Überläufer-Tour" durchs Forstrevier lässt auch Eltern staunen und rätseln.
Start: Am Strand, 17159 Dargun, Tel.: 039971/30930

Die Stärkung vor dem Konzert
„Hotel-Restaurant Trebelblick": Die befreiende Weite des Trebeltals vor Augen, landen aus Netz, Reuse oder vom Haken Wels, Zander und Matjes in verschiedenen Variationen auf dem Teller.
Klänhammerweg 3, 17109 Demmin, Tel.: 03998/2510

Am nächsten Tag
Amazonas des Nordens: Wer von Verchen im Kanu durchs Obere Peenetal bis Demmin paddelt, erlebt einen wildromantischen Rausch der Urwüchsigkeit – zurück geht's per Bus.
Kanustation Verchen: Seestraße 17, 17111 Verchen, Tel.: 039994/749937

Glücksmoment
Naschwerk eines Künstlers: Neun Stunden zaubert Konditor Peter Komander an seiner Reuter-Torte aus Baumkuchen, Pistazienmarzipan und Eichelwhiskey – ein wahres Gedicht!
Dorfstraße 7, 17153 Grammentin, Tel.: 039952/23912

Landschaft wie ein Meer

Inselspaziergänge mit
NILS MÖNKEMEYER auf Rügen

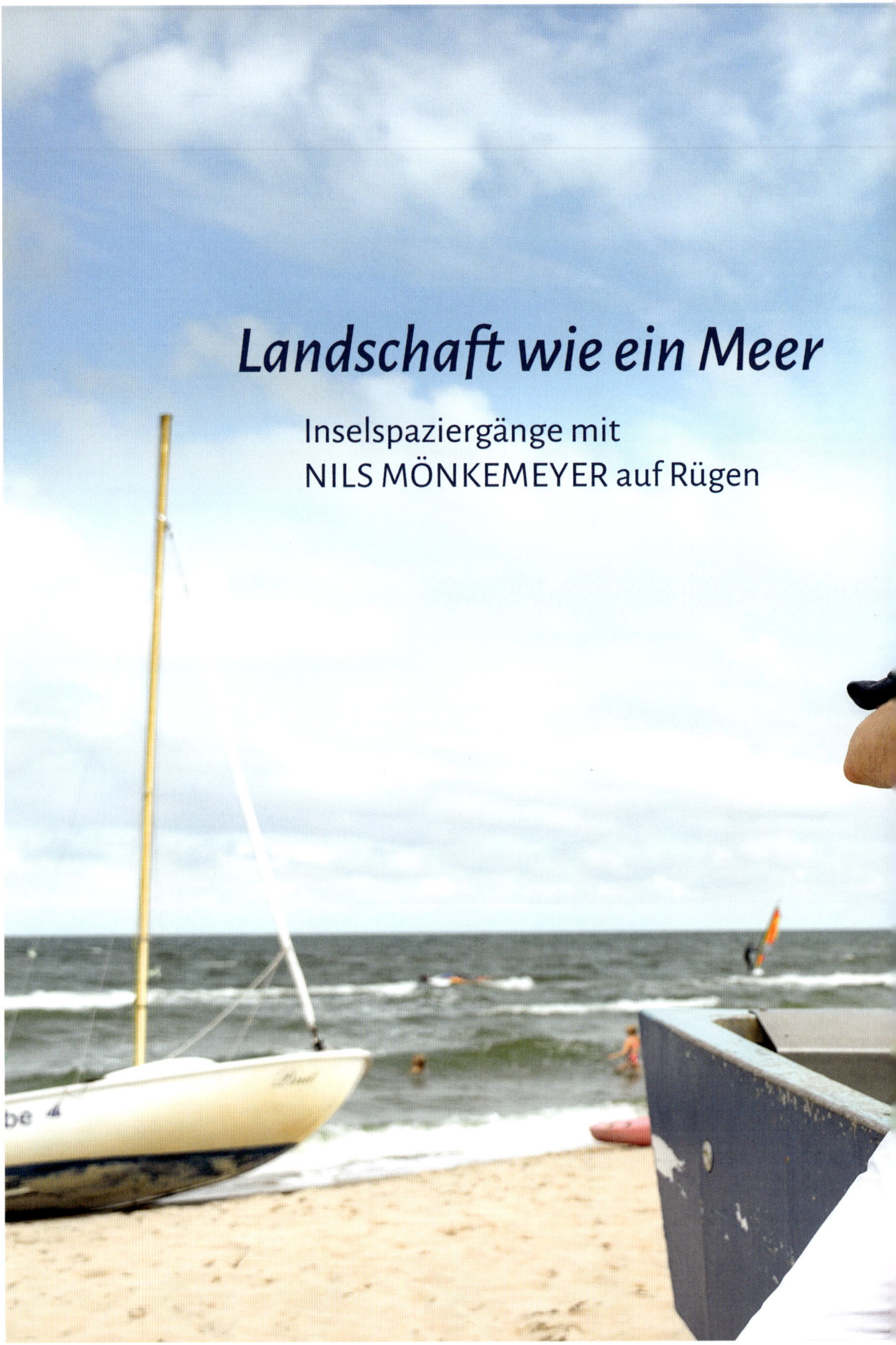

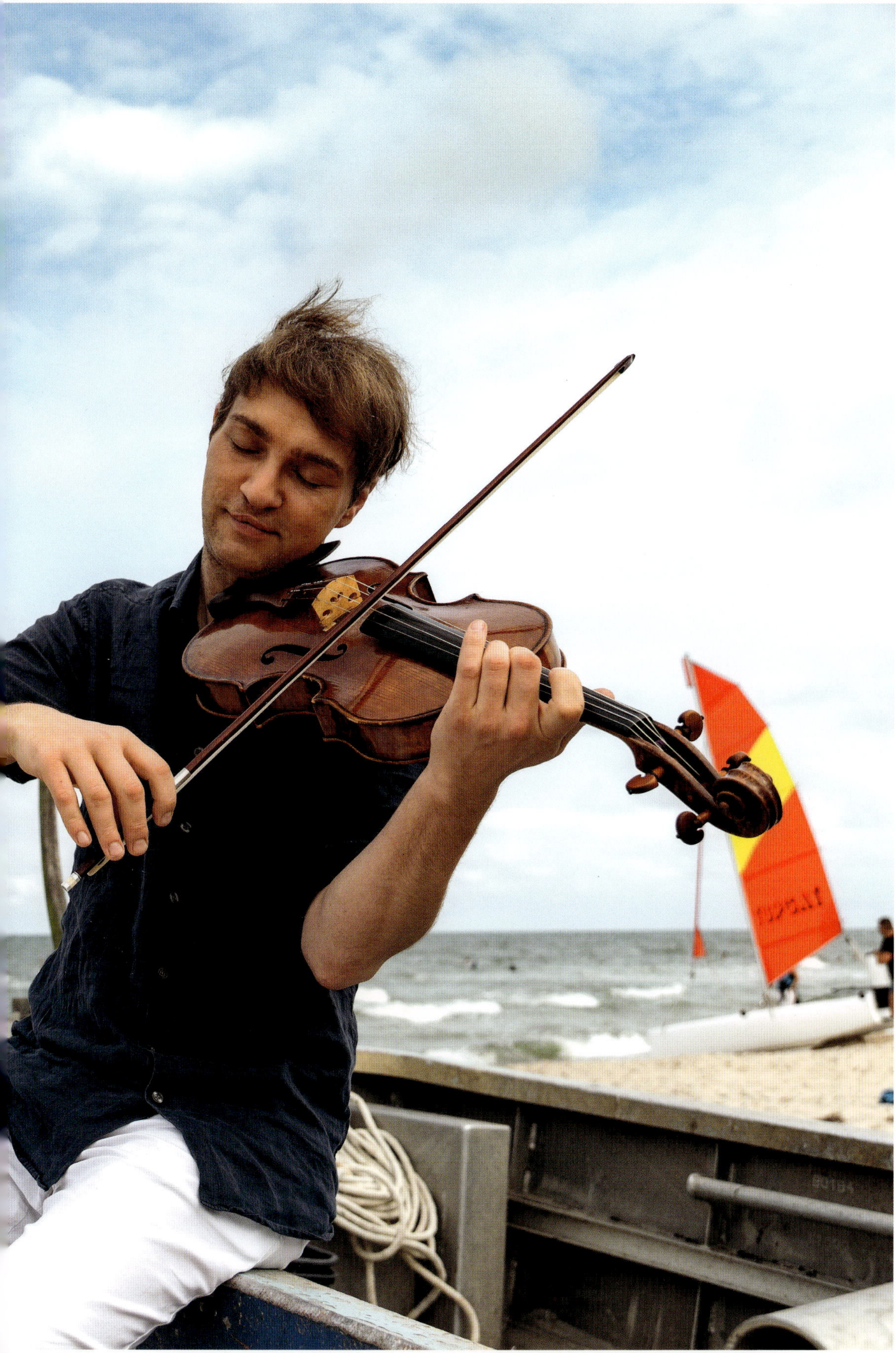

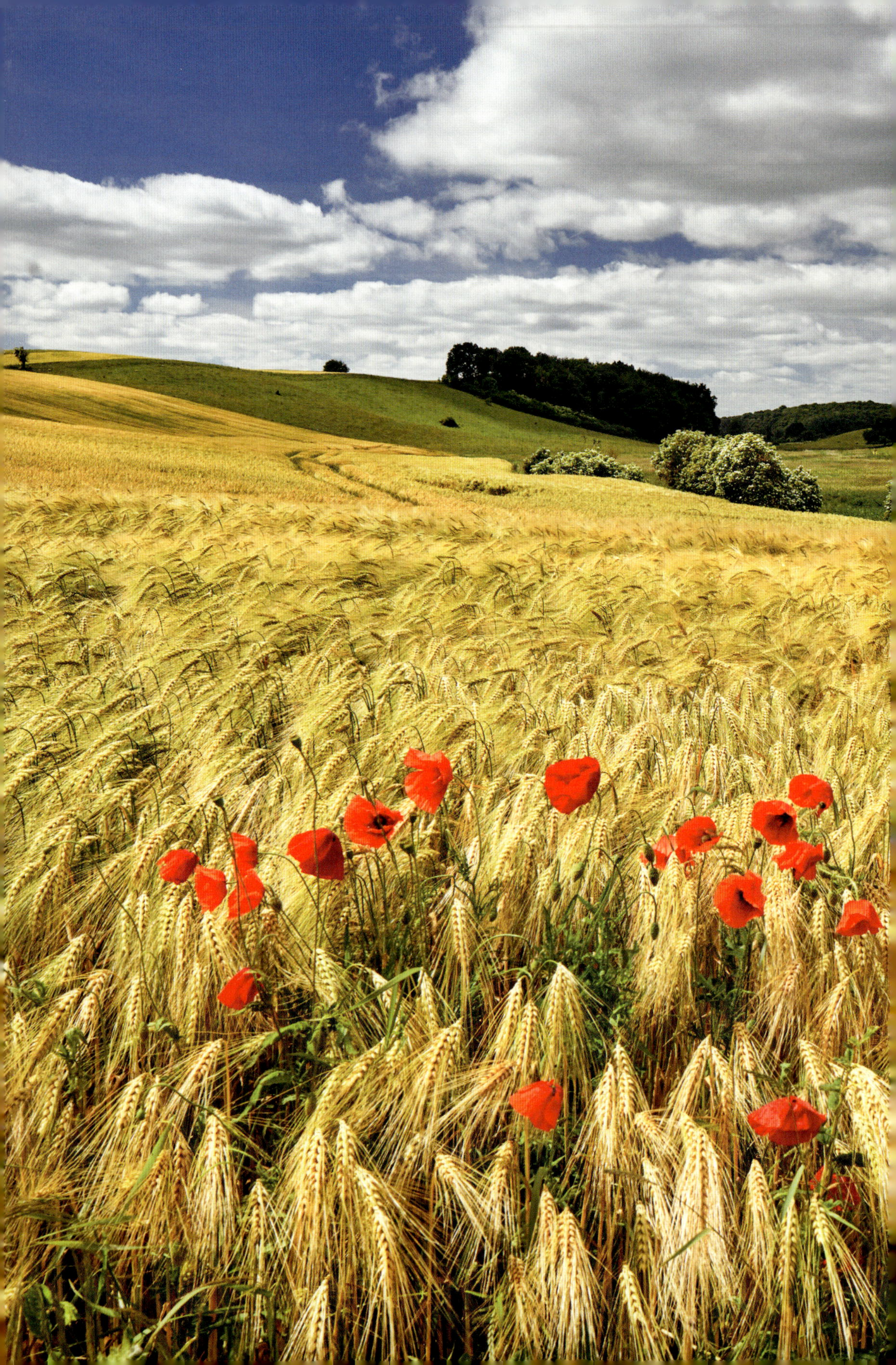

Weite, wogende Kornfelder und üppige Sonnenblumen, die ihre gelben Köpfe gen Himmelslicht recken: „Das ist mein Bild von Mecklenburg-Vorpommern und insbesondere von Rügen", lacht Nils Mönkemeyer. Und zumindest an einem Sommertag sehr nah an der Realität, wie sich schon kurz nach der Überfahrt auf die größte Insel der Bundesrepublik zeigt. Wenn dann noch der Wind über die Halme streicht und die gelben Blüten schwanken lässt, erahnt der Betrachter jenen Rhythmus, von dem Deutschlands bekanntester Bratscher schwärmt. „Die Landschaft hier ist wie ein Meer in ihrer ganz eigenen ständigen Bewegung – nicht zuletzt durch die dahinziehenden Wolken am weiten Himmel, der sich darüber wie eine Kuppel erstreckt." Statische Momente gebe es hier nicht, stattdessen sei alles in einem großen ruhigen, aber steten Fluss: „Wie ein Sandbild."

Seite 154 – Malerisch: In Mecklenburg-Vorpommern gesellt sich zur irdischen die himmlische Landschaft

Bilder haben Rügen bekannt und berühmt gemacht. Vor allem jene Caspar David Friedrichs, dessen Werke das Eiland zur Wallfahrtsstätte der Romantik(er) werden ließen: Im Nachklang seiner Hochzeitsreise mit Caroline Bommer entstand 1818 mit den „Kreidefelsen auf Rügen" eines seiner bekanntesten Gemälde; dessen Popularität es auch keinen Abbruch tat, dass der Poet unter den Landschaftsmalern hier wohl doch nicht die 2005 ins Meer abgerutschten Zinnen der Wissower Klinken abgebildet, sondern dieses Hauptwerk der deutschen Romantik aus verschiedenen Inseleindrücken komponiert hatte. Auch Philipp Otto Runge, Adolph Menzel, Lyonel Feiniger oder der malende Literat Johann Jakob Grümbke unternahmen ihre künstlerischen Streifzüge durch das Rügenland und kündeten der Welt von diesem Sehnsuchtsort.

Als der kleine Nils in den 80er-Jahren hier erstmals mit seiner Familie Urlaub machte, nahm der Junge die Bedeutung dieser Maler allenfalls am Rande wahr – doch was ihm bis heute in lebhafter Erinnerung blieb, ist „dieses ganz spezielle Licht, das vom Meer bis zu den Häusern hier alles reflektiert und einem das Gefühl gibt, als schwebte man ein Stück über der Erde". Wie auch jener Zauber des Kleinen, die Liebe der Insulaner zum Detail, wenn etwa in der Weißen Stadt Putbus vor jedem Heim Rosen blühen: Fürst Wilhelm Malte I. zu Putbus hatte vor 200 Jahren bestimmt, dass die Eigentümer ihre Häuser „stets schneeweiß" zu streichen und vor den Fassaden die Königin der Blumen zu pflanzen hätten – nur eine von vielen Ideen, die der junge Adlige von seinen Reisen durch Europa mitbrachte, um dem neu gegründeten Ort ein möglichst schönes und lebendiges Antlitz zu verleihen, denn nichts weniger als eine in ihrer Pracht verzaubernde Märchenstadt

Die Landschaft hier ist wie ein Meer in ihrer ganz eigenen ständigen Bewegung – nicht zuletzt durch die dahinziehenden Wolken am weiten Himmel, der sich darüber wie eine Kuppel erstreckt

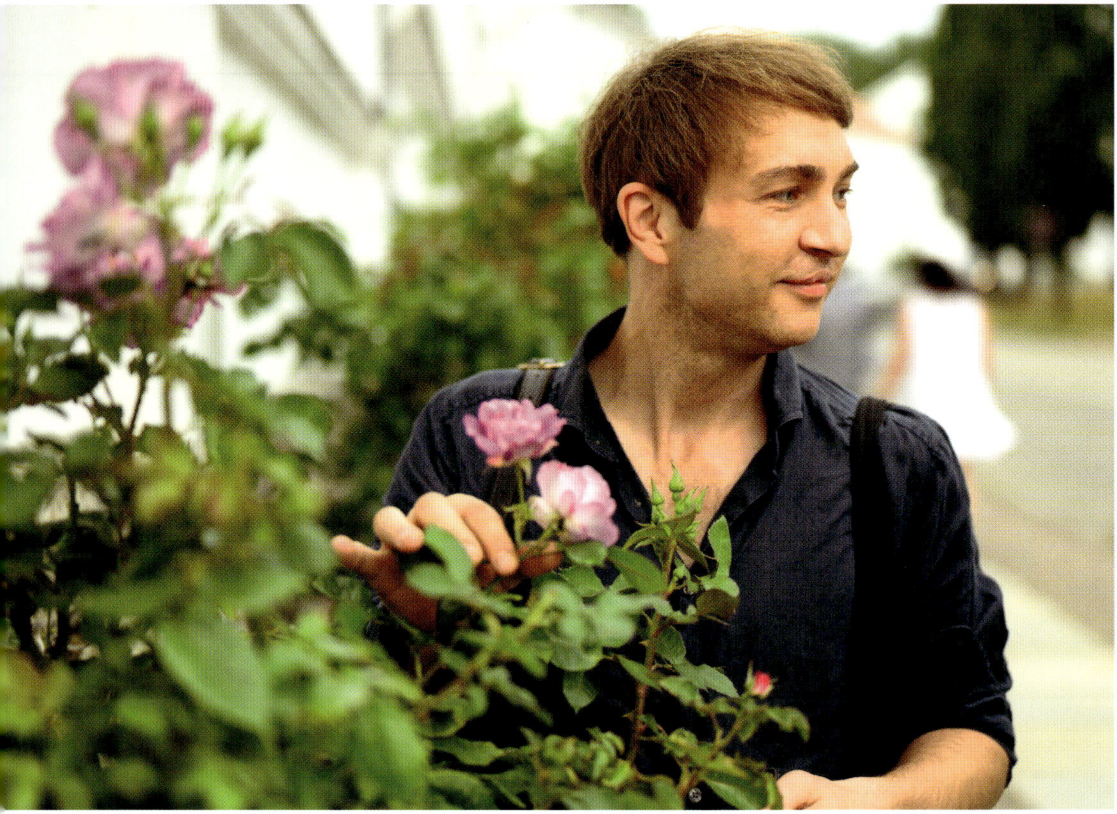

Dornige Liebe: Im Garten seiner Eltern wuchs Mönkemeyers Begeisterung für Rosen – die Hochstämmchen in Putbus sind ihm indes allzu „künstlich"

sollte hier entstehen. Ein Erlass, der bis heute für die Bürger seine Gültigkeit nicht verloren hat – und Rosenliebhaber Mönkemeyer sogleich die Hochstämmchen in Augenschein nehmen und einige kritische Anmerkungen zum „Schweinchenrosa" der hiesigen modernen Arten äußern lässt. „Ich liebe die alten Rosen wie Félicité Parmentier oder Centifolia Major aus dem 17. Jahrhundert – die sind in ihren Blüten voll gefüllt und verströmen einen intensiven Duft, während die überzüchteten neuen gar nicht mehr riechen. Doch eine Rose ohne Duft ist irgendwie witzlos, oder?"

Und schon zieht es den Musiker weiter vom kreisrunden Circus mit seinen streng geometrisch angeordneten, weißen Häusern zur Orangerie im nahen Schlosspark: neben dem Marstall das letzte Überbleibsel der einstigen Schlossanlage der Herren zu Putbus – zu DDR-Zeiten, Anfang der 60er-Jahre, war die Sprengung des zunehmend verfallenden „feudalistischen Reliktes" beschlossen worden. Die einst vom Fürsten initiierte Umgestaltung des Schlossgartens zu einem englischen Landschaftspark blieb indes erhalten und lässt Mönkemeyer nicht zuletzt ob der Blickachsen ins Schwärmen geraten: „Hier ist weder alles mit dem Zollstock nachgezogen noch jede Rasenkante abgestochen – und doch

Das Tempo hier ist ein anderes, wer nach Rügen kommt, lässt den Alltag hinter sich

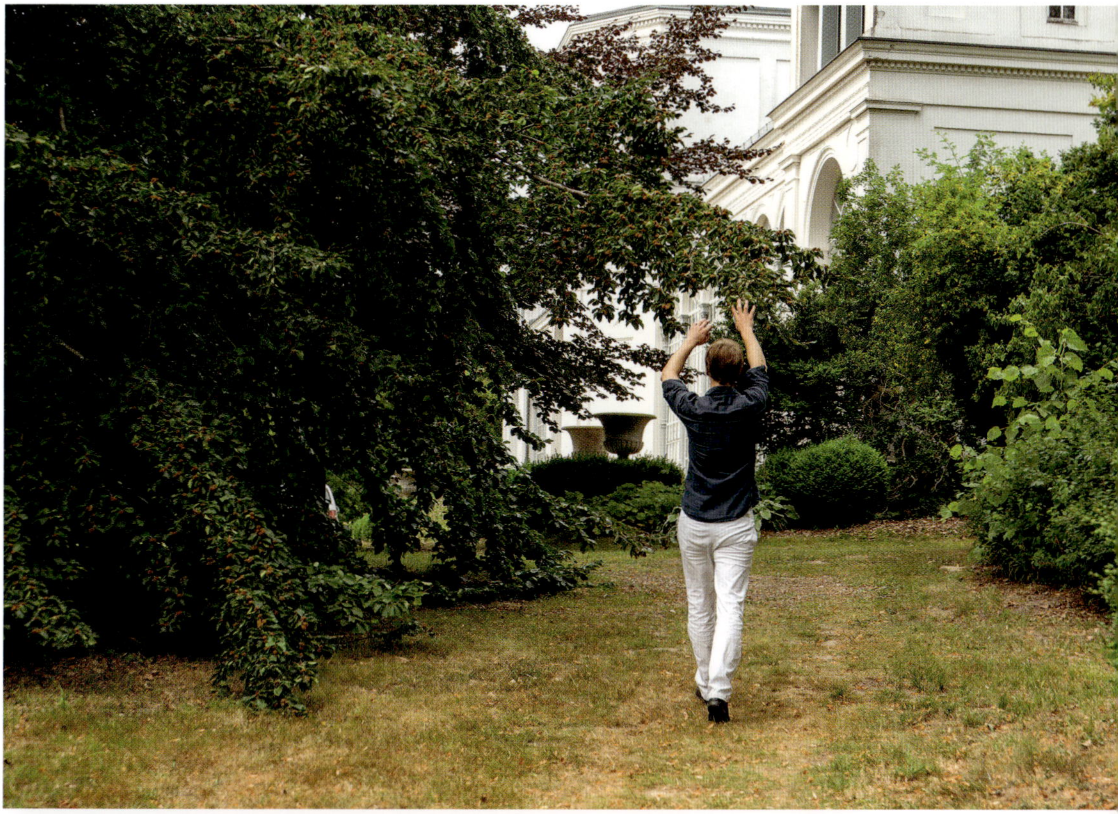

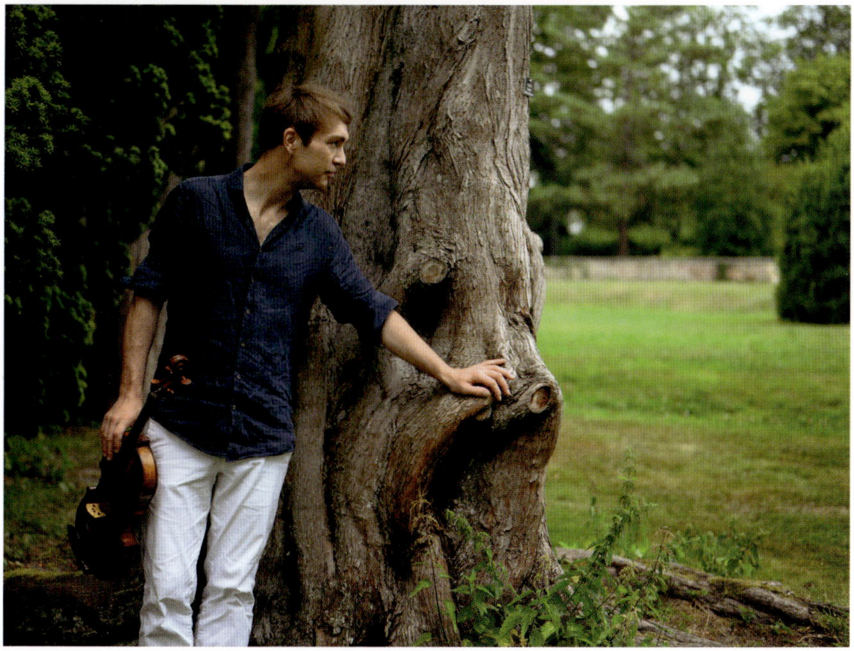

Im Park zu Putbus: „Es ist eine Kunst, einen Garten so anzulegen, dass dieser verwunschen und natürlich zugleich wirkt"

Im Rhythmus der Landschaft: „Auf Rügen muss man sich Zeit nehmen“

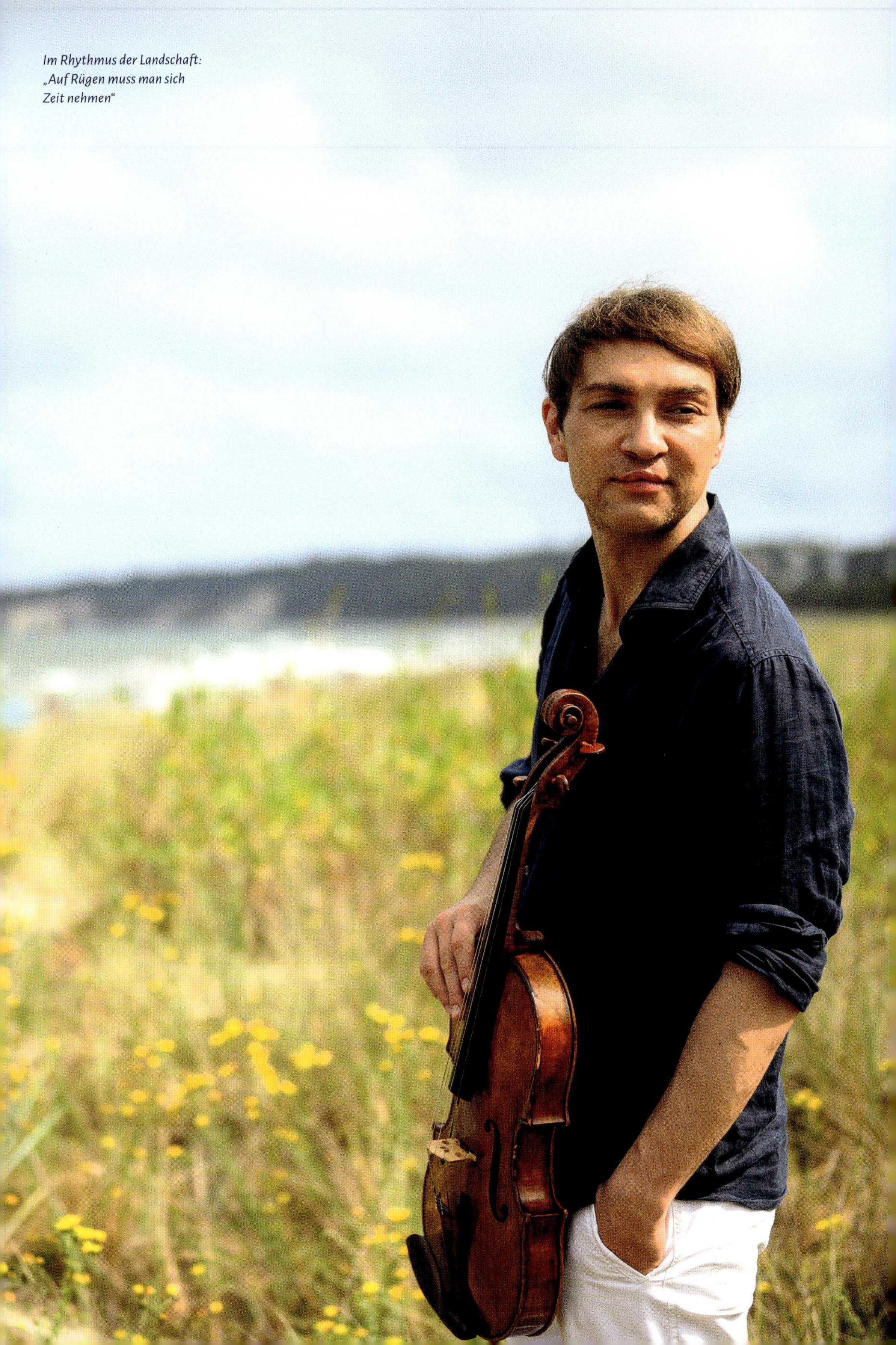

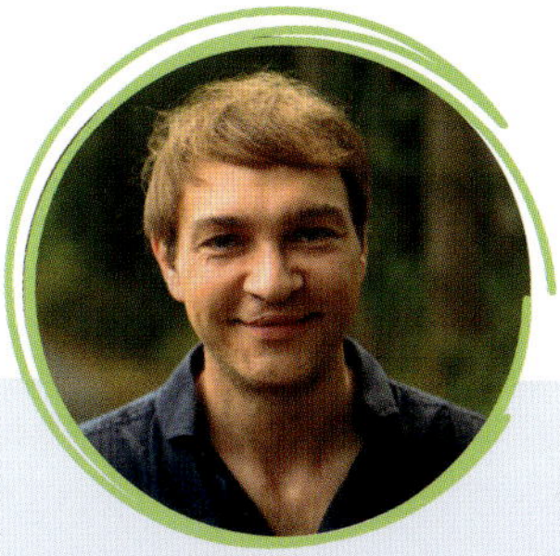

Wortwechsel

Andere zieht es ins Grand Hotel – Sie lockt die Wanderung von selbigem in Binz hinab auf die Halbinsel Mönchgut …

Nils Mönkemyer: *Eine wunderschöne Ecke und man kann sehr, sehr lange am Strand spazieren. Gerade wenn dann die Dämmerung hereinbricht, liebe ich diese Strecke, denn selbst wenn die Sonne bereits untergegangen ist, liegt immer noch ein Rest von Lichtreflektion auf dem Wasser. Die Dunkelheit ist dort kein schwarzes Loch, sondern eher wie ein Negativfilm des Tages …*

… und lässt Sie dann die zurückliegenden Stunden noch einmal durchleben?

Ja, denn der Tag setzt sich hier am Wasser in der Dämmerung noch fort, weil das Meer selbst in der Dunkelheit noch glitzert und von Bewegung durchzogen ist. Und man kann dort sehr weit am Strand seinen Weg ziehen.

Als Wanderer über dem Strand, ist Ihnen da das Meer näher oder der Sand?

Das lässt sich nicht trennen – für mich gehört beides zusammen. Und letztlich ist ja auch genau dies das Schöne: Es gibt hier keine Grenze mehr zwischen Land und Meer und Himmel, sondern alles wird eine große Einheit – und wir sind ein Teil davon.

Aber lässt sich solch ein Gefühl des großen Ganzen nicht auch andernorts in der Natur erfahren?

Nein, auf dem Festland ist dies nicht möglich, denn es hat eben unmittelbar mit dem Meer zu tun – und auf einer Insel bekommt dieses Erlebnis noch einmal einen ganz besonderen Reiz. Denn dort bin ich umgeben von Wasser – selbst wenn ich am Strand entlang gehe und die Wälder der Granitz mich zur Rechten begleiten, so habe ich im Unterbewusstsein doch stets die Ahnung, von dieser Unendlichkeit des Meeres umgeben zu sein.

Selbst wenn Sie diesen Weg schon unzählige Male gegangen sind?

Ich werde nie müde von dieser Insel – auch nicht von diesem Spaziergang, entdecke ich doch jedes Mal wieder etwas Neues. Sei es nun das Panorama in den wechselnden Lichtstimmungen, seien es die tollen Farben. Manchmal ist es auch nur ein Felsen im Hintergrund, der diesem Strand eine ganz besondere Atmosphäre verleiht. Und wer zur Abwechslung den Hochuferweg wählt, ist immer wieder berauscht von den Ausblicken aufs Meer, die sich dem Wanderer bieten.

folgt die ganze Anlage einer spielerischen Architektur mit ihren kleinen Beeten, den großen alten Bäumen und den geschwungenen Wegen." Obendrein habe dieser Park mit der Orangerie – einst Winterhort für frostempfindliche exotische Pflanzen, sind heute hier Ausstellungen zu sehen – eine typische Rügen-Anmutung: „Da wir uns auf einer Insel befinden, kann die Anlage nicht so groß sein – und folglich sind die Pflanzungen auf kleinem Raum und im Detail sehr konzentriert, was ich als außerordentlich hübsch erlebe."

Einmal von der Faszination ergriffen, legt der Streicher gleich noch eine Hymne auf die Insel als Flucht- und Entschleunigungsort in unserer hektischen Welt nach: „Das Tempo hier ist ein anderes, wer nach Rügen kommt, lässt den Alltag hinter sich." Und im Gegensatz zu den rauen und kargen nordfriesischen Inseln seiner Heimat sei nicht nur das Meer milder, sondern die Landschaft böte neben den atemberaubenden Stränden auch traumhaft vielfältige Kulissen für die Pflanzenwelt. Bis zu den Rosen vor den weißen Häusern, um deren leuchtend helle Mauern und deren Erhalt sich die Menschen hier liebevoll kümmerten.

Das strahlende Weiß der Häuser beruht nicht zuletzt auf der beigemischten, von der Insel stammenden Kreide – die seit 1929 allerdings nicht mehr an den atemberaubenden Küstenfelsen der Nationalparks Jasmund abgebaut wird, sondern nur noch im Landesinneren. Ein typisches Rügen-Produkt, wie im ehemaligen Kreidewerk Gum-

„Kleiner Königsstuhl": Rund um den einstigen Kreidebruch Gummanz führt ein Pfad bis auf 126 Meter Höhe – samt faszinierenden Ausblicken

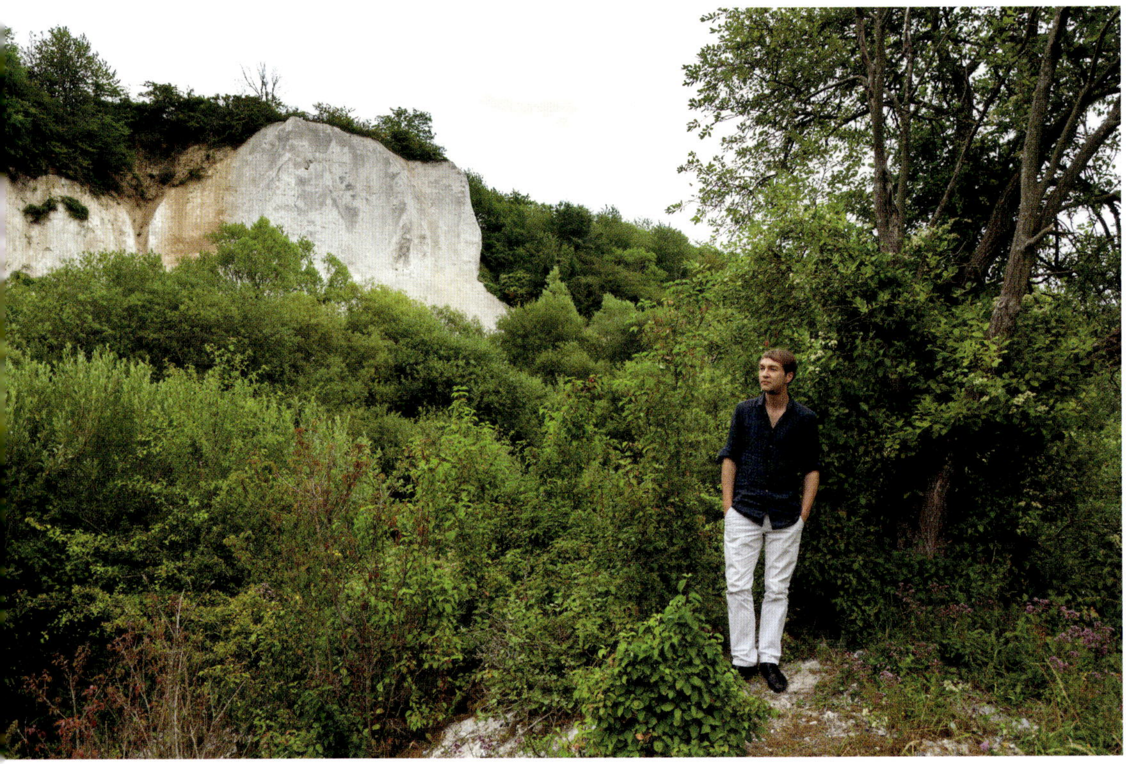

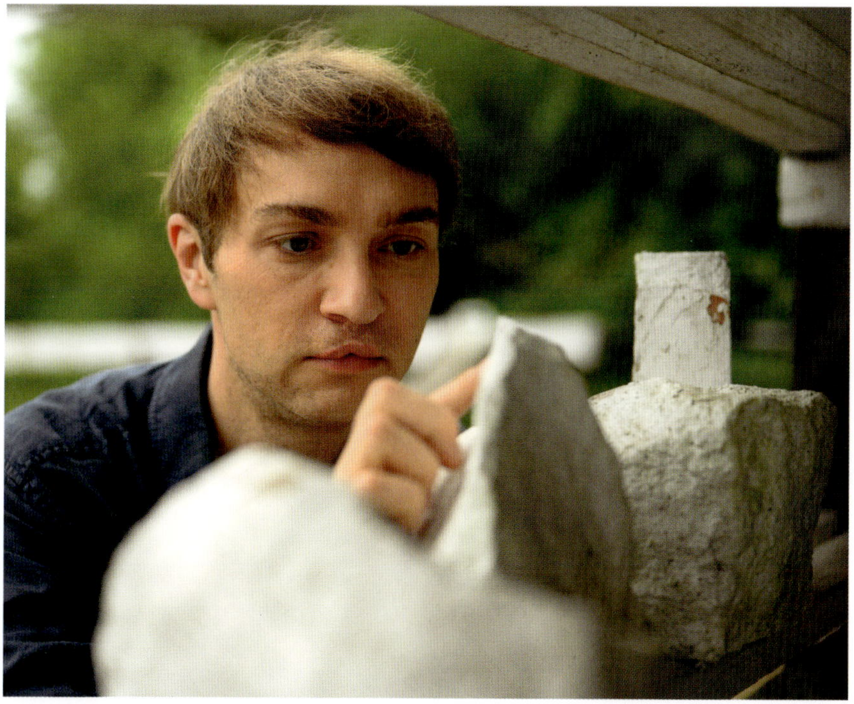

Eindrucksvolle Museumsschau: Kreide braucht es allerorten in unserem Leben – selbst in einem Auto findet sich fast ein halbes Pfund des weißen Goldes

manz zu erfahren ist, das sich mittlerweile zu Europas einzigem Kreidemuseum verwandelt hat: „Es ist total spannend, hier nachzuvollziehen, wie ein Bodenschatz eine ganze Region geprägt hat", zeigt sich Nils Mönkemeyer begeistert von der Ausstellung, die ihn in die geologische und Fossiliengeschichte eintauchen lässt, die Tradition des Abbaus und die vielfältige Nutzung des Naturrohstoffs aufzeigt und die, vorbei an allerlei historischen Gerätschaften, auf einem Naturlehrpfad rund um den ehemaligen Kreidebruch bis hin zum „Kleinen Königsstuhl" führt. „Hier hat ein Bodenschatz eine ganze Region geprägt, einige Menschen zu Wohlstand kommen lassen und dadurch letztlich auch eine Brücke zur Kunst geschlagen – nicht umsonst hat man die Kreide das weiße Gold genannt."

Kostbar sind die einstigen Tagebaue inzwischen auch für Tiere und Pflanzen, stehen sie doch unter Naturschutz und haben sich in Biotope für kalkliebende Arten wie verschiedene Orchideen, Rohrkolben oder die Kanadische Goldrute verwandelt. Heute darf es nur noch einen aktuellen Abbau geben, derzeit in Promoisel, wo jedes Jahr bis zu 500000 Tonnen Kreide gefördert werden. Bis etwa 2040: Dann geht es weiter mit einem neuen Tagebau bei Goldberg, während die alte Grube der Natur zurückgegeben wird. Bis dahin können sich Fossilienliebhaber bei Exkursionen im Besucherbruch des Tagebaus Promoisel mit Hammer, Säge und Handbürste selbst auf die Suche nach Donnerkeilen, versteinerten Seeigeln oder Seelilienstengeln begeben – und vielleicht sogar einen „Hühnergott" finden: jene Feuersteinknollen mit einem natürlich entstan-

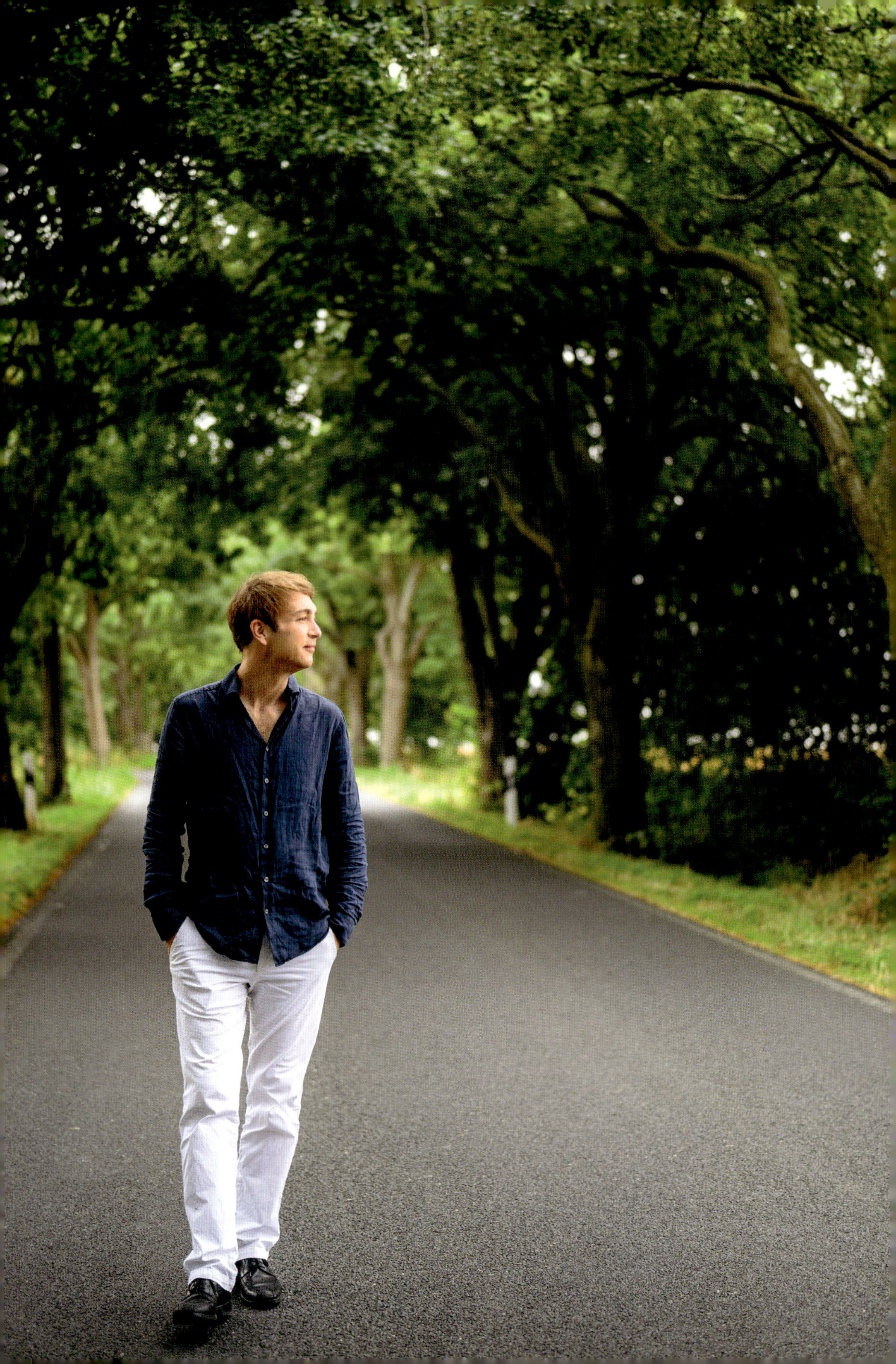

denen Loch, die bei den Slawen gegen die schädlichen Einflüsse böser weiblicher Hausgeister schützen sollten ...

Mönkemeyer indes zieht es weiter gen Süden – in den Süden der Insel, über eine der noch immer zahlreichen Alleen Rügens. „Was ich faszinierend finde: Hier hat der Mensch etwas in der Natur geformt, aber, anders als sonst so oft, im Einklang mit der Natur – und zwar nicht für sich selbst, sondern mit dem Gedanken an spätere Generationen, denn wer solch eine Allee anlegt, wird selbst ja nichts mehr davon haben." Für einen Moment hält der Bratscher inne und blickt in die Baumkronen. „Das ist wie eine Brücke in eine andere Zeit – und hat in seiner Vollendung etwas von einem Kirchenschiff, in das wir ja oft auch andachtsvoll aufschauen." In seinen Worten schwingt Respekt vor den Insulanern mit, die sich sehr bewusst seien, dass eben diese Schönheiten „auch ein Erbe und eine Verantwortung bedeuten, behutsam und klug damit umzugehen".

DIESES GANZ SPEZIELLE LICHT, DAS VOM MEER BIS ZU DEN HÄUSERN HIER ALLES REFLEKTIERT UND EINEM DAS GEFÜHL GIBT, ALS SCHWEBTE MAN EIN STÜCK ÜBER DER ERDE

Zahlreiche von ihnen hat der Musiker selbst kennengelernt, als er 2017 den Festspielfrühling mit seinen Ideen und Programmen kuratiert und geprägt hat. Damals entdeckte der weltoffene Künstler auch viele jener „schönen kleinen Cafés", Galerien und Kunstläden jenseits der Urlauberzentren und stark frequentierten Strandpromenaden und kam immer wieder mit den Besitzern ins Gespräch. „Die backen oft noch den Kuchen selbst, man trinkt gelassen seinen Kaffee und lässt den Tag ausklingen, während die Dämmerung einen langsam umfängt und der Blick sich einmal mehr in der Weite des Meeres verliert."

Etwa in Göhren auf der südöstlichen Halbinsel Mönchgut. Landschaftlich ohnehin ein Kleinod mit einer Vielfalt traumhafter Ausblicke, bietet nicht allein der Hochuferrundwanderweg idyllisch-abgeschiedene Ausflugsmöglichkeiten auf Schusters Rappen fern der beliebten Touristendestinationen.

Was auch für das heutige Ostseebad selbst gilt: Entstanden im Jahr 1165, lässt sich in Göhren auf Spaziergängen oder in Anekdoten-gespickten Führungen mit Silke Wilcke die Wandlung der einstigen Bauern-, Fischer- oder Lotsendörfer zu Orten der Sommerfrische für reiche Großstädter nachvollziehen. Erzählen doch nicht nur zahlreiche prächtige Bauten von der Bäderarchitektur und ihren Ausformungen in Historismus, Klassizismus oder Jugendstil, auch das dortige Heimatmuseum illustriert sehr anschaulich, wie die Mönchguter Fischer wohnten und arbeiteten, bevor die ersten Erholungsgäste kamen. Die noch ihre eigenen Kopfkissen und Bettdecken mitbringen mussten, denn die Fischersleute hatten in ihren Häusern natürlich weder Gästezimmer noch zusätzliches Bettzeug, und so machten sie ihre Schlafzimmer für die Auswärtigen frei und nächtigten während deren Ferienzeit andernorts unter ihrem Oberbett.

Geschichte, in die sich Mönkemeyer auf seinen Inselerkundungen ebenso gern vertieft, wie er den kleinen Mönchguter Geschichten lauscht – etwa jener vom Hauswurz, mit dem die Menschen hier die bösen Geister bis heute von ihren Häusern fernhalten. Auf den Rohrdächern – niemand würde auf Rügen jemals wie in Schleswig-Holstein

Seite 162 – In Harmonie: Von Menschenhand angelegt, muten Rügens Alleen doch wie ein Teil der Natur an

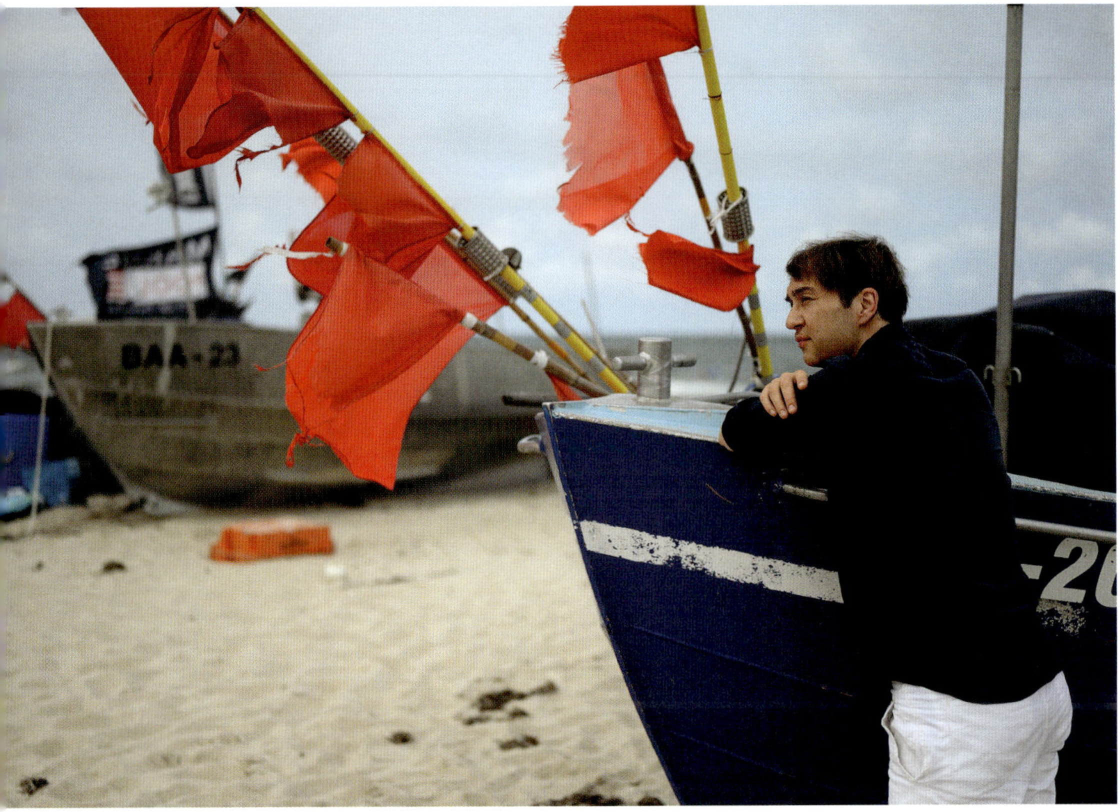

Im Rausch des Meeres: Der Bratscher liebt das Wogen der Wellen – und entspannt im Alltagsstress bei Seegeräuschen via App

und Niedersachsen von Reet sprechen – über den Hauseingängen gepflanzt, sollte die Steinrose nicht nur vor Blitzeinschlag schützen, sondern im Mittelalter auch vor Brand, Sturm und schwarzer Magie. Selbstredend, dass sich auf dem Dach des Göhrener Museums gleichfalls die „immerlebende" Pflanze der Sempervivum-Gattung findet. Für den Botaniker im Musiker eine hübsche Geschichte, ebenso wie die vielen alten Obstbäume, die auch auf Rügen bis heute an den Straßenrändern zu finden sind und in deren herabgefallene Früchte er gern einmal beißt.

Vor allem die schmackhaften Mirabellen hat der leidenschaftliche Koch hier kennen und schätzen gelernt: Inzwischen schmückt ein solcher Baum seinen eigenen Garten und füllt eigenhändig gekochte Marmelade seine Vorratskammer – „eigentlich ganz simpel, denn da die Früchte selbst schon so lecker sind, braucht es nur noch Zitronensaft, damit es nicht zu süß wird, und einen Schuss Sherry oder Whiskey". Konfitüren mit einer ganz eigenen Note, wie sie auch in der Küche seines Rügener Lieblings-Urlaubsplatzes zu finden sind, zu dem es Mönkemeyer nun zieht: auf Gut Lebbin.

Kennengelernt hat der Musiker das private Natur-Resort natürlich über ein Konzert – und möchte eigentlich gar nicht viele Worte darüber verlieren, denn „dieser Ort ist so herrlich abgeschieden und außerhalb der Zeit, den sollte man gar nicht groß protegieren". Doch einmal im Schwärmen, ist Nils Mönkemeyer kaum noch zu stoppen: „Schon der Weg ist ganz besonders, denn man fährt durch einsame Felder und hat das Gefühl, dass nichts mehr käme – und plötzlich öffnet sich die Landschaft und der Blick in die Weite tut sich auf, vor dir liegt dieser riesige Bodden." Der immerwährende Wind, das Rauschen des mannshohen Schilfes – „als machte die Natur Musik" –, die Bäume auf den Landzungen: „Wäre Monet hierhergekommen, er hätte diesen Traum gemalt. Das ist Natur, wie sie einst erschaffen wurde – und man hat das Gefühl, als wäre man an diesem Ort ganz allein." Versunken lenkt der Streicher seine Schritte vom neu errichteten Backsteinbau auf dem über 700 Jahre alten ehemaligen Rittergut

MVorlieben

– LIEBLINGSORT –

Mein Lieblingsplatz ist nahe dem Kap Arkona – und zwar die kleine, achteckige Vitter Kapelle oberhalb des gleichnamigen Fischerdorfes: ein Wahnsinnsort! Man hat dort das Gefühl: Noch einen Schritt weiter zum Meer und man fiele herunter – wenn denn die Erde eine Scheibe wäre … Gerade im Frühjahr ist es hier oft noch verdammt kalt, in dem Oktagon pfeift der Wind, und doch ist dieser lichtdurchflutete Raum zu Recht auch schon Konzertstätte im Festspielfrühling gewesen. Und wenn sich dann die Sonne so langsam durchsetzt, gewinnt die Landschaft einen südländischen, ja poetischen Reiz.

– LIEBLINGSSINNESWAHRNEHMUNG –

Als Nordlicht gibt es für mich nichts Größeres als die Weite der See. Das Meer ruft mich, dort fühle ich mich geborgen, weil ich das Gefühl habe, Teil einer großen, offenen Welt zu sein. Andere Menschen empfinden Ähnliches in den Bergen, doch für mich bleiben diese Unendlichkeit des Horizonts, der Geruch des Wassers, vor allem aber sein Rhythmus und gleichmäßiger Klang einzigartig – wie ein akustisches Kaleidoskop, das die scheinbar immer gleichen Wellengeräusche in doch immer neue Soundkonstellationen verändert. Und trotzdem hat es etwas Meditatives, da es eben dem gleichen Element entspringt und mich wunderbar zur Ruhe kommen lässt.

– LIEBLINGSESSEN –

Es ist weniger ein Gericht als vielmehr die Frucht einer Pflanze, die ich hier in Mecklenburg-Vorpommern besonders faszinierend finde – es sind die Beeren des Sanddorns. In deren Geschmack liegt die Sonne, erfrischend und säuerlich: perfekt für heiße Sommertage. Doch auch sonst verwende ich die Zitrone des Nordens gern in der Küche, etwa statt Preiselbeeren beim Sauerbraten, als Chutney zum Käse oder ganz klassisch im Gelee auf einem Frischkäsebrötchen. Und selbst eingerührt ins Birchermüsli gibt der dickflüssige Sanddornsaft dem Brei eine sehr apart-leckere Note.

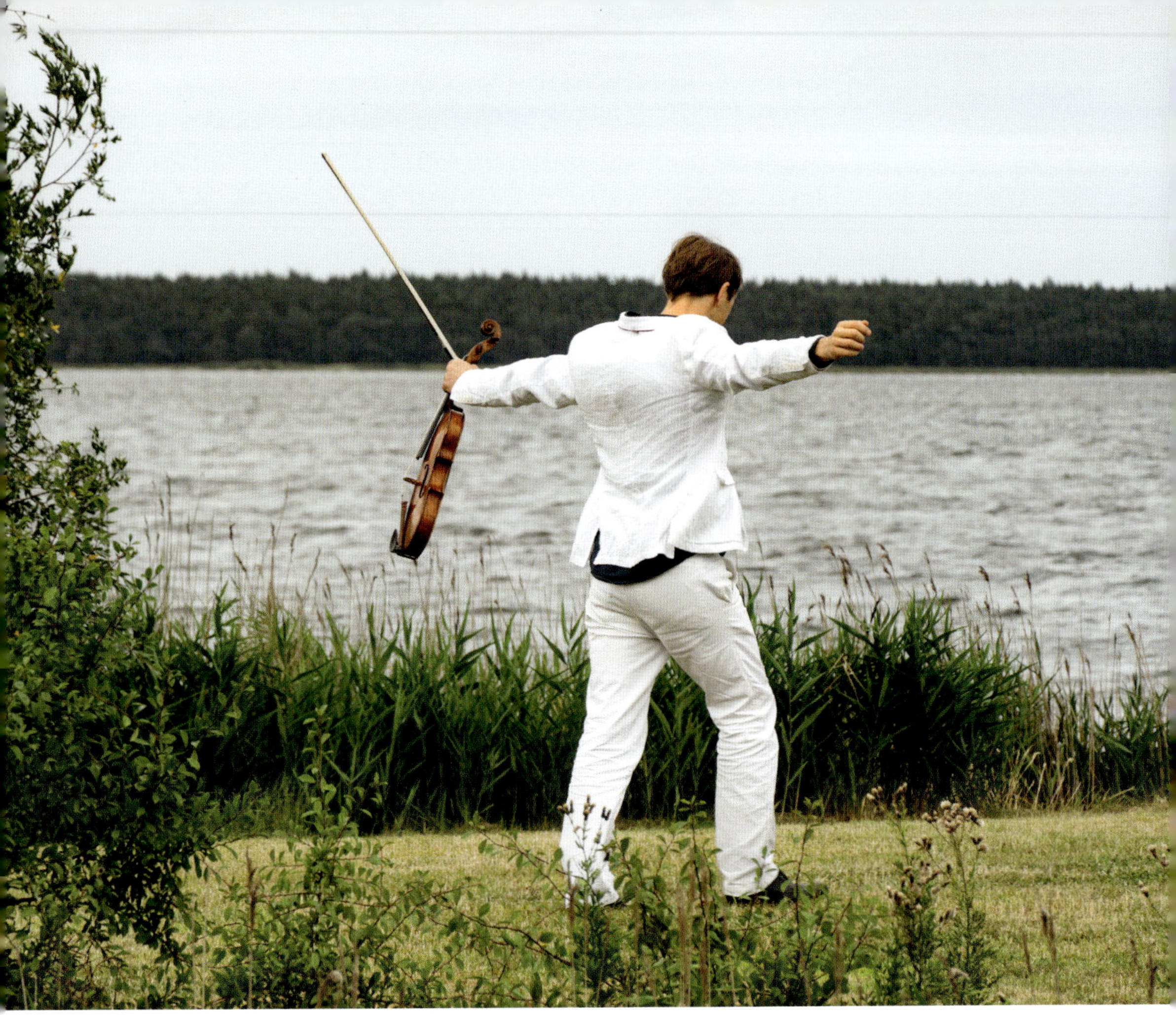

Auf dem Lebbiner Haken werden Rainer Maria Rilkes Verse Wirklichkeit: „Wege will ich erkiesen, die selten wer betritt ...“

zum Wasser, um vor einer Silberweide innezuhalten: „Mein Lieblingsbaum – durch die weiße, seidige Behaarung glitzern die biegsamen Blätter so schön.“

Es ist dieses Gefühl der äußerlichen Weite und der inneren Entschleunigung, das ihn auf Rügen und ganz besonders hier oben am nördlichsten Zipfel der Halbinsel Lebbin immer wieder erfasst. Der 360-Grad-Blick über die Landschaft, die am Himmel dahinjagenden Wolken, die knorrigen alten Obstbäume, die Enten, Gänse und Kraniche auf dem Wasser: „Wären wir mehr an solchen Orten, dann hätten wir mehr innere Freiheit und vielleicht auch mehr Toleranz – was nicht nur fürs Musizieren ein Gewinn sein würde.“ Und dann zitiert Mönkemeyer ein Gedicht Rilkes, während sein Blick entlang des Himmels über dem Lebbiner Haken wandert:

Lehnen im Abendgarten beide,
lauschen lange nach irgendwo.
„Du hast Hände wie weiße Seide ...“
Und da staunt sie: „Du sagst das so ...“

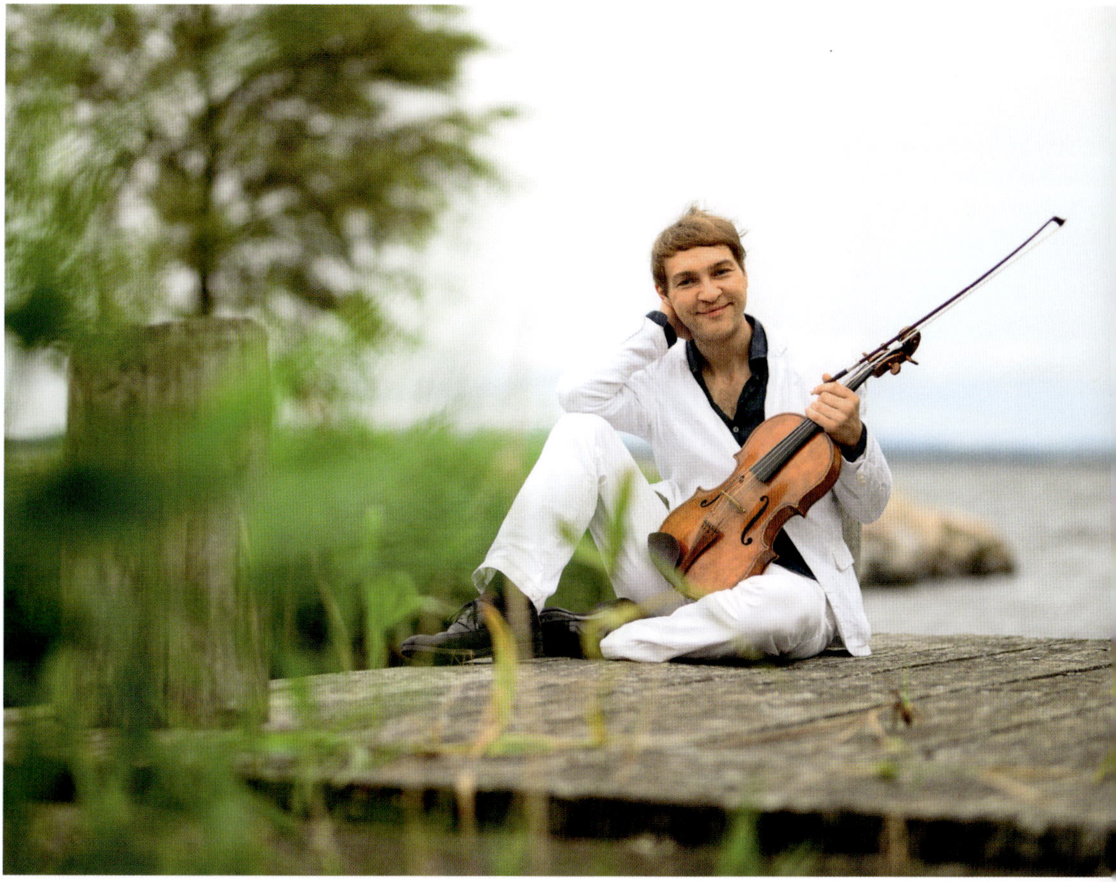

Etwas ist in den Garten getreten.
und das Gitter hat nicht geknarrt,
und die Rosen in allen Beeten
beben vor seiner Gegenwart.

Fern der Welt: Wer Ruhe und Weite sucht, findet diese auf Gut Lebbin – „ein Ort außerhalb der Zeit"

Für einen Moment wirkt die Stille über den Schilfbuchten greifbar, scheinen der kleine Erlenwald und die Wiesen eins zu werden mit dem dunkel schimmernden Wasser des Boddens. „Rügen und ganz besonders Gut Lebbin, das ist dort, wo es etwas gibt, von dem wir nicht genau wissen, was das ist: ‚Und das Gitter hat nicht geknarrt' – doch wir beben vor seiner Gegenwart. Es gibt hier etwas, das größer ist als wir." Eine Magie, die manche Orte haben, die einfach glücklich macht. Unfassbar schön. „Man sollte es gar nicht zu erklären versuchen, sondern einfach nur genießen, dass es da ist."

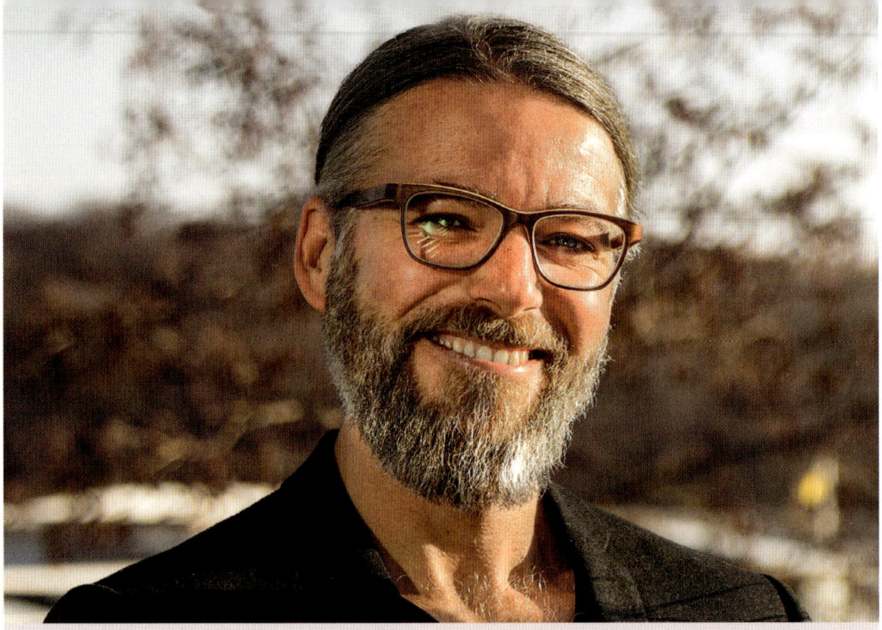

Aufgespürt

„Auf kleinster Fläche finden sich hier alle Natur- und Landschaftsräume der gesamten Insel wieder – von der Steilküste über die Trockenwiesen bis hin zu uralten Laubwäldern!" Spricht Till Jaich über Vilm, jenes kleine Eiland südöstlich von Rügen, gerät der sonst eher ruhige und besonnene Mann ins Schwärmen. Zu DDR-Zeiten hatten hier die SED-Oberen Erich Honecker und Walter Ulbricht ihre Ferienhäuser, heute sind in deren einstige Urlaubsdomizile die Wissenschaftler der Internationalen Naturschutzakademie eingezogen und die Insel ist EU-Vogelschutzgebiet. Seeadler fischen dort und Waldkauz und Gänsesäger brüten in alten hohlen Bäumen. Während der südliche „Kleine Vilm" als Biosphärenreservat menschlichen Eindringlingen verwehrt ist, kann der „Große Vilm" im Zuge von Führungen erkundet werden: für Jaich einer der Geheimtipps, den der gelernte Architekt nur zu gern seinen Gästen weitergibt. Kurz nach der Wiedervereinigung hatte es den gebürtigen Schleswig-Holsteiner erstmals hierher verschlagen: Sein Vater war an der Küste vor Putbus mit Planung und Bau eines Yachthafens beschäftigt, der Sohn folgte ihm und „blieb hängen: Das Einzigartige hier ist, dass sich die Historie und Kultur der einstigen fürstlichen Residenzstadt Putbus mit der wunderschönen Natur paaren." Die es zu bewahren gilt – und so legt der Familienvater denn auch in den schwimmenden Häusern und Pfahlhaussuiten seiner Wasserferienwelt in Lauterbach mit Solartechnik und Blockheizkraftwerk Wert auf ökologische Nachhaltigkeit. Und empfiehlt seinen Besuchern, statt über die Touristenströme zu den Kreidefelsen doch Rügen vom Wasser aus zu erfahren: „570 Kilometer Küstenlinie, die sich durch Wälder und Strände immer wieder neu auffaltet – ein unvergleichliches Naturschauspiel." Dessen Krönung indes die abendliche Segeltour entlang der Gestade Vilms sei: „Da hast du den Bodden ganz für dich allein." Wie hat Prinz Charles doch so treffend gesagt, als der königliche Naturliebhaber 2002 das Inselchen besuchte: „In meinen Träumen sieht so das Paradies aus."

Festspielorte

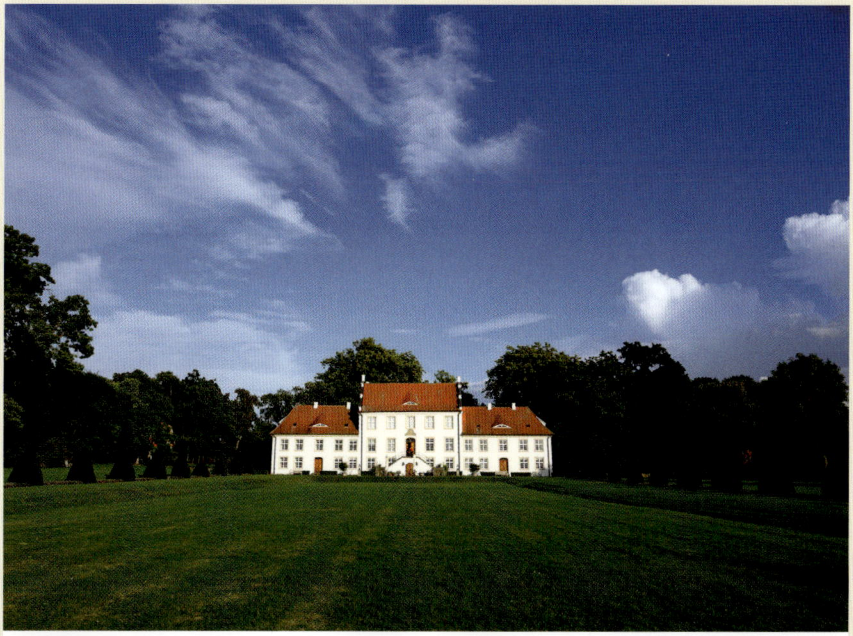

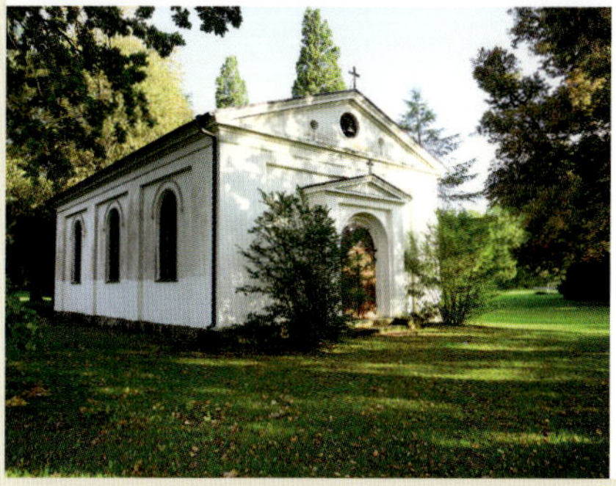

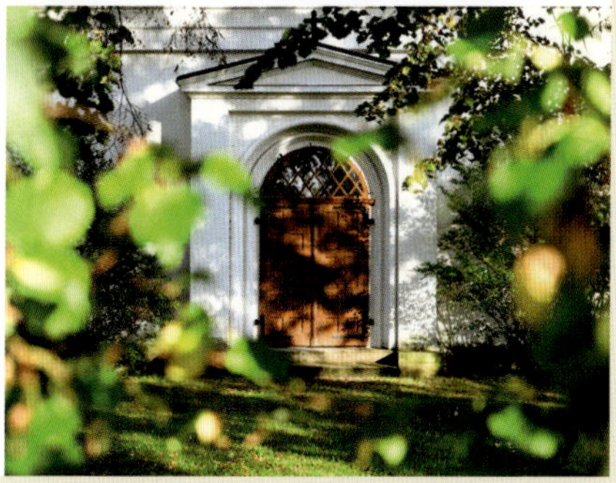

KAPELLE DES GUTSHAUSES BOLDEVITZ

Ungewöhnlich sind die barocken Doppelgiebel des dreigeschossigen Gutshauses, prachtvoll die sechs großformatigen Landschaftstapeten des Künstlers Jakob Philipp Hackert im Festsaal – dagegen wirkt die klassizistische Kapelle im rekonstruierten Landschaftspark beinahe schlicht. Mitten auf dem grünen Rasen ruht das weiß verputzte Backsteingebäude, umgeben von großen alten Eichen, allein das Westportal mit dem für seine Zeit charakteristischen Dreikant-Fronton sticht bei dem 1839 errichteten Bau hervor: Natur und Gottes Haus finden sich hier tatsächlich in vollendeter Harmonie.

Nachmittagsausflug
Schmökerstunde: Armsessel, alte Schreibmaschinen, Trockenblumen, Spielecke, vor der Tür Stühle und Tische – „Der Buchladen" neben der Sankt-Jacob-Kirche lädt zum Verweilen ein.
Markt 6, 18569 Gingst, Tel.: 038305/535916

Die Stärkung vor dem Konzert
„Schillings Gasthof": Den Fisch gibt's vom Kutter am Hafen, gegenüber auf der eigenen Insel Öhe weiden Rinder und Heidschnucken auf Salzwiesen – Bio-Produkte vom Feinsten.
Hafenweg 45, 18569 Schaprode, Tel.: 038309/1216

Am nächsten Tag
Inselzauber: Künstler liebten die Abgeschiedenheit schon früh – doch die Magie Hiddensees lässt sich noch heute erleben und auf den Spuren von Gerhart Hauptmann & Co. erwandern.
Hafen Schaprode: Fähre nach Hiddensee

Glücksmoment
Seelenbaumeln: Von Groß Banzelvitz hinab durchs Wäldchen an den Strand – und dann den Blick über den Großen Jasmunder Bodden in die Ferne schweifen lassen. Stundenlang!
Groß Banzelvitz/ Boddenblick

Nachmittagsausflug
Schatzsuche in Waase: Prachtvoll der spätgotische Schnitzaltar und das Kruzifix in St. Marien – eindrucksvoll nebenan die Nationalparkausstellung zur biologischen Vielfalt.
Neue Straße 63, 18569 Ummanz, Tel.: 038305/53481

Die Stärkung vor dem Konzert
Picknick im Schlosspark: Speisen in Stille und Beschaulichkeit – wer unter Rotbuchen am Wundersee dinieren will, macht sich mit einem Korb voll Leckereien auf zur Pansevitze.
Pansevitz 1a, 18569 Kluis

Am nächsten Tag
Vom Circus zum Hexenbusch: Putbus–Lauterbach–Neuendorf–Wreechen–Neukamp–Putbus – 14 Kilometer Wanderidylle durch Naturschutzgebiete, vorbei an Brutrevieren und alten Grabanlagen.
Start: Circus, 18581 Putbus, Tourinfo: www.ruegen.de

Glücksmoment
Klönschnack im alten Pfarrhaus: Christina und Carsten Zillich sind das Herz dieser Spielstätte – beim Tee plaudern sie gern aus den Annalen des Dorfes. Einfach mal klingeln!
Landow 2, 18573 Dreschvitz

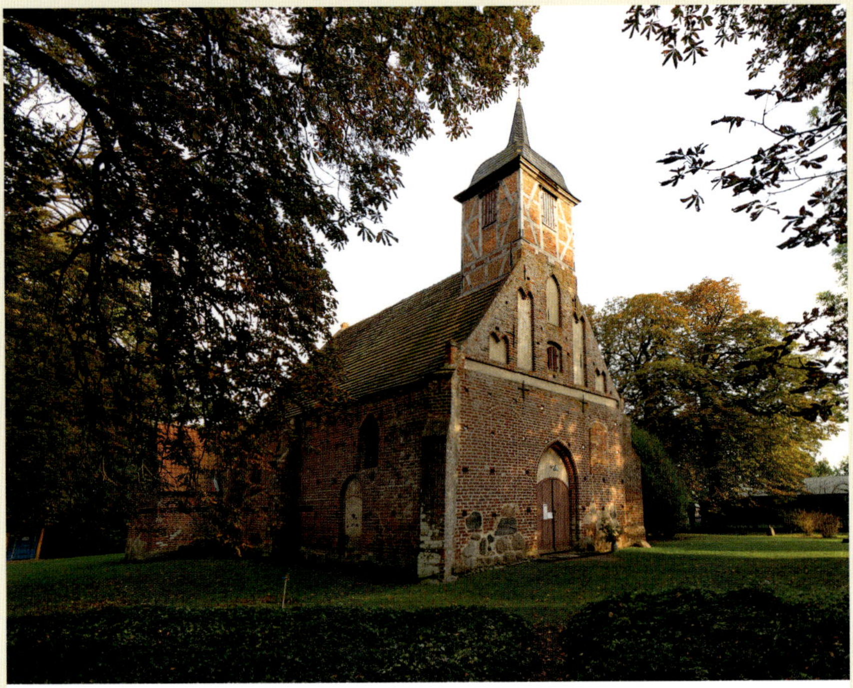

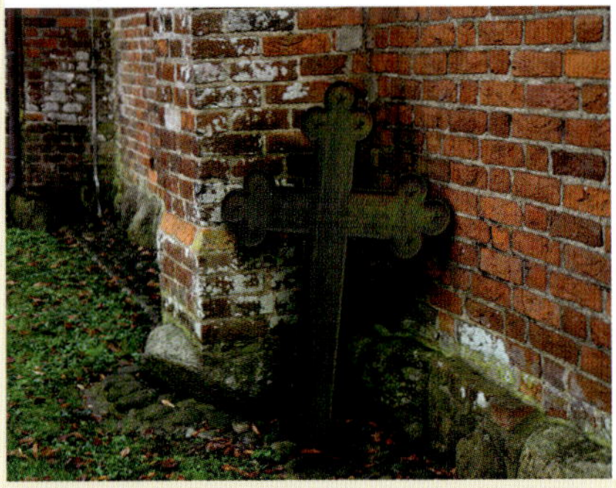

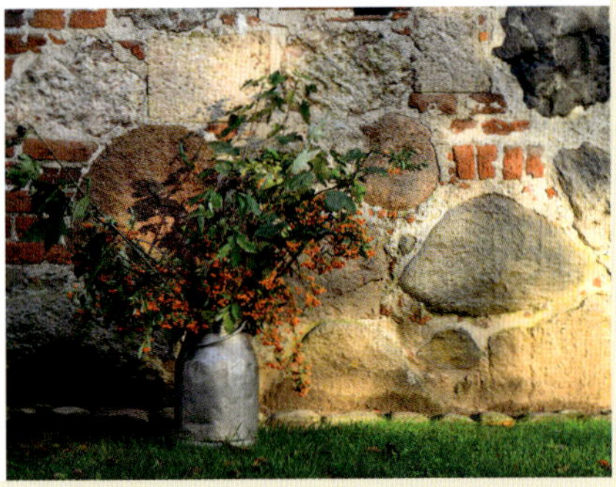

KIRCHE LANDOW

Magischer Ort mit langer Geschichte: 1313 begann am Kubitzer Bodden der Bau der heutigen „Kultur- und Wegekirche" – seinerzeit gelegen an der alten Salz- und Heringsstraße, einem der drei wichtigsten mittelalterlichen Handelswege der Insel. Das damalige Fachwerk ist noch heute im Innenraum zu erkennen, das Gebäude damit die älteste erhaltene Fachwerkkirche Norddeutschlands. Dabei hatte die Landeskirche den Sakralbau in den 1970er-Jahren mangels Nutzung bereits aufgegeben – bis 1991 die Rekonstruktion begann. Seit 2000 veranstaltet ein Kunstverein hier nun Konzerte, Lesungen und Ausstellungen.

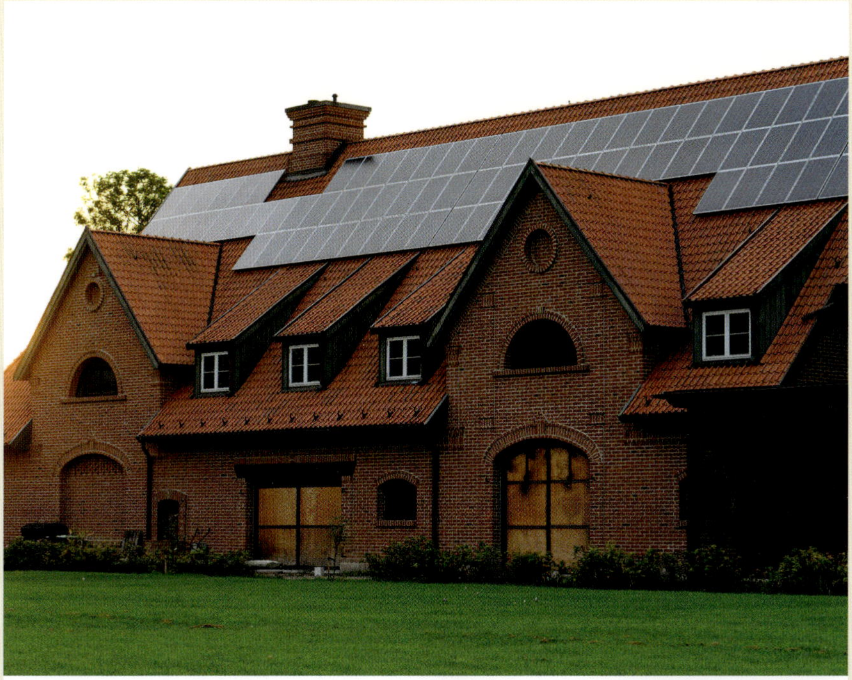

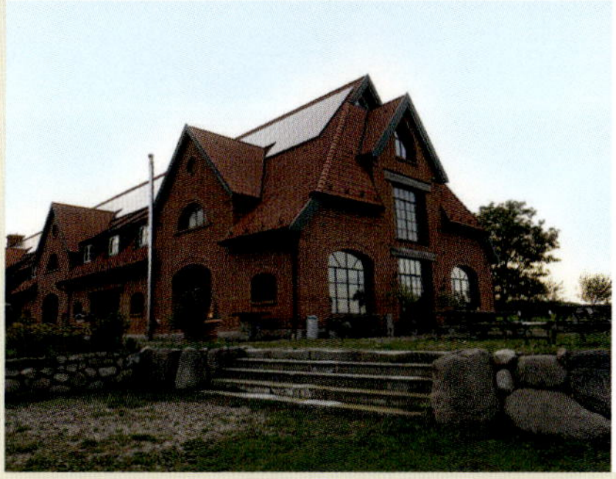

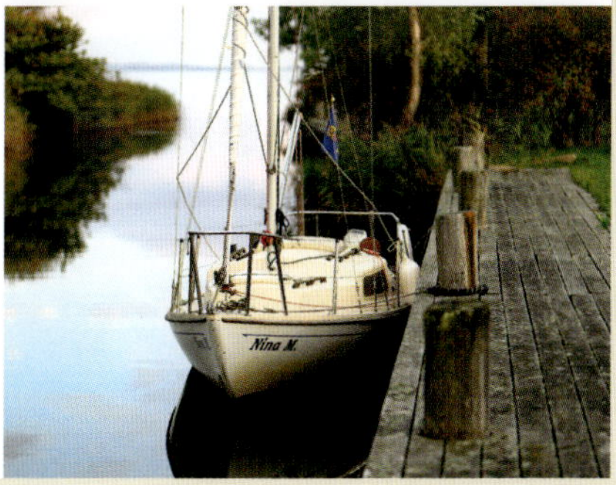

FESTSCHEUNE GUT LEBBIN

Neues Leben blüht aus den Ruinen: 1314 erstmals urkundlich erwähnt, haben die heutigen Besitzer am obersten Zipfel des Lebbiner Hakens nach historischen Vorbildern einen Ort außerhalb der Zeit geschaffen. Malerische Buchten, über denen Seeadler kreisen, gutseigene Strände, hunderte Obstbäume seltener Sorten, der alte Gutspark mit seinen Natursteinmauern und die Festscheune in traditioneller Holzbauweise lassen nicht nur die Konzertbesucher beim Blick in die Ferne träumen. Und während in der Scheune im Zwölfender-Kamin die Scheite knacken, blickt von draußen schon mal ein Zehnender herein.

Nachmittagsausflug
Räucherfisch und Boddenblick: Idyllischer Uferweg ums Halbinselchen Spitzer Ort, als Belohnung kalt geräucherter Lachs in der Traditionsräucherei Lietzow.
Spitzer Ort 7, 18528 Lietzow, Tel.: 03838/8279045

Die Stärkung vor dem Konzert
Restaurant „Alte Schule“: Gaststube mit „Feuerzangenbowlen“-Charme, auf der Schultafel finden sich die Tagesgerichte und auf Anfrage gibt’s auch Kaffee und Kuchen.
Schulstraße 1, 18569 Kluis/Gagern, Tel.: 038305/366

Am nächsten Tag
Höhenrausch: 92 Stufen den neuen Grümbke-Turm hinauf – und Rügen liegt einem zu Füßen. Anschließend das Naturschutzgebiet der Halbinsel Liddow zu Fuß erkunden.
Park am Aussichtsturm, 18569 Neuenkirchen (Parkplatz vor Holzbrücke zur Halbinsel Liddow)

Glücksmoment
„nahtwerk. papierkunst“: Rügen- und Meeresaquarelle der besonderen Naht – Ute Matthiesen setzt Linien und Strukturen auf ihren Collagen mit Nadel und Faden. Bezaubernd!
Dorfstraße 18, 18528 Ralswiek/OT Jarnitz, Tel.: 03838/4042240

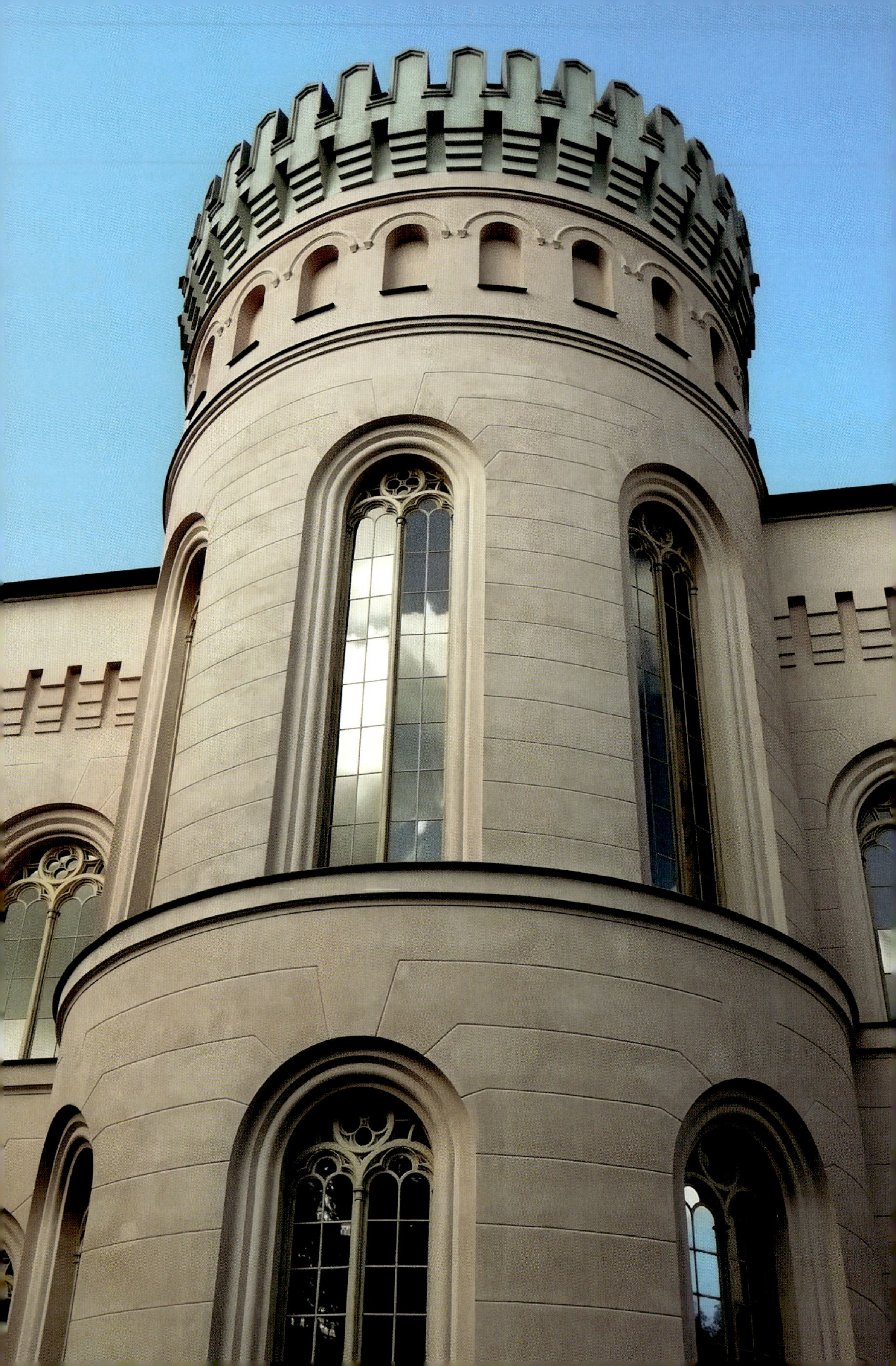

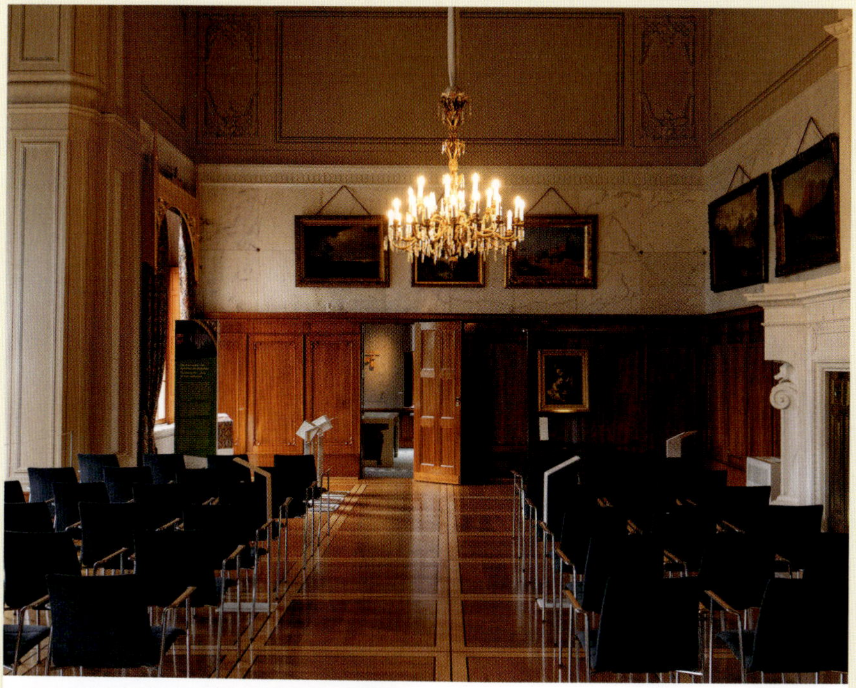

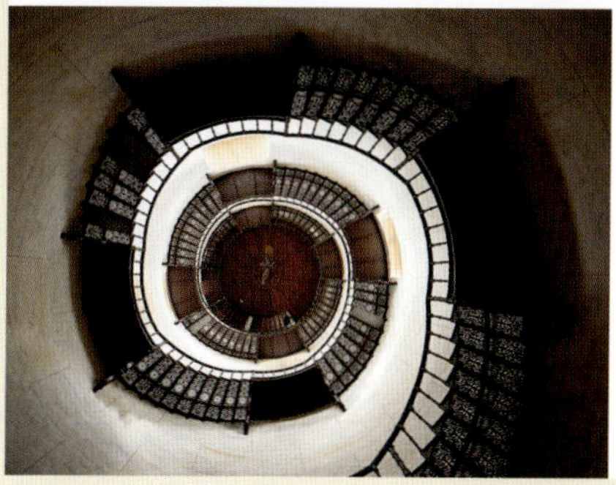

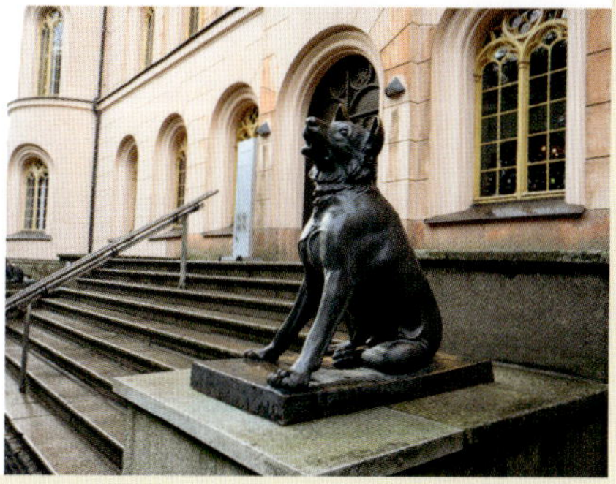

JAGDSCHLOSS GRANITZ

154 gusseiserne, frei in den Turmschacht ragende Treppenstufen: Weiche Knie sind beim Aufstieg dieses Aussichtsturmes fast unvermeidlich – doch oben angelangt, erwartet einen der schönste Panoramablick über Rügen! Mitten in einem ausgedehnten Waldgebiet ließ sich Fürst Wilhelm Malte I. zu Putbus Mitte des 19. Jahrhunderts das Jagdschloss im Berliner Rundbogenstil erbauen, den Entwurf für den ungewöhnlichen Turm lieferte der berühmte preußische Oberregierungsbaurat Karl Friedrich Schinkel. Heute befindet sich das Schloss in Landesbesitz und beherbergt ein Museum zur Geschichte des Hauses und der Region.

Nachmittagsausflug
Die Eroberung des „Adlerhorst": Spektakuläre Rügen-Blicke bietet dieser Aussichtsturm – doch ebenso begeistert die Wanderung durch Ast und Zweig auf dem Baumwipfelpfad.
Naturerbe Zentrum Rügen, Forsthaus Prora 1, 18609 Binz/Ortsteil Prora, www.baumwipfelpfade.de

Die Stärkung vor dem Konzert
Strandhalle Binz: Wer einen der Tische mit Blick auf Sand, Möwen und Meer ergattert, ist schon bestens bedient – wer braucht da noch Ostseedorsch? Unbedingt reservieren!
Strandpromenade 5, 18609 Ostseebad Binz Tel.: 038393/31564

Am nächsten Tag
Zickersche Alpen? Auf dem Rundweg durchs Mönchgut geht es in die Berge – auf 68 Meter Höhe! Wahrlich berauschend indes sind Pflanzenvielfalt, Steilküste und mannsgroße Findlinge.
Start: 18586 Gager/Groß Zicker, Ortsmitte; genauere Informationen unter www.outdooractive.com

Glücksmoment
Die Lümmel von der ersten Bank: Wer das kleine Schulmuseum betritt, fühlt sich sogleich an alte Pauker-Zeiten erinnert – und kann mittwochs sogar nochmal die Schulbank drücken.
Dorfstraße 4, 18586 Mönchgut/Middelhagen Tel.: 038308/2478

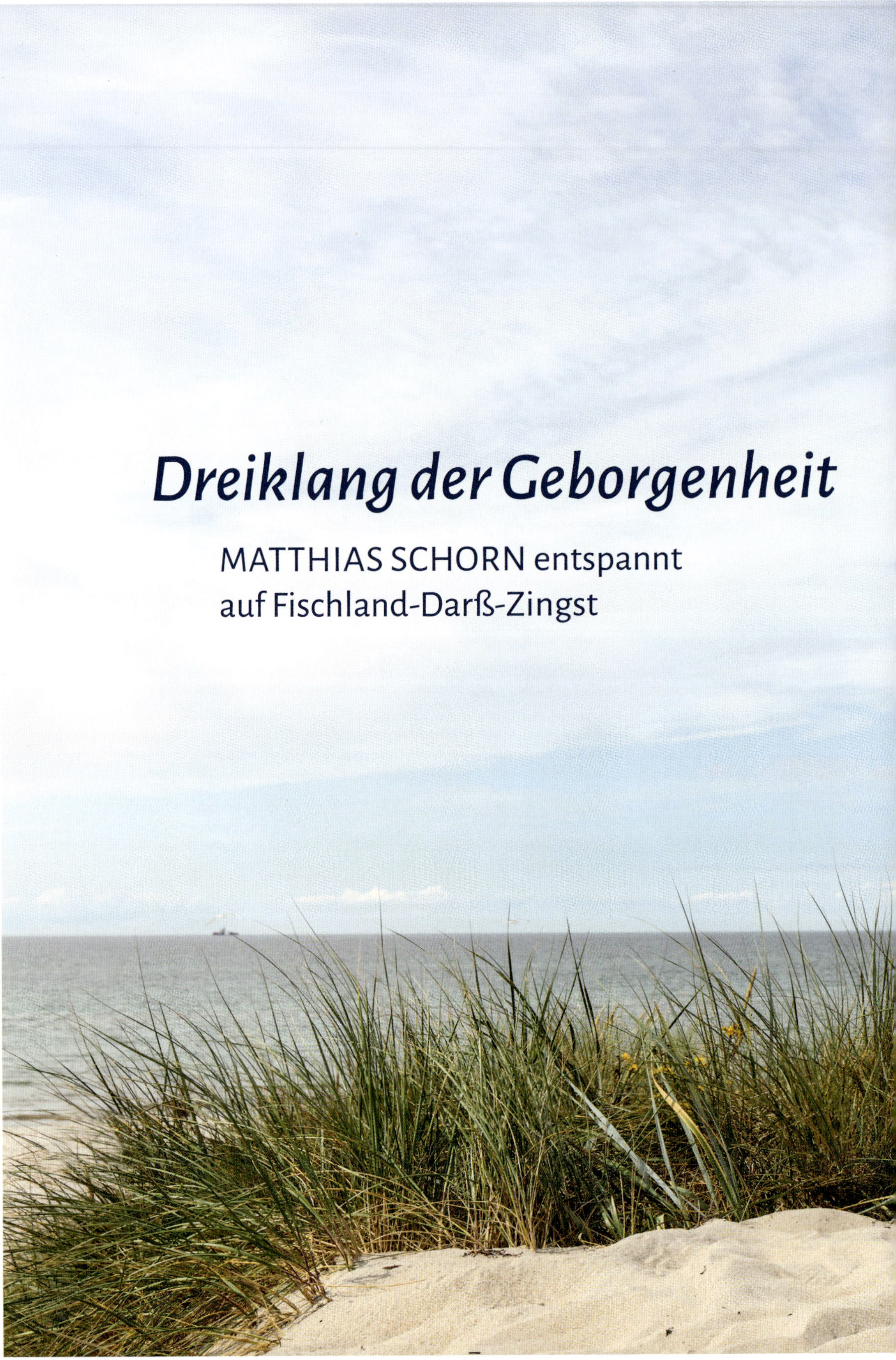

Dreiklang der Geborgenheit

MATTHIAS SCHORN entspannt
auf Fischland-Darß-Zingst

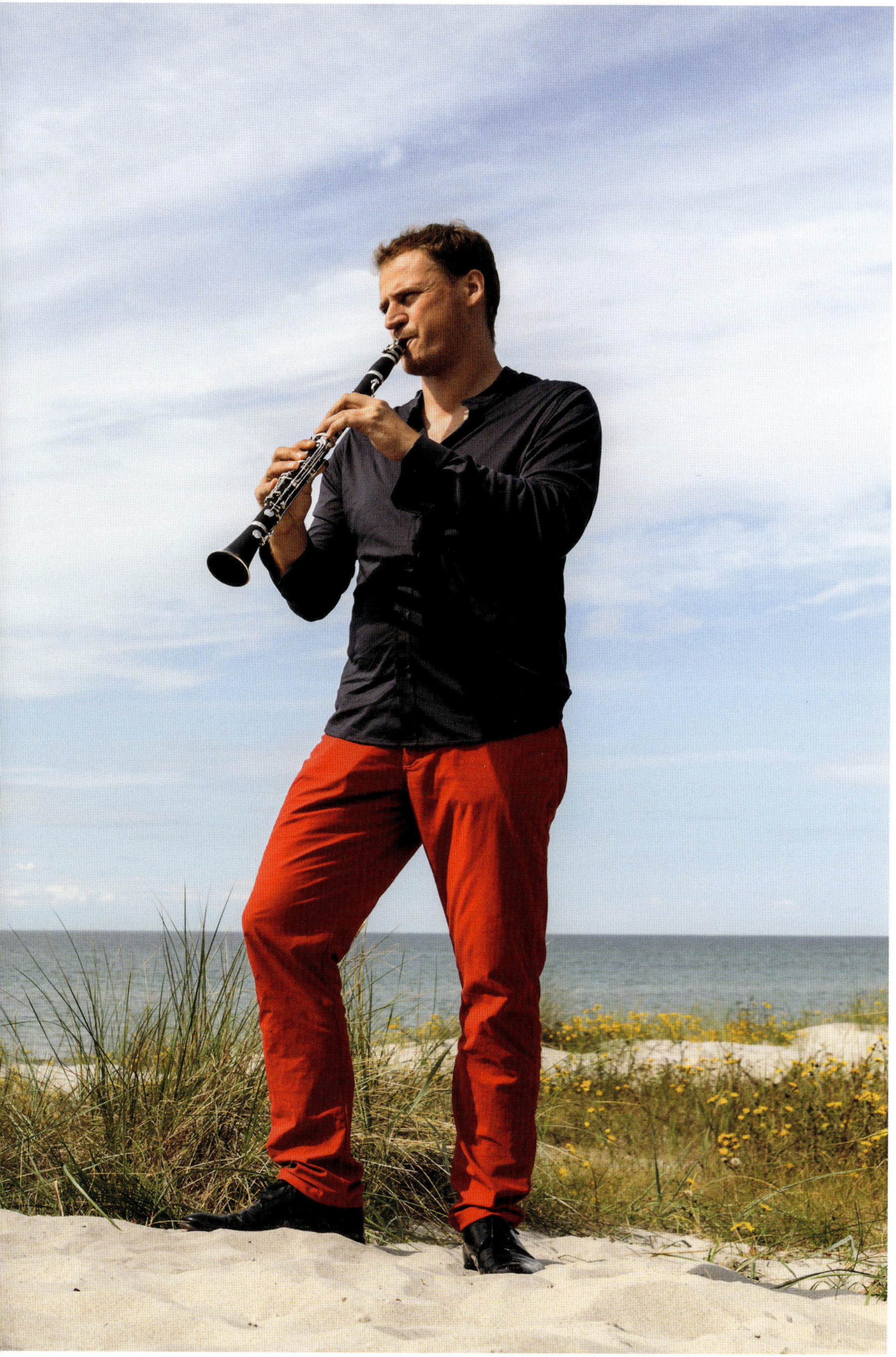

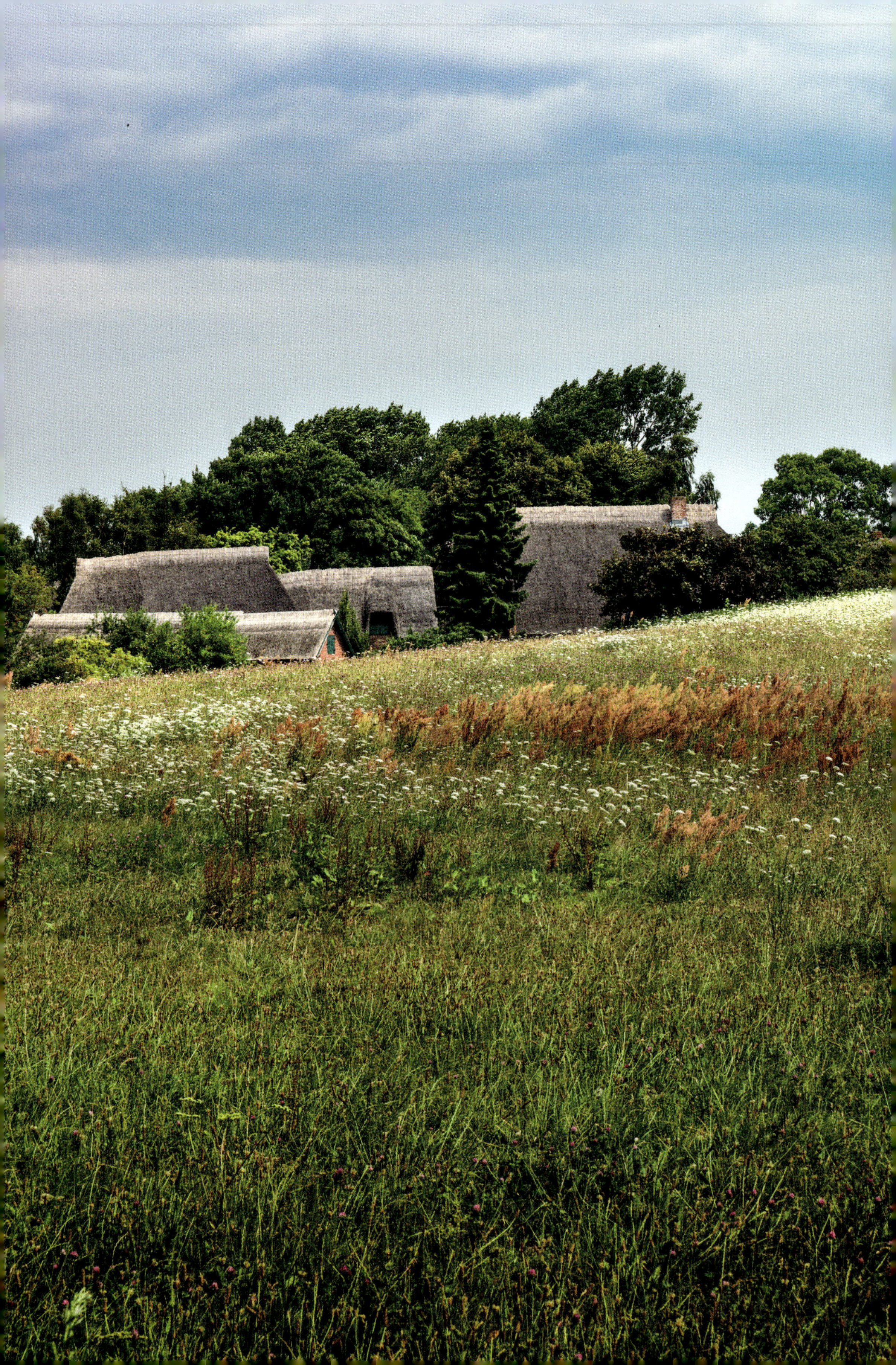

„Da hat er gewohnt und gearbeitet." Nachdenklich blickt Matthias Schorn auf das rohrgedeckte alte Haus. Wie mag es seinerzeit wohl hier im Strandweg ausgesehen haben, als Theobald Schorn nach Ahrenshoop kam und 1909 gemeinsam mit seinem Malerkollegen Paul Müller-Kaempff die erste Kunstgalerie in dem kleinen Ort auf dem Fischland eröffnete: den „Ahrenshooper Katen – das Haus für heimische Kunst und Kunstgewerbe"? 20 Jahre zuvor hatte das abgelegene, verschlafene Fischernest in der damaligen preußischen Provinz Vorpommern keine drei Dutzend Einwohner gezählt und schien einem Berliner Großstädter wie Müller-Kaempff Wirklichkeit gewordene Idylle: „Gelegentlich einer Wanderung am Hohen Ufer lag plötzlich, als wir die letzte Anhöhe erreicht hatten, zu unseren Füßen ein Dorf [...]. Die altersgrauen Rohrdächer, die grauen Weiden und grauen Dünen gaben dem Bild einen Zug tiefen Ernstes und vollkommener Unberührtheit."

Tempi passati. Heute ist die Halbinselkette Fischland-Darß-Zingst eine beliebte Urlaubsregion, flanieren nicht nur in den Sommermonaten zahlreiche Neugierige durch das Seebad. Und war es Ende des 19. Jahrhunderts noch die neu entstandene Künstlerkolonie gewesen, die nicht zuletzt angesichts ihrer selbstbewussten „Malweiber" international Schlagzeilen machte – Akademien waren um die Jahrhundertwende noch den Männern vorbehalten, und so besuchten zahlreiche Frauen die neu gegründete Malschule Sankt Lukas in Ahrenshoop –, herrscht in der Gegenwart längst Touristentrubel der üblichen Art. Dennoch empfindet Matthias Schorn hier Beruhigung und innere Muße: „Ein Ort, an dem man runterkommen kann und wo auch einmal Stille herrscht – genau das, wonach sich die Künstler damals gesehnt haben. Und dieses Gefühl spürt man hier immer noch." Der Blick des Klarinettisten wandert über den Garten hinaus zu dem kleinen Dünenzug, der das alte Haus vom Strand trennt: „Wenn wir jetzt diese 20 Schritte hochgehen, dann ist da auf einmal diese unglaubliche Weite: Grenzenlosigkeit, Stille, Friedlichkeit, Freiheit – theoretisch könntest du in ein Boot steigen und überall hinfahren auf der Welt."

Ich freue mich immer, wenn ich etwas Handgemachtes wie hier sehe, denn auch ich selber versuche ja handgemachte Musik zu machen: Musik ab Hof – so wie man die Milch vom Bauern nebenan holt oder den Honig beim Imker um die Ecke einkauft

Und wer weiß, vielleicht hatte ebensolche Gedanken damals ja auch Theobald Schorn – gut möglich übrigens, dass der Maler einer seiner Vorfahren gewesen ist, stammte er doch aus München, wohin auch die Zweige im Stammbaum des Musikers führen –, als der hier des Abends im Garten seines Hauses im Strandweg 2 gesessen

Seite 176 – Rohrgedeckt: Heute vor allem Urlauberidylle, galt Reet früher als Dach der Armen – wer es auf sein Haus packte, dem mangelte es meist an Geld für teure Ziegel

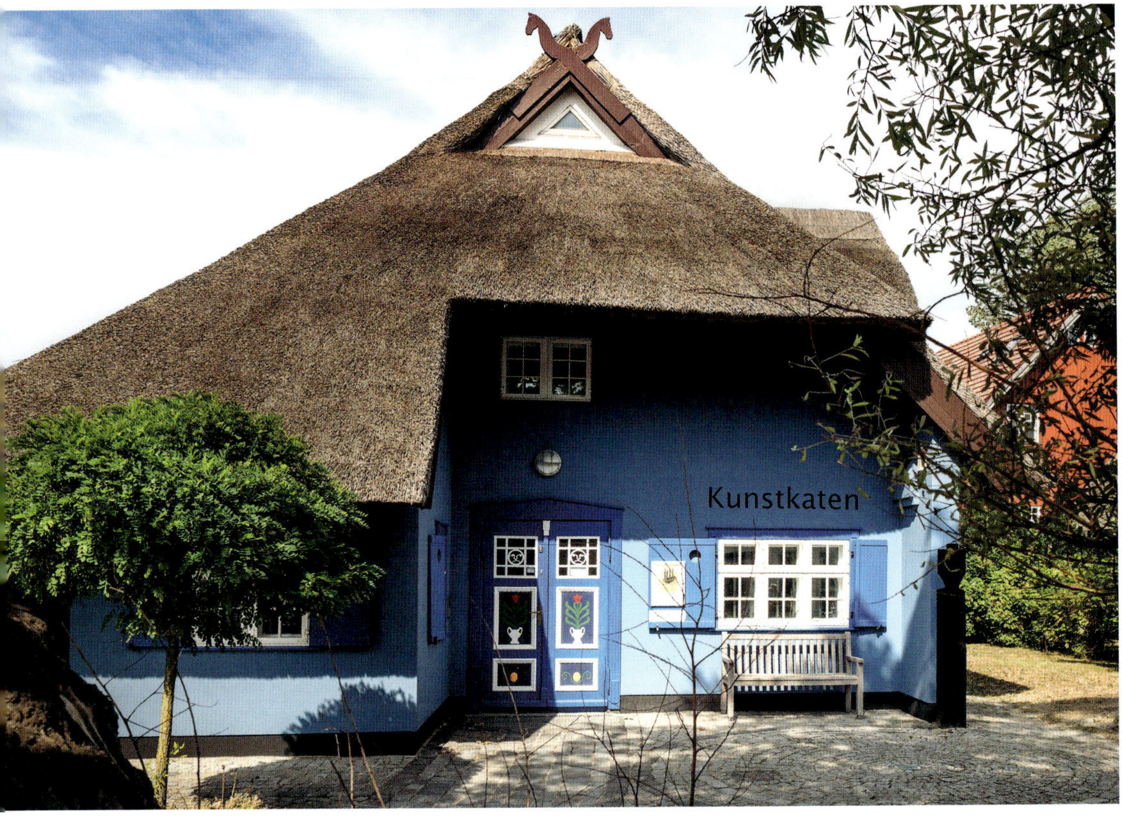

Eine der ältesten Galerien des Nordens: 1909 wurde der Ahrenshooper Kunstkaten nach Entwürfen von Theobald Schorn und Paul Müller-Kaempff eröffnet

und in den Sternenhimmel geblickt habe: „Vielleicht hat er sich manchmal gedacht, wie klein und unbedeutend der einzelne Mensch im Vergleich zur großen Erde und dem unendlichen Universum ist." Künstler seien nun einmal Grenzgänger und -überwinder und fühlten sich von der Magie solcher Orte ganz besonders angezogen

Und das bis heute, denn was einst Schorn und Müller-Kaempff anlockte, reizt auch Maler, Bildhauer und Komponisten unserer Tage: Dieser ganz besondere doppelte Dreiklang aus Landschaft, Mensch und Meer, aus Licht, Luft und Freiheit – die Idee der Künstlerkolonie lebt in Ahrenshoop fort. Inzwischen gilt die Aufmerksamkeit der Besucher indes nicht mehr allein feinsinnigen Landschaftsporträtisten wie Theobald Schorn, die in ihren Werken die atmosphärische Stimmung der schlichten Motive einfingen, sondern auch anderen Künsten und Kunsthandwerken. Alte Traditionen wie die Darßer Türen sind nicht nur ein beliebtes Postkartenmotiv: Vor den oft mit kunstvollem Schnitzwerk reich verzierten und mit Bootslack bemalten Haustüren bleiben Touristen gern stehen und bewundern den Mix aus exotischen Mustern und Säulen, aus Tulpen, Sonnen und Ankern.

Entstanden in der Zeit zwischen 1790 und 1850, als in der Region die Seefahrt florierte, waren die Türen damals das Aushängeschild erfolgreicher Seemannsfamilien, die Reiseerlebnisse in eine möglichst kunstvolle Gestaltung einfließen ließen – während ihre noch tief in der dörflichen Tradition verwurzelten Vorfahren sich vor allem mit heidnischen Sonnenkreuzen oder schuppenartigen Panzersymbolen gegen allerlei Böses wie Hexen, Dämonen oder Blitzschlag wappneten. Was bei Matthias Schorn sogleich Erinnerungen an seine Kindheit weckt: „Ich bin im Tennengau im Salzburger Land geboren, und da gibt es in jedem Gau Eingangstüren mit ganz besonderen Mustern", erzählt der Österreicher. „Solch eine Tür ist ja ein wichtiger Teil des Hauses – und wer sich derartig Mühe gibt, der sendet eine Botschaft aus und heißt seine Gäste willkommen. Das ist schon etwas anderes, als wenn an der Pforte drei Schlösser angebracht sind und fünf Schilder verkünden: ‚Hier wache ich!' oder ‚Betteln und hausieren verboten'."

Weltoffenheit und Liebe zum Handwerk, die charakteristisch sind für den Soloklarinettisten der Wiener Philharmoniker. „Ich freue mich immer, wenn ich etwas Handgemachtes wie hier sehe, denn auch ich selber versuche ja handgemachte Musik zu machen: Musik ab Hof – so wie man die Milch vom Bauern nebenan holt oder den Honig beim Imker um die Ecke einkauft." Was in seinem Fall ein Bekenntnis zur Volksmusik in ihrem besten Sinn beinhaltet, der er sich mit seinem Ensemble Faltenradio ebenso hingibt wie klingenden Weltreisen mit Bossa Nova, Steppengesang und Landler. Und ihn auch recht frei mit einem alles andere als unbelasteten Wort umgehen lässt:

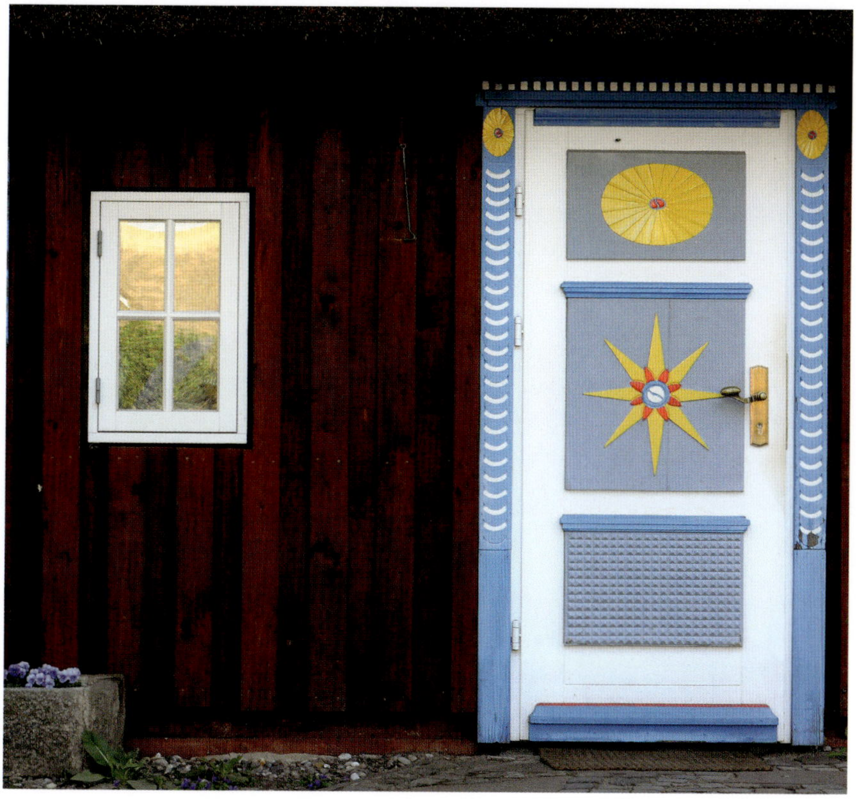

Patentrechtlich geschützt: Lange war die Tradition der „Darßer Tür" in Vergessenheit geraten – bis sich eine Tischlerei 1931 dieser Kunst erinnerte und die Rechte an dem Begriff auch gleich sicherte

Größtes Votivschiff in der Seemannskirche: Seit 1855 hängt die stolze „Napoleon" im Mittelschiff des Prerower Gotteshauses

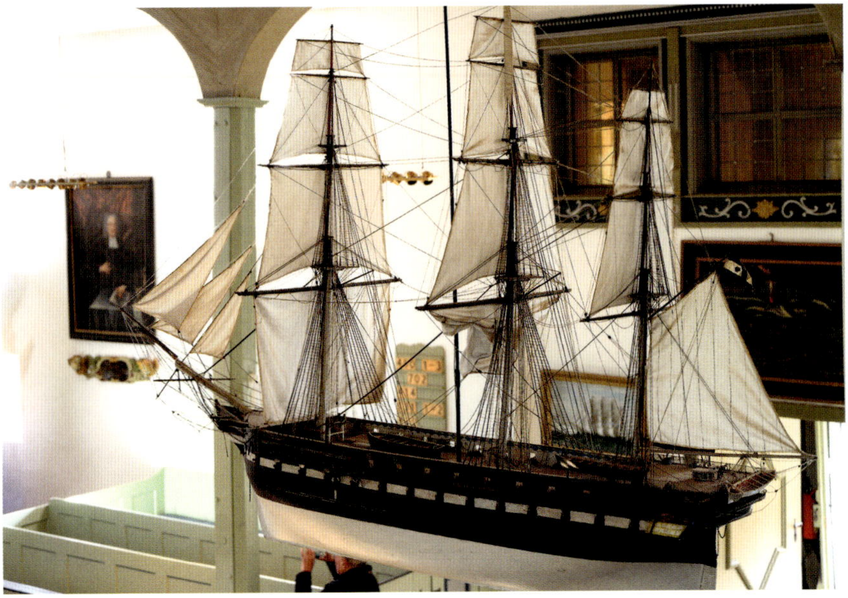

Heimat. „Für mich ist es ein schöner Begriff, der mit Geborgenheit zu tun hat und den ich auch losgelöst von geografischen Orten sehe – für mich hat Heimat vor allem auch etwas mit gewissen Menschen zu tun, die um mich herum sind." So wie sich der leidenschaftliche Kammer- und Volksmusiker in Ahrenshoop sogleich zuhause wähnte, als er dort erstmals mit dem Rad Station machte: „Ich hatte den Eindruck, dass hier Künstler besonders willkommen sind und sich über eineinhalb Jahrhunderte einfach beheimatet und wohlgefühlt haben."

Neugier und Interesse für andere Traditionen und Kulturen, die den Weltmusiker in Prerow neben der mit zahlreichen Schiffsmodellen geschmückten Seemannskirche – gespendet von Seeleuten, die nach schweren Stürmen mit diesen Votivschiffen Gott für ihr Überleben dankten – auch in das Darß-Museum locken. Idyllisch inmitten eines Parks zwischen hundertjährigen Eichen und großen Rhododendronbüschen gelegen, widmen sich die Ausstellungen hier neben den berühmten Türen auch anderen Kleinoden der Kultur- sowie der Natur- und Lebensgeschichte(n) der Menschen auf der Halbinsel.

„Ich finde es sehr schön, dass trotz unserer globalisierten Welt noch nicht alles gleich aussieht, schmeckt und klingt, sondern man eben sofort weiß, diese ganz besonderen Türen etwa können nur vom Darß kommen." Dass sich der Österreicher im hiesigen Museum sogleich heimisch fühlt, hat nicht allein mit dem ausgestellten alten Schifferklavier zu tun – dem Faltenradio, wie es in seiner Heimat heißt –, sondern auch mit dem Knarzen der Dielenbohlen bei jedem Schritt und dem Geruch von altem Holz. Behaglichkeit, Einfachheit, Gemütlichkeit: „Die gute Stube" hier mit Biedermeier-Sofa und -Sesseln, Spiegelvertiko und dem Mahagoni-furnierten Tisch – in den Darßer Kapitänshäusern war dieses Zimmer einst der gediegenen Plauderei unter Seefahrern vorbehalten – weckt „Erinnerungen an die Großeltern“. Und der Ausflug in die Knotenkunde der Segelschifffahrt im benachbarten Raum an seine eigenen Bootstouren: Palstek, Achterknoten, Weberleinstek und Kreuzknoten beherrscht der Mann aus den Bergen. Muss er auch, schließlich liegt sein eigenes kleines Segelboot in der Nähe von Zadar in Norddalmatien, schippert Schorn sommers nur zu gern über das Adriatische Meer, allein getrieben vom Wind. „Ich bin ein sehr ungeduldiger Mensch und das Jahr über sehr getrieben. Wenn dann dort Flaute herrscht, geht es eben nur ganz langsam voran – doch für mich genau das Richtige, um die Batterien neu aufzuladen.“

Kräfte tanken und die innere Ausgeglichenheit finden: Das lässt sich auch wunderbar auf den ehemals eigenständigen Inseln Fischland, Darß und Zingst, die über die Jahrhunderte durch Deichbau und Sandaufspülungen zur Halbinselkette zusammengewachsen sind. Eine einzigartige Landschaftsbühne, die mit ihren Wiesen und Boddeninseln, ihren Buchten, Dünen und Nehrungen je nach Tages- und Jahreszeit dem Betrachter ein anderes Farb- und Lichtschauspiel bietet und das Gefühl vermittelt, hier sei die Natur noch in ihrer ursprünglichen Gestalt, ganz ohne den Eingriff des Menschen, gewachsen. Letzterer ist im Nationalpark Vorpommersche Boddenlandschaft zumindest in puncto seiner motorisierten Gefährte tatsächlich ausgeschlossen – was den Fuß- und Radweg zum 1848 erbauten backsteinernen Leuchtturm „Darßer Ort“ an

Ältester noch betriebener Leuchtturm an Mecklenburg-Vorpommerns Küste: Von der Plattform des roten Backstein-Riesen am Darßer Ort – 1847/48 erbaut – bietet sich ein grandioser Rundblick über Ostsee und Küste

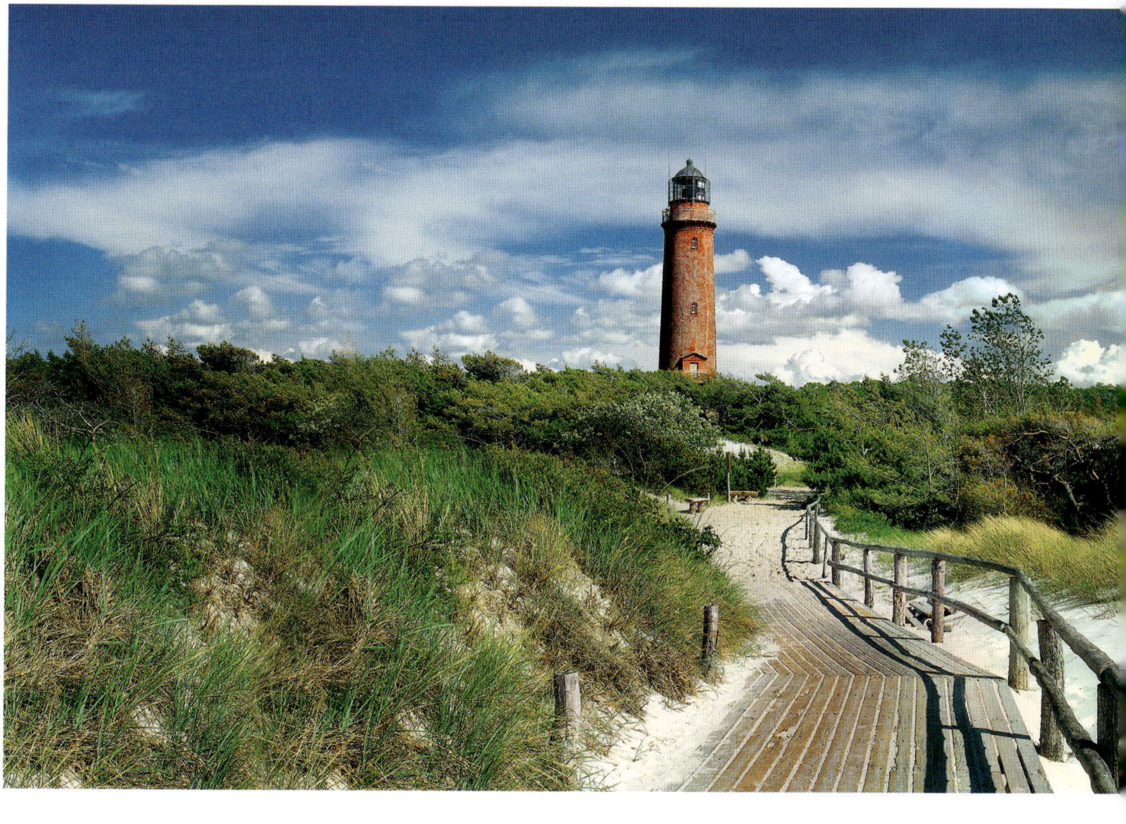

Für weniger stille Zeiten: Die Buhnen schützen die Küste, wenn das Meer einmal nicht so sanft das Land berührt

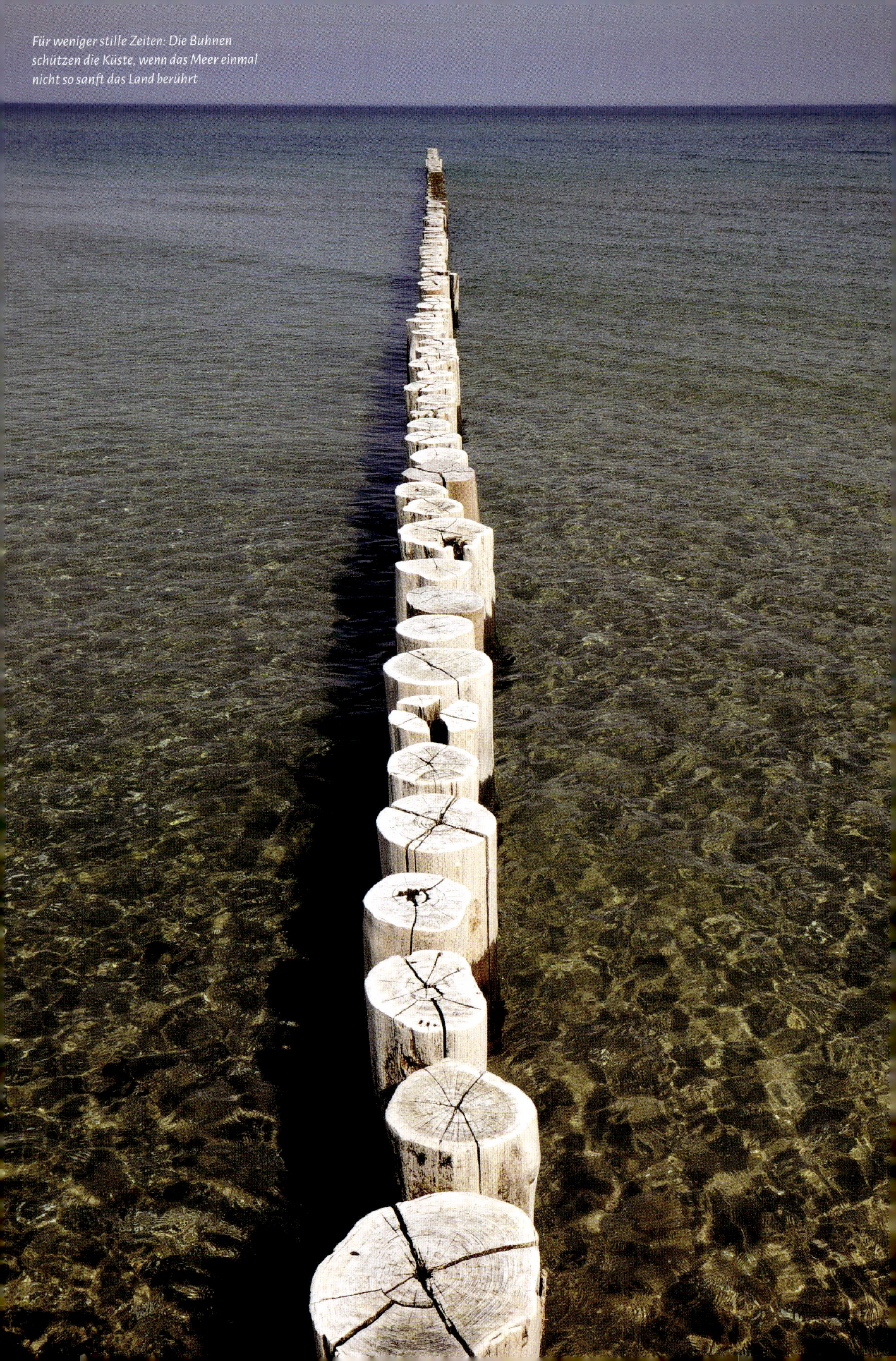

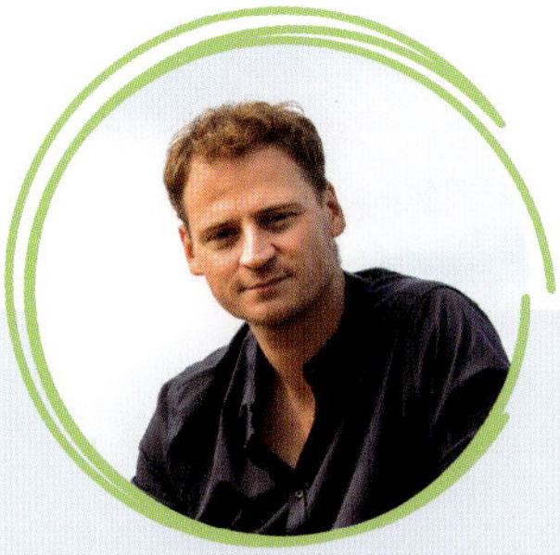

Wortwechsel

Als Österreicher dürfte Ihnen bei Ihrer Fahrradtour auf dem Darß ja eine Herausforderung zweifellos gefehlt haben – die Steigungen der Berge ...

Matthias Schorn: *Ja, es ist in der Tat sehr eben dort, meine Frau und ich mussten auf unserem Rundweg von Zingst über den Leuchtturm Darßer Ort und durch Ahrenshoop sowie zurück am Saaler Bodden kein einziges Mal eine Steigung erklimmen. Für einen österreichischen Radfahrer hat solch eine Tour schon etwas Ungewöhnliches – wie allerdings auch die Wege durch die Wälder des dortigen Nationalparks, ähneln diese doch Tunneln. Denn die Bäume stehen nicht nur links und rechts der Route, sondern bilden durch ihre Äste eine Art Dach: Du fährst also durch einen Naturtunnel – um dann am anderen Ende am Strand herauszukommen ...*

... und auf einmal die große Weite vor sich zu haben.

Ja, die endlose Weite des Meeres: Welch ein schönes Bild – du musst erst durch einen dunklen Gang, um dann die lichte Weite zu erblicken! Und beide Dimensionen lassen sich wunderbar mit dem Rad erleben – das hier im Nationalpark ohnehin das beste Fortbewegungsmittel ist, denn mit dem Auto darf man nicht hineinfahren und zu Fuß sind die Distanzen dann doch zu weit.

So ganz ohne Autos durch den Nationalpark Vorpommersche Boddenlandschaft – zweifellos eine besondere Erfahrung.

Es hat sich nach großer Freiheit angefühlt und ist eine sehr direkte und unmittelbare Möglichkeit der Fortbewegung – und obendrein emissionsfrei. Vor allem aber ist es herrlich unkompliziert, denn es gibt keine Autos, auf die man achten muss. Stattdessen kann man seine Aufmerksamkeit vom Verkehr hin zur Natur verschieben und diese mit allen Sinnen wahrnehmen: eine einzigartige Gelegenheit, denn auf normalen Straßen ginge so etwas selten gut aus.

Selbst der Wind scheint Ihnen auf diesem Weg keine größeren Probleme bereitet zu haben ...

... nicht dass ich mich erinnere – diese flachen Ebenen ließen sich auf dem geschützten Radweg einfach wunderbar befahren. Allein auf dem Weg nach Zingst entlang der Düne, wo

der Schutz des Waldes dann fehlt, ist man dem Wind ausgesetzt – aber dafür gibt es auch dort keine Steigungen.

Sie haben für Ihre Tour zurück nach Zingst dann bewusst einmal den Saaler Bodden umfahren ...

... was insofern sehr reizvoll war, da wir dort nicht zuletzt in den kleinen Orten oft die berühmten Darßer Haustüren bewundern konnten. Und dann diese verrückte Erfahrung: Eben erst hatten wir uns vom Meer entfernt, da tauchte ein paar Augenblicke später schon wieder das Wasser auf, das des Boddens – ein wirklich schönes, ganzheitliches Erlebnis.

Zumal sich dieses ja durch zahlreiche Einkehrmöglichkeiten auch kulinarisch gut kombinieren lässt ...

Im Sommer etwa mit einem Eis in einem der Cafés in Ahrenshoop. Noch mehr in Erinnerung geblieben ist mir indes unser Abendessen nach unserer Rückkehr nach Zingst: Irgendwo in einem Garten hatten wir nämlich einen einzelnen Pizza-Ofen entdeckt. Da es nicht allein fantastisch roch, sondern auch sehr entspannt aussah mit dieser einen Kochstelle und ein paar zusammengestellten Stühlen, haben wir dort Station gemacht. Und bei der Gelegenheit nicht nur eine fantastische Pizza gegessen, sondern auch die drei Südtiroler Pizzabäcker kennengelernt, die in Zingst ihren Ofen eröffnet hatten. Was wir so bizarr und schmackhaft fanden, dass wir am nächsten Abend gleich noch einmal bei ihnen vorbeigeschaut haben ...

weniger sonnigen Tagen zu einem Pfad der Ruhe werden lässt. Vor allem aber auch die Wanderung entlang der Westküste mit ihren Flach- und Steilufern, bei der Schorn gern den Übergang vom Wald zum Sandboden erkundet. „Plötzlich ist da dieser weiche Untergrund und du musst ganz andere Kräfte beim Gehen mobilisieren, musst den Sand verdrängen – diesen feinen, wunderschön weichen Sand, der sich doch so ganz anders und ungewohnt anfühlt, denn auf solch einem Untergrund bewegt man sich ja sonst nie." Und auf einmal eröffne sich einem eine ganz andere Welt, das Licht werde ein helleres und der Meeresgeruch spürbar: „Das Salz, das man vorher ahnte – plötzlich hat man es richtig in der Nase."

Das Rauschen des Meeres, Möwengeschrei, das Brausen des Windes – das ist echte Seelennahrung, sind Momente, in denen man sich selbst beobachtet, die Gedanken innehalten und man völlig im Hier und Jetzt weilt

Ganz abgesehen vom Heulen des Windes, der hier fast immer weht und der stürmischen Küste ihre charakteristischen Windflüchter beschert: jene in Windrichtung gebeugten Bäume, die gerade in der Dämmerung wilde Spuk- und Geisterfantasien anregen. Schorn liebt dieses unmittelbare Erlebnis der Naturgewalten und -klänge: „Eine Dauerbeschallung im positiven Sinne", lacht der Musiker. „Das Rauschen des Meeres,

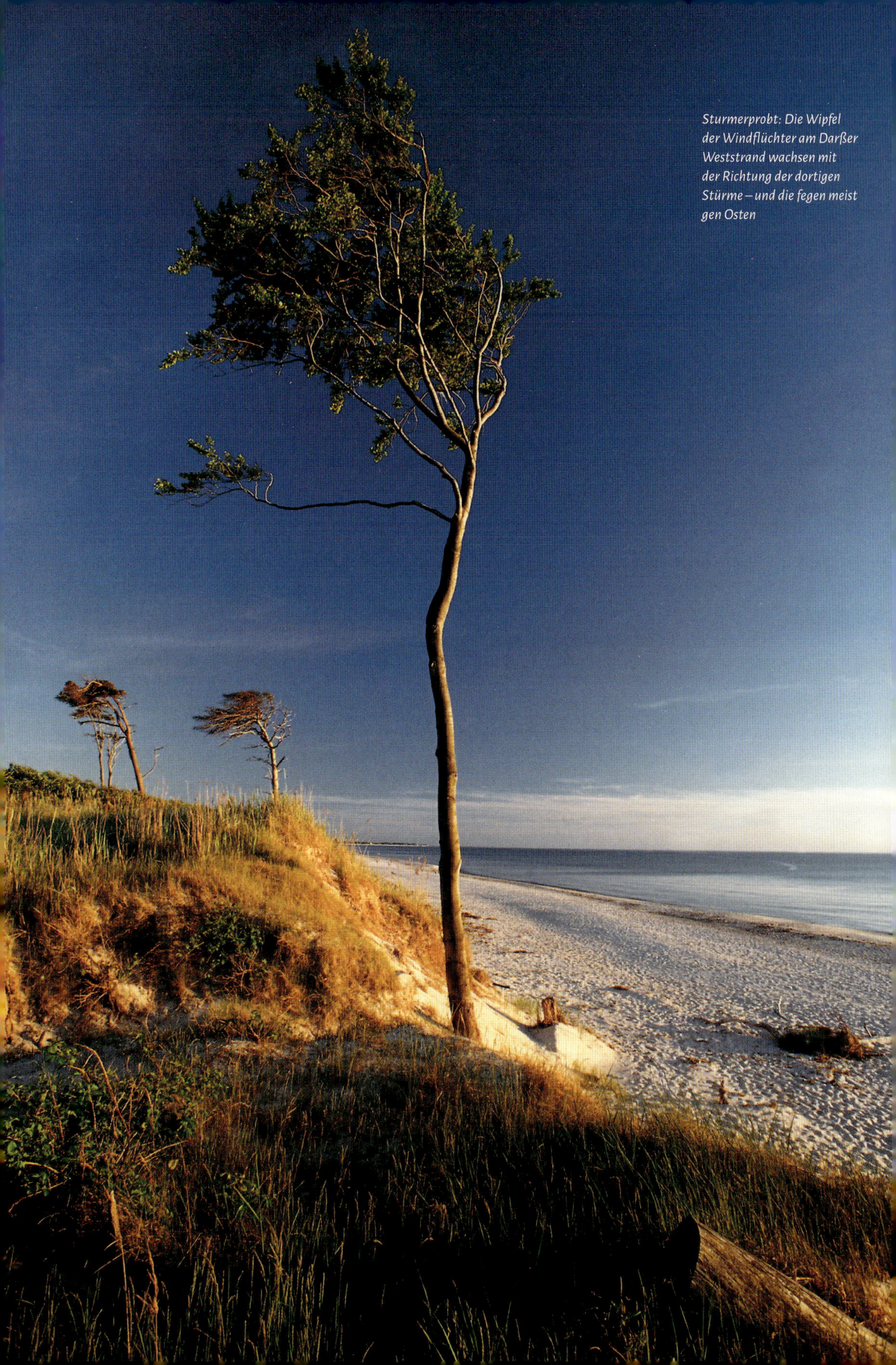

Sturmerprobt: Die Wipfel der Windflüchter am Darßer Weststrand wachsen mit der Richtung der dortigen Stürme – und die fegen meist gen Osten

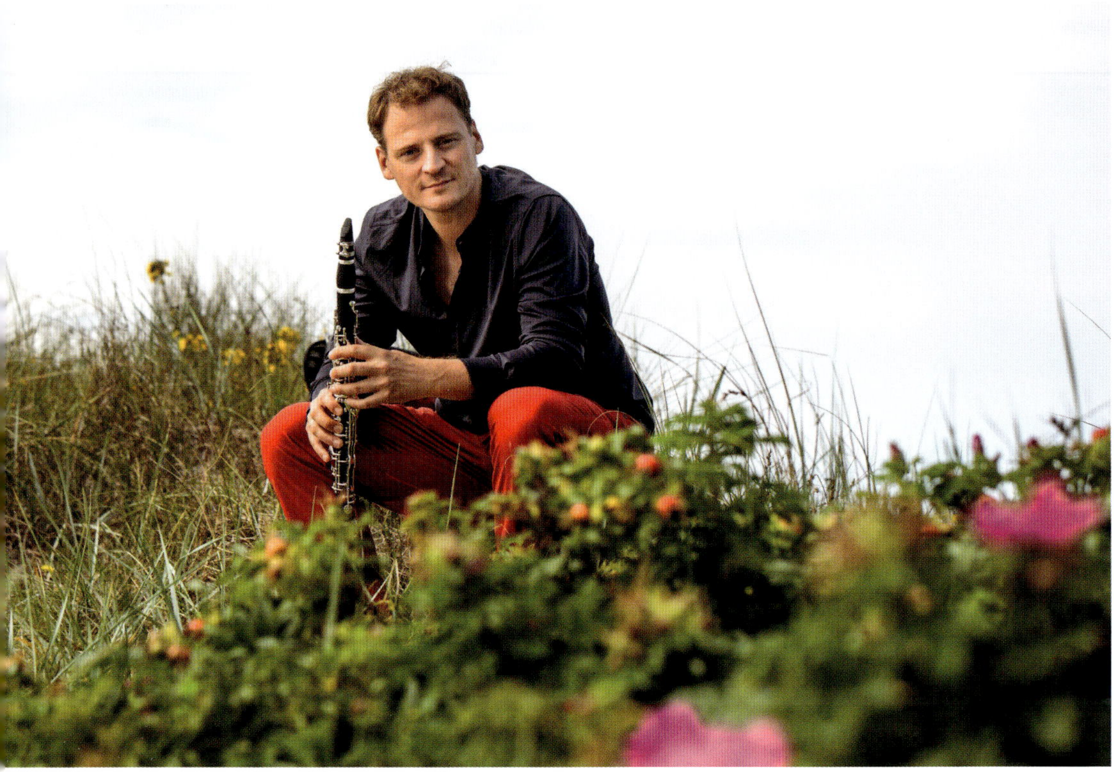

„Momente, in denen man sich selbst beobachtet und nachspürt": Im Darßer Dünenland umfängt Matthias Schorn eine tiefe innere Ruhe

Möwengeschrei, das Brausen des Windes – das ist echte Seelennahrung, sind Momente, in denen man sich selbst beobachtet, die Gedanken innehalten und man völlig im Hier und Jetzt weilt."

Meditation inmitten der Natur, die in anderer Weise auch ein Bootsausflug auf dem nahen Prerow-Strom bietet: Umgeben von Schilf, mit dem bis heute in der Region die Dächer gedeckt werden, ist aus dem grünen Dickicht das Summen der Libellen und der Gesang der Rohrspatzen zu vernehmen, mit etwas Glück taucht für die Vollendung der hier Wirklichkeit gewordenen Postkartenidylle auch noch eine Robbe auf. Oder ein Seeadler stürzt sich vom Himmel herab, um im Flug mit den Krallen einen Fisch zu erbeuten. Natur zum Schwärmen, die sich dem Vogelfreund auch ein paar Kilometer weiter östlich auf der Insel Kirr offenbart: Von einer Salzwiese bedeckt, wird das kaum aus dem Wasser herausragende Eiland in Teilen regelmäßig überflutet – für gefiederte Geschöpfe ein Paradies. Säbelschnäbler, Kiebitz und Austernfischer sind zwischen Salzweide, Strand-Dreizack, Grasnelke und Meerbinse ebenso heimisch wie die selten gewordene Brandseeschwalbe oder der vom Aussterben bedrohte Kampfläufer. Der Vogelschutz wird hier hochgehalten, Kirr darf nur mit Genehmigung – etwa auf geführten Radwanderungen – betreten werden ... zumindest von Menschen: Um die Verschilfung zu verhindern, werden für die Sommermonate nämlich rund 300 Rinder zum Weiden auf die Insel gebracht.

Es ist diese unmittelbare Nähe zur Natur und zum Leben mit der Natur, die auch Matthias Schorn in seinem Alltag immer wieder sucht, nicht zuletzt daheim bei der Arbeit in seinem Garten, wo ein eigener Bienenstock steht und der Klarinettist seinen Honig selbst schleudert – „ein schöner Ausgleich zum Konzert, denn während die

MVorlieben

– LIEBLINGSORT –

Mein ganz persönlicher Kraftplatz liegt im Norden Rügens, am äußersten Zipfel der Insel: Kap Arkona. Immer wenn ich auf dieser nordöstlichen Spitze der Landzunge gewesen bin, war das Wetter rau, einmal schneite es sogar heftig – und dort am äußersten Zipfel der Insel zu stehen und die Herbheit der Landschaft ganz unmittelbar wahrzunehmen, zumal am Ende des Landes, denn danach kommt nur noch Wasser: Diese Bilder und Empfindungen verwandeln die Steilküste in einen ebenso zauberhaften wie magischen Ort der Energie. Und so ist es sicher auch kein Zufall, dass ausgerechnet dort die kleine achteckige Kapelle von Vitt errichtet worden bist, denn solche Bauwerke entstehen ja oft an eben diesen spirituellen Kraftplätzen.

– LIEBLINGSSINNESWAHRNEHMUNG –

Das Schloss und den Schlosspark in Hasenwinkel kenne und liebe ich seit mehr als zwei Jahrzehnten von zahlreichen Friends-Wochen und Preisträger-Projekten. Ein sehr beschaulicher und leiser Ort, an dem wir Musiker oft noch abends bei einem Glas Wein auf der Terrasse sitzen. Und wenn dann um 23 Uhr noch der Springbrunnen inmitten des weiten Rasens vor dem Schloss abgeschaltet wird und auf einmal das Plätschern und Sprudeln – das wir zuvor auch nicht als unangenehm wahrgenommen haben – verstummt, dann ist für mich ein unglaublicher Moment des akustischen Nichts erreicht: die völlige Stille.

– LIEBLINGSESSEN –

Es ist ein Drink, der mich hier in Mecklenburg-Vorpommern ganz besonders begeistert hat – und wie so viele andere Erlebnisse ist auch dieser mit einem Konzert verbunden. Es war nach einem Auftritt in Landsdorf, wir Musiker saßen noch zusammen in der kleinen Bar des Kornspeichers, der so wunderschön Historisches mit Modernem vereint, als uns der Sohn der Gastgeberfamilie Schäfer auf einen Gin Tonic einlud. Allerdings keinen gewöhnlichen, sondern einen, in den er Rosenblättersirup gemixt hatte: Für mich von seinen Polen her eine völlig neue Geschmackskombination, denn der Tonic hat grundsätzlich ja etwas Bitteres, während der Sirup am anderen Ende unserer Sinnesskala eine überraschende Süße einbringt – dieses Spektrum in solch einem kleinen Getränk mit einigen Eiswürfeln zu erfahren, das war einfach fantastisch. Und so haben wir denn auch gleich mehrere dieser bittersüßen Gin Tonics getrunken …

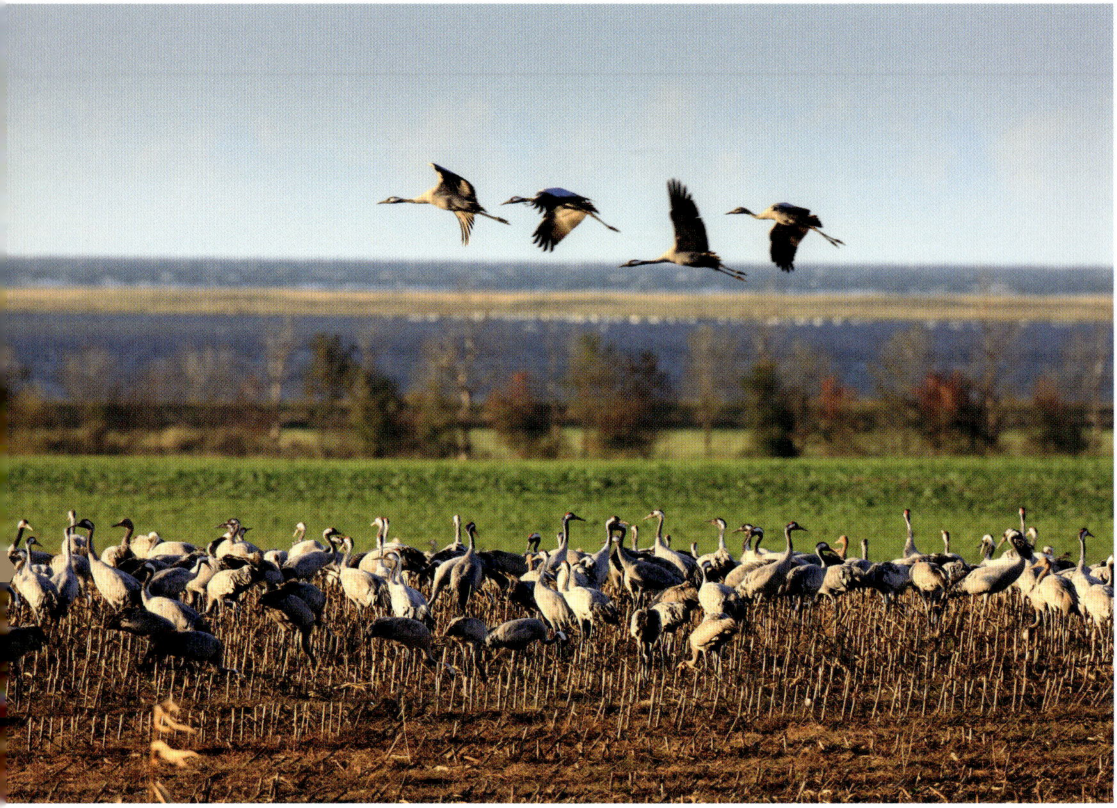

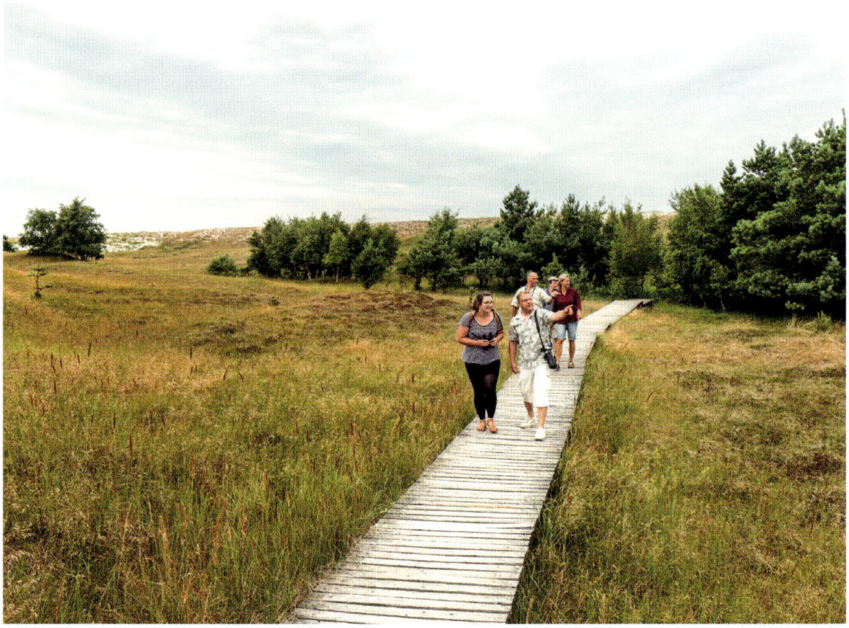

Kranichzug: Im Herbst sammeln die Vögel des Glücks tagsüber auf den abgeernteten Getreidefeldern an der Südlichen Boddenküste Energien für den Weiterflug – zu beobachten abseits der großen Touristenpfade

Musik flüchtig ist, stehen dort dann 20 Gläser Honig vor mir und ich habe nach dem Tagewerk das Gefühl, etwas geschaffen zu haben". So wie seit alter Zeit die Handwerker, Fischer und Bauern hier auf dem Halbinselreigen. Ihrem Leben und Schaffen ist im dritten größeren Ort – Zingst – ein ehemaliges Kapitänshaus gewidmet: das Heimatmuseum. Seefahrtsgeschichten und die Entwicklung des Badewesens lassen sich dort nachvollziehen – und wer die Eindrücke in Ruhe nachwirken lassen will, den zieht es weiter in den nahen Osterwald. Oder auch gleich in den östlichsten Zipfel der Halbinsel, nach Pramort: Finden sich doch hier jedes Jahr zur Zugzeit zigtausende Vögel ein, lässt sich in der Dämmerung der Einflug der Kraniche und anderer Arten beobachten – oder am frühen Morgen vom Beobachtungsturm und der zwölf Meter Hohen Düne aus das Erwachen und der Start dieser „Vögel des Glücks" inmitten des Schilfs verfolgen. Ein paar mächtige Flügelschläge – und schon formieren sich die majestätischen Tiere in der Luft, bescheren den Erdbewohnern ein ebenso elegantes wie unvergleichliches Naturschauspiel.

Eine andere Einzigartigkeit dieser Region ist dem Musiker auf seinen Strandausflügen indes verborgen geblieben: das Gold des Meeres. Bernstein hat Schorn hier oben an der Ostsee bislang noch keinen gefunden – vielleicht auch, weil das Wetter während seiner Aufenthalte meist zu gut war und die Stürme und wogenden Wellen fehlten, die das fossile Harz ans Ufer hätten befördern können. Umso beeindruckender die Exponate im Deutschen Bernsteinmuseum im Kloster Ribnitz, die in Europas größter Bernstein-Ausstellung von magischen Amuletten steinzeitlicher Jäger bis zu königlichen Geschenken aus Danzig reichen. Und nicht zuletzt in den Bernsteineinschlüssen, den Inklusen, Zeugnis geben vom Leben vor Millionen von Jahren: Damals blieben Insekten und Spinnen, aber auch Würmer, Geckos und Eidechsen am frischen Harz kleben und wurden von der nachfließenden zähflüssigen Masse eingeschlossen – heute faszinieren diese mal dunkelbraunen, mal hellgelben, mal klaren oder undurchsichtigen Launen der Natur die Museumsbesucher im ehemaligen Klarissenkloster von Ribnitz-Damgarten. Erzählen von den Mythen – als „Tränen der Götter" beschreibt die griechische Sage von Phaeton die Entstehung des Edelsteins – oder der Bernsteinessenz, die im Mittelalter als Heilmittel galt und von der Paracelsus schwärmte: „Dieses ist ein edles Medicament in Haupt, Magen, Gedärmen und andern Sehnen-Beschwerden, ebenfalls auch wider den Stein." Exponate, die belegen, dass neben Bernsteinkiefern und Zypressen einst ebenso Kastanien, Zimtbäume, Magnolien und sogar Palmen im Ostseeraum wuchsen! Ungewöhnliche Landschafts-Motive, die vielleicht auch einen Theobald Schorn gereizt hätten ...

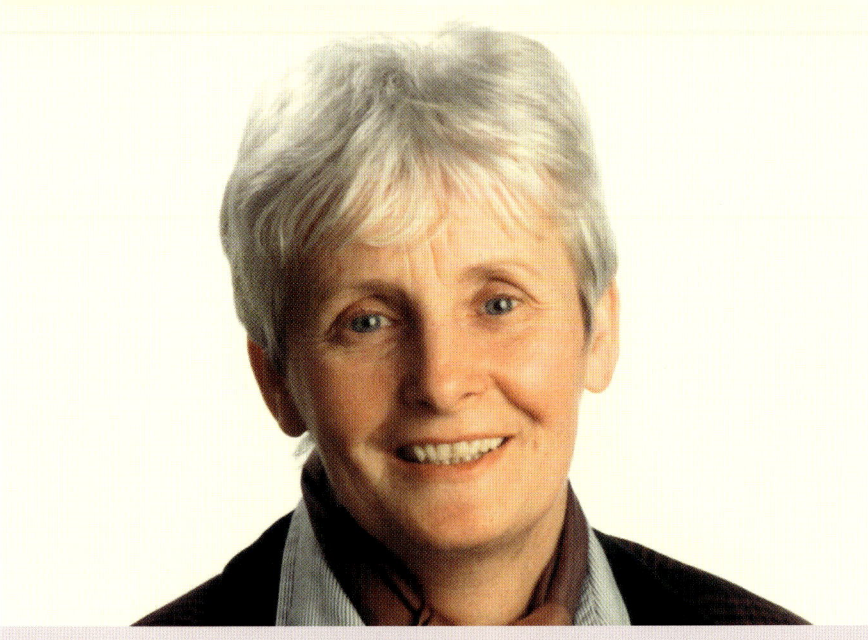

Aufgespürt

Seit mehr als einem halben Jahrhundert zieht es Sigrid Keler immer wieder auf den Darß. Und doch sind es nicht die naturbelassenen Strände, die für die gebürtige Schlesierin den besonderen Reiz dieser Region ausmachen, sondern die kleinen Orte und ihre oft bis ins Mittelalter reichende Historie. Geschichte und Geschichten, die für die langjährige Finanzministerin des Bundeslandes durch Spaziergänge, Recherchen und Gespräche mit den Menschen inzwischen fast zu ihren eigenen geworden sind – und so beginnt ihre Tour denn oft auch in dem ehemaligen pommerschen Fürstensitz Barth. Führt weiter in das „erste Kurbad der Region“: Das lag nämlich nicht an der Ostsee, sondern im Landesinneren – in Kenz. Hier wies schon Ende des 14. Jahrhunderts eine hölzerne Statue der „Wundertätigen Maria von Pommern“ den Weg zu einer „Wunderquelle“, deren mineralien- und alkalihaltiges Wasser bei Gliederschmerzen, Augenleiden oder Geschwülsten Heilung versprach. Und nachdem 1398 dort eine Wallfahrtskirche errichtet worden war, entwickelte sich die Gemeinde rasch zum meistbesuchten Wallfahrtsort Vorpommerns. „In der Folge gab es hier oft mehr Gäste als Einwohner, denn die Heilung Suchenden brachten natürlich ihr Personal mit“, erzählt Keler. Noch heute findet sich in St. Marien zu Kenz ein barocker Nachbau dieses Wunderbrunnens – „man taucht ein in eine Welt, die es gar nicht mehr zu geben scheint, und spürt, welche Bedeutung diese heilende Quelle einmal für die Region hatte“.

Während diese Historie weidlich erschlossen ist, findet sich drei Kilometer westlich noch eine „weitgehend unentdeckte Perle“: das Wasserschloss Divitz. Ein Renaissancebau – und vormals eines der bedeutendsten Herrenhäuser Pommerns, das Mitte des 16. Jahrhunderts auf einem Burg-Unterbau entstand und dessen Landschaftspark bis heute in seiner Grundstruktur erhalten ist. Für Sigrid Keler ein kleiner großer „Dornröschentraum“, der darauf wartet, nach erfolgreicher Sanierung von Konzertklängen wachgeküsst zu werden – noch sind es nämlich nur die Kraniche, die auf den umliegenden Feldern ihre trompetenartigen Rufe ertönen lassen.

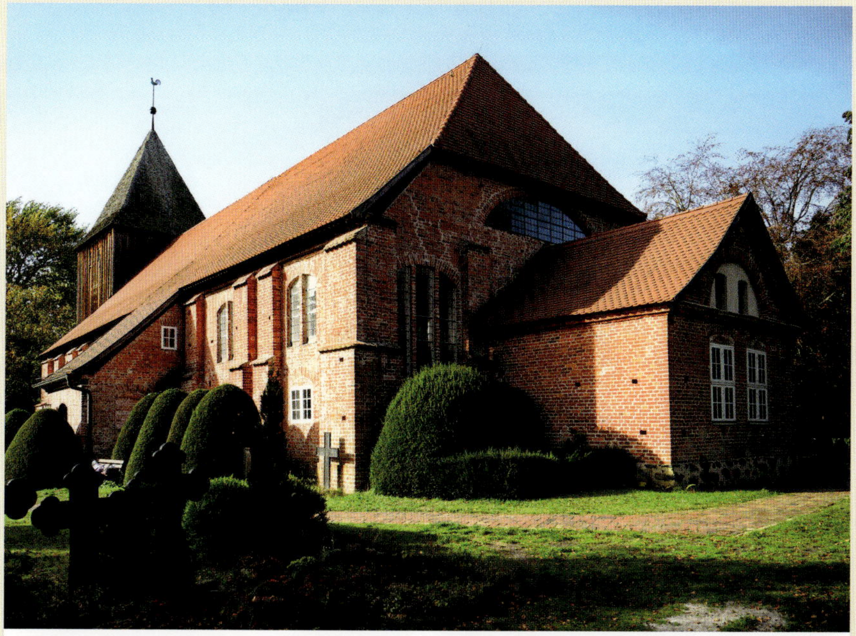

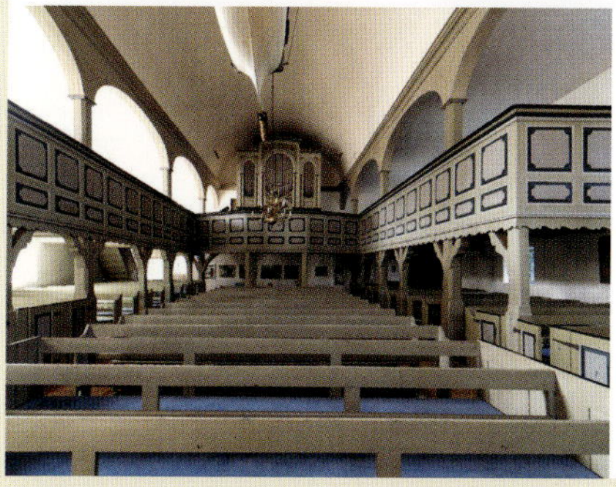

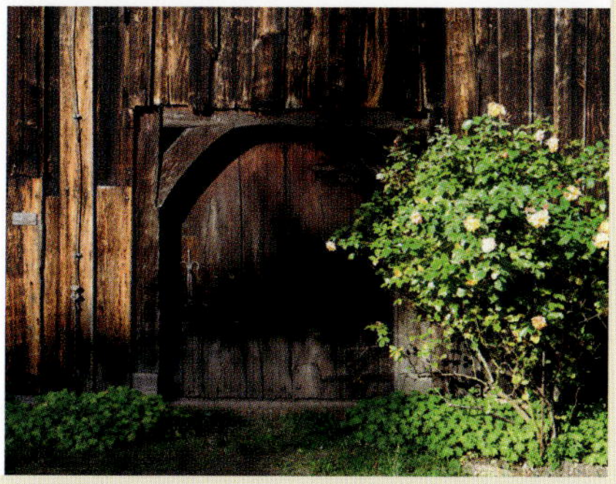

SEEMANNSKIRCHE PREROW

Modellschiffe unterm Kirchendach, ein Buddelschiff an der Wand und ein hölzerner, mit Schindeln gedeckter Turm, der den Schiffern einst als Peilpunkt in den Hafen diente: Die 1726 bis 1728 erbaute Seemannskirche Prerow ist nicht nur das älteste Gotteshaus auf dem Darß, sondern auch ein ebenso ungewöhnliches, von vielen kleinen Kunstwerken verziertes. Letztere stifteten gläubige Seeleute nach ihrer glimpflichen Heimkehr oder der Rettung aus großer Not auf dem rauen Meer. Und so wie die Ölbilder im Inneren erzählen auch die aufwändig gearbeiteten Grabsteine rund um die Kirche viele Seefahrtgeschichten aus alten Zeiten.

Nachmittagsausflug
Man sieht nur, was man weiß: Vom Künstlerdorf Ahrenshoop hat jeder schon gehört – weit mehr lässt sich bei der Radführung entlang des Kunstpfades oder auf dem literarischen Rundgang durch Ahrenshoop erfahren.
18347 Ahrenshoop, Anmeldungen „Kunstpfad" und „Literarisch & Poetisch": Tel.: 038220/66 6610

Die Stärkung vor dem Konzert
„Hotel Haferland": Täglich wechseln die Fisch- und Fleischgerichte, gekocht aus regionalen Bio-Produkten. Blätter, Blüten und Früchte stammen aus dem eigenen Garten.
Bauernreihe 5a, 18375 Wieck/Darß, Tel.: 038233/680

Am nächsten Tag
Im Rausch der Natur: Zu Fuß von Prerow durch den Darßwald zum Leuchtturm – von dort führt ein Rundwanderweg vom Wasser über die Dünen in den Wald und nahe am Nothafen vorbei zurück zum Leuchtturm.
Parkplatz Bernsteinweg, 18375 Prerow

Glücksmoment
Traumversunken: Sich am Abend auf der spiegelglatten Ostsee vor dem Weststrand auf dem Rücken treiben lassen und den Blick im unendlichen Horizont und im Rot der untergehenden Sonne verlieren.

Nachmittagsausflug
Gold des Nordens: Inzwischen ist die Ausstellung im Kloster zu Europas größter Bernsteinsammlung avanciert, doch ebenso lohnt die nebenan beheimatete Klosterschau „Dame von Welt, aber auch Nonne".
Im Kloster 12, 18311 Ribnitz-Damgarten, Tel.: 03821/2931

Die Stärkung vor dem Konzert
„Restaurant Namenlos": Wenn am Abend über der Ostsee die Sonne versinkt ... ist der Blick von der Terrasse des Restaurants ein Traum. Fisch- und Wildgerichte munden indes zu jeder Tageszeit.
Schifferberg 9, 18347 Ahrenshoop, Tel.: 038220/6060

Am nächsten Tag
Tiere ganz nah erleben: Das Motto des Vogelparks Marlow verspricht tatsächlich nicht zu viel, denn zahlreiche Gehege sind begehbar und neben Vögeln aus aller Welt auch Kamele, Kängurus und Lemuren zu sehen.
Kölzower Chaussee 1, 18337 Marlow, Tel.: 038221/265

Glücksmoment
Der Ton macht die Musik – und da selbiger hier locker ist, darf im Café „TonART" jeder Gast zur Gitarre greifen und sein Lied singen. Was mit diesem verwinkelten Kapitänshaus von 1870 ebenso harmoniert wie die Töpferkunst der Besitzerin.
Chausseestraße 58, 18375 Born/Darß

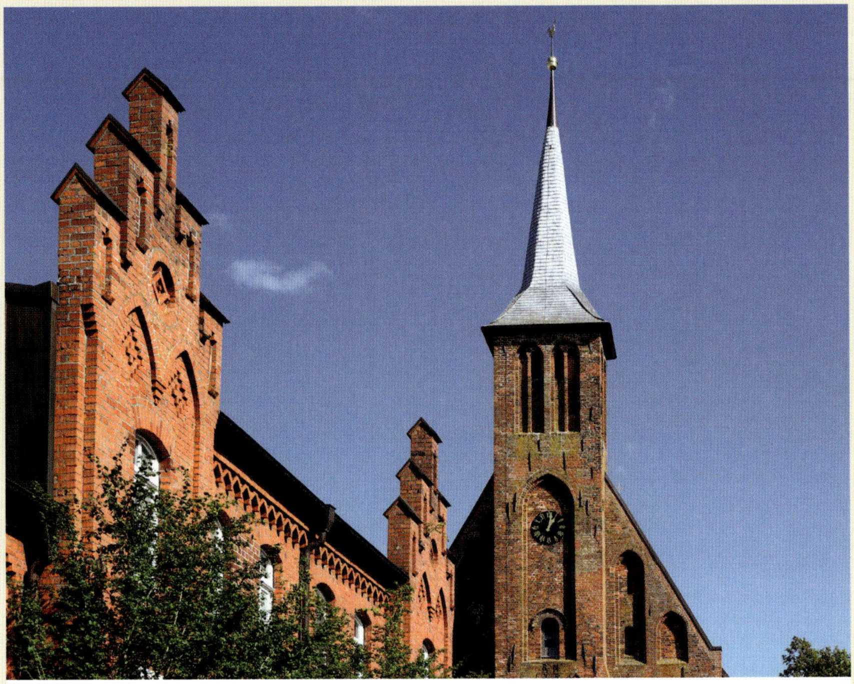

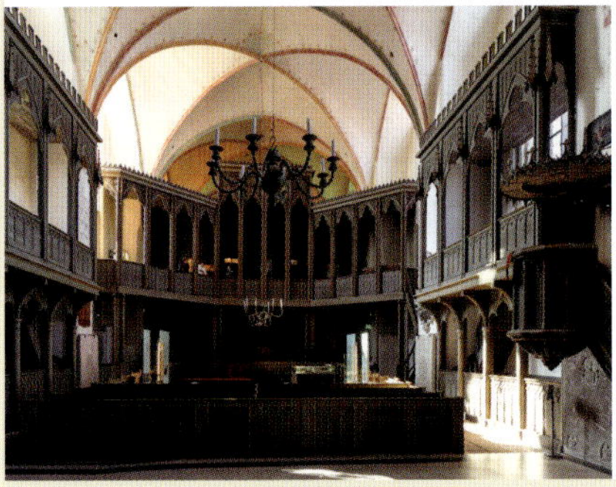

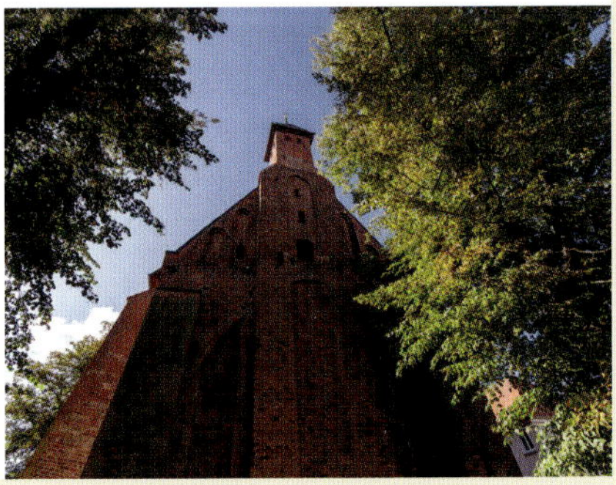

KLOSTERKIRCHE RIBNITZ-DAMGARTEN

Sie war eine Weggefährtin Franz von Assisis: die Heilige Klara. Schon 70 Jahre nach ihrem Tod stiftete 1323 Fürst Heinrich II., der Löwe, ihrem Orden ein Kloster. Kamen die ersten vier Nonnen noch aus Sachsen, so waren es in der Folge vor allem Frauen aus dem mecklenburgischen und pommerschen Adel sowie dem Lübecker Patriziat, die in den Konvent eintraten und dank großen Grundbesitzes stattliche Einnahmen bescherten. 1393 erfolgte die Weihe der neu gebauten Klosterkirche, in der bis heute neben der Figur der Ordensheiligen die „Ribnitzer Madonnen" der einstigen Altäre zu sehen sind.

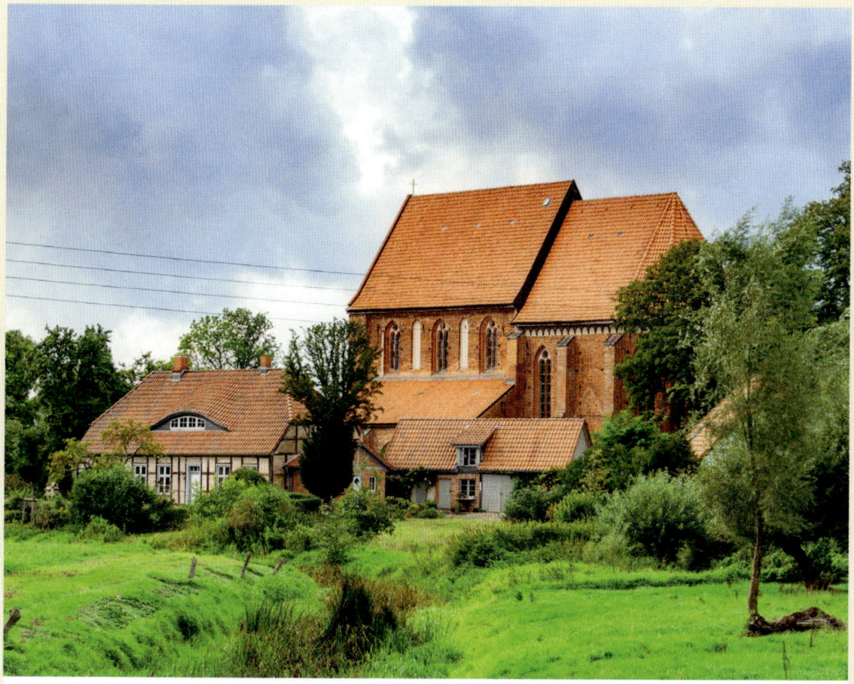

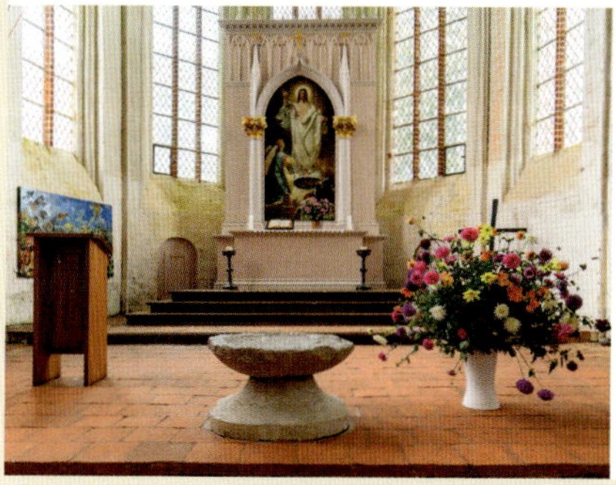

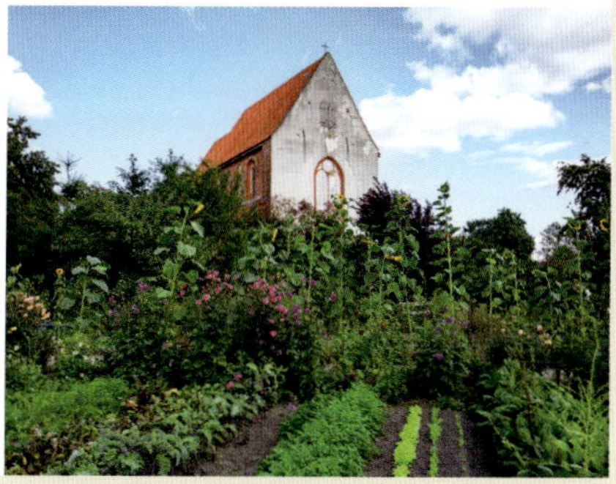

ST.-JÜRGEN-KIRCHE STARKOW

Backstein, Geist und Garten: Es ist dieser harmonische Dreiklang, der in Starkow mit seiner gotischen Basilika aus dem 13. Jahrhundert und dem 500 Jahre später erbauten Dorfensemble aus Pfarrhaus, -scheune und -garten sowie Predigerwitwen-, Schul- und Küsterhaus heute für ein ebenso harmonisches wie lebendiges Gemeindeleben sorgt. Eine Reise in scheinbar vergangene Zeiten, von denen die reichhaltigen Verzierungen des Backstein-Mauerwerks in St. Jürgen erzählen – doch die Seminare, Feiern und Ausstellungen in der benachbarten Pfarrscheune sind ebenso aktuell wie die dortigen Gästezimmer.

Nachmittagsausflug
Ein großer begehbarer Traum: Wer einmal die verschlungenen Wege des Starkower Pfarrgartens erkundet hat, wird diese blühende Hymne an die Liebe nie mehr vergessen.
Kirchsteig, 18469 Velgast/ Ortsteil Starkow, Tel.: 038324/65692

Die Stärkung vor dem Konzert
„Am Alten Hafen“: Entspannender Blick auf den Hafen von Fuhlendorf, urig-maritime Einrichtung – und fangfrisch gibt's je nach Jahresangebot Hecht, Aal, Hornfisch, Dorsch, Flunder oder Barsch.
Am Hafen 3, 18356 Fuhlendorf/Bodstedt, Tel.: 038231/41138

Am nächsten Tag
Welterbe: Seit 2002 gehört Stralsunds historische Altstadt zum UNESCO-Welterbe – eine beschilderte Route führt zu den bedeutendsten Bauwerken.
Touristeninformation: Alter Markt 9, 18439 Stralsund, Tel.: 03831/252340

Glücksmoment
Pure Klangromantik: Die 200 Jahre alte Orgel in der Barther Marienkirche zählt mit ihren 2939 Pfeifen nicht nur zu den größten Instrumenten des Berliner Orgelbauers Carl August Buchholz – auch ihr Klangbild ist bis heute weitgehend unverfälscht geblieben.

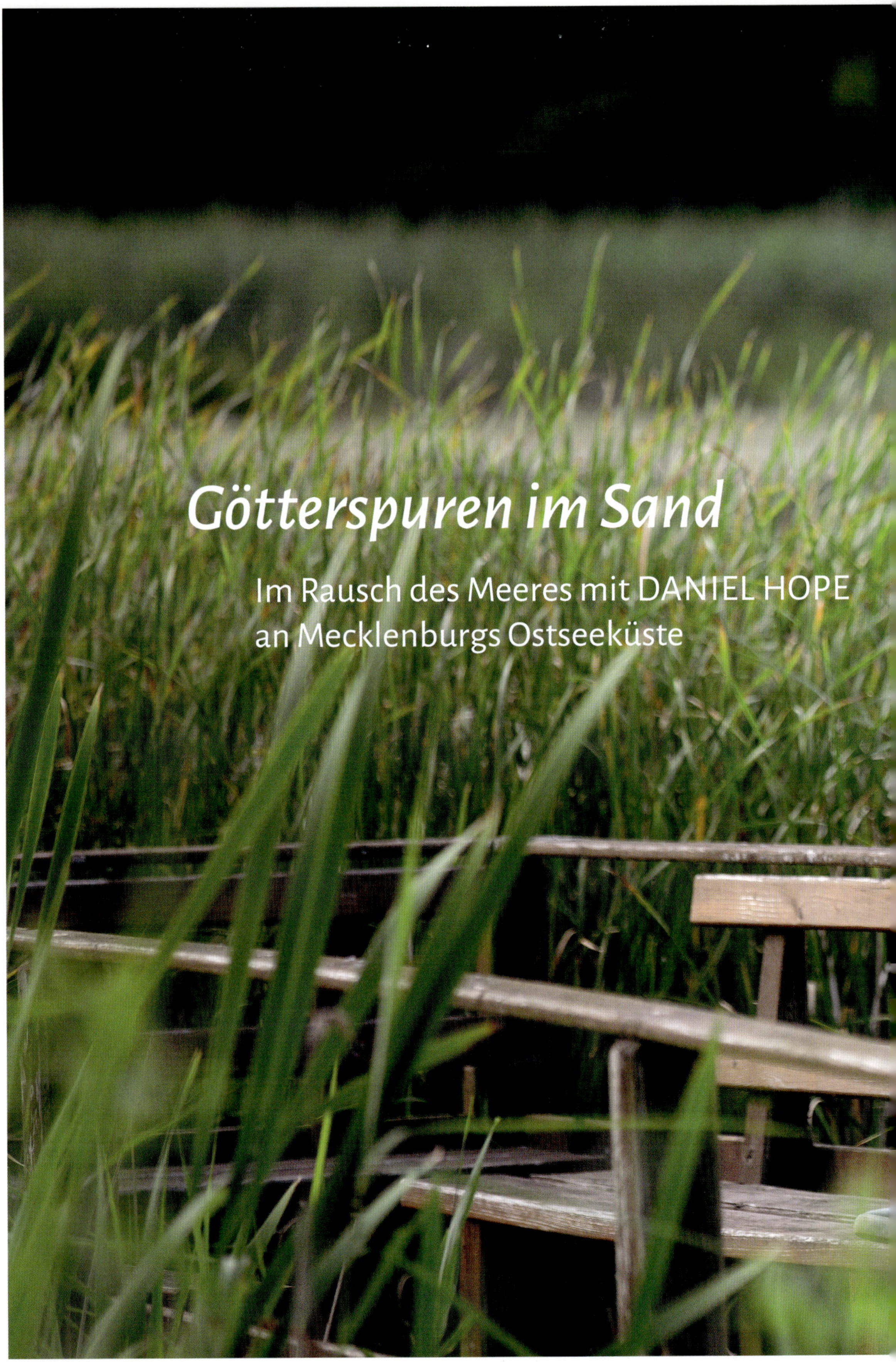

Götterspuren im Sand

Im Rausch des Meeres mit DANIEL HOPE an Mecklenburgs Ostseeküste

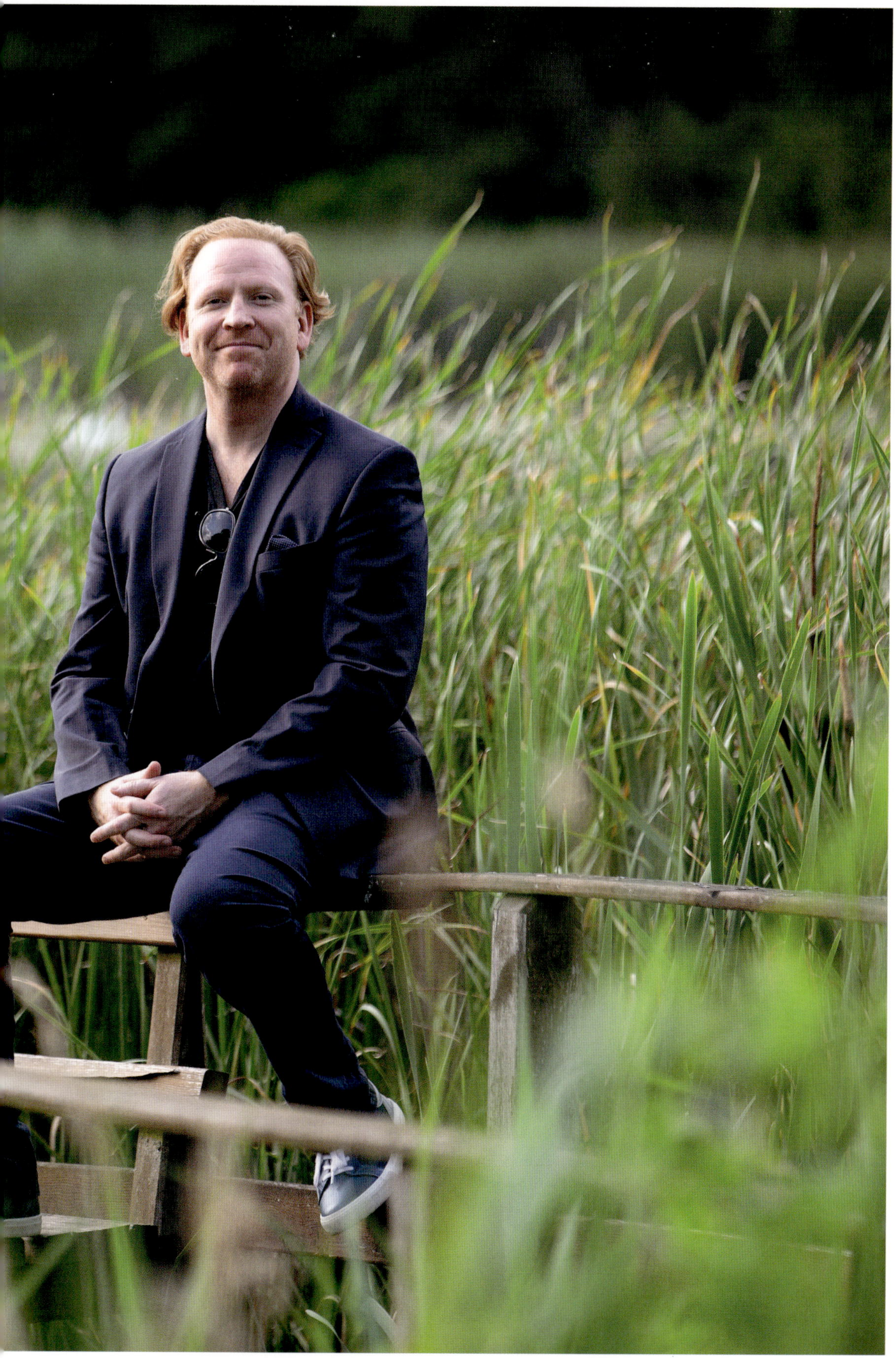

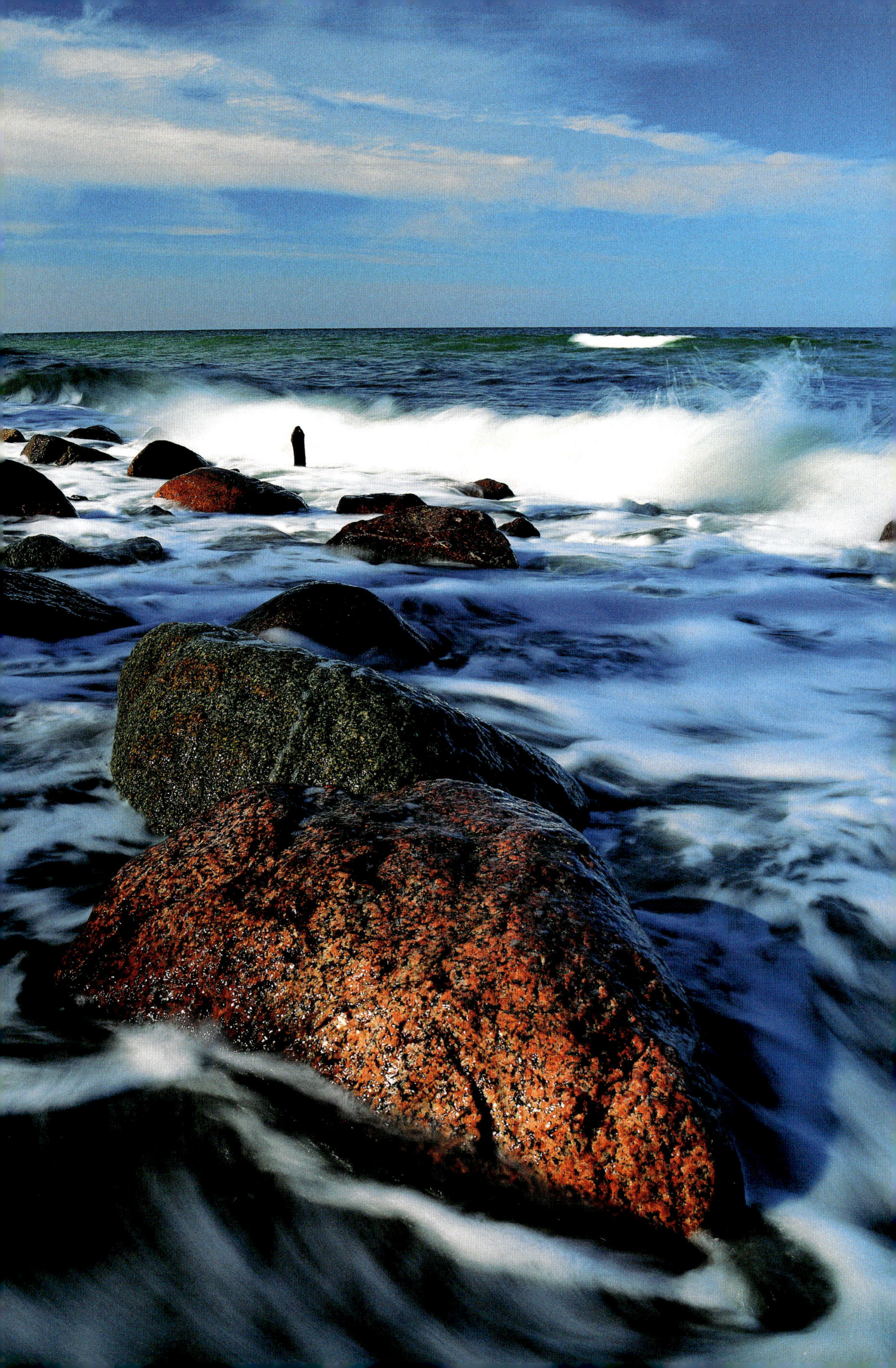

„Solch ein Blick weitet auch den eigenen Horizont – gerade im Frühsommer und bei Sonnenuntergang gibt es wenige Orte, denen eine solche Magie innewohnt wie hier am Ostseestrand." In der Ferne haben Daniel Hopes Augen ein kleines Segelschiff erspäht, das langsam ins Abendrot entschwindet. „Diese Farben, die Ruhe, das sich ständig verändernde Licht: Oft habe ich hier einfach nur gesessen und zugeschaut – und jedes Mal waren die Farbtöne wieder anders." Und ließen die Gedanken des international gefeierten Geigers in die Vergangenheit schweifen, als hier in Heiligendamm das erste deutsche Seebad gegründet wurde ...

Man schrieb das Jahr 1793, als Herzog Friedrich Franz I. von Mecklenburg-Schwerin am „Heiligen Damme" in die Ostsee stieg. Sein Leibarzt Dr. Samuel Gottlieb Vogel, Hofrat und Professor in Rostock, hatte aus England die Erkenntnis der heilsamen Wirkung des Salzwassers mitgebracht und entsprechende Baderegeln erstellt: „Wenn man von dem Bade rechten Nutzen haben will, muß man es täglich, auch wohl jeden Tag zweymahl wiederholen." Und da hier die Ostseeluft ebenso feucht wie staubarm war, üppige Buchenwälder wuchsen und das nahe Doberan kulturelle Abwechslung versprach, erkor der Fürst seinen Kur- und Erholungsort zum Seebad. Was natürlich eine standesgemäße Bäderarchitektur verlangte, die seine Baumeister Johann Christoph Heinrich von Seydewitz und Carl Theodor Severin in den folgenden drei Jahrzehnten im Stil der klassizistischen Berliner Schule errichteten: das berühmte Kurhaus, eine Herrenbadeanstalt sowie diverse Gesellschafts- und Logierhäuser – die elegante „Weiße Stadt am Meer".

„Als ich auf einem Strandspaziergang von Kühlungsborn aus auf einmal dieses faszinierende Gebäudeensemble erblickte, habe ich mich gefragt: Was ist das denn – und warum gerade hier?", erinnert sich Hope an seine allererste Begegnung mit Heiligendamm in den 90er-Jahren. „Dieses Bild hat bis heute für mich eine anachronistische Eleganz und lässt mich zurückträumen, denn ich stelle mir gern vor, wie Orte einmal gewesen sein könnten." Es ist dieses Interesse für die Vergangenheit, die Liebe zur Tradition, die den gebürtigen Südafrikaner schon zu Schulzeiten sein Faible für die Historie entdecken und mit einem Geschichtsstudium liebäugeln ließ – allein, wäre der so vielseitig interessierte junge Mann damals nach Cambridge oder Oxford gegangen, er hätte sich auf eine Epoche konzentrieren müssen. „Mich hat aber immer die gesamte Geschichte fasziniert, und so habe ich mich entschieden, die Geschichte mit der nicht weniger geliebten Musik zu verbinden."

Eine Faszination, die den Vielfachbegabten sich seinerzeit natürlich auch sogleich in die Historie Heiligendamms und Bad Doberans vertiefen und die einstige Stätte adliger Sommerfrischler schlagartig zu seinem Lieblingsort werden ließ. Nicht weil hier das erste Casino des Landes 1809 seine Türen geöffnet hatte oder 1822 die erste

Seite 196 – „Herrlich schäumende Salzflut im Morgenlicht, die tiefen Bläuen in weißen Stürzen auskämmend": So jubilierte einst schon der Poet Christian Morgenstern – und auch im digitalen Zeitalter hat das Wellen- und Farbenspiel der Ostsee nichts von seiner Faszination verloren

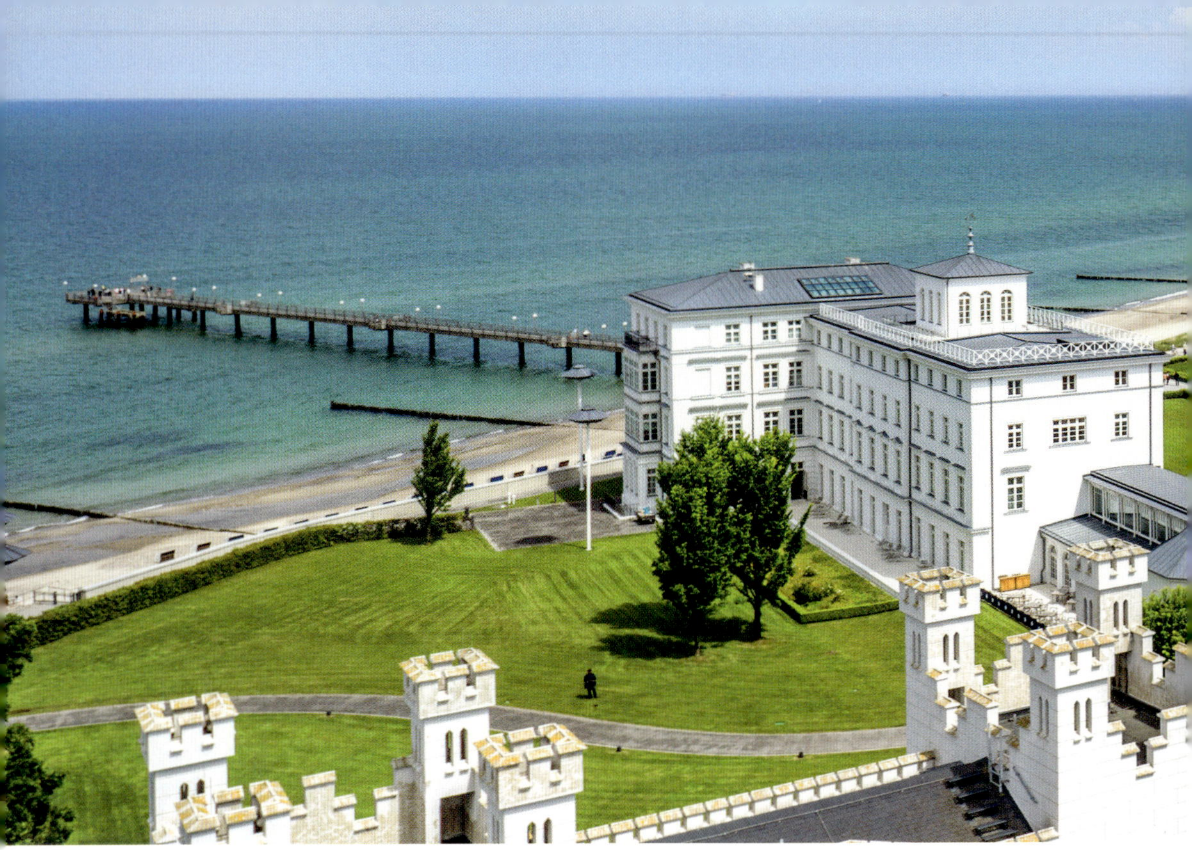

Eine Welt für sich: Seit seiner Gründung 1793 eilt Heiligendamm der Ruf als Deutschlands elegantestes und exklusivstes Seebad voraus

Galopprennbahn auf dem europäischen Kontinent entstanden war: Nein, Hopes Begeisterung rührt von Felix Mendelssohn Bartholdys Aufenthalt an diesem Ort. „Mendelssohn ist mein Gott, er ist für mich die faszinierendste Persönlichkeit unter den großen Komponisten mit einem unfassbaren Talent! Bei aller Liebe zu Mozart: Mendelssohns frühe Streichersinfonien, das d-Moll-Violin- oder auch das Doppelkonzert besitzen eine Reife, die für mich bis heute in diesem Alter unerreicht ist." Und ausgerechnet dieser Mendelssohn war nun im Juli 1824 als 15-Jähriger mit seinem Vater von Berlin nach Doberan gereist und dort bei Präpositus Friedrich Ludwig Röper, dem ersten Prediger der Klosterkirche, abgestiegen. „Alles hier in Dobberan ist gesund: die Luft, das Wasser. Der Garten ist 10 Mal größer als der unsrige an der Spree und die Erdbeeren süßer und mit Sahne", schwärmte der junge Felix im Brief an seine ältere Schwester Fanny.

Was ist das denn – und warum gerade hier?

Kein Wunder, dass Hope bei jedem seiner Besuche hier auf den Spuren des Komponisten wandelt und seine Gedanken spielen lässt bei Strandspaziergängen: „Was ist ihm damals wohl durch den Kopf gegangen, als er hier unterwegs war? Wenn ich dort durch den Wald gehe, verstehe ich, woher seine fantastischen Ideen von Elfen und Spukschlössern stammen könnten, wie ihn dieses Naturerlebnis stimuliert haben muss – und ich stelle mir vor, an dieser Stelle hier ist die Idee für den Anfang des ‚Sommernachtstraums' entstanden."

Ob die Musikgeschichte dem Heiligen Damme tatsächlich einen ihrer berühmtesten Geniestreiche verdankt oder vielleicht doch eher dem Gespensterwald im nahen

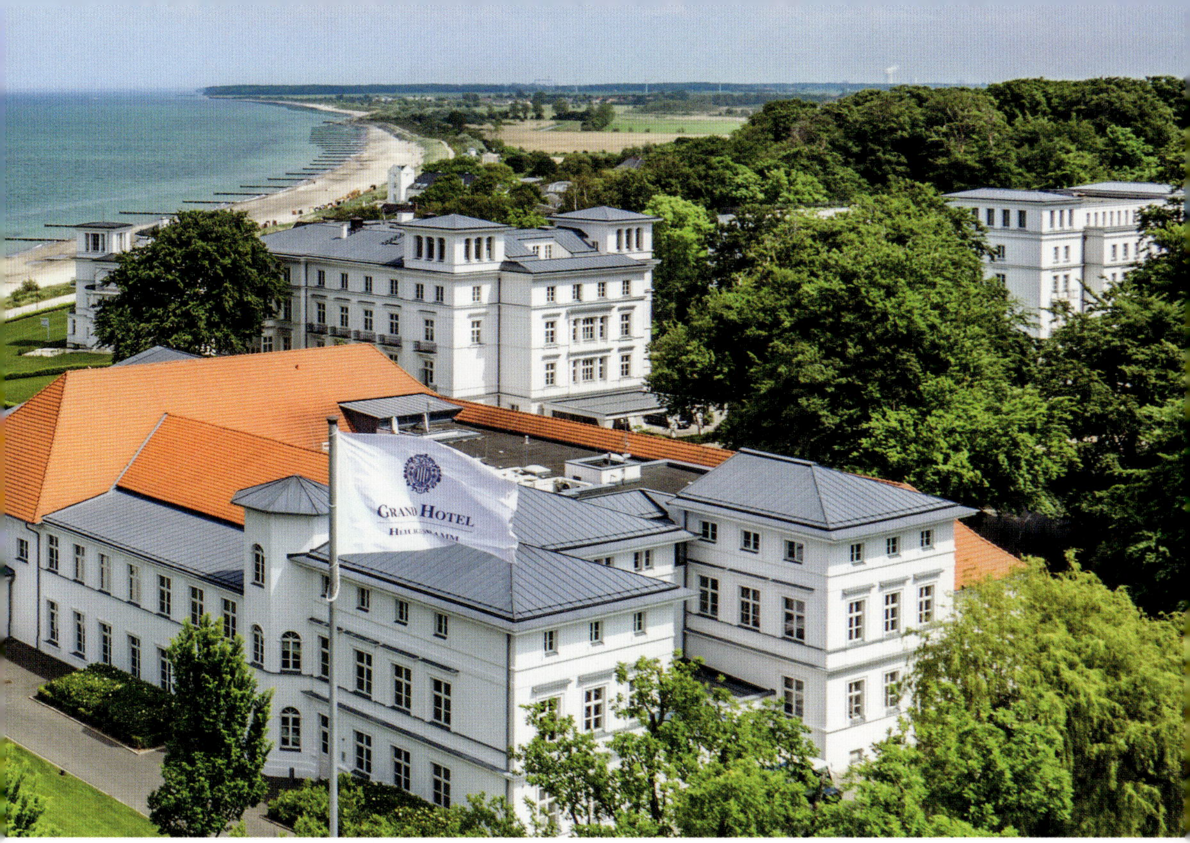

Nienhagen, wo sich die dürren Bäume bei Nebel wie auch im schummrigen Mondschein in der Fantasie des Betrachters auf einmal in unheimliche Gestalten verwandeln, weiß heute niemand mehr – gut vorstellbar ist dieser Gedanke indes schon. Der Strand, ob nun fein oder durchzogen von Muscheln, Kies und Meeresfundstücken, gelegen an einer Steilküste oder gesäumt von Kiefern, lässt nicht allein an Sommertagen im Anblick der sanften Meereswellen und des oft feinen weißen Sandes den städtischen Alltag und Trubel vergessen und schärft den Blick für Wesentliches unseres Seins. Das Reduzierte führt zu umso intensiveren Sinneswahrnehmungen. Was auch der jugendliche Mendelssohn ähnlich empfunden haben dürfte: „Die tanzende See mit Spitzhauben in Weiß und Grau ..."

Zwei Kilometer landeinwärts in Doberan arbeitete der Teenager während jener Juliwochen: „Ich habe dieser Tage so viel Komponierlaune gehabt ... kommt alles davon her, daß ich in Dobberan bin", heißt es in einem seiner Briefe. Am 13. Juli 1824 wurde seine „Dobberaner Blasmusik" eben dort uraufgeführt – im Allegro ließ bereits der „Sommernachtstraum" grüßen. Und im Festsaal des Großherzoglichen Salongebäudes soll Mendelssohn damals sogar als Musiker aufgetreten sein: Zweifellos ein Grund, dass Hope den prachtvollen Empire-Saal besonders in sein Herz geschlossen hat und viele „wunderschöne Konzerterlebnisse" mit dem Haus verbindet. „Dort habe ich erstmals Dvořáks Streichquintett gespielt", erinnert sich der Geiger. „Nun ist das Publikum in Mecklenburg-Vorpommern ohnehin oft euphorisch, aber an dem Abend glich es einem Vulkan!"

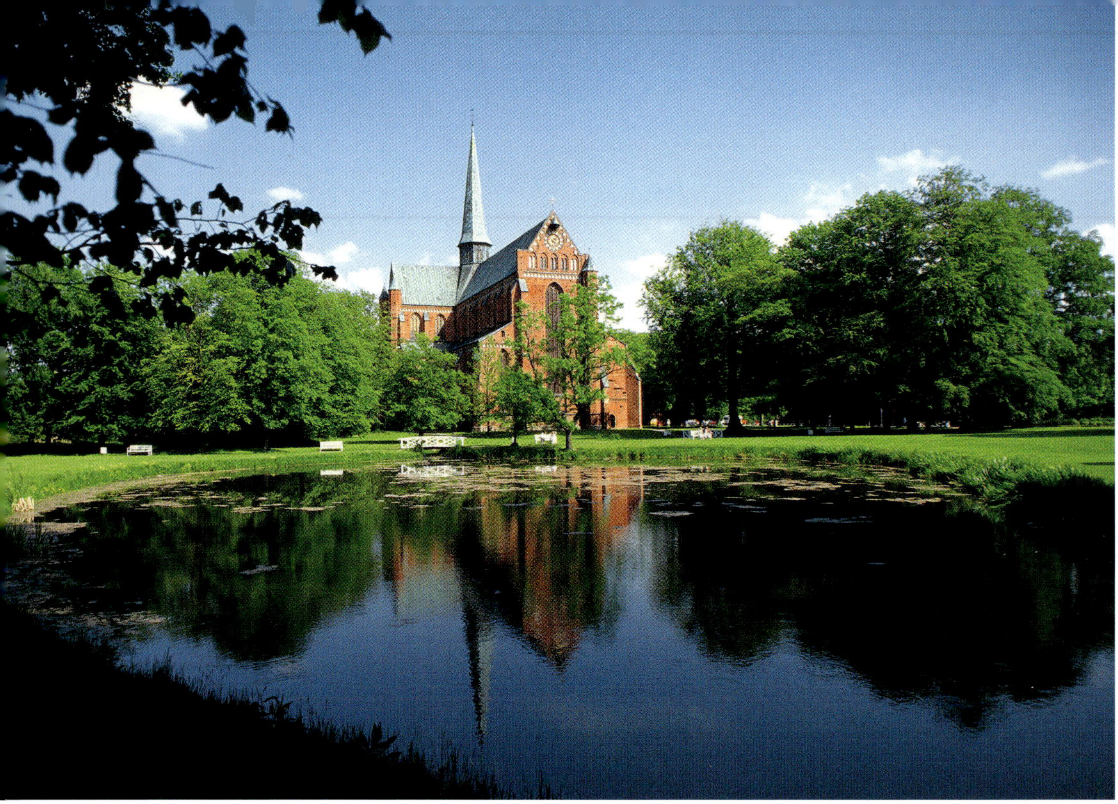

Hauptgrablege: Schon im Mittelalter kam der Klosterkirche in Bad Doberan als letzter Ruhestätte der mecklenburgischen Fürsten eine hohe politische und gesellschaftliche Bedeutung zu

Ob auch Mendelssohn seinerzeit solche Begeisterungsstürme erlebt hat? Immerhin zog es den Komponisten neben seinem eigenen Schaffen in jenem Sommer 1824 auch immer wieder zu Musiken der kleinen Hofkapelle in die Klosterkirche – die Entstehung der Stadt geht auf das 1171 gegründete Zisterzienserkloster zurück, dessen malerisch, im Stile eines englischen Landschaftsgartens angelegtes Parkareal innerhalb fast vollständig erhaltener Klostermauer sich heute für jedermann durchstreifen lässt. Die „Perle der norddeutschen Backsteingotik", das Doberaner Münster, ist Mecklenburg-Vorpommerns bedeutendstes mittelalterliches Bauwerk und beherbergt den ältesten erhaltenen Flügelaltar der Kunstgeschichte. „Die Kirche", so Mendelssohn, „ist ein außergewöhnlich schönes Gebäude aus dem 12ten Jahrhundert. [...] Sie ist einfach und grandios. Besonders liebe ich die äußere Ansicht und ein kleines, rundes Türmchen, welches man das Beinhaus nennt." Einst waren dort die Gebeine verstorbener Klosterbrüder aufbewahrt, wenn deren Gräber neu belegt wurden – heute sind im Inneren des achteckigen Gebäudes mehrfach restaurierte Wand- und Deckenmalereien (darunter das Gleichnis von den klugen und törichten Jungfrauen) aus dem 13. Jahrhundert zu bewundern.

Geschichtsträchtige Orte, die auch Hope bei seinen Besuchen im Land immer wieder gern erkundet. Am liebsten mit dem „Molli", jener nostalgischen Dampfeisenbahn, die seit 1886 zwischen Bad Doberan und Heiligendamm verkehrte und heute bis nach Kühlungsborn führt. „Ich liebe Dampfzüge seit meiner Kindheit, als ich diese Lokomotiven gesammelt habe", erzählt der Geiger. Und fügt schmunzelnd hinzu: „Jedes Mal, wenn ich in diesen alten Waggons sitze, habe ich das Gefühl,

Johannes Brahms käme gleich um die Ecke – meine ganz persönliche nostalgische Verbindung zur Vergangenheit."

Nostalgie erfasst zweifellos auch andere Bahnreisende, wenn etwa am Bahnhof in Heiligendamm noch per Hand die Weichen gestellt und die Schrankenbäume bei einem nahenden Zug heruntergekurbelt werden. Oder wenn an der Endstation in Kühlungsborn West das Museum der Mecklenburgischen Bäderbahn zum Ausflug in die Verkehrsgeschichte einlädt. „Reisen heißt heutzutage, so schnell wie möglich anzukommen, nie hat man wirklich Ruhe", sinniert der Musiker. „In diesen alten Zügen hingegen ticken die Uhren noch anders, es ist eine Form des Reisens, die dir Zeit gibt – und für mich auch ein wunderbarer Weg, um mir vorzustellen, wie es damals gewesen sein könnte."

Damals, als von hier der Anstoß zu einem ganz eigenen Sommermöbelstück ausging: War es doch Elfriede von Maltzahn, die nach einer Möglichkeit suchte, trotz ihres Rheumas den geliebten Ostseestrand standesgemäß zu genießen. Sie wandte sich an den Rostocker Wilhelm Bartelmann – und der erfindungsreiche Hof-Korbmacher fertigte aus Weidenruten, spanischem Rohr und Markisenstoff für sie 1882 ein, vielleicht gar das Urmodell aller Strandkörbe. Geschichten, denen historisch Interessierte vielerorts in dieser Region der Ostseeküste begegnen: Sei es nun in Rerik, das – 1230 erstmals als Alt Gaarz erwähnt – 1938 von den Nazis umbenannt wurde, um die slawische Vergangenheit auszuradieren und dem Ort stattdessen den Stempel der hier einst vermuteten Wikingersiedlung Reric aufzudrücken. Die in seiner Umgebung liegenden acht Großsteingräber erzählen bis heute von den ersten Siedlern vor mehr als 5000 Jahren. Oder in Neubukow, wo Heinrich Schliemann geboren wurde und Besucher seiner Gedenkstätte den Lebensweg des Archäologen, der das antike Troja entdeckte, nachverfolgen können – und auch einige Originalfundstücke in Augenschein nehmen dürfen. Oder in Boltenhagen, wo bereits 1803 der Graf Bothmer aus Klütz den ersten Badekar-

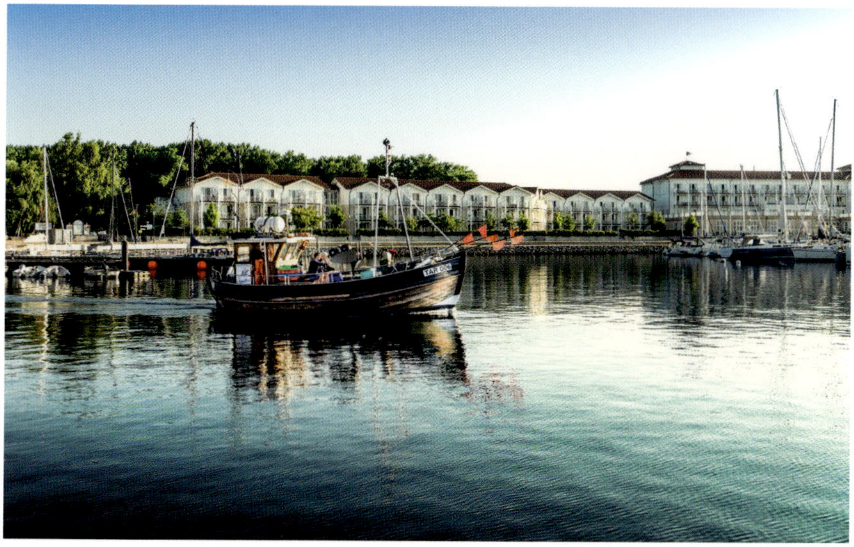

Marina Boltenhagen: Einst Sperrgebiet mit Zaun und Wachtposten auf der Halbinsel Tarnewitz, lockt nun der moderne Yachthafen mit seiner Promenade Seewie Sehleute

ren aufstellen ließ und damit den Startschuss für eine Entwicklung gab, die das alte Fischer- und Bauerndorf in eines der bedeutendsten Ostseebäder verwandelte, über das der regelmäßig dort weilende Heimatdichter Fritz Reuter schwärmte: „Wer mal sin Nerven will upfrischen, wer mal sin Sorgen möchte wegwischen, wer plägen will sinen Magen, die führt getrost nach Boltenhagen."

Und natürlich auch in Rostock: Walter Kempowski, einer der berühmtesten Söhne der über 800 Jahre alten Hansestadt, hat in diversen Romanen und weiteren Texten seiner Heimat ein kritisches, zugleich liebevoll detailliertes Denkmal gesetzt. Auf seinen Spuren lässt sich die lebendigste Stadt Mecklenburg-Vorpommerns – etwa mit seinem berühmten Roman „Tadellöser & Wolff" – aus einer ungewohnten, literarischen Perspektive erkunden. Vom ehrwürdigen Kröpeliner Tor aus dem 13. Jahrhundert – „von einem Gotiker mit Türmen und Bögen versehen und mit Bänken, auf denen alte Männer Skat spielten" – bis hin zum größten Sakralbau: „Die Türme der Kirchen waren entweder zu groß oder zu klein. Die klotzige Marienkirche, ein Bau-Ungetüm mit gewaltigem Westwerk, groß genug, um drei Türme zu tragen, oben rasch und behelfs-

Tor zur weiten Welt: Schon im Mittelalter war Rostock als Handelsplatz für Kaufleute und Handwerker die größte und bedeutendste Stadt der Region

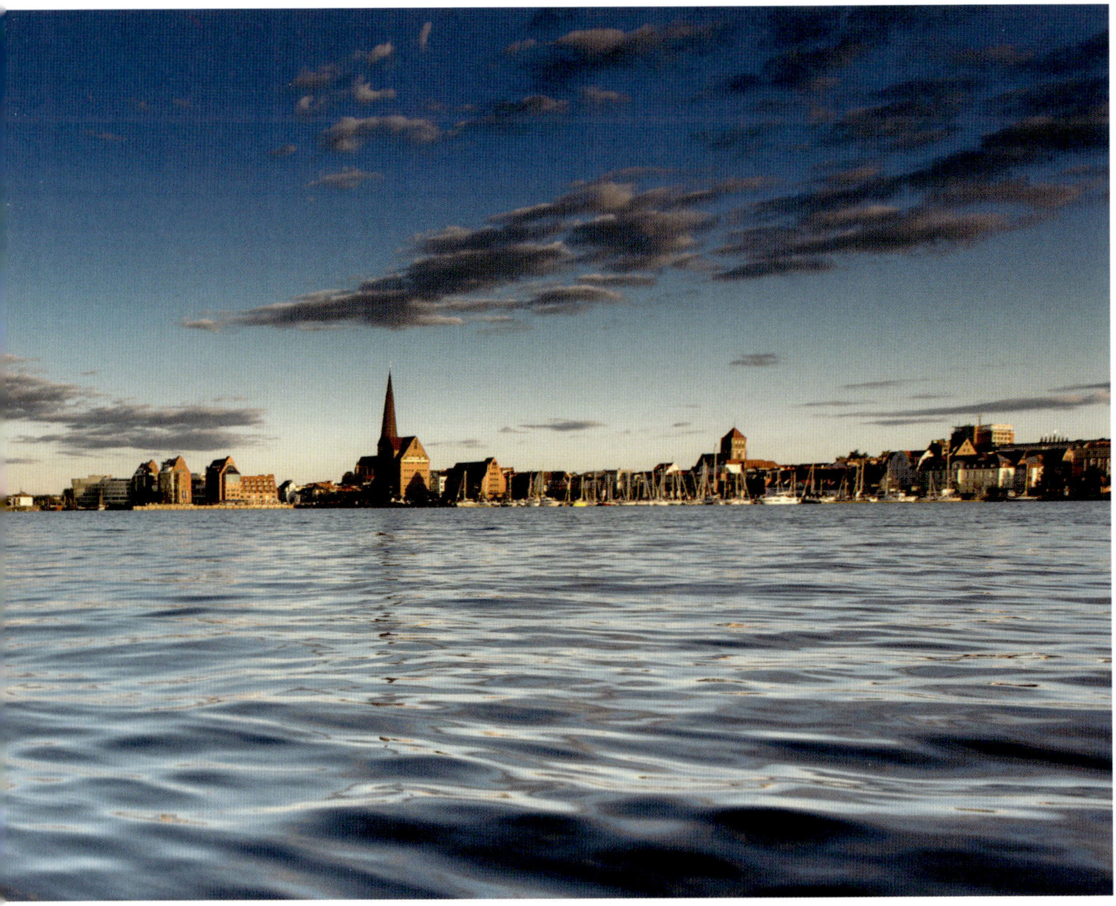

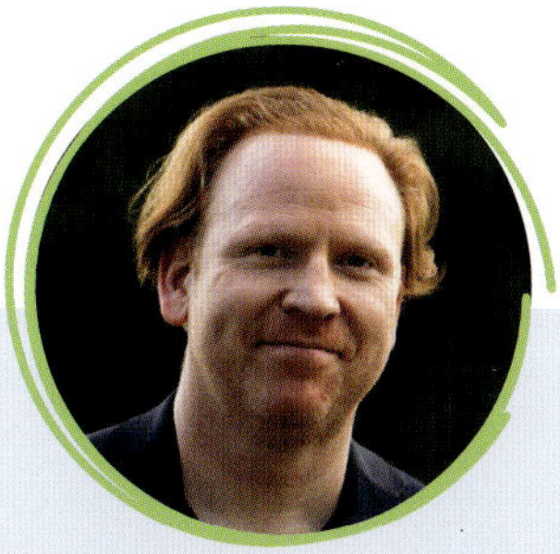

Wortwechsel

Den Strand zwischen Heiligendamm und Kühlungsborn kennt wohl kaum ein Auswärtiger so gut wie Sie, fast jeder Ihrer Besuche hier lässt Sie die fünf Kilometer am Meer und der Steilküste entlanglaufen – was macht die Faszination dieser Wanderung aus?

Daniel Hope: *Einerseits verleiht mir der Blick über das weite Meer eine tiefe, innere Ruhe – andererseits inspirieren mich die Luft und der Geruch der Ostsee. Vor allem am Strand, wenn ich barfuß durch das Wasser laufe und den Wind spüre, dann fängt der Geist bei mir an zu arbeiten.*

Nun ist der Strand ja dort an einigen Stellen sehr schmal, bleiben Ihnen als Spaziergänger nur wenige Meter zwischen Küstenabbruch und Meer, zumal es auf einem Teil auch sehr steinig ist …

Für unsere Söhne sind diese Steine am spannendsten, kleine und große in allen Formen und Farben sammeln wir oft. Oder wir verweilen an einem abgestorbenen Baum und lauschen dem Meer. Dieses Meeresrauschen gehört für mich zu den Urgeräuschen der Menschheit: Jeder, der es einmal erlebt hat, möchte dieses Rauschen unbedingt immer wieder hören.

Was gibt Ihnen dieses Geräusch?

Solche Momente vermitteln mir Trost. Das sind Augenblicke, um loszulassen, von der Hektik und dem alltäglichen Stress – und es ist zugleich eine Bestätigung, dass es um mehr geht als nur von einem zum anderen Ort zu gelangen. Mich beruhigt das Erlebnis Meer immer wieder, und auch die Gedanken erlangen eine ganz andere Klarheit – selbst wenn es einmal stürmt. Wir sind am Strand schon von manchem Unwetter überrascht worden – das kann nämlich manchmal sehr plötzlich kommen. Du gehst bei Sonnenschein los und siehst nur ein paar Wolken am Himmel, aber das Wetter hat an der See ein sehr dynamisches Moment, das Turbulenzen in kürzester Zeit entstehen lässt. Das mögen mein älterer Sohn und ich ganz besonders …

… und haben in diesen Situationen keine Angst vor der Urgewalt des Meeres?

Wir lieben diese Erlebnisse! Es hat zwar etwas Bedrohliches, aber man hat nie das Gefühl, es könnte wirklich so gefährlich werden, dass man von einer Welle erfasst wird. Inso-

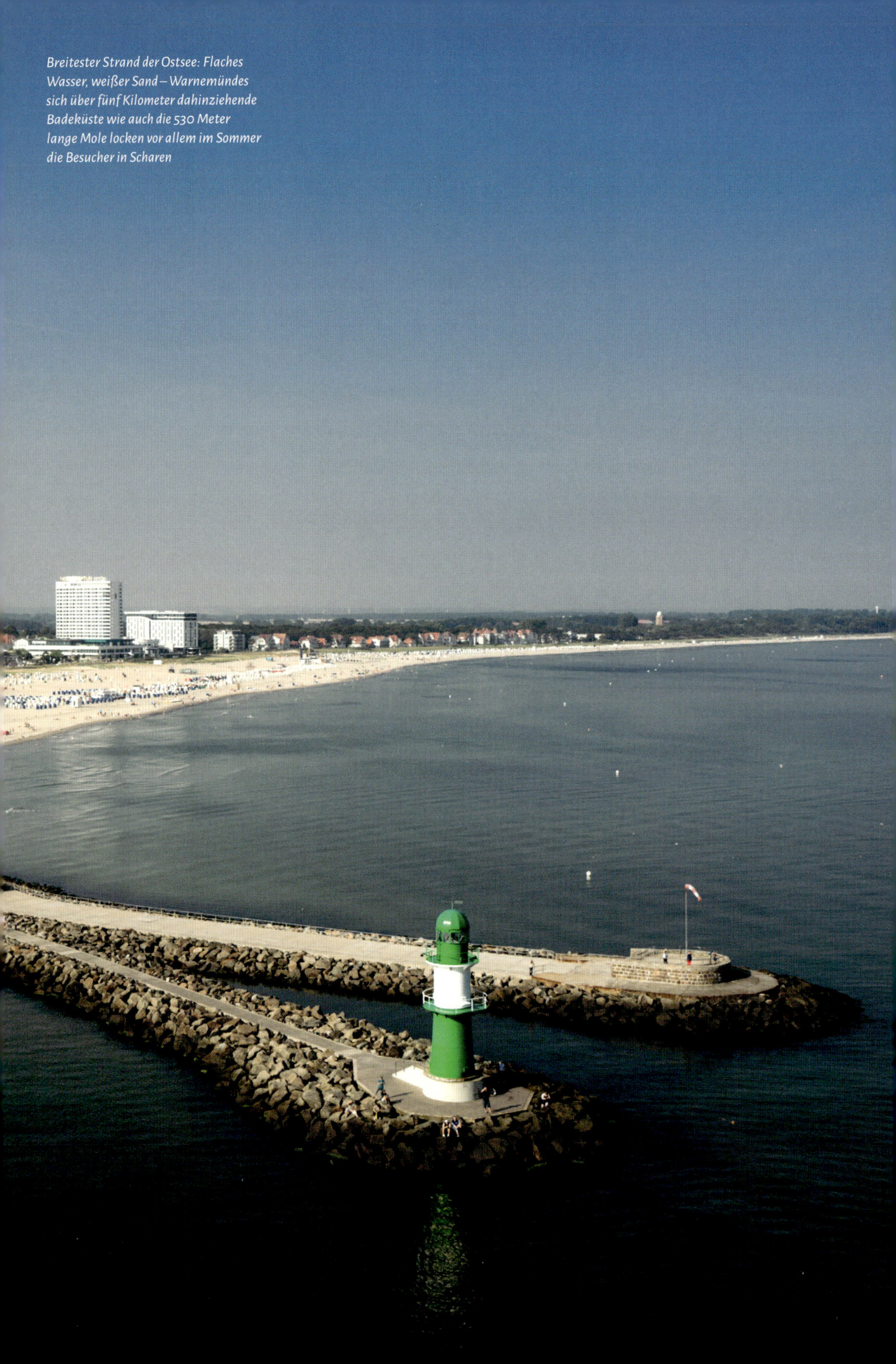

Breitester Strand der Ostsee: Flaches Wasser, weißer Sand – Warnemündes sich über fünf Kilometer dahinziehende Badeküste wie auch die 530 Meter lange Mole locken vor allem im Sommer die Besucher in Scharen

fern dominiert die Faszination, wenn etwa im Wasser dann Luftblasen aufsteigen und die See etwas Vulkanisches bekommt oder sich die Farbe vom grünlichen Blau in einen bräunlichen Ton wandelt. Und nicht nur die Farbe, auch das Licht verändert sich dort ständig – nicht zuletzt in den Juni-Nächten, während der Sonnenuntergang den Himmel von Gelb über Pink und Orange in ein tiefes Rot übergehen lässt, das sich dann über das Meer hinaus erstreckt. Wenn der Strand dann verlassen ist und lediglich noch die einsamen Strandkörbe zurückgeblieben sind, erscheint mir das wie aus einer anderen Welt, könnte es fast der Mars sein: Das ist meine Lieblingstageszeit.

mäßig mit einem hühnerkopfähnlichen Helmchen abgeschlossen." Kleine architektonische Spitzen, die der Schriftsteller immer wieder gern setzte: „Eine Stadt, die seit Jahrhunderten von schlechten Baumeistern verhunzt wurde." Weiter zur Ostsee hin, am Strand von Warnemünde, geriet er indes ins Schwärmen: „Vor dem Zweiten Weltkrieg war das das Eleganteste, was man sich vorstellen kann, Stehgeiger, weiße Holzstühle, Konzert-Podium ... Und all die wunderbaren Segeljachten!"

Historie ist auch an anderer Stelle präsent, an der einstigen innerdeutschen Grenze. Auf der zu Schleswig-Holstein gehörenden Halbinsel Priwall lässt sich auf den Spuren der ehemaligen Grenzbefestigungsanlagen wandern. Und da die Natur entlang der deutsch-deutschen Demarkationslinie 40 Jahre teilweise unberührt blieb, kann man rund um den Dassower See eine vielfältige Pflanzen- und Vogelwelt entdecken.

Wanderungen, wie auch Daniel Hope sie schätzt – über die „wunderschöne Landschaft und die alte Historie" hinaus nicht zuletzt wegen der Begegnungen mit den Menschen. Nach drei Jahrzehnten Festspielauftritten ist der irische Staatsbürger in Mecklenburg-Vorpommern längst auch jenseits der Konzertsäle bekannt und wird nicht selten privat angesprochen. „Normalerweise möchten wir als Familie schon unter uns bleiben, doch am Strand ist auch meine Frau völlig entspannt. Wir haben mehr als

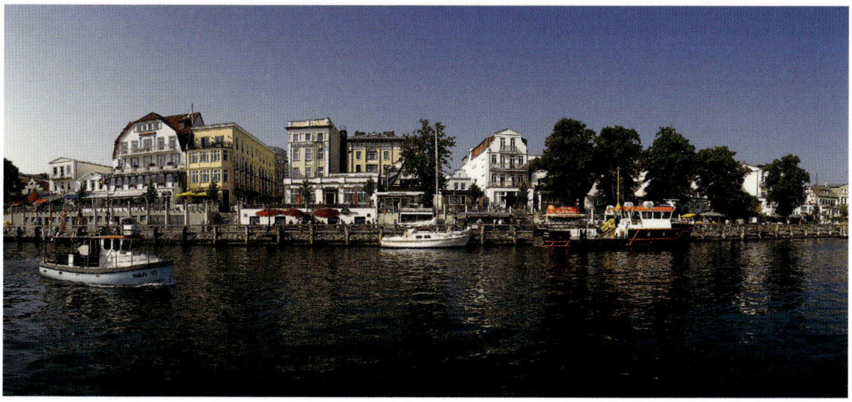

Alter Strom: Schon 1423 ausgehoben und mit Bollwerken befestigt, war diese eher schmale Einfahrt über Warnemünde fast 500 Jahre lang der einzige Schiffsweg von der Ostsee zum Hafen Rostock

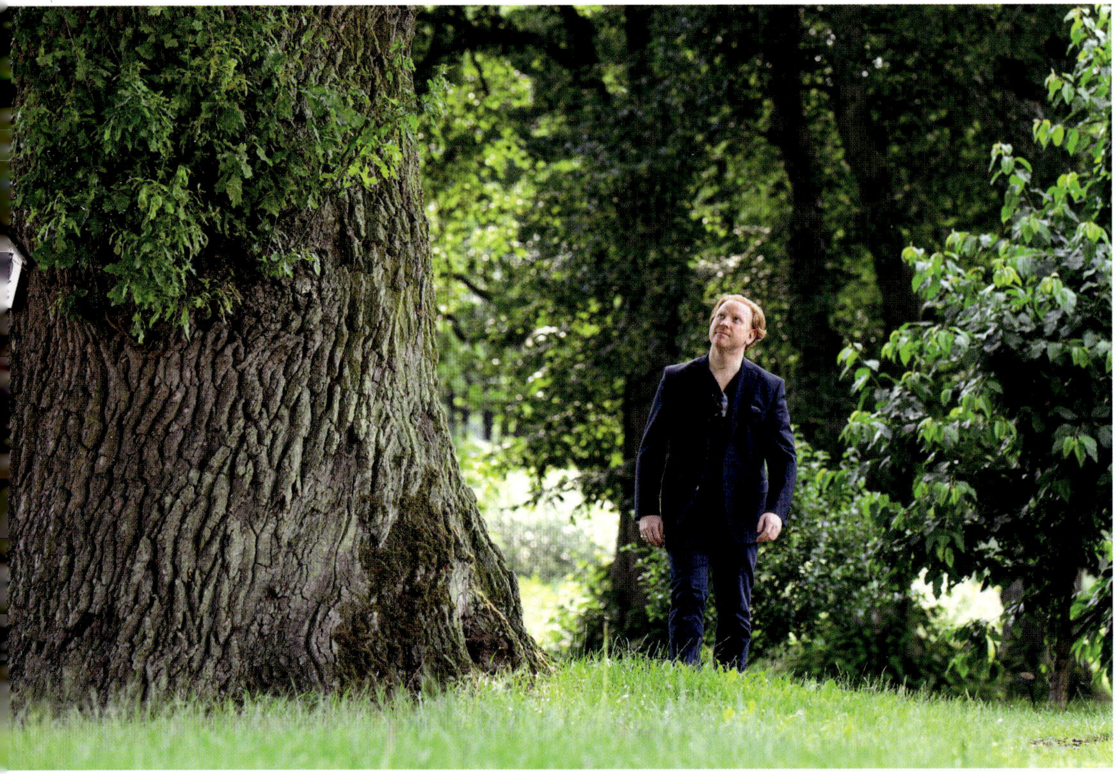

Mußerunde im Park: „Ein Spaziergang unter alten Bäumen beschert mir stets viele kreative Gedanken“

einmal auf unseren Ostseespaziergängen sehr nette Bekanntschaften mit Einheimischen gemacht und interessante Gespräche geführt“, erzählt der Virtuose. Interesse, das der Geiger umgekehrt auch immer wieder neu bei seinem Publikum weckt, wenn er etwa durch seinen großen Ideenreichtum als Musikvermittler ungewohnte Perspektiven auf das Konzertwesen eröffnet. Sucht der umtriebige Künstler, der mit Klaus Maria Brandauer Musik-Literaturprojekte konzipiert oder sich als Autor auf die Spuren seiner von den Nazis ermordeten Urgroßeltern in Berlin begeben hat, doch unentwegt den Brückenschlag: geografisch – bereits zu seiner Zeit als Künstlerischer Direktor der Festspiele war es ihm ein Herzensanliegen, die Trennung zwischen den Musikwelten jenseits und diesseits des Atlantiks aufzuheben – wie auch zwischen den Künsten.

So fasziniert ihn ein Maler wie Edvard Munch, „der in seinem Stil manchmal sehr mit der Tradition gebrochen hat“ – obgleich er sich dessen Bilder nicht so oft anschauen könne, da diese auch die seelische Instabilität dieses Wegbereiters des Expressionismus verströmten. „Wie er mit dem Pinsel Emotionen vermittelt, das geht mir teilweise sehr nah.“ Umso größer ist sein Interesse am Munch-Haus in Warnemünde, jenem ehemaligen Fischerhaus, in das sich der Norweger im Mai 1907 angesichts einer tiefen Lebenskrise für anderthalb Jahre zurückzog – eine Zeit, in der er künstlerisch sehr produktiv war. Heute sind dort zwei Ateliers und zwei Wohnungen untergebracht sowie Räume für Ausstellungen und Veranstaltungen im Rahmen deutsch-norwegischer Künstlerbegegnungen. „Die Luft, die Atmosphäre, die Menschen und die Umgebung dort haben Munchs Zustand verbessert – und wenn man an diesem Ort ist, lässt sich das inspirierende Harmoniegefühl auch tatsächlich nachempfinden." Für einen Moment hält Hope inne, scheint er Munchs seelischen Irrungen und Wirrungen nachzuspüren. „So sind wir Künstler: Geht es uns schlecht, arbeiten wir entweder ganz miserabel – oder besser als je zuvor." Die salzhaltige Ostseeluft und die Weite des Horizonts können da manchmal Wunder wirken.

MVorlieben

– LIEBLINGSORT –

Es gibt nicht viele Häuser, in deren Ruinen ich schon musizierte und dann ihre Auferstehung miterleben durfte – schon aus diesem Grund ist mir der Schlosssaal in Ulrichshusen ganz besonders ans Herz gewachsen. Als ich das erste Mal dort in den 90er-Jahren im Sommer auftrat, war das Dach noch offen, wir stellten an jenem Abend Lichter auf, während über uns am Himmel der Mond schien – ein unvergessliches Erlebnis! Entsprechend zahlreich sind die Erinnerungen, die ich an diesen Ort habe: An den legendären Tamás Vásáry, der sich plötzlich an ein altes Pianino setzte und Chopin spielte, obwohl er zu jener Zeit kaum noch als Pianist auftrat, oder auch an jene Nacht, als wir mit einer spontanen Jazz-Session den Festspielen den Hauptsponsor retteten – aber das ist wieder eine andere Geschichte …

– LIEBLINGSSINNESWAHRNEHMUNG –

Der Geruch des Meeres in Heiligendamm ist ebenso fesselnd wie einzigartig. Bin ich woanders am Strand, dann hat dies für mich stets etwas Beruhigendes – doch wenn ich dort meine Nase in den Wind halte, bin ich sofort hellwach und inspiriert und ungemein produktiv. Vielleicht ist der Salzgehalt hier anders, vielleicht ist es dieser Geruchscocktail aus Sand, dem aufgewühlten Ostseegrund, Salz und Wind: ein, zwei tiefe Lungenzüge und ich spüre sofort eine unglaubliche Kraft in mir.

– LIEBLINGSESSEN –

Seit meiner Kindheit liebe ich Bucatini all'amatriciana: Meine Großmutter war eine fantastische Köchin – und ich erinnere mich bis heute an den Duft, wenn ich zu ihr in die Küche kam und sie Bauchspeck, Zwiebeln und Tomaten briet. Auch wenn es eigentlich ein ganz einfaches Gericht ist, so ist die Zubereitung doch eine wahre Kunst – die ich immer wieder teste, wenn ich beim Italiener bin. Und perfekt beherrscht diese Chefkoch Luigi Frascella im Restaurant Medinis in Heiligendamm: Als er von meinem Wunsch hörte, hat er die Pasta extra zubereitet, über Nacht den Speck in die Soße einziehen lassen – die beste Amatriciana, die ich je in meinem Leben hatte!

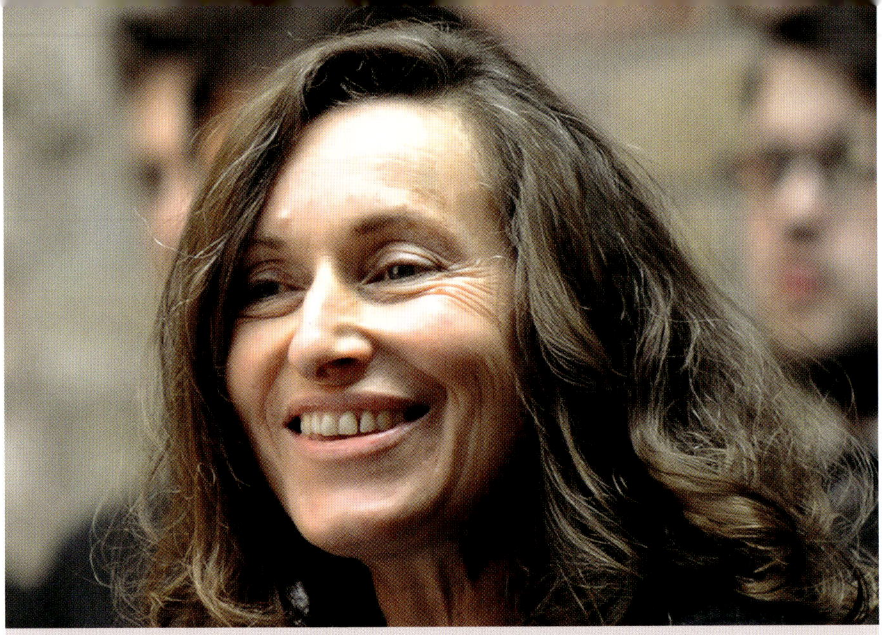

Aufgespürt

„Das Spektakuläre dort ist, dass es so herrlich unspektakulär ist – und doch offenbart sich für mich Mecklenburg hier in seiner ganzen Schönheit." Wenn Susanne Winnacker von ihren Spaziergängen durch das Naturschutzgebiet Kösterbeck erzählt, gerät die Theaterwissenschaftlerin und Regisseurin stets aufs Neue ins Schwärmen. Keinen anderen Menschen habe sie dort getroffen, sei an Bach und Fluss entlanggelaufen, Hase und Kaninchen, Schmetterling und Libelle, Wildschwein und Reh begegnet – und Letzteres hätte trotz der einsamen Wanderin in aller Seelenruhe weiter geäst. Ein „vergessenes Paradies" nennt die Regisseurin denn auch ihren Lieblingspfad („in Dishley muss man den richtigen Weg hinter einer Scheune abpassen") durch diesen Teil des nach der letzten Eiszeit entstandenen Stauchmoränengebietes. Immer, wenn sie während ihrer sieben Jahre als Rektorin der Rostocker Hochschule für Musik und Theater nach Entspannung suchte, zog es die dynamische Frau – manchmal auch mit ihrem Mann und den beiden Hunden – in dieses „Wunderland: Wenn wir den ganzen Trubel vergessen wollten, haben wir dort die nötige Stille gefunden." Mag Winnacker auf ihrem beruflichen Weg inzwischen auch weiter ans Bochumer Schauspielhaus gezogen sein – „die Sieben ist die Rostocker Zahl: nach sieben Jahren war es genug, da musste jemand anderes mit einem anderen Blick auf die Dinge diese Hochschule übernehmen" –, geblieben ist ihre Liebe zum Nordosten: „Mecklenburg-Vorpommern ist das schönste aller Bundesländer", stellt sie fest – ein Kompliment von Gewicht, schließlich hat die Honorarprofessorin bereits in der halben Republik gelebt und gearbeitet. Und auch aus ihrer Begeisterung für ihre einstige Arbeitsstätte macht sie keinen Hehl: Die Rostocker Hochschule sei die schönste Deutschlands – „das Flair in den Räumen des ehemaligen Franziskanerklosters ist einfach außergewöhnlich und strahlt eine ganz eigene Kraft aus". Eine Kraftquelle wie der Spaziergang durch die Rostocker Schweiz – und für Winnacker Grund genug, bei Besuchen im Norden ihre eigenen Energiereserven hier immer wieder einmal aufzuladen.

Festspielorte

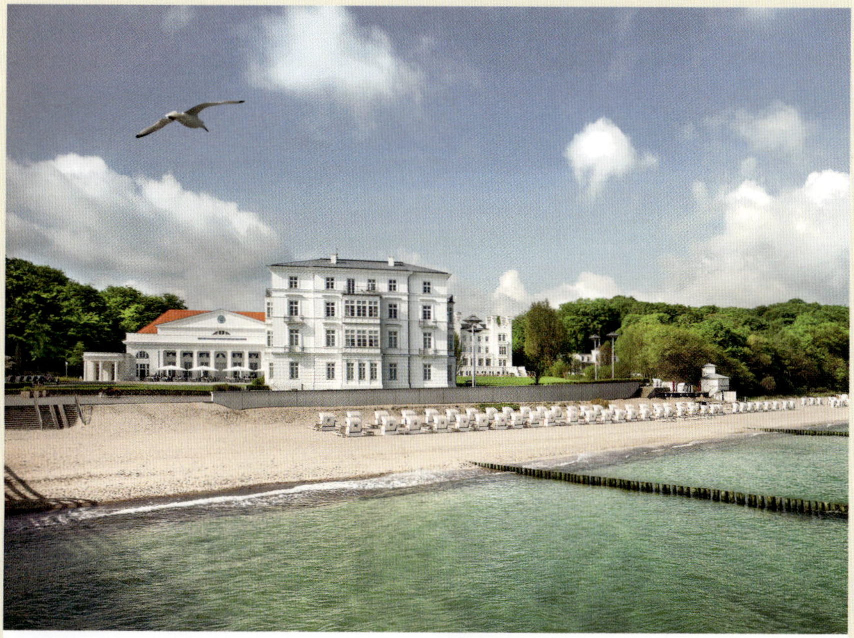

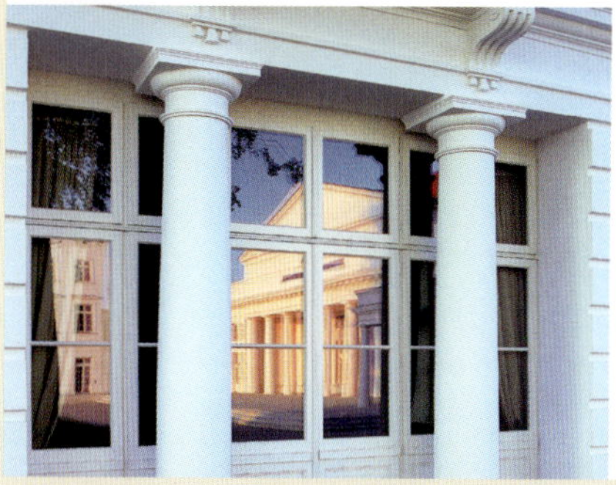

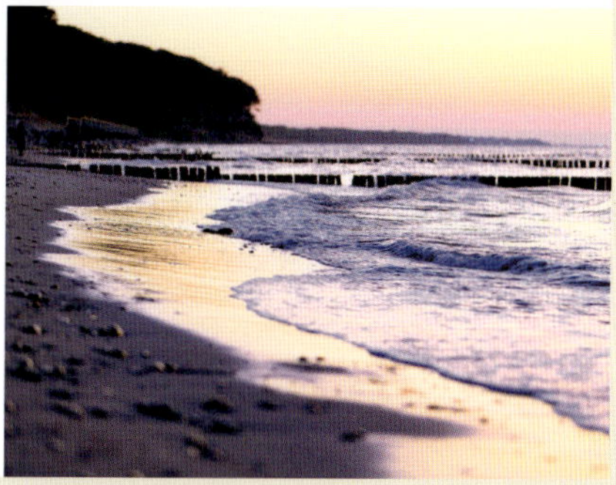

GRAND HOTEL HEILIGENDAMM

Ein einzigartiges Gesamtkunstwerk aus Architektur und Landschaft im Geiste des Klassizismus entstand zwischen 1793 und 1870 hier an der Ostsee – kein Wunder, dass mit Johann Christoph Heinrich von Seydewitz, Carl Theodor Severin und Gustav Adolph Demmler gleich drei Baumeister Heiligendamm zum mondänen Sommerfrische-Treffpunkt machten. Nach umfangreicher Restaurierung empfängt das Grand Hotel seit 2003 wieder Gäste aus aller Welt und über dem Kurhaus-Giebel leuchtet das herzogliche Glücksrezept in frischem Gold: „Heic te Laetita invitat post balnea sanum – Freude empfängt dich hier, entsteigst Du gesundet dem Bade."

Nachmittagsausflug
Auf den Spuren der Zisterzienser: Als Perle norddeutscher Backsteingotik gilt das Doberaner Münster – Führungen bieten vielfältige Einblicke in das Leben der Mönche.
Klosterstraße 2, 18209 Bad Doberan, Tel.: 038203/62716

Die Stärkung vor dem Konzert
Kunst und Kulinarik: Vor 200 Jahren als Musikpavillon errichtet, sind im „Weißen Pavillon" heute neben österreichischer Küche auch Ausstellungen zu genießen.
Auf dem Kamp 1/Severinstraße, 18209 Bad Doberan, Tel.: 038203/62326

Am nächsten Tag
Robbenforschungszentrum: Hautnah lässt sich die Arbeit der Wissenschaftler mit Seebären und Seehunden erleben, in Vorträgen vertiefen und sogar mit den Meeressäugern schwimmen!
Marine Science Center: Am Yachthafen 3a, 18119 Rostock/Hohe Düne

Glücksmoment
Andacht im Farbenrausch: 1668 nahm Hinrich Greve die Ausmalung der Hallenkirche in Rerik vor – Ornamente, Muscheln, Engelsfiguren, Spruchbänder und Apostelgestalten fesseln die Blicke bis heute.
Liskowstraße 3, 18230 Rerik, Tel.: 038296/78236

Nachmittagsausflug
Ausflug gen Westen: Einst verlief auf dem Priwall die scharf bewachte Grenze – heute empfängt die Besucher hier neben dem Naturstrand ein Vogelschutzgebiet. Mit der Fähre geht's hinüber nach Travemünde zur Viermastbark Passat und dem Leuchtturm.

Die Stärkung vor dem Konzert
Picknick im Schlosspark: Wer ein Konzert in Schloss Bothmer besucht, sollte früh anreisen. Denn die idyllische Parkanlage lädt zum Lustwandeln, die Vielfalt der gastronomischen Stände zum kulinarischen Genuss ein.
Am Park, 23948 Klütz

Am nächsten Tag
Klützer Winkel: Ob das Literaturhaus Uwe Johnson und St. Marien in Klütz, die Dorfkirche im nahen Elmenhorst oder das Steilufer Klütz Höved – Historie, Kultur und Natur laden zur Radrundtour durch die ursprünglich geprägte Landschaft.
Start: Im Thurow 14, 23948 Klütz
www.outdooractive.com

Glücksmoment
Spaziergang auf der Festonallee zum Schloss Bothmer: Gepflanzt wurden die holländischen Linden schon mit dem Bau der Schlossanlage – durch kunstvollen Schnitt wirkt es heute, als fassten sich die Bäume gegenseitig an.

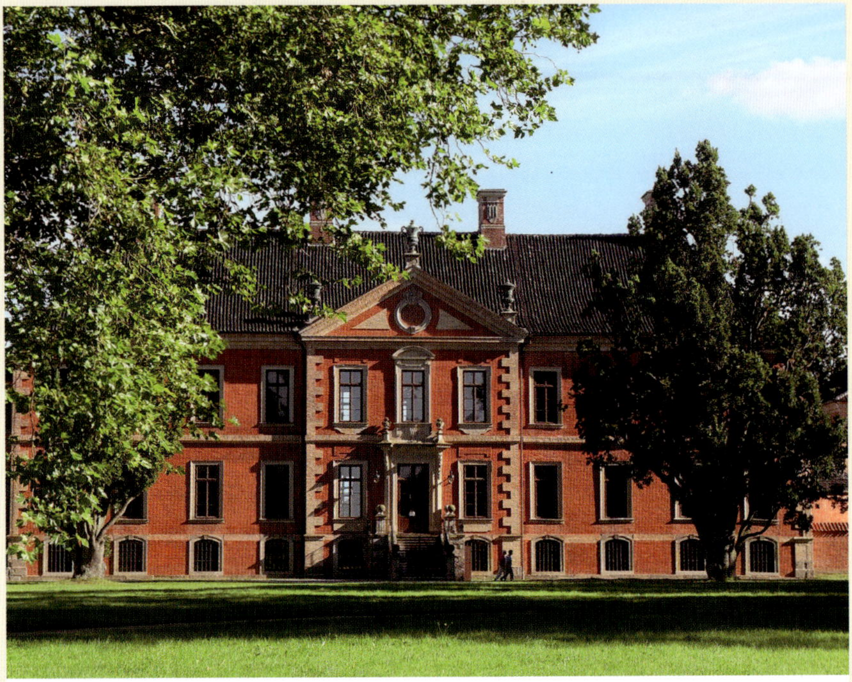

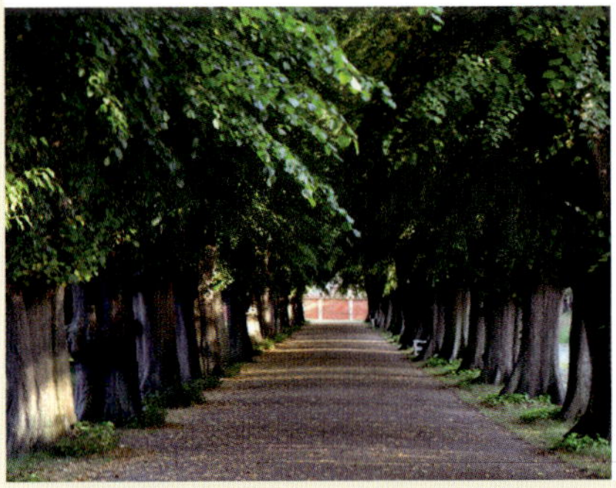

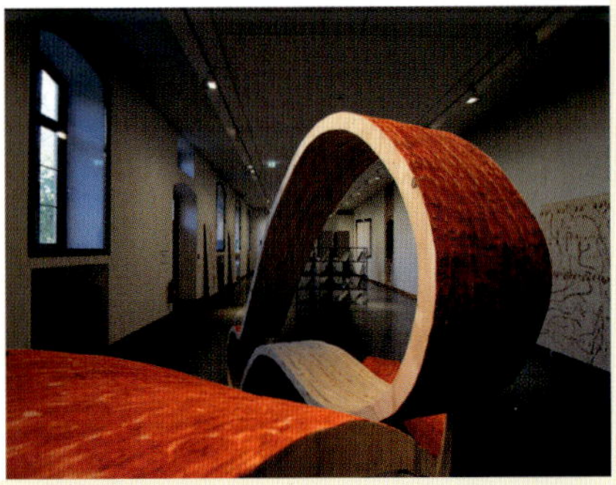

SCHLOSS BOTHMER

„What a beauty!" So wie dem berühmten Gitarrenvirtuosen Pepe Romero geht es vielen Besuchern, wenn nach der Fahrt durch die weitläufige, traumverwunschene Landschaft plötzlich das größte Barockschloss Mecklenburg-Vorpommerns vor ihnen auftaucht. Nach niederländisch-englischem Vorbild zwischen 1726 und 1732 errichtet, war das imposante Ensemble roter Backsteingebäude über zwei Jahrhunderte Sitz der Familie von Bothmer. Zu DDR-Zeiten dann ein Altenheim, dient die inzwischen vom Land übernommene und restaurierte Schlossanlage samt ihrem prächtigen Landschaftspark heute als Museum und Veranstaltungsort.

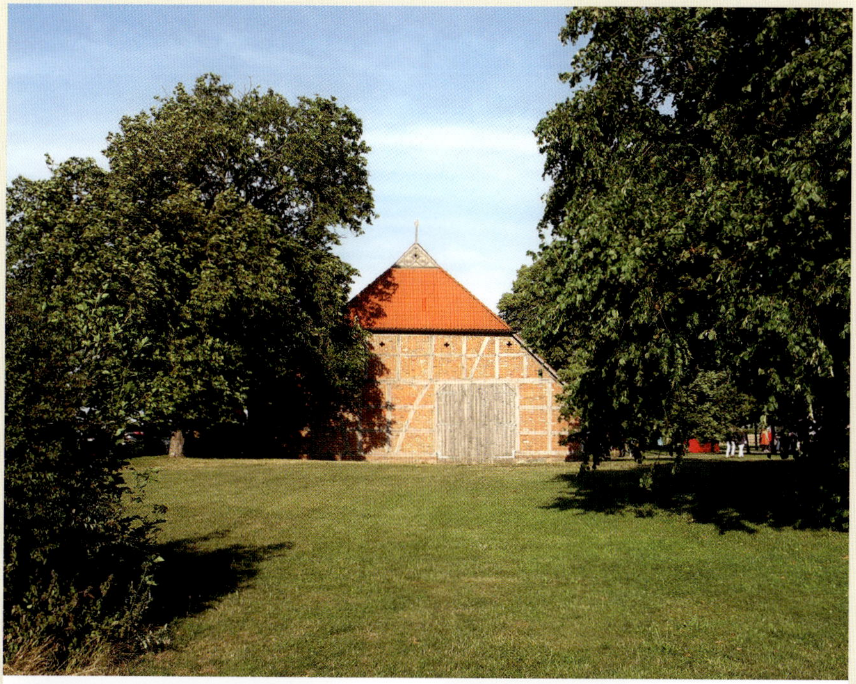

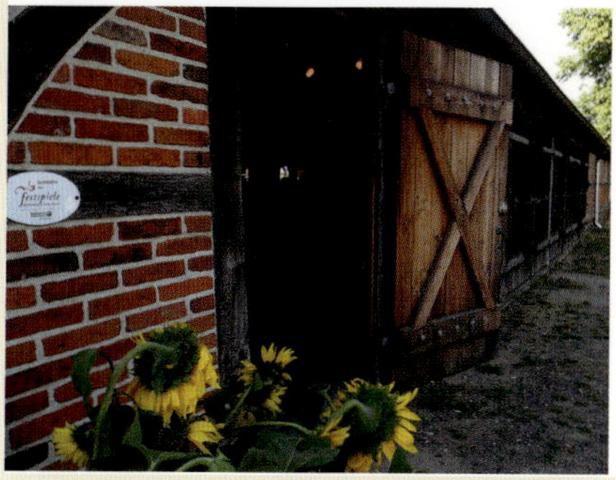

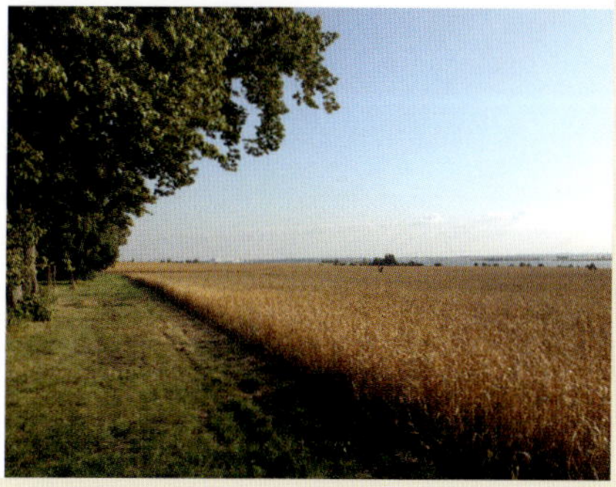

GUTSSCHEUNE NIENDORF

In den 1860er-Jahren errichtet, hat das einstige Gut bereits eine bewegte Geschichte hinter sich und ist heute der einzige vollständig erhaltene Drei-Seiten-Hof auf der Insel Poel. Traumhaft die Lage des Einzelgehöfts kurz vor den Toren des kleinen Ortes Niendorf: Umgeben allein von Feldern und mit Blick aufs Wasser, erstreckt sich entlang des hinter dem Anwesen abfallenden Landes malerisch der Kirchsee, ein Meeresarm der Wismarer Bucht. Und der Sonnenuntergang hier lässt nicht allein die Konzertbesucher träumen: Inselbewohner geben sich in der Gutsscheune immer wieder gern das Ja-Wort.

Nachmittagsausflug
Kindheitsabenteuer: Seetang, umgestürzte Bäume, Felsen und bizarre Wurzeln – wer zwischen Gollwitz und Schwarzem Busch den Strandweg über Stock und Stein sucht, atmet schon ob der Wild- und Rauheit tief durch. Zurück geht es durch den Küstenwald oberhalb der Steilküste.
Strand Gollwitz, 23999 Gollwitz/Insel Poel

Die Stärkung vor dem Konzert
„Zur Insel“: In der rustikalen Kirchdorfer Gaststätte mit Nostalgie-Note ist die Speisekarte zwar überschaubar, doch nicht nur Dorsch (gebraten, überbacken oder als Klops) und Bratkartoffeln werden in guter Hausmannskost-Tradition zubereitet.
Wismarsche Straße 19, 23999 Kirchdorf/Insel Poel, Tel.: 038425/42615

Am nächsten Tag
Die Eroberung der Insel: Entspannter ist es mit dem Rad, doch auch zu Fuß lässt sich das liebliche Eiland Poel auf dem „Leuchtturmweg“ binnen eines Tages umrunden.
Route in der Broschüre „Ostseeküste Mecklenburg – Urlaub mit dem Rad“: www.ostseeferien.de

Glücksmoment
Wo die Zeit wie im Fluge vergeht: Reges Starten und Landen auf Insel Langenwerder – der Blick vom Strand in Gollwitz auf das älteste Seevogelschutzgebiet beschert äußeres Treiben und innere Ruhe zugleich.

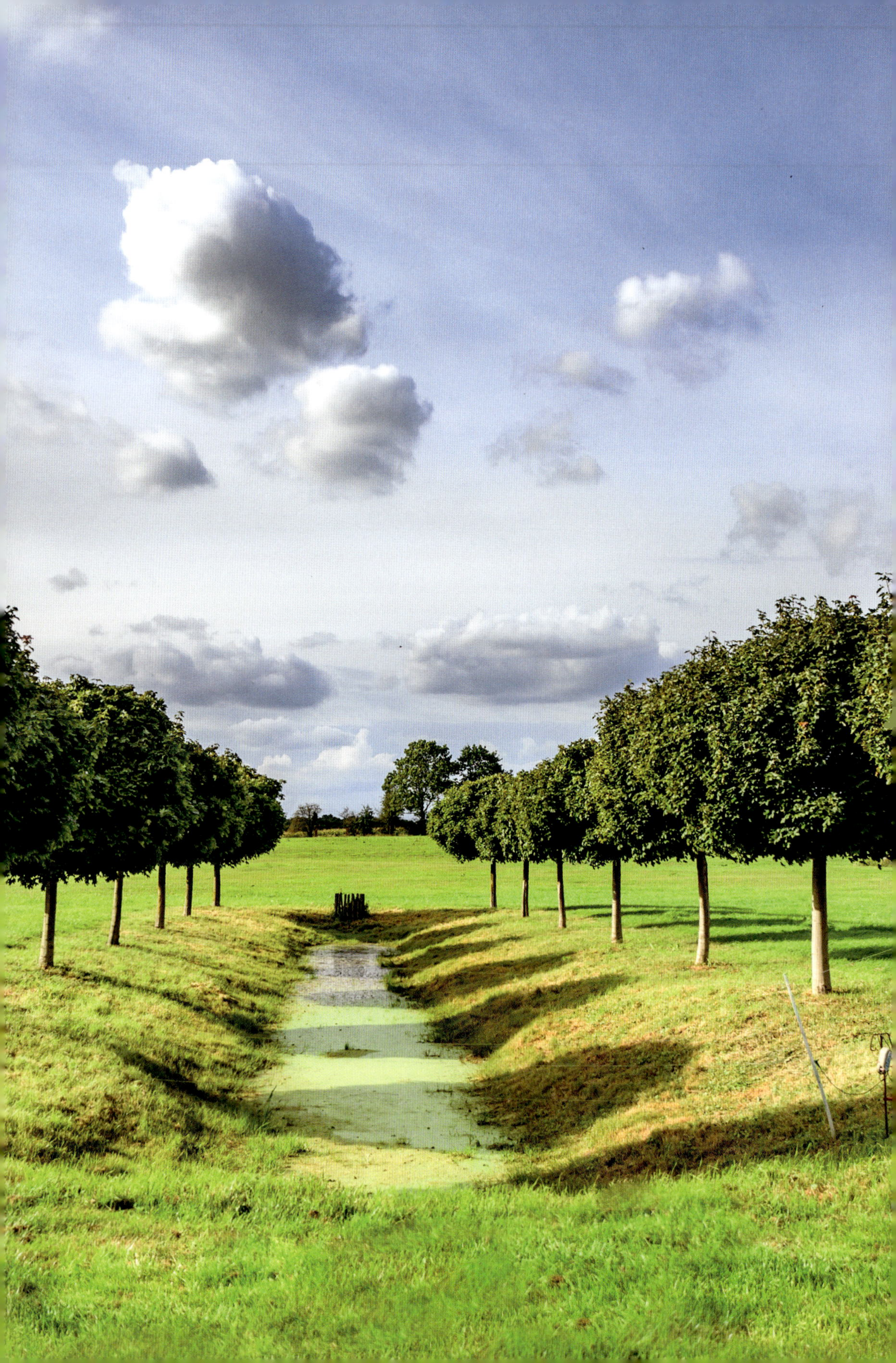

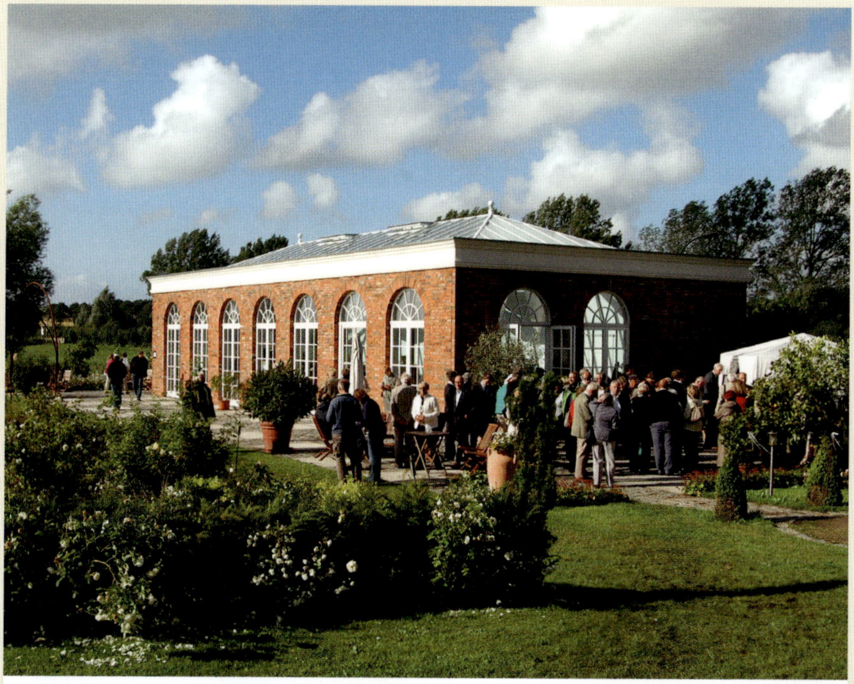

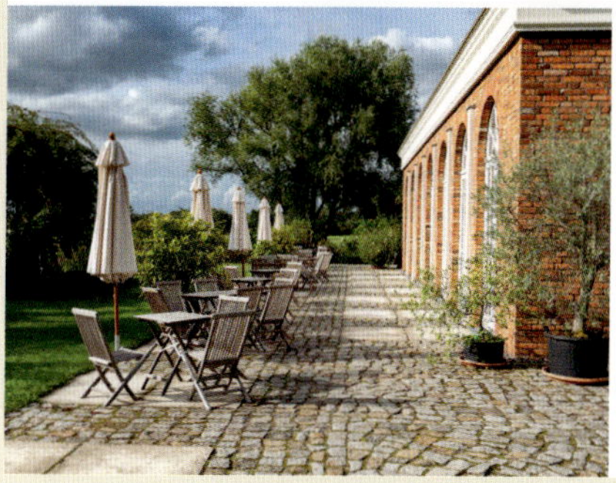

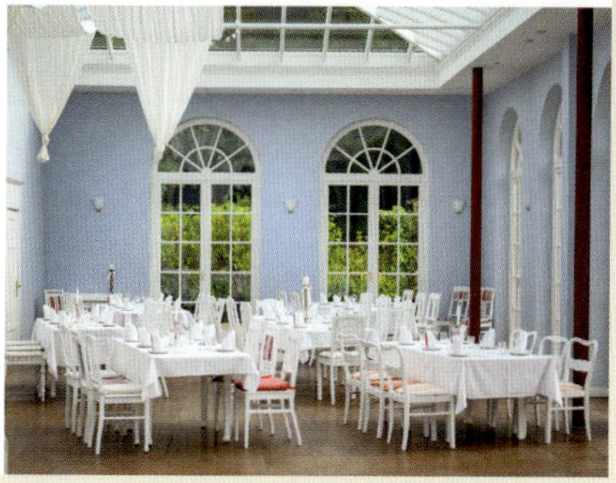

ORANGERIE GROSS SIEMEN

Der umgebende Landschaftspark ist denkmalgeschützt, doch die Orangerie in Groß Siemen wurde erst 2009 errichtet – an jenem Ort, wo sich einst der Kuhstall des Gutes fand. Indes im klassischen Stil und mit alten Materialien, so dass sich der lichtdurchflutete Neubau harmonisch in die sanft hügelige Landschaft einpasst. Malerisch mäandert der Hellbach hier durch den weitläufigen Park mit seinen über 200 Jahre alten Eichensolitären, Eschen, italienischen Ahornen und mächtigen Buchen. Über Brücken und Rundwege lassen sich die knapp 30 Hektar erkunden, können Besucher auf Bänken verweilen und Kraniche wie Pfauen beobachten.

Nachmittagsausflug
Vom Rittergut zum Rosarium: Als Edda Schütte 2001 nach Groß Siemen kam, standen nur ein paar Rosenbüsche vor dem alten Gutshaus – heute verzaubern 3500 Historische und Englische Rosen.
Rosenpark Groß Siemen: An der Sieme 13, 18236 Groß Siemen

Die Stärkung vor dem Konzert
„Strand Corso": Der Seeblick füllt die Lokale hier von ganz allein. Doch mit „Sanddorn-Jungs" und Sanddorn-Pfeffercremesuppe sticht das Corso aus dem Speisekarten-Einerlei der Promenade heraus.
Strandpromenade West, 18609 Kühlungsborn, Tel.: 038293/13838

Am nächsten Tag
Moor und Meer: Heilbad ist Bad Doberan zwar erst seit 2000, doch ob des Stadtteils Heiligendamm kann es sich mit dem Flair des ältesten deutschen Seebads schmücken. Was sich bei geführten Stadtrundgängen erfahren lässt.
Severinstraße 6, 18209 Bad Doberan (Touristeninformation)

Glücksmoment
Choral englischer Gartenkunst: Das Münster in Bad Doberan zieht die Massen an – wahre Stille findet sich zwischen den Teichen, Bachläufen und mehr als 200 Jahre alten Baumgruppen im umliegenden Klostergarten.
Klosterstraße, 18209 Bad Doberan,

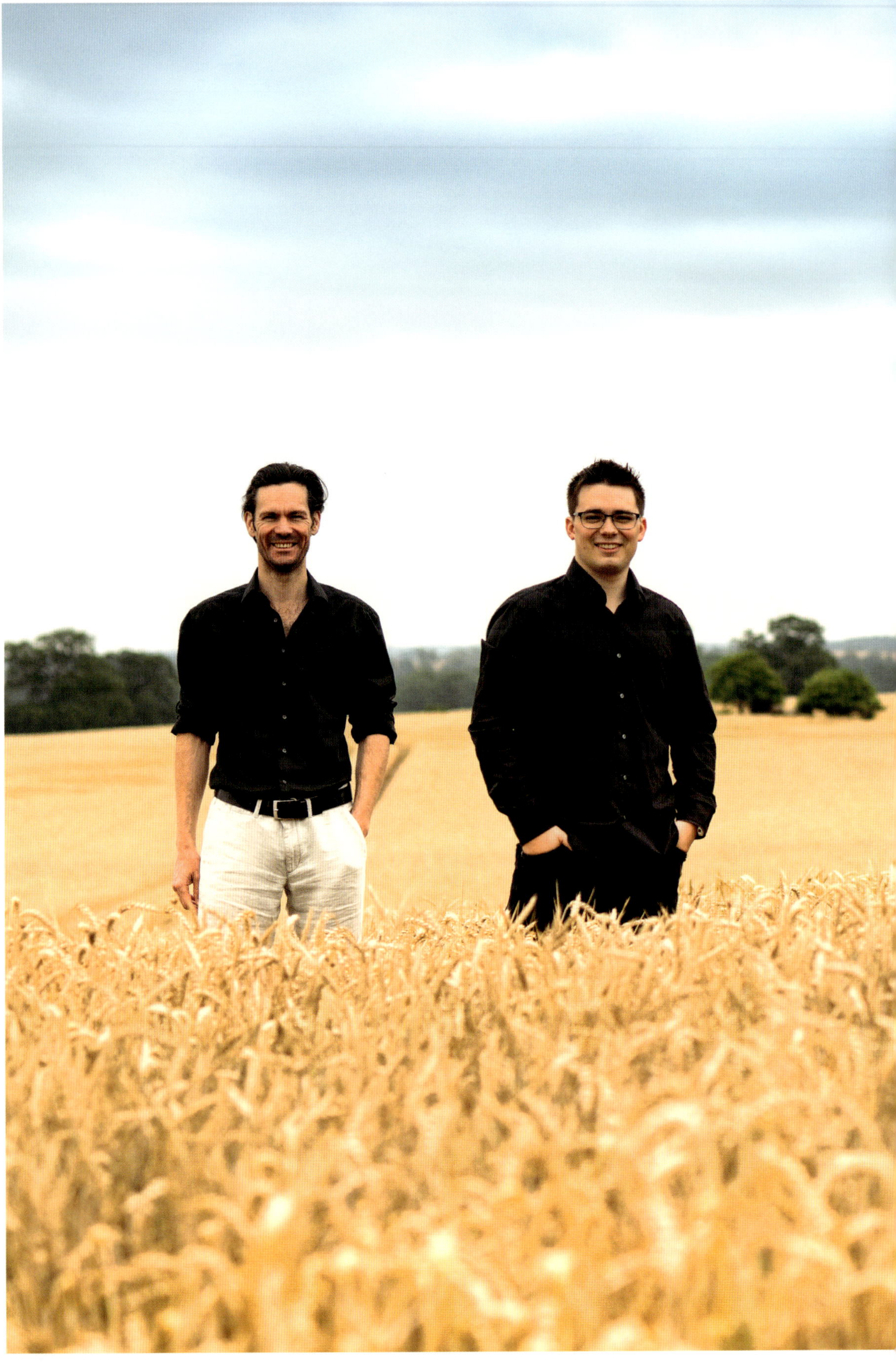

Raum in seiner ganzen Tiefe

AMARCORD ergründet das nordwestliche Mecklenburg

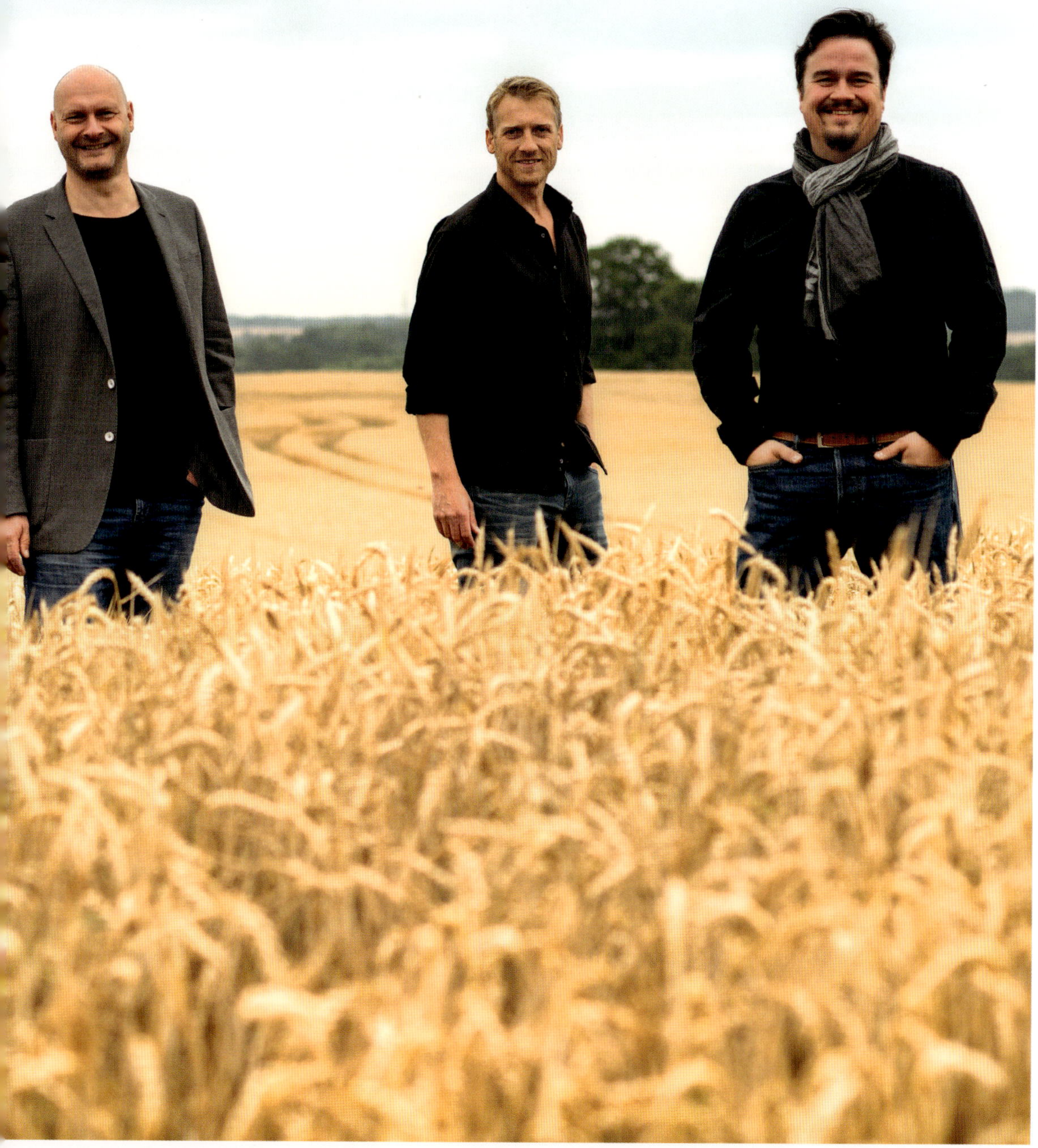

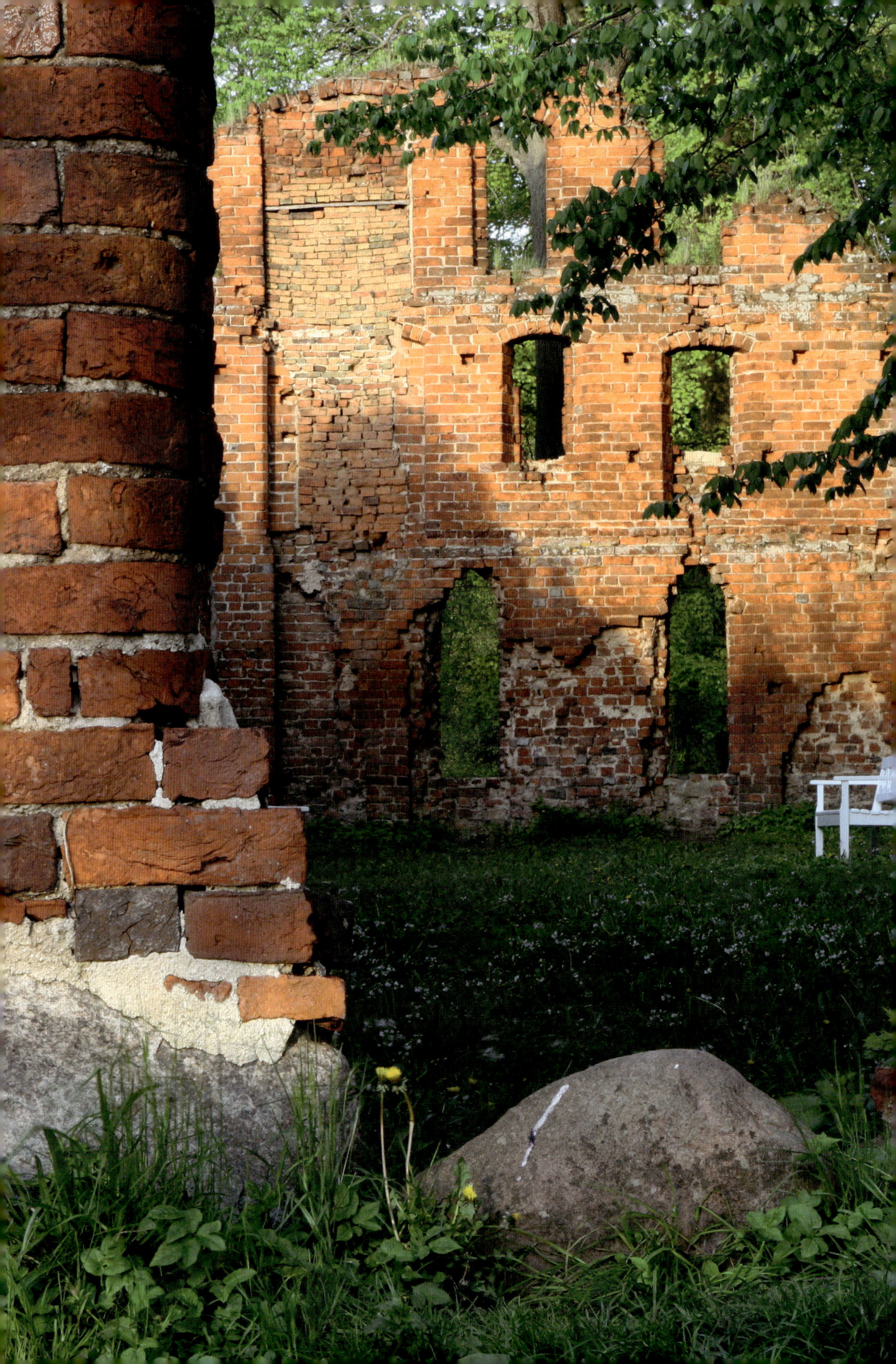

Backstein? Nein, der ist den Mitgliedern des Ensembles amarcord aus ihrer sächsischen Heimat nicht wirklich vertraut. Umso mehr schätzen die Sänger diese Baukultur hier im Norden und begeben sich nur zu gern auf die Pfade der Backsteingotik in Mecklenburg-Vorpommern – etwa zum Kloster Rehna. „Dieses Material hat etwas heilsam Pures und Aufgeräumtes, gerade auch im Innenleben der Kirchen", sagt Holger Krause. „Es ist nicht verputzt, sondern man sieht die Steine sich übereinander schichten. Für mich strahlt das etwas sehr Erdverbundenes und Ehrliches aus – man wird nicht abgelenkt, sondern sieht und erlebt das Wesentliche." Ein baulicher Wesenszug, den der Bass auch den Menschen hier attestiert: Die würden zwar nicht viel sagen, doch dafür seien ihre wenigen Worte ehrlich, gelegentlich hart, aber im Grunde herzlich – „das passt zu den Backsteinbauten".

Seite 216 – Erinnerungen: Einst Horte des Wissens, erzählen verfallene Klostergebäude wie die „Wolfsscheune" in Bad Doberan heute allenfalls in der Fantasie noch Geschichten vom Leben der Mönche

Seinem Stimmkollegen Daniel Knauft überkommt fast ein wenig Ehrfurcht angesichts dieser Sakralbauten: „Ich sehe darin auch ehrliches Handwerk und die Meisterschaft, aus extrem limitierten Mitteln etwas zu schaffen, das die Zeit überdauert." Und das seit inzwischen bald 800 Jahren, denn nachdem Heinrich der Löwe den slawi-

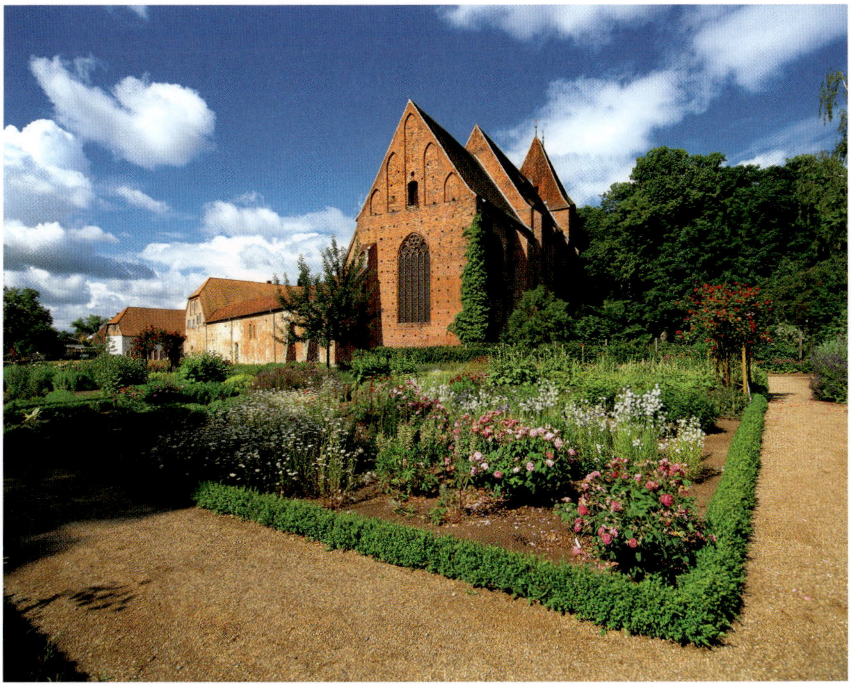

Ursprünge der Gartenkultur: Um ihr Kloster in Rehna pflanzten die Nonnen oft seltene Kräuter, um Elixiere gegen Krankheiten zu gewinnen

schen Obodritenfürsten Niklot besiegt hatte, kamen erste christliche Siedler aus dem Süden: acht Bauernfamilien aus Hessen, die ihren Dorfnamen gleich mitbrachten – Rehna. Als ein paar Jahrzehnte später die Mönche vom Domkloster in Ratzeburg auf der Suche nach einem Standort für ein Frauenkloster die kleine neugebaute Kirche samt dem für die Wasserversorgung benötigten Flüsschen Radegast entdeckten, war ihnen klar, dass sie hier einen idealen Platz für ihre Klosteranlage gefunden hatten. Auch wenn bis zu deren Fertigstellung noch 200 Jahre ins mecklenburgische Land ziehen sollten ...

Es ist nicht verputzt, sondern man sieht die Steine sich übereinander schichten. Für mich strahlt das etwas sehr Erdverbundenes und Ehrliches aus – man wird nicht abgelenkt, sondern sieht und erlebt das Wesentliche

„Wir besingen solche Orte sehr gern – und das nicht nur wegen der Musik, die hier einst gepflegt wurde, allerdings rein liturgisch-praktisch zum Lobpreis Gottes und nicht als Kunst", sagt Krause. „Klöster waren Horte des damaligen Wissens." Gut möglich also, dass die mittelalterlichen Gesänge, die das Leipziger A-Cappella-Ensemble heute in seinem Werkfundus hat, schon damals etwa den Nonnen des Prämonstratenserordens in Rehna bekannt waren und in der Kirche oder den Kreuzgängen erklangen. „Die Töne liegen quasi noch in der Luft und wir müssen sie eigentlich nur wieder zum Leben erwecken." Um eben diese Lebendigkeit bemühen sich die fünf ehemaligen Leipziger Thomaner – neben Knauft und Krause die Tenöre Wolfram Lattke und Robert Pohlers sowie der Bariton Frank Ozimek – in ihren vielfältigen Programmen. Und das nicht allein in Popsongs und Schubert-Gesang, sondern auch in den Madrigalen der Renaissance-Zeit. Mittelalterliche Choräle wiederum seien für die Nonnen und Mönche bedeutsam gewesen: „Das Wort stand für sie im Vordergrund, die Musik war der Träger – deshalb singt man solche Werke der Hochgregorianik am besten an Orten wie in Rehna und lotet den Raum in seiner ganzen Tiefe aus, um das Geistige dieser Werke auch wirken zu lassen."

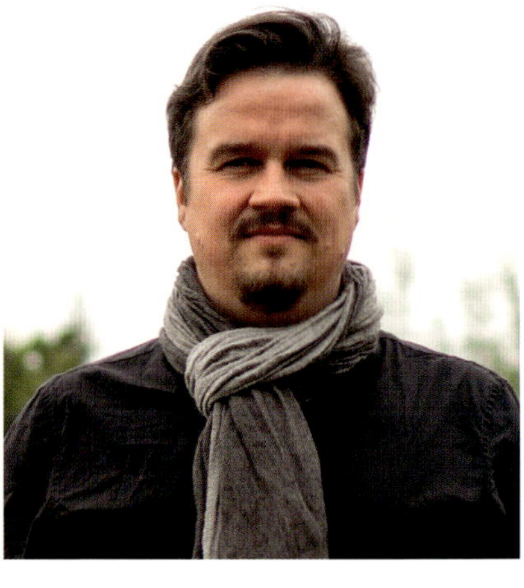

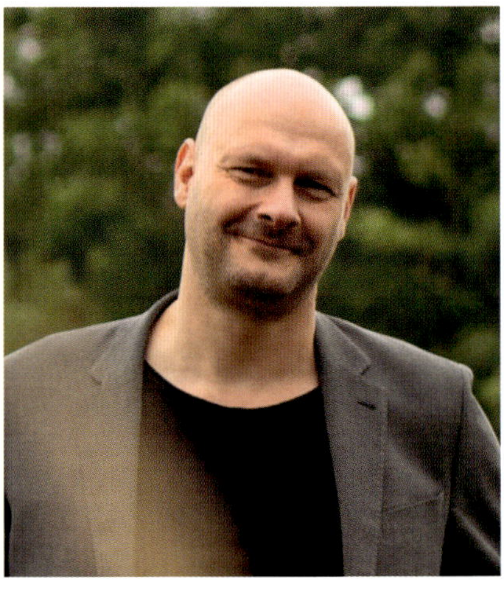

Aus den betörenden Knaben des Leipziger Thomanerchors erwuchs ein stimmstarkes Ensemble: Wolfram Lattke, Holger Krause ...

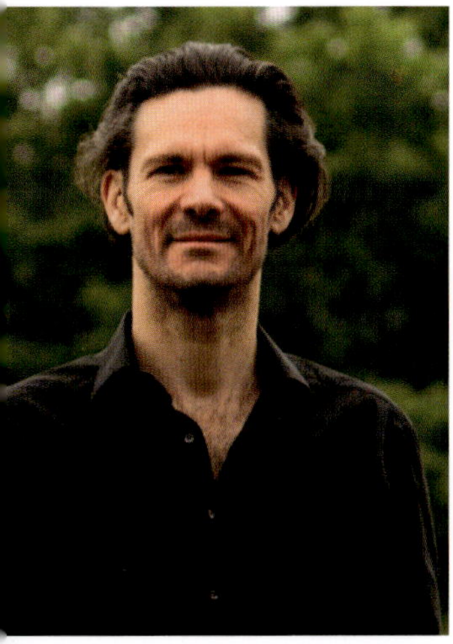
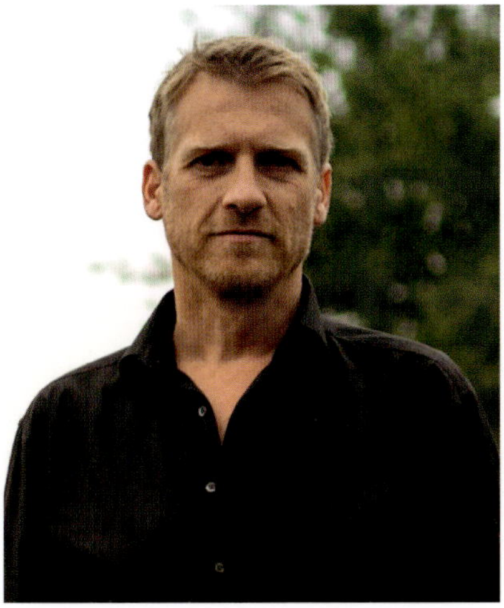
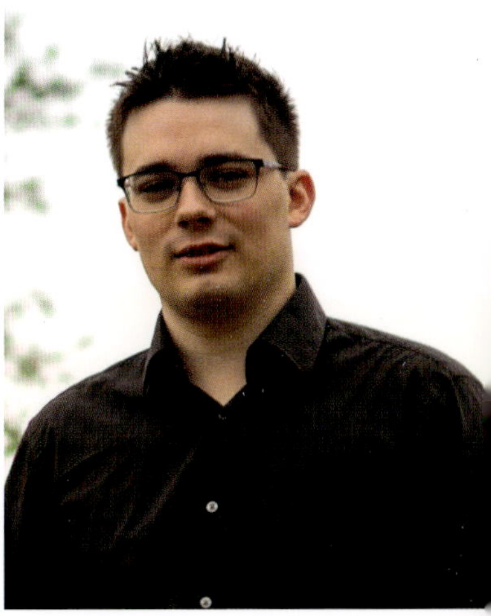

… Daniel Knauft, Frank Ozimek und Robert Pohlers (von links) zelebrieren heute ihre Passion für Vokalmusik auf den Bühnen in aller Welt

Entsprechend gern tritt das Ensemble in Klöstern oder Kirchen aus der Entstehungszeit der Musik auf. Gotteshäuser aus dem Hochmittelalter, wie sie sich auch in Westmecklenburg finden – natürlich aus dem gebrannten roten Stein. Eine romanische Spur führt in die Gegend von Gadebusch, wo in dem Dörfchen Vietlübbe die älteste Dorfkirche des Landes steht: in ihrem Grundriss eines griechischen Kreuzes mit vier gleich langen Armen einmalig nördlich der Alpen. Und ein paar Kilometer weiter taucht dann auch gleich noch eine der ältesten Hallenkirchen Norddeutschlands auf, die 1206 vollendete Stadtkirche von Gadebusch: Schon deutlich vor Verleihung des Stadtrechts 1225 war mit der Errichtung ihrer drei gleich hohen Schiffe, getrennt von mächtigen Bündelpfeilern, begonnen worden. Und als ein paar Jahrzehnte später die Gotik zum gefragten Stil avancierte, wurde der Backsteinbau nicht etwa eingerissen, sondern das eher düstere Langhaus kurzerhand um einen luftigen gotischen Chor ergänzt.

Die Töne liegen quasi noch in der Luft und wir müssen sie eigentlich nur wieder zum Leben erwecken

Mecklenburger Pragmatismus eben. Und auch für die beiden Bässe und ihre Ensemblekollegen spielt Gläubigkeit in den Konzerten eine untergeordnete Rolle – eher schon der Respekt vor der Meisterschaft der Komponisten wie der Architekten. „Wenn ich hier eine Dufay-Motette singe, betone ich von vornherein mehr die Polyphonie und setze weniger auf Klangschönheit, denn der Raum unterstützt das Ansinnen, sich aneinander mit Ecken und Kanten zu reiben und nicht im Klang zu baden." Das nähere sich dem Ideal der Komponisten, ist Knauft überzeugt.

„Die wussten einfach, was sie tun", nickt er anerkennend ob der Akustik in der Klosterkirche. „Wenn hier einer mit Stentorstimme" – einer volltönenden Stimme – „auf die Kanzel ging und das Wort Gottes zu den Leuten predigte, war der Raum erfüllt." Das Primat des Wortes: In gewisser Weise folgt auch der Sänger diesem alten religiösen Leitsatz, wenn er die lateinischen Texte zum besseren Verständnis für das Ensemble selbst wie auch für das Publikum ins Deutsche übersetzt – ohne indes die Poesie zu vernachlässigen. Oder wie es ein Schriftsteller einmal seinen Übersetzern mit auf den Weg gegeben habe: „Wahrt mir den Sinn, aber wahrt auch die Schönheit Eurer Sprache und habt den Mut, Euch das anzueignen, was ich geliefert habe."

Ein Mut, der zweifellos auch aus seiner leidenschaftlichen Leselust rührt, die Daniel Knauft wie auch Holger Krause nicht nur in Leipzig immer wieder in Buchläden führt. Vor allem in originäre, individuelle Geschäfte wie „Ein guter Tag" in Schwerin – 2017 als eine der schönsten Buchhandlungen Deutschlands ausgezeichnet: „Das sind die Guten, die auf der richtigen Seite der Macht stehen und die es zu unterstützen gilt", stellen die einstigen Chorknaben mit einem verschmitzten Lächeln fest. Und sogleich beginnen beide zu schmökern: „Das wollte ich schon immer mal lesen." – „Kennst du diesen Schostakowitsch-Roman?" – „Die haben hier wirklich eine gute Auswahl: Man merkt die Hand des Eigentümers."

Auch in puncto Interieur, finden sich doch in dem leicht verwinkelten Geschäft verschiedene kleine Leseecken und Rückzugsräume zur ungestörten Lektüre. Etwa um sich in die Geschichte der Landeshauptstadt zu vertiefen, deren von Türmchen und goldenen Kuppeln gekröntes, ockergelbes Märchenschloss auf einer kleinen ufernahen Insel im Schweriner Burgsee nur eine – wenn auch die prächtigste und malerischste – Stätte eines großzügig komponierten Residenzensembles ist: Im Stile des romantischen Historismus erbaut, zeugen zahlreiche Gebäude vom Großherzoglichen Krankenpferdestall über die Alte Artilleriekaserne bis zum Staatstheater von dieser letzten Blüte höfischer Kultur im 19. Jahrhundert. Einzigartig für eine Fürstenresidenz ist das Stammhaus der mecklenburgischen Herzöge, für das Hofbaumeister Georg Adolf Demmler diverse Inspirationen vom Schloss Chambord an der Loire nahm.

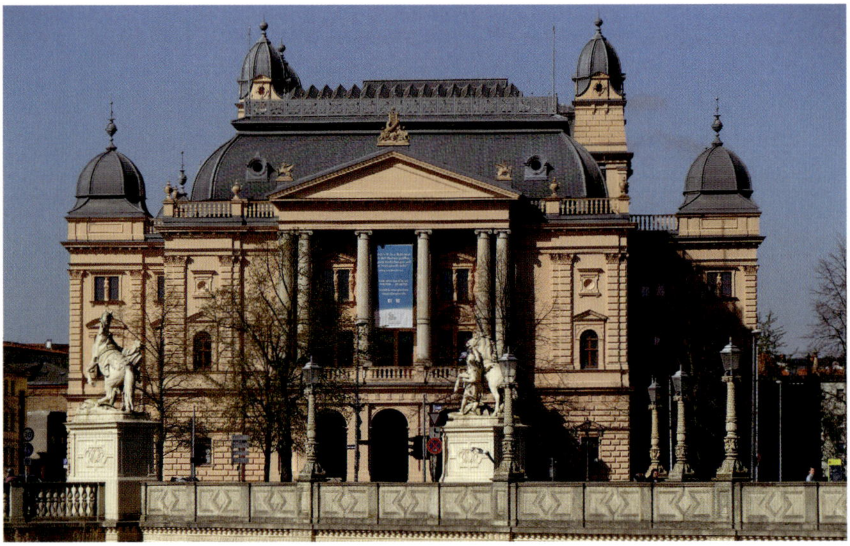

Auferstanden aus Ruinen: 1882 war das erste Mecklenburgische Hoftheater in Schwerin niedergebrannt – der Nachfolgebau des heutigen Staatstheaters wurde schon 1886 neu eröffnet

Ein Bücherregal weiter lässt sich etwas über die fantastischen Geschichten dieses Landes finden: Eine eigene Märchen- und Sagenstraße führt inzwischen durch die Region, erzählt von Schwerins gutem Schlossgeist, dem Petermännchen, der schönen Müllerin von Bad Kleinen und der seit alten Zeiten in einen Burgwall bei Warin schlafenden Prinzessin, die ein böser Zauberer aus Wut über seine verschmähte Liebe dorthin verbannte. Oder lässt jene Windsbraut neu auffahren, die 1792 „das Städtchen Krivitz in banges Schrecken setzte", als ein Tornado den Ort heimsuchte und sich das Wasser aus dem nahen See mitsamt den Fischen über Felder, Gärten und Gassen ergoss – ein Ereignis, das als Crivitzer Fischregen in die Annalen einging. Geschichte und Geschichten, derer sich die amarcords nicht nur hier im Buchladen gern annehmen, denn: „Literatur ist für uns natürlich immer auch Inspiration, sind wir doch ständig auf der Suche nach Programmideen und Möglichkeiten, den eigenen Horizont zu erweitern."

Eine Horizonterweiterung, die vielerorts im nordwestlichen Mecklenburg möglich ist: Sei es in der Barlachstadt Güstrow mit ihrem dreiflügeligen Spätrenaissanceschloss, ihrem prachtvoll ausgestatteten mittelalterlichen Dom und jenen drei Ausstellungsorten, die sich dem umfangreichen Nachlass ihres Namensgebers widmen – bis zu seinem Tod 1938 lebte und arbeitete der Bildhauer, Grafiker und Schriftsteller Ernst Barlach fast drei Jahrzehnte lang in der einstigen Residenz der Mecklenburger Herzöge. Sei es in dem nachgebauten Steinzeitdorf in Kussow – oder aber 25 Kilometer weiter östlich in Wismar, wo sich die Sänger besonders fasziniert zeigen: bei der Betrachtung der Hanse-Historie im Schabbellhaus, dem dort beheimateten stadtgeschichtlichen Museum.

„Nachdem sich eine erst einmal auf das wirtschaftliche Moment orientierte Schicht der Patrizier und Bürgerlichen in den Städten etabliert hatte, stellte sie schon bald fest: ‚Das Geschäft ist ja nicht alles im Leben!' Auf einmal kam die Kultur ins Spiel. Man engagierte Leute, die etwas von Kunst und Musik verstanden", blickt Krause auf das mittelalterliche Geschehen in der traditionsreichen Ostseestadt zurück. Sicher hätten dabei nicht immer ganz hehre Motivationen obenan gestanden, manchem sei es bei der finanziellen Unterstützung auch schlicht um das eigene Seelenheil gegangen, doch unterm Strich hätten die gut Situierten der Gemeinschaft Geld zurückgegeben und seien schon früh dem Grundsatz gefolgt: „Eigentum verpflichtet".

Ein Geist, den das Ensemble nur zu gern auch selbst teile und verfolge, zieht Knauft beim Spaziergang über das Kopfsteinpflaster der Altstadt Parallelen: „Aus sich selbst heraus etwas zu schaffen, das eine Qualität hat und dann an Größe gewinnt – auch uns hat niemand gesagt: ‚Wir geben hier ein Ziel aus, das zu erreichen ist', sondern es war und ist im besten Sinne Selbstausbildung."

Der Blick schweift über die Bürgerhäuser, die Wismars Straßen säumen – stolze, hanseatische Gebäude, die Giebel hoch erhoben – und landet doch immer wieder unwillkürlich bei den drei Wolkenkratzern des Mittelalters. Nicht nur aus der Ferne prägen St. Nikolai mit dem vierthöchsten Kirchenschiff Deutschlands, der mächtige Turm von St. Marien (das im Zweiten Weltkrieg stark zerstörte Schiff wurde im Jahr 1960 auf Weisung der DDR-Führung gesprengt) und die nach ihren Bombenschäden im

Seiten 222/223 – Grüner Glanz: Jean Legeay entwarf ab 1748 eine der schönsten Barockanlagen Norddeutschlands – bis heute prägt den Schlossgarten in Schwerin als Kernstück ein Kreuzkanal, den Skulpturen aus der Werkstatt des sächsischen Hofbildhauers Balthasar Permoser schmücken

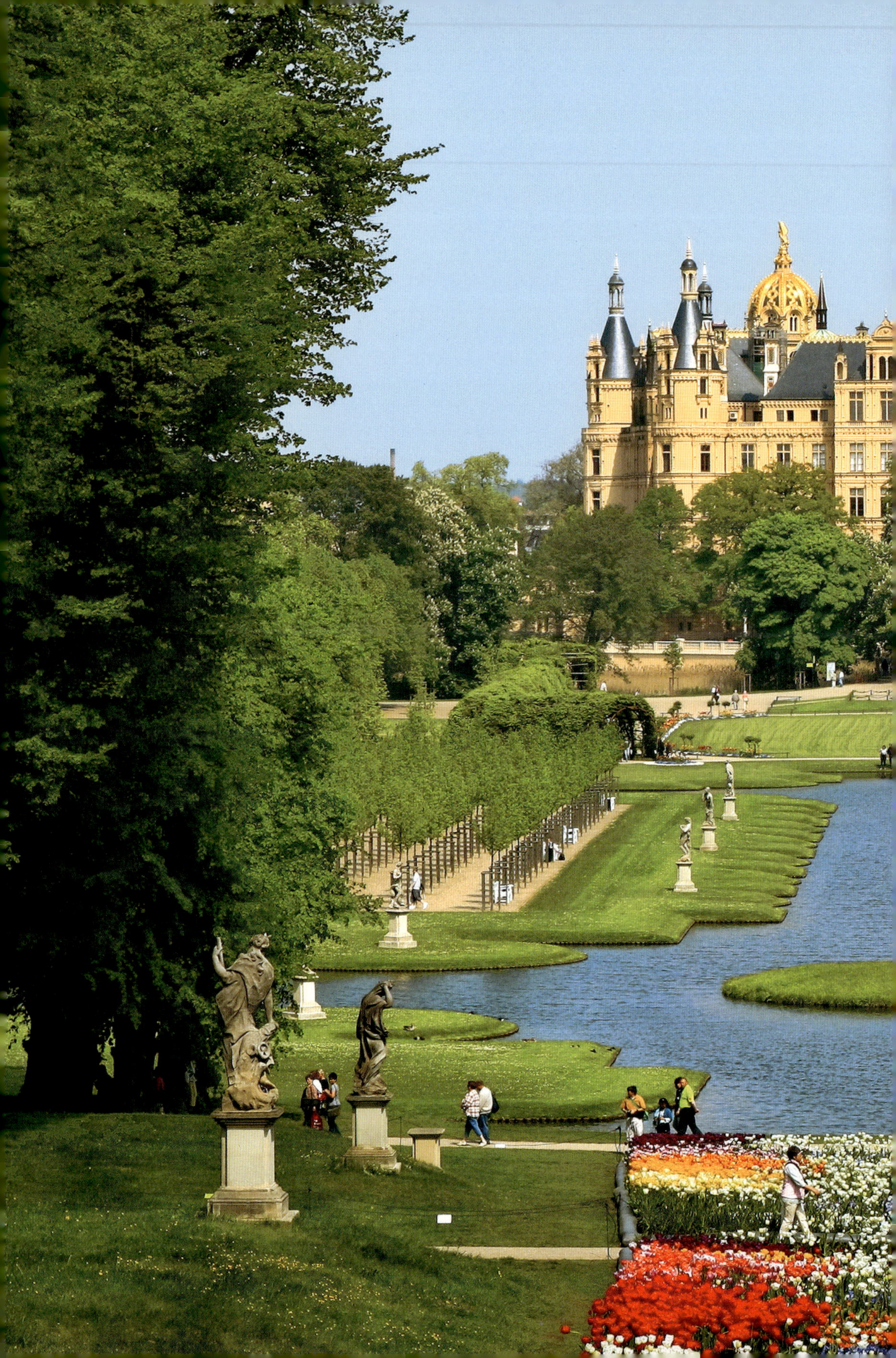

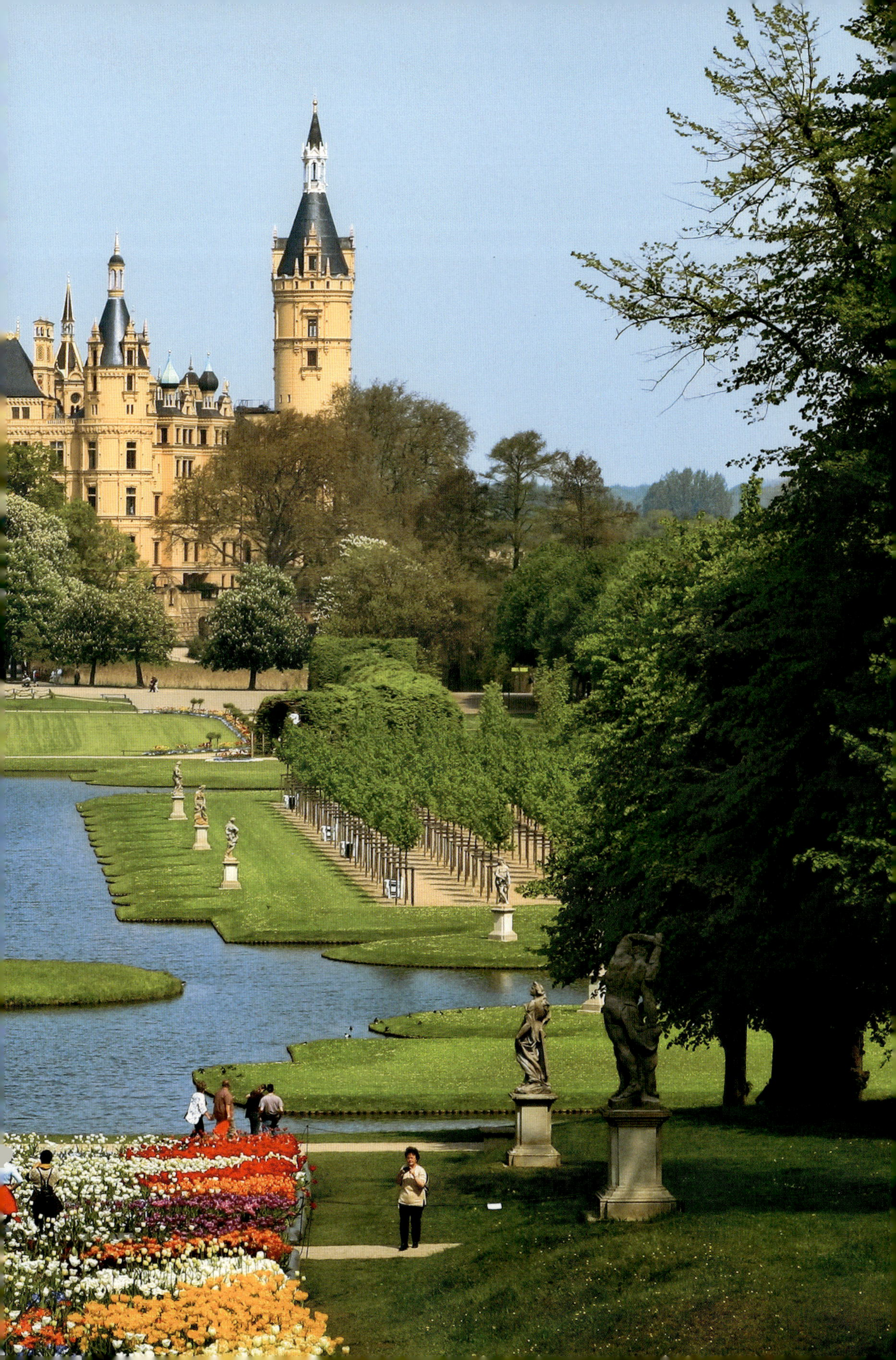

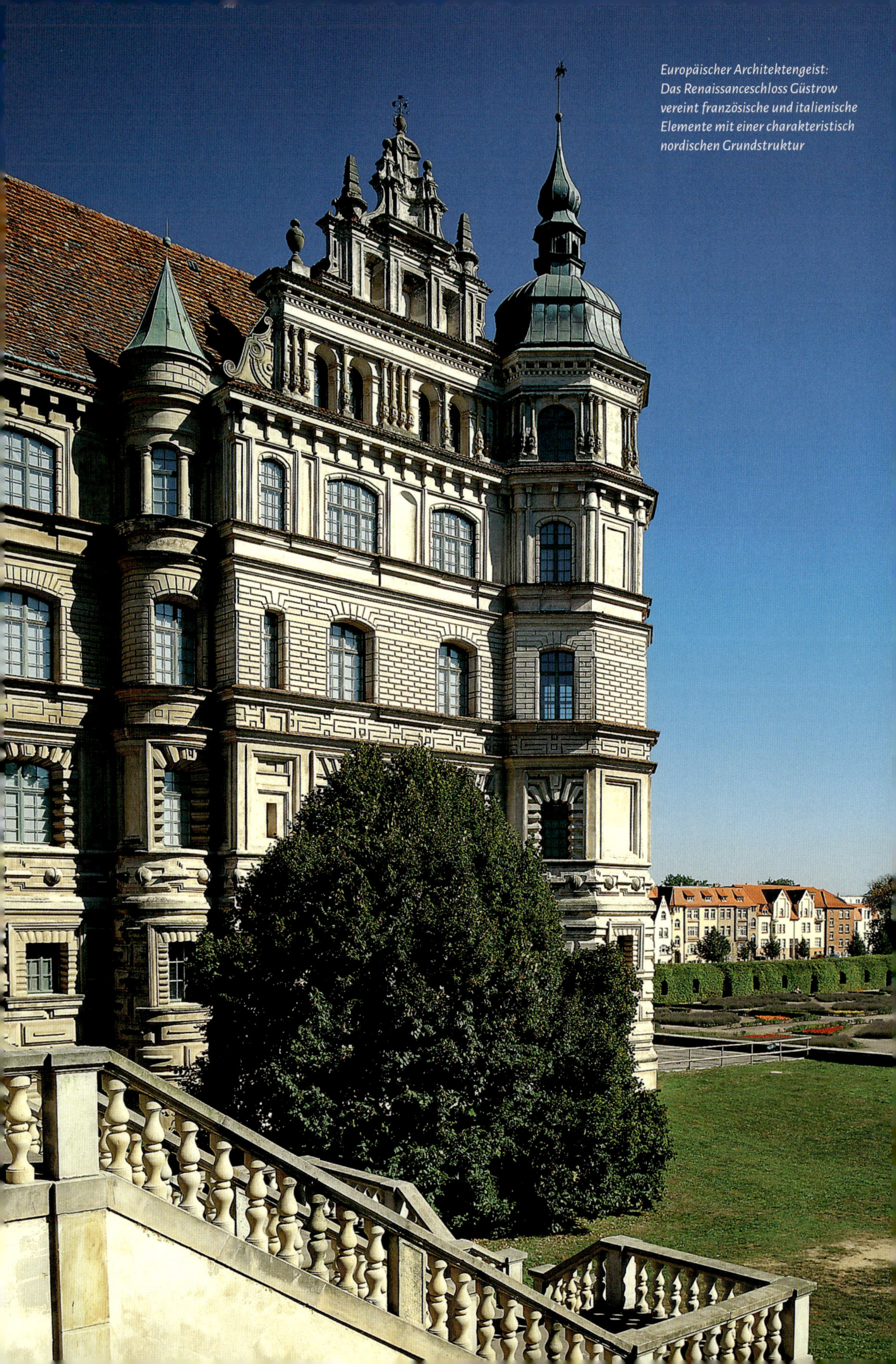

Europäischer Architektengeist: Das Renaissanceschloss Güstrow vereint französische und italienische Elemente mit einer charakteristisch nordischen Grundstruktur

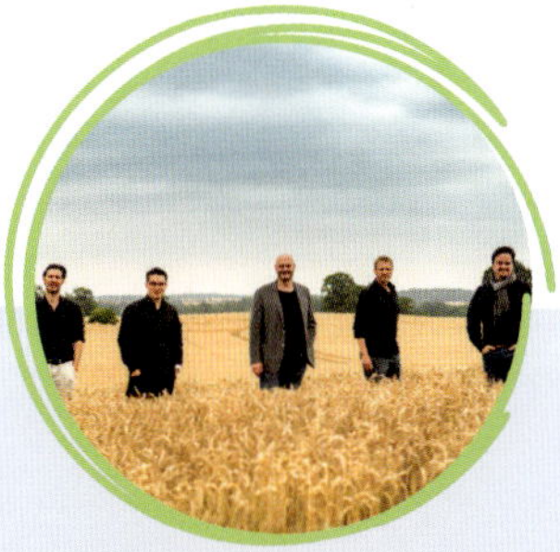

Wortwechsel

Als ihr von eurem Lieblingssee erzählt habt, kamen mir sogleich die Abenteuer von Tom Sawyer und Huckleberry Finn in den Sinn …

amacord: *… und tatsächlich bietet auf dem Glambecksee ein Einheimischer auch Floßfahrten an – ein Szenarium, wie Mark Twain es nicht hätte schöner erfinden können! Schon wenn du von Schloss Basthorst hinunter ans Wasser gehst, tauchst du ein in pure Natur, läufst an vermodernden Stämmen vorbei, springst über Äste und hörst die Blätter im Wind rauschen. Und dann taucht da auf einmal dieses Gewässer auf, das du zuvor gar nicht sehen konntest, weil der See tatsächlich zum größten Teil waldumstanden ist …*

… und der Naturschutz dafür sorgt, dass diese Idylle auch in keiner Weise gestört oder verschandelt werden kann.

Zum Glück, denn schon ein paar Schritte unten am Seeufer entlang lassen dich in eine andere Welt eintauchen! Umgestürzte Bäume ragen hier ins Wasser hinein, du balancierst wie in Kindertagen auf Ästen über den morastigen Grund am Ufer hinweg und siehst die Wolken sich im Wasser spiegeln. Und all das meistens in völliger Stille, denn hierher verirrt sich nur höchst selten ein Hotelgast oder Einheimischer, triffst du eher einen Fuchs als einen Menschen – selbst im Sommer schwimmst du deine Runde meist allein.

Was fasziniert euch an dieser Natur, die dort offenbar völlig sich selbst überlassen ist?

Eben diese Ursprünglichkeit! Ob nun die bisweilen bizarren alten Baumstümpfe, die Stämme der Buchen mit ihren Spechthöhlen, die unzähligen verschiedenen Grüntöne des Waldes im Frühjahr und Sommer oder das alte Holz, das im Wind knarrt: Das kann in der Dämmerung schon beinahe etwas Unheimliches haben – und ist doch wunderschön, weil du weißt, dass all diese Geräusche allein der Natur entstammen.

Klingt nach einem ausgedehnten Spaziergang – lässt sich dieser See tatsächlich umrunden?

Fast – zwischendurch geht es mal kurz an die Straße hoch, da ahnst du den See nur noch; doch schon bald führt der Weg wieder hinunter, an einem Bootssteg legst du dann eine kleine Pause ein und schaust dem Spiel der Wellen zu, wie das Wasser ans Ufer schwappt. Und wenn du danach die Kleingartenkolonie rechts liegen lässt und durchs hohe Weidengras weiterstapfst, beginnt tatsächlich ein kleines Abenteuer …

Tom Sawyer lässt grüßen …

Ja, denn zuerst heißt es, die schmale Brücke zu finden, die über den Wasserlauf zwischen den Weiden hinüberführt – und irgendwann vor einem Gatter warnt dann plötzlich ein Schild „Vorsicht, Bulle!“.

Also an dieser Stelle sollte man dann vielleicht doch lieber einen anderen Weg wählen …

Meist ist kein Vierbeiner zu sehen – eher schon ist Vorsicht angebracht, um nicht versehentlich in den Wasserlauf zu treten, denn der ist hier an vielen Stellen von Entengrütze überzogen und von der Weide nur schwer zu unterscheiden. Irgendwo findest du dann aber einen umgestürzten Erlenstamm, den du als Brücke über den Graben nutzen kannst, oder du hangelst dich an den Ästen eines Baums hinüber, die von der anderen Seite über den Bach ragen – für einen großen Sprung ist das Flussbett hier nämlich meist doch zu breit. Auf jeden Fall sollten Sänger und Musiker diesen an Konzerttagen lieber nicht wagen.

Und dann geht es weiter durch den Wald und wieder am See entlang – gibt es dort einen Ort, der euch besonders beeindruckt?

Vielleicht ist es der Moment, wenn plötzlich ein gewaltiger Monolith vor dir aufragt – ein Fels, offenbar von Menschenhand dorthin gebracht und doch in seiner scheinbaren Unbehauenheit gleichsam der Natur entsprungen. Beim Näherkommen entdeckst du dann diesen Schriftzug: „Hier ruht in Gott Walter Rau – 18.12.1874 bis 6.5.1940“ … Kann es ein schöneres Grab geben als hier mitten im Wald, umstanden von alten Bäumen auf dieser kleinen Anhöhe über dem Glambecksee?!

Zweiten Weltkrieg seit 1990 in alter Schönheit wieder aufgebaute St.-Georgen-Kirche die Silhouette der Stadt: Auch beim Gang durch Quartiere und Gassen zieht es die Augen des Spaziergängers von vielen Plätzen zu den Backsteinkirchen hin. Und des Sängers Gedanken einmal mehr zu dem Geist, der mit zum damaligen Reichtum beitrug: „Es prägt eine Gesellschaft, wenn sie ihre Tore für Gäste öffnet, Austausch, Handel und eine Willkommenskultur pflegt – das weitet im besten Sinne den Horizont und öffnet auch die Sinne derjenigen, die innerhalb der Stadtmauern bleiben: Als würden sie selbst die Welt sehen, wenn sie die Welt zu Gast haben.“ Und dann schlägt Daniel Knauft die Brücke zur eigenen Heimat, der Messestadt Leipzig und dem dortigen Gewandhausorchester, dessen Anfänge einem reinen Mäzenatentum entsprangen, als 16 Kaufleute im 18. Jahrhundert 16 Musiker finanzierten und die Gewand- und Tuchmacher obendrein noch ihr Gewandhaus als Orchestersaal zur Verfügung stellten. „Eben diese Offenheit und Willkommenskultur spürt man in der Stadt bis heute, das bleibt in den Menschen verankert – und so ist das auch hier in Wismar.“

Seite 227 – Wunder von Wismar: Größte und jüngste Hallenkirche der Hansestadt, war St. Georgen nach schweren Bombentreffern kurz vor Ende des Zweiten Weltkriegs lange dem Verfall preisgegeben – bis Denkmalschützer und Bürger 1990 eine erfolgreiche Initiative zum Wiederaufbau des gotischen Sakralbaus starteten

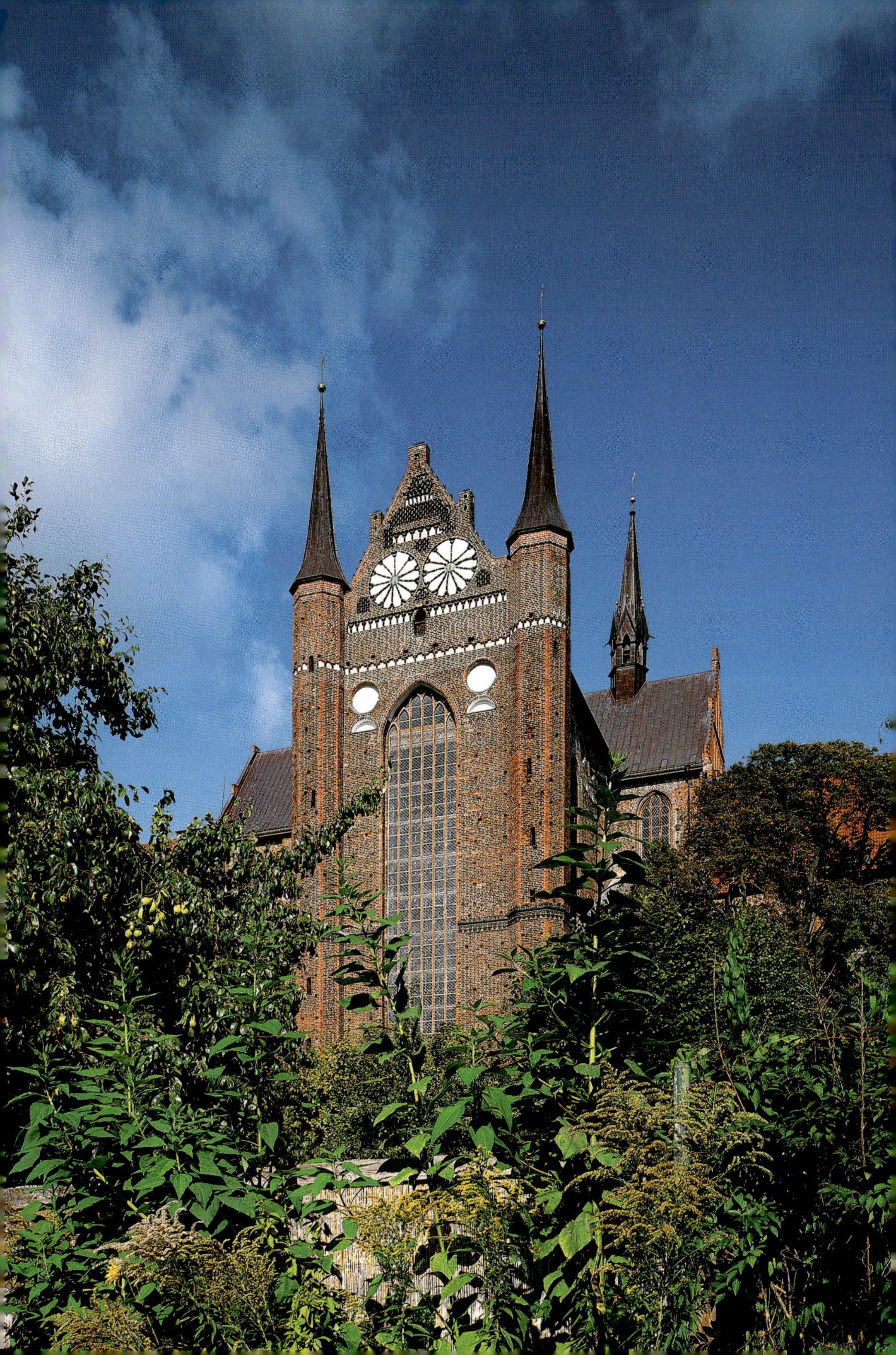

Wismarer Wasserkunst: Über drei Jahrhunderte diente das Bauwerk zur Trinkwasserversorgung der Hansestadt – seit 1897 ziert es nur noch den Marktplatz

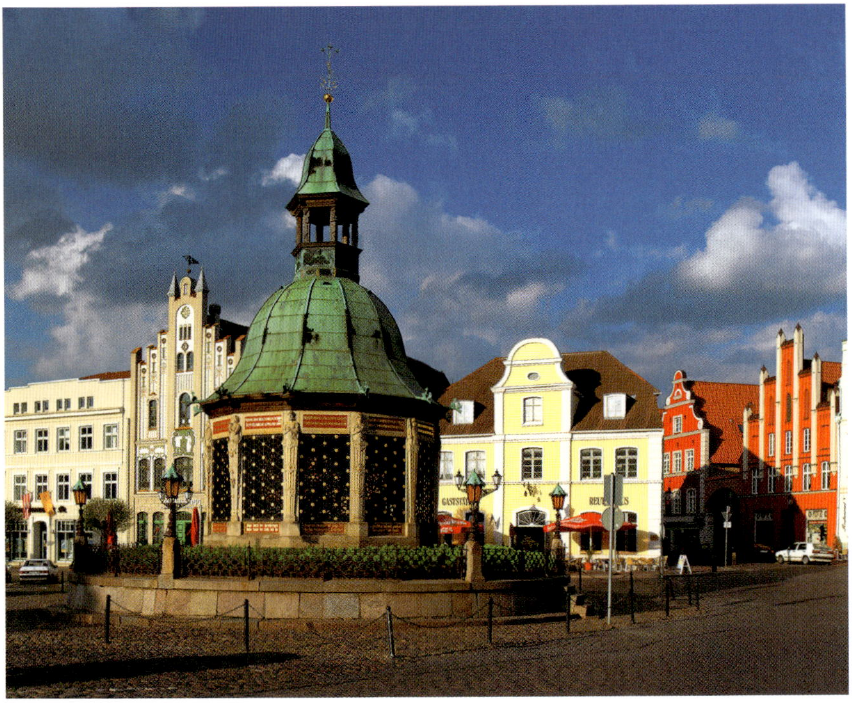

Auch die 155 Jahre unter schwedischer Herrschaft trugen mit zu Wismars Vielfalt bei – und selbst wenn von den Bastionen, Zitadellen und Kanonen einer der größten Festungen Europas heute nur noch Turmfundamente unter der Wasseroberfläche in der Wismarer Bucht zeugen, so spiegeln sich die skandinavischen Einflüsse andernorts im Stadtbild bis in die Gegenwart: von der Wrangel-Uhr und dem Wrangel-Grabmal über das Zeughaus – einem der bedeutendsten Zeugnisse schwedischer Militärarchitektur in Deutschland, das noch heute das Königswappen trägt – bis zum Provianthaus. Und alljährlich im August wird das Schwedenfest zelebriert. Schließlich benahmen sich die Besatzer ordentlich.

So besitzt die Hansestadt nicht allein die mit 76 Hektar größte erhaltene Altstadt im Ostseeraum, sondern auch den größten Marktplatz in diesen Breiten, der von einem freistehenden, pavillonartigen Gebäude dominiert wird: der Wasserkunst, die von 1602 bis 1897 der Wismarer Trinkwasserversorgung diente. „Wir würden doch heute auf vieles gar nicht mehr verzichten wollen, was die Menschen aus anderen Ländern mitgebracht haben", stellt Daniel Knauft beim Bummel vorbei an Marktständen und kleinen Geschäften fest, der ihn geradewegs in die liebevoll eingerichtete, wohnzimmergroße Stube des Café Glücklich mit seinen fantasievollen Tortenkreationen führt. „Auch für die Künstler war der Austausch natürlich schon damals die Nahrung und das frische Blut." So wie zu DDR-Zeiten die Messebesucher aus dem Westen, die angesichts fehlender Hotelbetten häufig bei Bürgern in Leipzig unterkamen. „Unser Messegast war Monsieur Beau, Peter Schön, der für mich immer Süßigkeiten mitbrachte – so viel, dass ich sie in den Thomanerchor mitnehmen konnte", erinnert sich der Sänger. Nie im Jahr habe es daheim so schön ausgesehen wie in dieser Zeit – „und ich habe die ersten Schuhspanner meines Lebens kennengelernt. Der Messegast hat dem Leipziger sein Stück Welt quasi frei Haus geliefert." Fast wie einst zu Zeiten der Hanse: ein Geben und Nehmen, von dem stets beide Seiten profitierten. Damals wie heute.

MVorlieben

– LIEBLINGSORT –

Unvergleichlich ist dieser Blick, wenn wir von Rügen kommend über die neue Brücke nach Stralsund fahren und im Abendlicht die Silhouette der Stadt emporwächst: Da steigt in einem das Gefühl großer Sehnsucht auf, zugleich aber auch ein Glücksempfinden, dass dieser historische Ort all die Unbill und Kriege der Jahrhunderte überdauert hat. Und die Gedanken wandern in Zeiten zurück, als die Menschen bestimmt froh waren, wenn sie vom Meer her auf Städte wie Stralsund oder Wismar zusteuerten und am Horizont nach und nach die ersten Kirchtürme über dem Erdenrund auftauchten: Das muss ein wunderbares Gefühl des Nachhausekommens gewesen sein.

– LIEBLINGSSINNESWAHRNEHMUNG –

Als Leipziger und Menschen einer im Land gelegenen Stadt lieben wir das Meeresrauschen, klingt doch hier das Wechselspiel der Elemente in seiner ganzen Größe auf. Zumal es für uns immer auch das Lied der Freiheit spielt: Du hast den weiten Blick, der Horizont scheint unendlich ... Ein Bild, das natürlich mit ganz viel Sehnsucht verbunden ist, kennen wir doch das Meer und seine Gesänge noch aus DDR-Zeiten, als es nicht möglich war, auf die Ostsee hinauszufahren, obwohl dort in Sichtweite die Fähren nach Schweden und Dänemark kreuzten und Westdeutschland nicht fern war. Und eben weil es uns lange verschlossen war, ist das Meer zu einem Ort der Freiheit geworden, hat das Rauschen der See etwas sehr Sinnliches, wenn man als kleiner Mensch dort am Ufer steht.

– LIEBLINGSESSEN –

Wenn wir an die Küste kommen, müssen wir als Erstes unbedingt ein Fischbrötchen essen. Der fangfrische Hering als der Fisch der Ostsee schmeckt hier einfach am besten, auch weil die Luft so salzig-maritim ist – und das Matjesbrötchen als das Sushi Europas ist eine synästhetische Erfahrung, die alles herrlich miteinander verwirbelt. Das perfekte Fischbrötchen gibt es in Groß Zicker auf der Halbinsel Mönchgut in einem Ausflugslokal, gelegen in einer Traumecke inmitten dieser schottisch-irisch anmutenden Landschaft: Dort bietet Fischermeister Siegbert Dombrowski in seiner Wirtschaft ein wunderbar frisches Brötchen an – mit der richtigen, nicht zu bescheidenen Menge an Lachs. Mit Butter wird auch nicht gegeizt und die großen Zwiebelringe sind reichlich – einfach großartig!

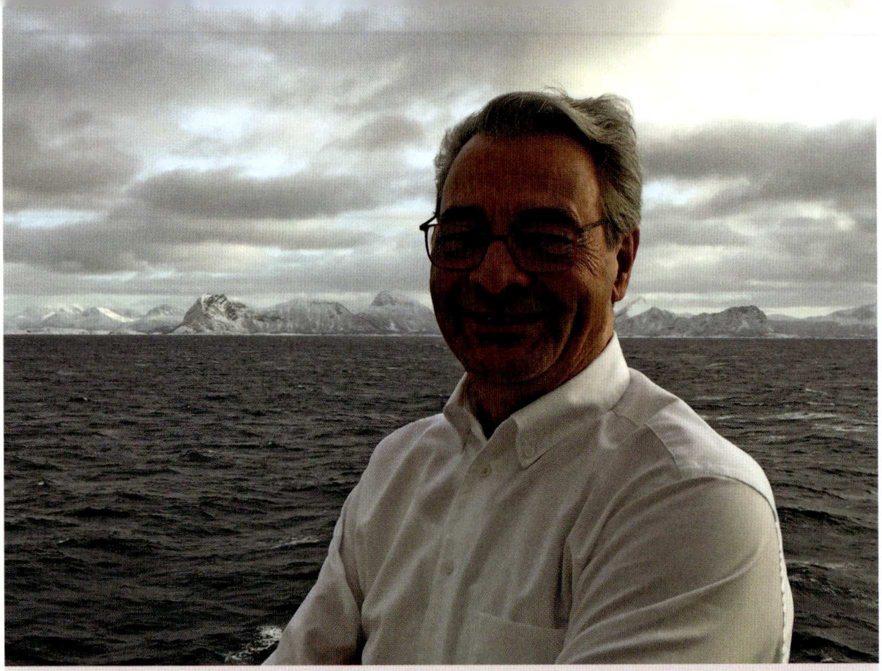

Aufgespürt

„Schloss Wiligrad, das ist das 20. Jahrhundert im Zeitraffer – und diese Geschichte ist dort bis heute fassbar!" Mehr als vier Jahrzehnte lebt Matthias Kunze inzwischen in Alt Meteln nahe Schwerin, unzählige Ausflüge und Radtouren – vor allem sommers – hat der Klavierbauer zum jüngsten der herzoglichen Schlösser im Nordosten unternommen, und doch ist seine Faszination für die wechselhafte Historie des verputzten, weiß gestrichenen Neorenaissancebaus samt seinem angesetzten Wirtschaftsflügel aus rotem Backstein hoch über dem Westufer des Schweriner Sees ungebrochen. Bis zur Novemberrevolution 1918 Sitz von Johann Albrecht, Herzog zu Mecklenburg-Schwerin, ward ab 1921 hier ein Museum eingerichtet mit Ausstellungstücken, die der Adlige von seinen Reisen in die deutschen Kolonialgebiete mitgebracht hatte. 1922 zog die evangelische Bauernhochschule ein – „die", so Kunze, „schon damals auch Frauen aufnahm"; in den 30er-Jahren folgte ein Hospiz, und mit Ende des Zweiten Weltkriegs wurde hier Geschichte geschrieben: Verhandelten doch auf Wiligrad Briten und Sowjets über den künftigen Grenzverlauf zwischen den von ihnen besetzten Gebieten.

„Es schlossen sich Zeiten als Parteischule der SED an, als Volkspolizeischule und Waffenlager, bevor das Anwesen dann nach der Wiedervereinigung von der staatlichen Schlösser- und Gartenverwaltung übernommen wurde", erzählt Matthias Kunze. Entsprechend groß war seine Freude, als Wiligrad – „der Name stammt aus dem Slawischen und bedeutet ‚große Burg'" – in der Folge restauriert und teilweise wieder in seine ursprüngliche Form zurückgebaut wurde. Heute beherbergt es nicht allein ein „wunderbares Museum", sondern ist auch immer wieder Ort für Sonderausstellungen und Konzerte. Und spätestens beim Gang hinter das Schloss wird wohl auch dem letzten Besucher klar, warum nicht nur Kunze von der Anlage so begeistert ist: öffnet sich doch dort ein traumhafter Blick auf den Schweriner See.

Festspielorte

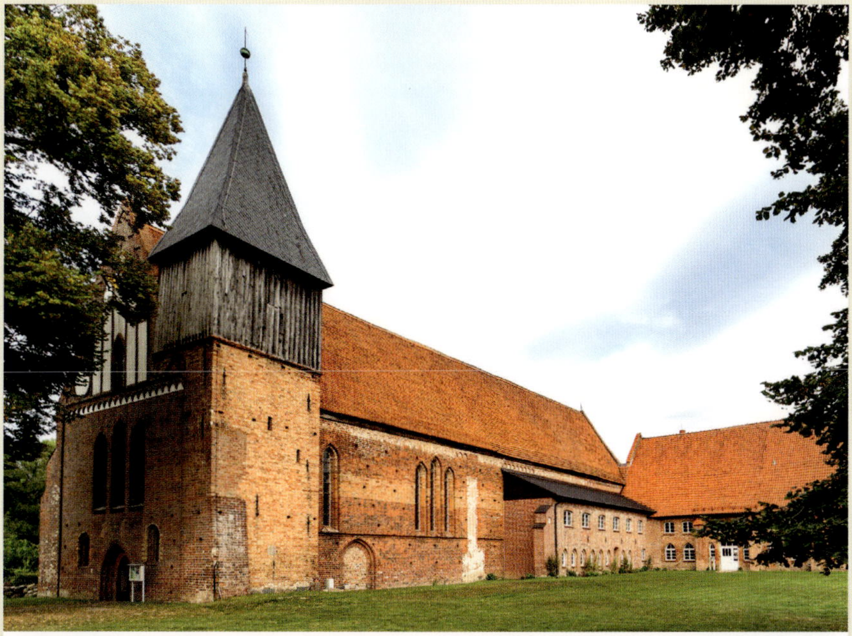

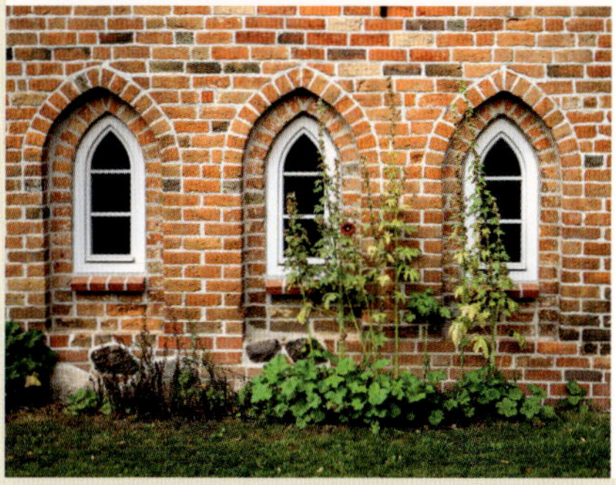

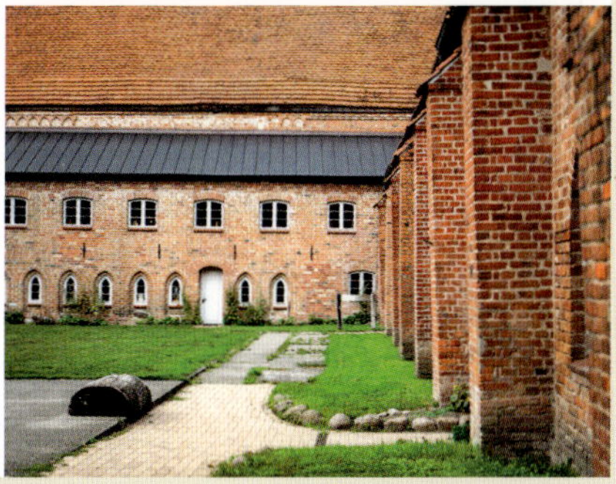

KLOSTER RÜHN

Im Geist der Geschichte: 1232 als Zisterzienser-Jungfrauen-Kloster gegründet, erwarben die zumeist aus adligen Familien stammenden Nonnen schon früh Land und erschlossen sich Einkunftsquellen. Diesen Gedanken verfolgt heute auch der gemeinnützige Klosterverein Rühn, der die dreiflügelige Anlage mit der 1270 fertiggestellten Kirche 2008 erwarb und einzelne Gebäude(teile) an Gewerbetreibende verpachtet. So lassen sich vor Ort verschiedene Kunsthandwerker und ihre Arbeit verfolgen, ökologisch nachhaltig hergestellte Produkte einer Ölmühle erwerben oder die Speisen der Klosterschänke genießen.

Nachmittagsausflug
Kirche und Kunst: Während in Rühn in Führungen von Stiftsdamen vergangener Jahrhunderte erzählt wird, lässt sich ein paar Dörfer weiter in Qualitz mit Künstlern unserer Tage über ihr Schaffen plaudern.
Klosterhof 1, 18246 Rühn; 18249 Qualitz

Die Stärkung vor dem Konzert
Restaurant „Zum Burgwall“: Himmlischer Blick, deftige Küche – und auf der Seeterrasse verliert man beim Met-haltigen Wikingerbräu schon mal die Zeit aus den Augen.
Kastanienallee 38, 19406 Sternberg, Tel.: 03847/2461

Am nächsten Tag
Altstadtrundweg: Güstrow hat weit mehr als die Barlach-Museen zu bieten – Schloss, Dom, Pfarrkirche, Stadtmuseum, Galerie. Und den Abendspaziergang mit Nachtwächter und Schauergeschichten.
Touristen-Information: Franz-Parr-Platz 10, 18273 Güstrow

Glücksmoment
Auf den Geschmack gekommen: Mirko Lunau legt auf seinen Streuobstwiesen strengste Bio-Kriterien an und setzt auf alte Apfelsorten, handverlesene Ernte und sortenreine Säfte.
Mosterei, Dorfstraße 6, 19067 Cambs-Ahrensboek

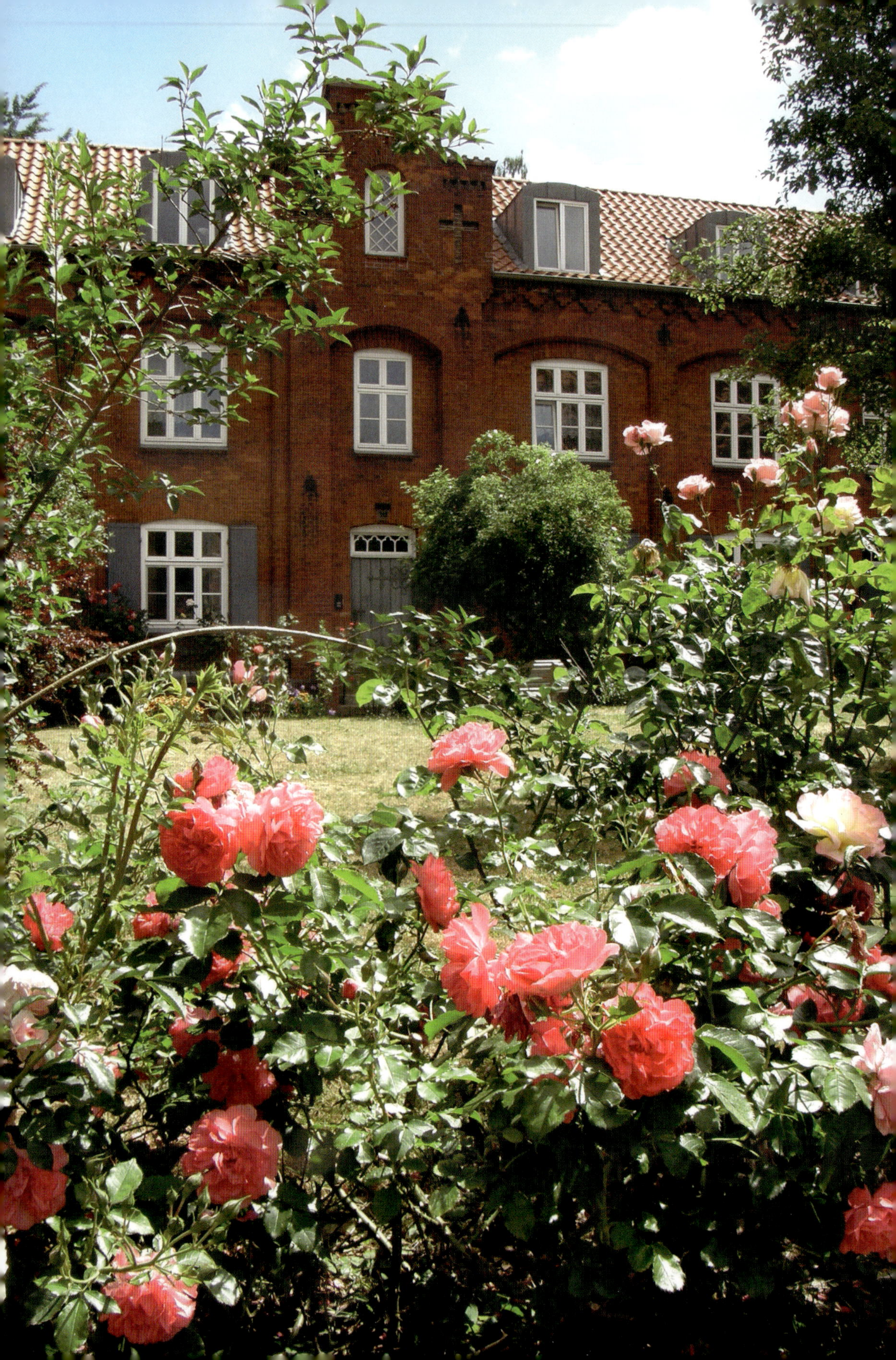

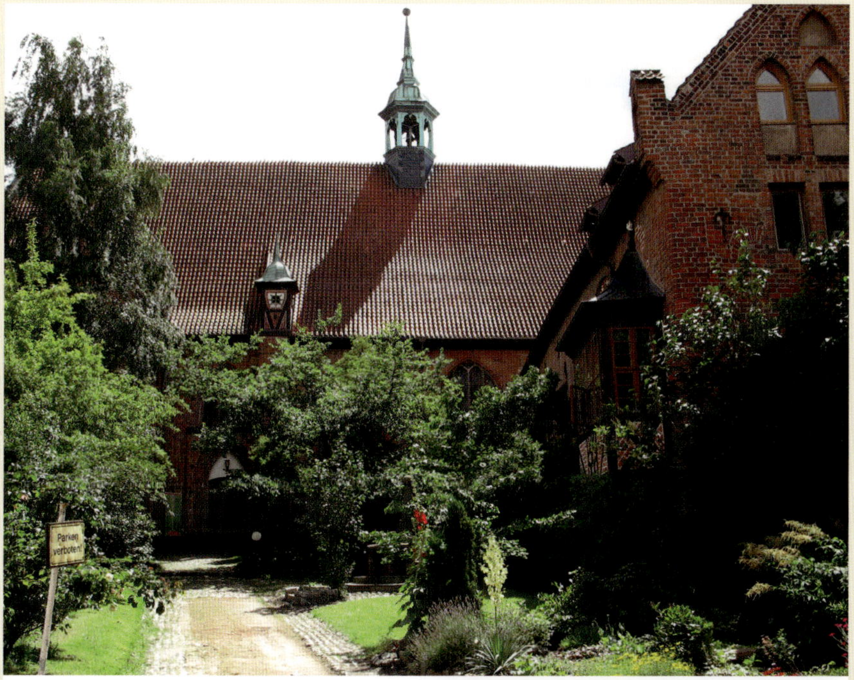

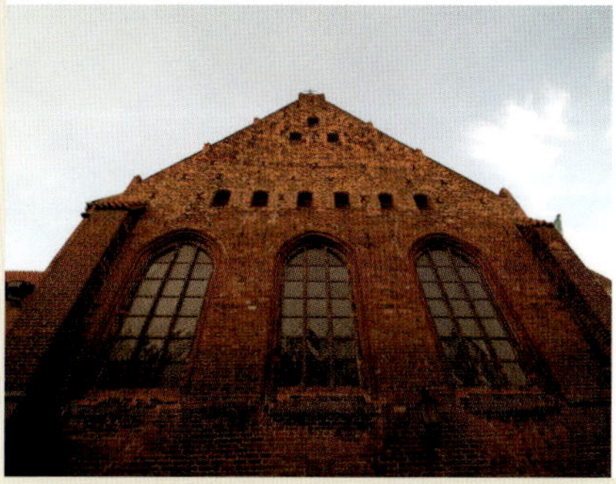

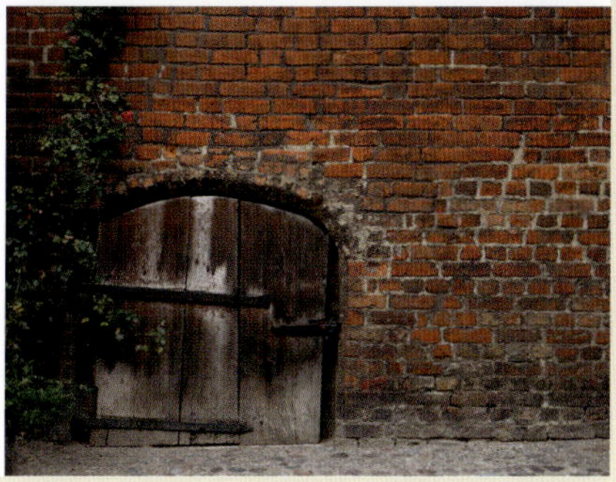

HEILIGEN-GEIST-KIRCHE WISMAR

Kirche, Klinik und Herberge für Pilger, Reisende und Obdachlose: Im Mittelalter waren das 1250 gegründete Heiligen-Geist-Hospital und seine 70 Jahre später errichtete Kirche alles in einem. Erst nach 1550 wurde das Wohnen im Kirchenraum aufgegeben, erhielt dieser eine Kanzel und dekoratives Gestühl. 1699 schließlich zog man jene mit barocken Malereien versehene Holzdecke ein, die bis heute eine fantastische Akustik beschert. Dass zudem nach Ende des Zweiten Weltkriegs aus den beschädigten Gotteshäusern der Nachbarschaft viele Kunstschätze hierher gebracht wurden, hat die Heiligen-Geist-Kirche zur Schatzmeisterin der Wismarer Sakralbauten werden lassen.

Nachmittagsausflug
Wismar von der Seeseite aus erkunden: Überseehafen, Holzterminal, Mecklenburgs längste Seebrücke – und nach der Hafentour bleibt noch Zeit für einen Gang durch die Hansestadt.
Alter Hafen 7, 23966 Wismar, Tel.: 03841/224646

Die Stärkung vor dem Konzert
„Alter Schwede": Aus dem Jahr 1380 stammt das prächtige Bürgerhaus – die Karte macht mit Schwedenhappen und Schwedischer Mandeltorte dem Restaurantnamen alle Ehre.
Am Markt 22, 23966 Wismar, Tel.: 03841/283552

Am nächsten Tag
Wallensteingraben: Der Feldherr war zwar nicht an dem Bach zwischen Schweriner See und Wismarer Hafen unterwegs, doch auch ohne seine Spuren ist dieser Wanderweg erkundenswert.
Pappelweg 16, 23996 Hohen Viecheln (Tourist-Information) Tel.: 038423/54900, www.schwerinersee.de

Glücksmoment
Perfekte Akustik: Wer in der Heiligen-Geist-Kirche ein Konzert erlebt, gerät ins Schwärmen ob des Klangerlebnisses. Und rätselt über die 26 Bibel-Geschichten in den Medaillonfeldern der flachen Holzdecke.
Lübsche Straße 46, 23966 Wismar, Tel.: 03841/283528

Nachmittagsausflug
Heiligtum der Slawen: Vor mehr als 1000 Jahren hatten die Warnower auf einer Halbinsel im Groß Radener See ihre Tempelanlage. Heute ist die einstige Kultstätte als archäologisches Freilichtmuseum rekonstruiert.
Kastanienallee,
19406 Groß Raden,
Tel.: 03847/2252

Die Stärkung vor dem Konzert
„Schlossgärtnerei Wiligrad“: Deftiges wie Stullen, Birnen-Sellerie-Suppe und Quiche gibt es zwar nur bis 15 Uhr, doch die größte Leckerei ist der Stachelbeerbaiserkuchen – bis 18 Uhr!
Wiligrader Straße 6,
19069 Lübstorf,
Tel.: 03867/612703

Am nächsten Tag
Verschlungene Wege im weitläufigen Park, Fayencen, prachtvoller Stuck und moderne Skulpturen: Die Geschichte des ehemaligen Rittergutes Hohen Luckow reicht bis ins 19. Jahrhundert zurück.
Rostocker Straße 23,
18239 Hohen Luckow,
Tel.: 038295/7650,
Park ganzjährig geöffnet

Glücksmoment
Wo die Zeit still steht: Weite Felder, in der Ferne der Saum des Waldes, darüber der offene Himmel – eintauchen in vergangene Zeiten auf der Lindenallee zwischen Schönfeld und Groß Eichsen.
Mühlen-Eichsener-Straße,
19205 Mühlen Eichsen

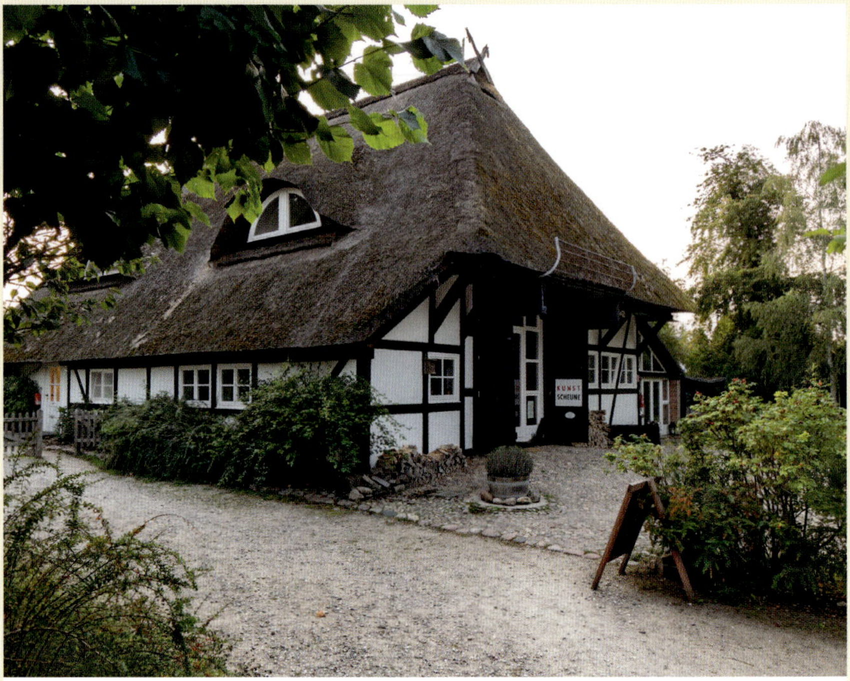

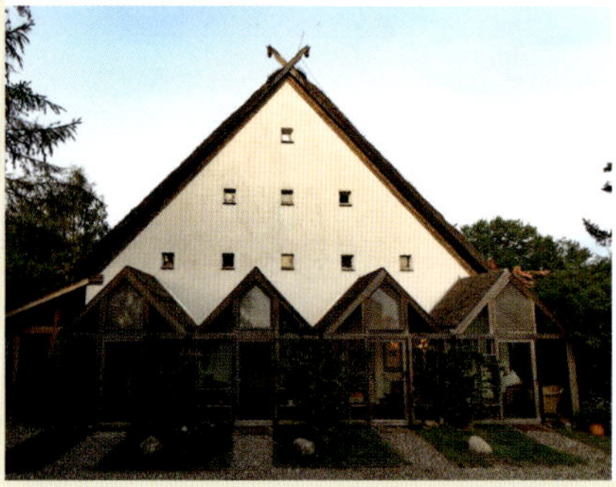

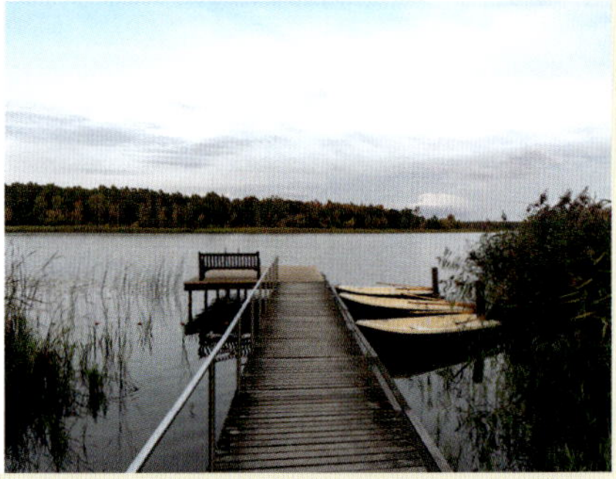

KUNSTSCHEUNE NAKENSTORF

Pure Idylle: Schafe weiden im Gras, Gänse watscheln um eine gewaltige Kastanie, am Ufer schaukelt sanft ein hölzerner Kahn, während sich der Blick über dem friedlich in der Abenddämmerung ruhenden Neuklostersee verliert – kein Künstler könnte die Nakenstorfer Szenerie inmitten des Naturschutzparks Sternberger Seenland pittoresker entwerfen. Aus dem reetgedeckten Klinkerbauernhaus des 19. Jahrhunderts ist Anfang der 1990er-Jahre ein ebenso stilvolles wie individuelles Seehotel erwachsen, die Fachwerkscheune verwandelte sich in eine Kunstscheune und lockt Musiker, Mimen und Maler aus aller Welt an.

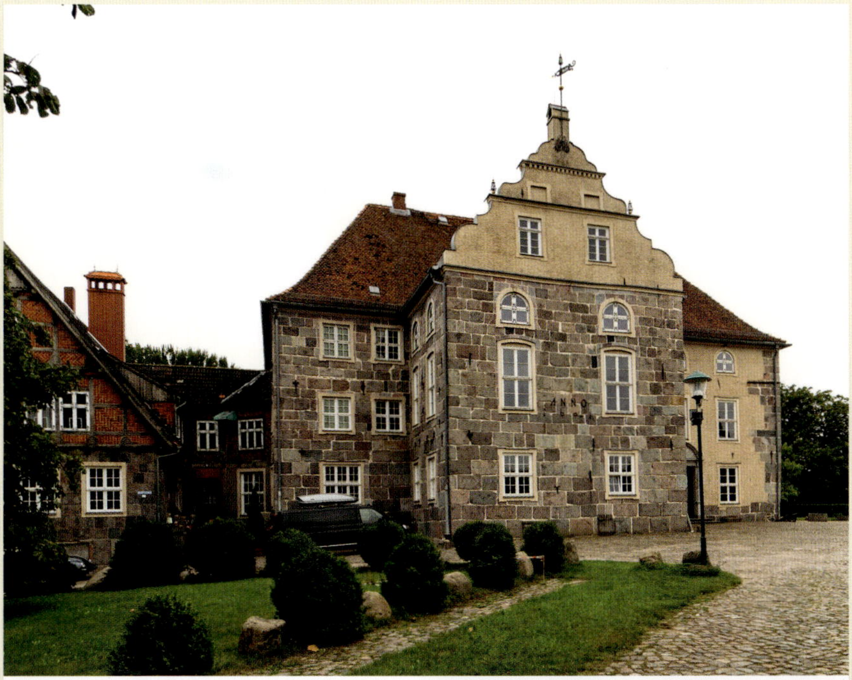

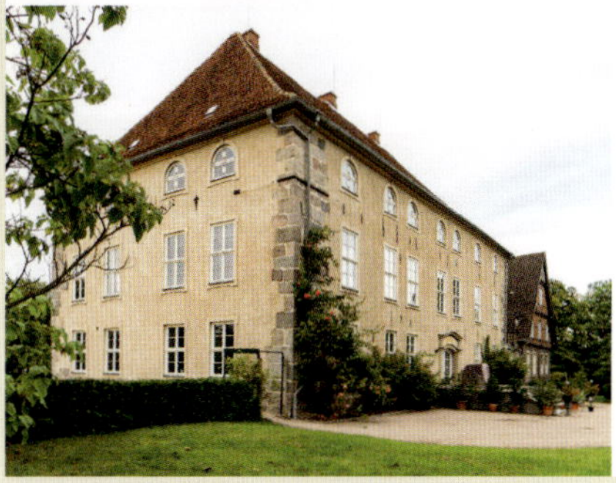

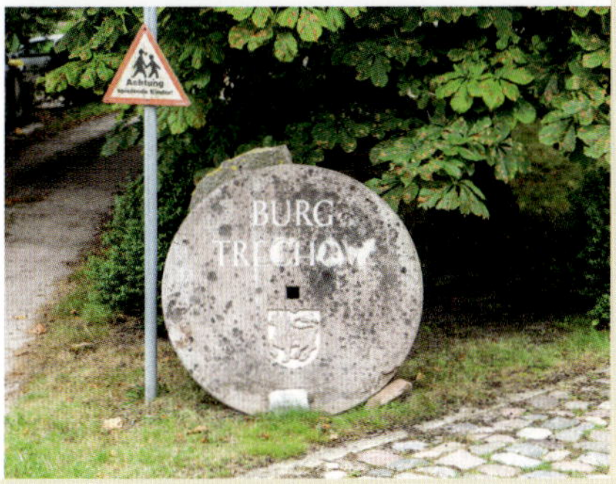

BURG KURZEN TRECHOW

Von der Wasserburg zum Evolutioneum: Die Ursprünge der Anlage reichen bis ins 12. Jahrhundert zurück, als Kurzen Trechow als Grenzburg zwischen deutschen Siedlern im Westen und den Wenden im Osten entstand. Doch auch der heutige Bau atmet nicht nur in den bis zu zwei Meter dicken Mauern aus 4000 Granitblöcken Historie. Denn Christian Schierning, Nachfahre der ehemaligen Besitzer, hat sich der Restaurierung von Burg, Marstall und Kornspeicher verschrieben, um in Letzterem einen Traum seines Vaters zu verwirklichen: aus dessen Fossiliensammlung ein Museum zur Erdgeschichte zu schaffen – „vom Urknall bis zur Menschwerdung".

Nachmittagsausflug
Kunstmuseum Schwaan: Zwischen Warnow und Beeke entwickelte sich um 1880 eine Künstlerkolonie – Landschaften und Stillleben ihrer Mitglieder sind heute in der einstigen Wassermühle zu sehen.
Mühlenstraße 12, 18258 Schwaan, Tel.: 03844/891792

Die Stärkung vor dem Konzert
„Villa Landchic": Flammkuchen, Barbecue, frische Salate – neben gehobener Bistroküche und üppigen Torten besticht das Hofcafé durch seine ganz eigenen Möbel und Wohnaccessoires.
Dorfstraße 15, 18246 Klein Sien, Tel.: 0152/53575632

Am nächsten Tag
Märchenhaft: Das Schloss am See samt Barockgarten zieht Schwerin-Besucher magisch an – aus ganz anderer, ähnlicher reizvoller Perspektive präsentiert sich die Residenzstadt auf einer Bootstour!
Tourist-Information: Am Markt 14, 19055 Schwerin Tel.: 0385/5925212

Glücksmoment
Auferstanden aus Ruinen: Grit Gürtler hat dem Alten Konsum in Sternberger Burg neues Bio-Leben eingehaucht, versorgt das Dorf mit Brot, Käse, Wein und lädt vor dem Haus zu Kaffee und Kuchen ein.
Dorfstraße 8, 19406 Sternberger Burg

Dem Himmel nah: Graf Friedrich von Hahn, ein früher Vertreter der Aufklärung, beschäftigte sich viel mit den Naturwissenschaften – so auch ab 1793 in seiner Sternwarte in Remplin mit der Astronomie

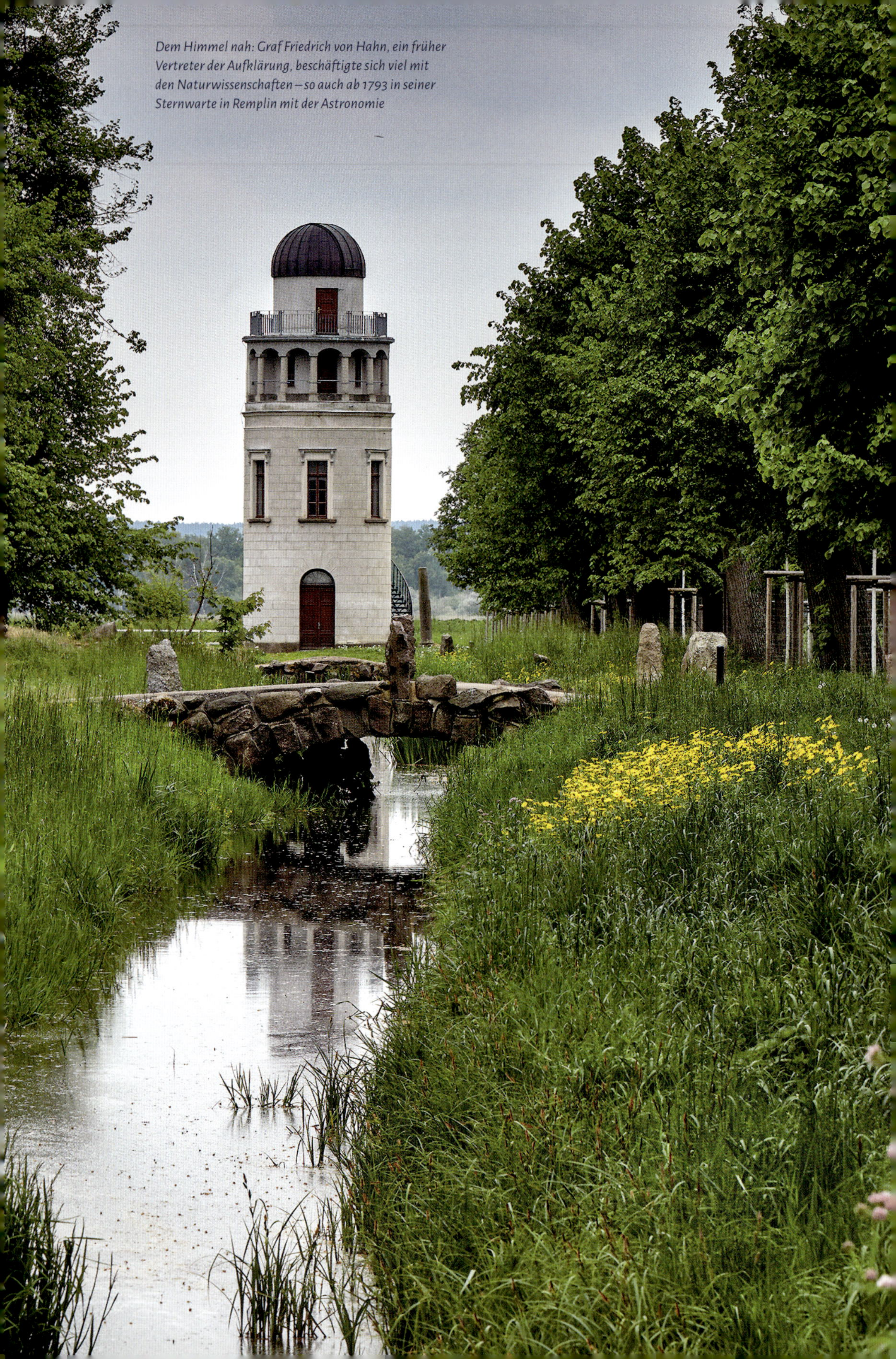

Was es noch zu entdecken gibt ...

Eine Reise zu vier Kunstorten abseits der ausgetretenen Pfade – ausgewählt und gefördert von der Ostdeutschen Sparkassenstiftung

Sternwarte im Schlosspark von Remplin/Mecklenburgische Seenplatte
Zwischen Kummerower und Malchiner See versteckt sich eine der ältesten noch erhaltenen Sternwarten Deutschlands. So wie einst ein wissenschaftsbegeisterter Gutsbesitzer können Besucher hier noch heute in unendliche Weiten eintauchen.
Lenné-Park, 17139 Remplin

Kirche in Dorf Mecklenburg/Nordwestmecklenburg
Als sprichwörtliche „Wiege Mecklenburgs" geht es im gleichnamigen Dorf zwischen Wismar und Schwerin zu den Ursprüngen des Landes. Hinter schlichten Backsteinmauern verbirgt sich unter anderem ein geschichtsträchtiger, kunstvoller Altar: vermeintlich aus Porzellan, aber tatsächlich aus einheimischer Eiche.
Bahnhofstraße, 23973 Dorf Mecklenburg

Literaturzentrum Neubrandenburg
Ort des lebendigen Erinnerns: Wo die Schriftstellerin Brigitte Reimann lebte und arbeitete, unterhält das Literaturzentrum heute ein beeindruckendes Archiv. Das literarische Erbe von Deutschlands Nordosten wird mit Veranstaltungen und Ausstellungen pointiert ins Gespräch gebracht.
Brigitte-Reimann-Literaturhaus, Gartenstraße 6, 17033 Neubrandenburg

Ehemalige Wallfahrtskirche St. Marien in Kenz bei Barth/Vorpommern-Rügen
Einst sprudelte hier eine heilende Quelle, heute kündet die Kirche noch von jenen Tagen, als Kenz der meistbesuchte Wallfahrtsort Vorpommerns war. Der Schein-Sarkophag mit der lebensgroßen Figur Barnims VI. von Pommern-Wolgast und die rund 600 Jahre alten Glasmalereien im Chor erinnern an bewegende Zeiten.
Brunnenaue 4, 18314 Kenz-Küstrow

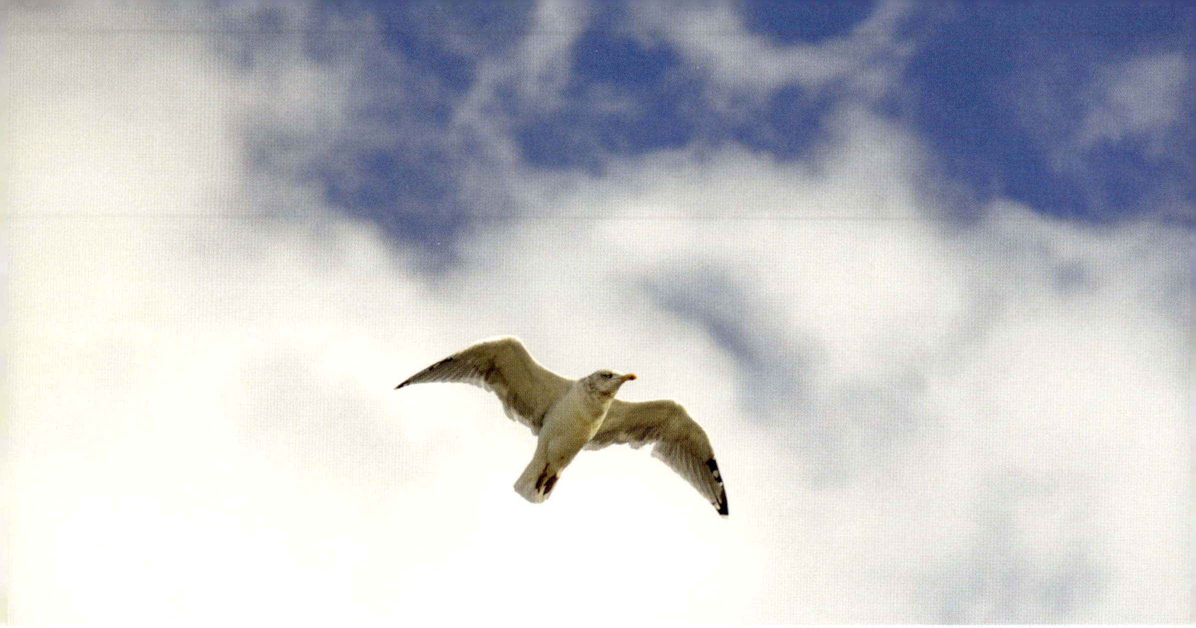

Bildnachweis

Ronny Blohm: Seite 58

Martin Börner: Seiten 214/215, 218 (2), 219 (3), 225

Oliver Borchert: Seiten 174/175, 183, 186, 196/197, 203, 206

Holger Brandstädt (privat): Seite 124

Dietmar Braune (privat): Seite 64

Festspiele Mecklenburg-Vorpommern: Cover (Oliver Borchert); Seiten 11 (Monika Lawrenz), 13, 15, 17, 49 (oben und unten rechts), 54 (O. Borchert), 65 oben (M. Lawrenz), 82 (O. Borchert), 118 (Geert Maciejewski), 127 (3), 128, 129 oben und unten links, 149 unten rechts (Sören Schilpp), 172, 210 oben, 211 (3, alle Isabel Schubert), 213 oben, 232, 233 oben, 240 (G. Maciejewski)

Birte Frenssen (privat): Seite 146

Grand Hotel Heiligendamm: Seiten 198/199, 209 oben

Thomas Grundner: Seiten 32, 34/35, 41, 42, 52, 72, 78, 80, 132, 154, 216, 222/223, 236

hmt Rostock: Seite 208

Till Jaich (privat): Seite 168

Sigrid Keler (privat): Seite 190

Peter Komander (privat): Seite 84

Matthias Kunze (privat): Seite 230

Holger Martens: Seiten 4, 18/19, 22, 29, 30/31, 33, 36–40, 45 (3), 46 (3), 47 (3), 48, 49 unten links, 50/51, 56, 59–62, 65 unten (2), 66, 67 (3), 68 (3), 69 (3), 70/71, 79, 85 (3), 88 (3), 89 (3), 90/91, 92–96, 98 (2), 99, 104, 107 (3), 108 (3), 109 (3), 110/111, 112, 116, 117, 119–122, 125 (3), 126 (3), 129 unten rechts, 130/131, 133, 135 (2), 139, 142 (2), 144, 147 (3), 148 (3), 149 oben und unten links, 150, 151 (3), 152/153, 156–167, 169 (3), 170 (3), 171 (3), 173 (3), 179, 180, 182, 191 (3), 192 (3), 193 (3), 198, 202, 204, 209 unten rechts, 210 unten (2), 212, 213 unten (2), 231 (3), 233 unten (2), 234 (3), 235 (3), 238

Jürgen Meister (privat): Seite 44

Isabel Schubert: Seite 220

Manfred Tepper (privat): Seite 106

Tourismusverband Mecklenburg-Vorpommern: Seiten 20, 21 (beide Thomas Grundner), 24 (René Legrand), 25 (T. Grundner), 27 (Klaus Steindorf-Sabath), 28 (Andreas Süß), 53 (Bianca Wagner), 57 oben (Ramminger), 57 unten (K. Steindorf-Sabath), 73, 74, 75, 77 (alle T. Grundner), 86 (Ludwig Nikulski), 87 oben (Markus Kirchgessner), 87 unten (beide L. Nikulski), 97 (werk3), 101 (T. Grundner), 102 (M. Kirchgessner), 113 (werk3), 114 (T. Grundner), 137 (Ramminger), 138 (M. Kirchgessner), 140 (Erik Hart), 145 (pocha.de), 176, 178 (beide A. Süß), 181 (T. Grundner), 185 (Voigt & Kranz), 188 oben (T. Grundner), 188 unten (A. Süß), 196 (T. Grundner), 200 (Thomas Kliem), 201 (A. Süß), 205 (R. Legrand), 209 unten links (T. Grundner), 217 (T. Grundner), 224 (werk3), 227, 228 (beide T. Grundner)

Karte: Festspiele Mecklenburg-Vorpommern und Novamondo Berlin

Dank

Die Festspiele Mecklenburg-Vorpommern und der Hinstorff Verlag danken dem Tourismusverband Mecklenburg-Vorpommern, Thomas Grundner und Oliver Borchert für die von ihnen zur Verfügung gestellten Fotos.

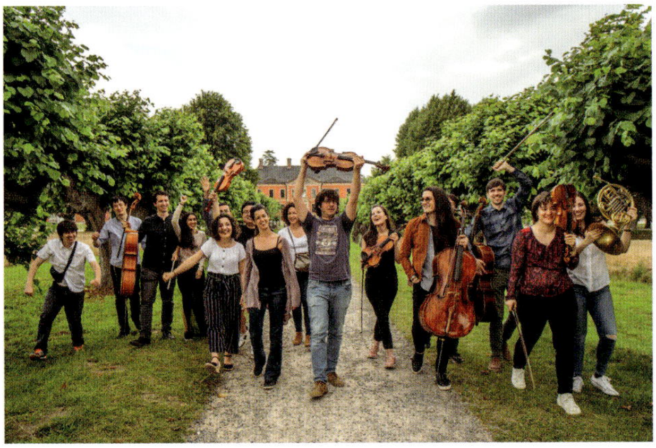

Liebe Leserin, lieber Leser! Wie hat Ihnen die Lektüre gefallen?
Bitte bewerten Sie uns im Internet.

Die Deutsche Bibliothek verzeichnet diese Publikation in der Deutschen Nationalbibliografie; detaillierte bibliografische Daten sind im Internet über www.dnb.de abrufbar.

Lagerstraße 7, 18055 Rostock
Tel. 0381/4969-0
www.hinstorff.de

1. Auflage 2020
Herstellung: Hinstorff Verlag GmbH
Lektorat: Thomas Gallien
Titelgestaltung und Layout: Beatrix Dedek
Druck: CPI books GmbH
Printed in Czech Republic
ISBN 978-3-356-02291-9